芸能伝承論

伝統芸能・民俗芸能における演者と系譜

髙久舞◉著

岩田書院

「芸能伝承論」目次

第一編 「家元」と芸能の伝承

第二編　祭囃子の伝播と流派

第三編　芸能の伝授と系譜

第四編　民俗芸能における個と集団

序章　本論文の主題と先行研究

一　本研究の主題と研究史

1　研究の主題

本研究の出発点は「なぜ芸能を行い、伝えようとしているのか」ということであった。

芸能を研究する上で、様々な視点がある。芸能の原初形態や宗教的意義の問題、現場主義・実践主義に重きを置いた芸能の伝承活動に関わる人々の意識（認識）や、芸能が育まれてきた地域社会の構造や場の問題、いずれも疑問を解く鍵として重要である。しかし、最も必要なのは「芸能を伝承する側の視点」だと考える。伝承者である演者たちは自らの芸能に誇りをもち、他とは異なると考えていることが多い。研究者の視点をもってすれば「これは獅子舞である」「これは原初形態を残している」などと分類してしまいがちだが、たとえどんなに環境や芸態が似ていたとしても、演者にとっては自分たちの芸能が一番であり、自らの芸能がどういうものであるか、どこから伝わり、どのように異なるのか説明を行う。芸能を最も身近なものとし、後世に伝えようとしている彼らの声を無視してはならない。なぜならそこに、「なぜ芸能を行い、伝えようとしているのか」を解決する糸口があるのではないかと考えるからである。

芸能の中には、芸能を行う上で必要な身体の所作、表現方法を伝えるだけでなく、具体的な固有名詞を挙げながら、誰から伝えられたのかという系譜をともに伝承している場合がある。例えば自分たちが伝承する芸能の祖を「家元」とし、その子孫あるいは弟子であることを主張する。また、自分たちの芸能を「……流」といった流派名を名乗っている場合もある。芸そのものだけでなく、これらの説明を伝えているということは、そこに何らかの意義を見出しているからだろう。系譜をもつということは芸能を伝承する上でどのような機能を果たしているのか捉え、その意義について問うことが本研究の主題である。こうした課題に具体的に迫るため、本章ではこれまでの芸能研究の視点について、折口信夫ら先学の研究を検討し、続いて本論が対象とする芸能伝承を明示するとともに研究方法を述べる。

2 折口信夫の芸能論

「芸能」という語に関して、最も早く考察したのは折口信夫であった。「日本芸能史」で次のように述べている。

芸能の語はおよそ平安期より用いられ、だいたい舞踊の意である。「能」は平安期時分には特殊な使い方がある。すなわち、「能」は「態」の略字である。本当は「たい」と呼ぶべきであるが「のう」というのも古い。「態」にも「のう」という音はあるが、それは日本では知らなかった。それとは別に生まれたものである。（中略）狂言と能とを分けるのは間違いで、能と狂言とは同じものである。「能」は芸能の略で、「芸」とか「能」とかは、今考えるような舞を意味するものではない。「能」は「何々のわざを学ぶ」ので「ものまね」である。つまり身振り狂言である。身振り狂言におのずからさまざまな種目ができて、範囲が広くなっていったが、もとはもの真似である。(1)

折口はここで初めて「芸能」という語を使用するのだが(2)、具体的な概念として、舞踊の意味であること、また芸能を略したものが能であり、それはもの真似であることを示している。あくまで芸能（もしくは能）は舞ではなく舞踊であるという。

芸能の意の中に演劇という表現を使っているのが昭和八年（一九三三）の「日本文学の発生」(3)である。ここでは、芸能が儀礼の手段すなわち鎮魂の手段であったこと、また掛け合い形式を採ることによって、演劇としての筋に変化を与えることになったとしている。「日本芸能史」の「はじめに」の部分で日本の芸能を論ずるにあたって、三つの課題を提示しており、その三点目に「演劇と舞踊との区別がどの程度まで立てられるか」を挙げている(4)。芸能の概念の中で舞踊と演劇という要素は非常に重要と考えているが、この時点ではその区別をきちんと定義付けていなかったと考えられる。

大正末から昭和初期にかけてはまだ舞踊と演劇を明確に分けることなく「劇的舞踊」という用語を使用しているが、昭和七年（一九三二）の「郷土と神社および郷土芸術」の中で、演劇と舞踊を区別し(5)、さらに、昭和十三年の「芸能伝承の話」の中では、沖縄の祭りの儀式を例に挙げ、舞踊から演劇への移り変わりについてより具体的に述べている(6)。

昭和十三年（一九三八）の「芸能伝承の話」では、舞踊・演劇の関係を説いた後、芸能の具体的な内容を述べている。

> われわれは芸能として、何と何とを数えあげていくか。まず舞踊・演劇、歌謡、奇術（軽業、手品など）などが芸能伝承とし誰でも考える所である。それらをまとめて芸能伝承として扱っている間に、それらはいろいろな意味から伝承せられているもので、一つの目的から伝承されているものでないことがわかる。そのなかには特殊なものとして、剣術、柔術、相撲などの武術もはいっている。そしてこれらは、むしろ私のいう芸能の意味をはっきりと示しているのである。芸能とはこういうものだと、初めから理論を立てて当てはめていったのでは、落ちが多い。まず、だいたい芸能の種類を網羅してみると、かえって、芸能らしくない芸能に行き当たって、そこでも

う一度、芸能とは何かということを、再認識せねばならない。芸能は満座の中で行っているものだ。そして満座の人々の喜ぶようなものを芸能といっている。たとえば舞踊でも、家でこっそりと親兄弟の前でしているのは、芸能の本当の意味ではない。芸能で築きあげられた形を応用しているだけである。花街で、芸者が三味線や踊りの稽古をして、それを行っても、それはわれわれのいう芸能でないことは明らかだ。[7]

そして、芸能の要素として、

(一)行う人と(二)それを観る群衆(群衆であることが大事である)とそれから、(三)行う芸能そのものと、この三つの要素が、わかりきったことだが、必要なことである。それほど芸能は、見物を必須条件としている。更にいうと、芸能を行う人、行動する人自身も多くは群衆である。[8]

以上の三点を挙げている。これより時代が下るにつれて、「芸能」を広い意味で使うようになる。いくつか時代順に確認していく。まず、この二年後に発表した昭和十五年(一九四〇)の「日本芸能の特殊性」では、

芸能と言ふことは、説明しなくては、承服なさらない方もあると思はれます。私の使ふ意味は、只今世の中で申して居る演芸—演芸と言つても漠然として居ますが、常識から申しまして演芸と言ふことで頭にはひつて来る、さう謂つた内容を持つものを芸能と言ふのです。[9]

と述べ、芸能と同義語として「演芸」を用いている。昭和十五年(一九四〇)当時「世の中で申して居る演芸」が何を指しているか具体的には挙げていないが、昭和十四年発行の『修正 大日本国語辞典』には「演芸」は「落語・講談・演劇などの如き芸を演ずること。又、そのもの」とあるので、これに近しい考えをもっていたと考えていいだろう。「芸能は満座の中で行っているもの」という芸能の条件と合致することになる。戦前までの論考では、演芸とい

う語を用いて芸能を示していたが、戦後になるとさらに概念は広がっていく。昭和二十五（一九五〇）年の「日本芸能史序説」において、

> 芸能とは、一口に言つて、どう定義したらよいか。演劇と類似してはゐるが、演劇と言ふ程純然たるものではない、つまり、見せ物と言へば、総べてのものがふくまれるであらう。（中略）
> 今日では全くすぽうつと考へられてゐる相撲すら、完全に芸能として考へることが出来る。もちろん、軽業・手品の類に至るまでも、芸能と言ふ中に入れて考えられてゐるものと見てよい。
> 芸能と言ふものは、かう言ふ漠然とした広範囲に亙るものを含んでゐると考へていたゞきたい。[10]

と述べている。この論考が「芸能」の概念について言及している最後のものになるのだが、ここでは「演芸」よりも広い意味、すなわち「見せ物」という言葉を使って芸能を表している。漠然とした広範囲に及ぶものであり、厳密な定義はみられないまま論を終えている。

折口が芸能を広義的に捉えたのには、わけがある。明治二十七年（一八九四）発行の『日本大辞林』[11]では「芸能」は「まなびてえらるわざ」とある。大正四年（一九一五）発刊の『大日本国語辞典』[12]においても「芸能」は「身に得たる藝術又は能力。わざまへ。技芸」とあり、ほとんど意味は変わらない。つまり「芸能」とは、学んで身につけた能力であり、折口が定義するような演芸や見せ物は含まれていなかった。さらに当時、国民学校の教科に「芸能科」があり、これには音楽・習字・図画などの科目が含まれていた。この芸能科で使われている芸能の意味も科目をみると折口の示す芸能の概念とは相違があることは明確である。

芸能科に関して折口は、「日本芸能史六講」において、中国の熟語に近い意味をもっており、中国で使っている芸能と日本で使っている芸能とは意味が違うと述べている。日本では「芸能」という語は平安末からあらわれてきてお

り、「下学集」にある「能芸門」は、神楽・ササラ・猿楽などの語があることから、大衆がみて楽しむことのできるようなものを芸能といっていると、繰り返し言及している。[13]

芸能といふものは、学問ではありません。シナ人が考へてゐたやうな、美しい、いはゆる六芸に近いやうなものではないことは確かです。[14]

とも述べており、当時の芸能という語は辞典で示された身に付けた技芸という意味とともに、中国で考えられている芸能という語がそのまま日本でも同意義語として考えられていたことがわかる。折口はこの当時酸化しつつあった「芸能」という意味から脱するべきと考えていたのではないかと思われる。

前述のように大正末から昭和初期にかけて論じていた芸能は舞踊と演劇であった。これは、神あそびとしての舞踊、すなわち鎮魂の手段としての舞踊から後に掛け合い形式を採るようになる。演劇は、日本の古代においては、掛け合いを要素とするものであり、舞踊から演劇的要素が加味されていったとしている。また、古代の演劇は掛け合いという観点から考えると、相撲の形式に近いものとも述べており、芸能の要素の中に相撲も含めていたのであり、昭和十三年(一九三八)には、これも前述のように広義的に芸能を捉えようとする動きが明確にあらわれている。昭和二年、三年の慶應義塾大学での講義の前後から昭和十三年にかけては、大正十五年(一九二六)の花祭り・雪まつりの見学をはじめとして、昭和二年の西浦の田楽見学、昭和五年の信州新野の民俗調査、東北旅行、昭和十年の沖縄採訪、昭和十一年の花祭り・雪まつり見学など、精力的に芸能採訪を行っていた。その中で、前述した当時の狭義的な芸能に対するアンチテーゼが、実際に見聞きした芸能から確信に変化したとも考えられる。「芸能伝承」の中でも「まず、だいたい芸能の種類を網羅してみると、かえって、芸能らしくない芸能に行き当たって、そこでもう一度、芸能とは何かということを、再認識せねばならない」と述べているように、おそらく様々な芸能を見学していく中で、折口が考えていた芸能の概念を超えるものが出てきたのではないだろうか。

我々の芸能に対する考は、まだ自由に動いてゐる時代だといふことが出来ると思ひます。従つて我々が新しい興味を刺戟するやうなものを、譬へば野球・庭球のやうなものからでも発見し、それを芸能の中に取り込むことは出来ることであると思ひます。だから何が芸能であるかといふことは簡単には言はれません。[15]

右記は「日本芸能史六講」のまとめの部分であるが、元来の芸能という語が狭義的概念で示されているのに対し、広義的・流動的な要素をもっていることを示すことで、折口独自の芸能論を展開しようとしたと考えられる。

3　折口以後の芸能研究

池田弥三郎も、折口のいう「芸能」は武家の式楽として固定した以後の能楽、江戸三座確立以後の歌舞伎に関しては説いていないことから、そのあたりに線引をつけたと推測しながらも「折口先生にあっては、芸能に含まれるものが、はなはだ広いのである」[16]と指摘している。また、「日本芸能史序説」の一節を挙げ[17]、「芸能というものは、発生、展開のすがたはあるが、現在を中心にした過去、現在、未来のときの流れに沿うものとしてはとらえにくく、継続と完了の相においてとらえるべきものだとしている」[18]と分析している。折口の最晩年の講義において題目を「芸能史」ではなく「芸能伝承論」としたことに対し[19]、池田は「芸能史という記述に疑問を持ち続け、これをもって芸能史という名に変えよう」[20]と折口が試みたと述べている。

その上で池田は「芸能それ自身は、芸能でもなんでもないものから、はじまっている」[21]とし、はじめは単なる動作と行動であったものが、継続するために繰り返さなければならず、そのためには信仰的・宗教的意味をもたなければならなかった、と論じている。池田は長い時を経て型が生まれ、単なる動作・行動が芸能化してくるのであり、「芸能化」という言葉を用いて「芸能とはなにか」という問いに答えを導いた上で独自の芸能伝承論を展開させている。また、芸能の位置として「芸術の一歩手前のところにとどまっているもの」とも述べている。「わたしの芸能伝承論は、単なる行動、動作と芸術とのあいだに芸能をおき、どういう条件が、あるいはどういう制約が、芸能をその位置にとどまらしめているのかをみようとするところから出発した[22]」とあり、池田は「芸能」と「芸術」に明確な違いを見出している。これは、折口が昭和十五年(一九四〇)の「日本芸能の特殊性」において、芸能は「芸術に達しないもので芸術に至る素材[23]」だと述べているためである。

だが、本田安次は「(折口は)芸能は芸術に達しない段階のものに限るという使用例は、この一時期を除いては曽てないものであった」とした上で、「ただ、折口の教えを受けた人達は、今もこれに従っている[24]」と少々批判的に指摘している。本田は芸能を「美の追求を目的とする芸術の一分野を占めるものと考えることができる」と、池田のように芸術と芸能を分けていない。さらに本田は「表現者が、鑑賞者と相対して、身をもって表現しようとする」ものが芸能であり、その特色は瞬間的なものでフィルムや録音に残されるものは、本物ではない、と指摘している。芸能の魅力は「その時々に、独特の美を感受することができること[25]」であるという。

三隅治雄もまた、芸能の審美性を指摘している。折口・池田の研究を受け継ぎながらも「感動」という言葉を使用し、芸能を定義付けている。三隅は「芸能」とは「かつて日常動作であり、宗教行為であったある種の行動でも、だんだんそれに肉体の緊張を高めていくような美的感動が伴ってくれば、自然その動作は芸能的になってくるし、さらに、見る者の心にこの感動が伝達されて、観客の美意識がその動作に加えられてくると、その行動は、芸能としての性格を当然備えてくる[26]」と述べている。また、逆に演じることへの感動が失われると、それが芸能と考えられた行動であっても、生活上の習俗になってしまうという。

池田・本田・三隅と一線を画したのが林屋辰三郎であった。林屋は歴史学的な芸能研究の立場をとり、「芸能」の字義についても折口を批判している[27]。史料をひもとく中で、林屋は「芸」とは、個人が身につけた「わざ」であることを明らかにしている。また、「能」とは個人の主体的に保有するものであるとし、「芸能」は「元来個人の主体的に保有するものであり、芸能と云えば特に芸のうちにおいても特定の個人と不離な関係にあるものを指すと見られる[28]」としている。ただし、芸能が育成された環境は必ずしも個人的ではなく、集団的・社会的であったという。これは林屋の芸能環境論[29]へとつながっていく。

林屋の意見を継承して、守屋毅は「芸能」とは「その身に体得せられた「わざ」の力[30]」と定義する。歴史学的な立場で研究対象としているのは、「芸能」とは「歴史上のある時代に「芸能」の語によって特定された技能[31]」であるといい、眼前に提示されなければ「芸能」と認めることはできないとしている。その上で時間の一回(一会)性、空間の共感性(一座)という芸能の特質を指摘した。この点においては本田安次の示す芸能の魅力と重なっているが、守屋は「performing arts」という英語が「芸能」の本質を突いており、「「芸能」は、performing そのものが arts となる、そうした性格のもの[32]」であるとしている。

4　芸能と民俗芸能

研究者たちの「芸能」の見解について確認したが、芸能に対する研究姿勢によってその概念は異なることも明確となった。唯一共通しているのは「鑑賞者に対して身体で表現するもの」といえるだろう。これに信仰性・宗教性を加味すると池田に、審美性を加味すると本田や三隅の「芸能」概念となる。林屋は、史料から読み解いた「芸能」の語義を示しているが、明確に芸能を定義しているとはいえない。守屋は史料に「芸能」と規定されるものに「芸能」を定義付けているといえよう。

さて、次に問題としたいのが民俗芸能の定義である。芸能と民俗芸能の関係を先行研究ではどのように捉えているのか確認する。

本田安次は先述した芸能の概念を述べた上で「民俗芸能は、同じ芸能でも信仰行事として伝承が永く続けられてきた場合が多く、必ずしも美の追求を第一の目的としていない[33]」としているが、民俗芸能には無意識で純粋の美の表現があることから、信仰が薄れてもその魅力が伝承を支える大きな力になっていると述べている。

三隅治雄は、民俗芸能は「それぞれの地域社会の中で住民が主体となって育て伝承してきた音楽・舞踊・演劇・競技・曲技などの身体表現[34]」を総称して民俗芸能としている。

山路興造は、今日のように「民俗芸能」という用語が定着するまでの過程を踏まえた上で、「中央にある以外の芸能というニュアンスがあった[35]」ことを指摘している。そして民俗芸能の芸能的特色は演者にあるとした上で「職業芸能者により舞台芸能として確立している以外の伝承芸能[36]」を民俗芸能としている。山路は、現在、民俗芸能と呼ばれている芸能の多くが、かつては中央の花形芸能や、専業者による職業的芸能であり、それが地方へ伝播していったという芸能伝播論に研究の主眼を置いていることは、この点からも明らかであろう。

守屋毅は、芸能の果たす機能および上演形態によって「民俗芸能」「巷間芸能」「室内芸能」「舞台芸能」の四つのジャンルに分類している。ただし、このジャンルは固定的なものではなく、自由に移行しうるという。また守屋は上演形態と芸能の機能を図示して(図1)[37]、民俗芸能は「芸能が神事性・儀礼性と寿祝性を併せ持つ象限に入った状態にたいして与えられる呼称[38]」であるとし、民俗行事と結合すればいずれの芸能も民俗芸能となるという。

池田弥三郎は民俗芸能を「民俗学的考察の対象になる芸能[39]」と定義しているのだが、先述した折口の「芸能伝承」

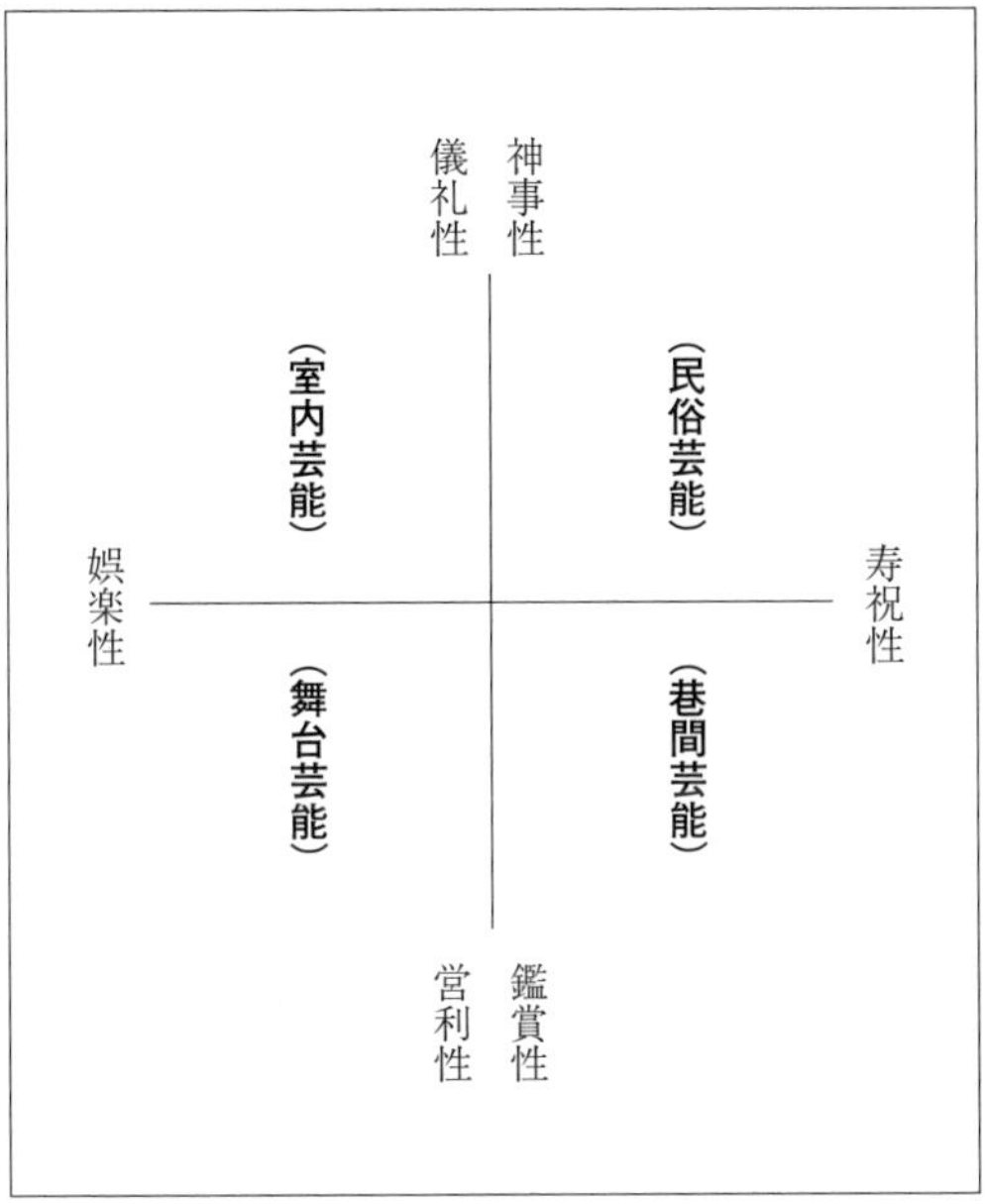

図１　守屋毅の芸能の機能および上演形態図

と結びつけながら、「芸能を、民俗のひとつのことがらとしてとらえようとしている態度を示すならば、民俗芸能というよりも、芸能伝承という語のほうが適切である」[40]という。また、民俗芸能とは、折口の「芸能伝承論の素材となった、また、なるはずであった芸能」[41]であり、「芸能伝承とは、芸能を、民俗としてとらえたときの、あるいは、民俗としてとらえようとしたときの名である」[42]とも述べている。あくまでも芸術化した能や歌舞伎は民俗芸能に入らないものの、それを民俗学的対象としてみた場合、折口の芸能伝承論の中に組み込まれるのである。柳田國男は、家元制度のようなものがある芸能や、都会の洗練された芸能は民俗学の対象から外しているが、折口はその家元制度でさえも民俗学的視点から考察しようとしていたことを、池田は指摘している。ただし、池田は折口に「芸能はすなわち民俗であるかどうか」と直接質問した際に「そうはきめてしまえないであろう」といわれたことも紹介している[43]。

5　民俗芸能の分類と方法論

これまで、「民俗芸能」に対する各研究者の見解をみてきたが、さらにその見解を具体化した分類案について確認する。

池田弥三郎は民俗芸能には「民俗的な制約」があるとして、その制約を五つ挙げて分類の柱にしている。五つの制約とは、一、季節、二、舞台、三、俳優、四、観客、五、台本である。ただし五、台本は、口承文芸であるため「文学史の領域にまかせるべきだろう」[44]としている。この池田の分類について、三隅治雄は、「芸能個々が問題ではなく、日本全体にわたる、いわゆる芸能伝承の、その論理を形成している民間伝承的な事象に中心があ」るといい、この分類案は「芸能研究を、あくまで採集の学問」として捉えているために、「項目の柱がそのまま採集の目安となる組み立てになっている」[45]という。

民俗芸能を具体的にとりあげて分類を行ったのは、本田安次が最初である。[46]三隅治雄は『祭・芸能・行事大辞典下』の「民俗芸能」の項で本田の分類について「本田は、芸能を行う目的が、一、長命を願うこと、二、穀物の豊穣を願うこと、三、命をおびやかす悪霊・厄災を追うことの三点にあったことを挙げ、一を基盤に神楽の系統が、二を基盤に田楽の系統が、三を基盤に風流の系統が産まれたとし、それに、祝福芸、外来脈の系統を加えた五つを柱として、民俗芸能の分類を行った」[47]と概括している。

三隅は本田の分類を基本としているが、民俗芸能を「それぞれの現在置かれた「民俗」の状況に基づいて」[48]整理した。演劇・舞踊部門と、音楽部門に分け、演劇・舞踊部門は第一類（民俗的環境を保持しながら伝承を続けてきた芸能）、第二類（舞楽・能・歌舞伎のように、一度舞台芸術化したものが民俗芸能化したもので、その本流となるものが現に舞台で行われているもの）に分類する。そして各類に「一般（各部属の要素を併せもつもの）」と「雑（該当種目からはずれるもの）」の種類を設けた。[49]池田弥三郎は、芸術化したものは芸能とはいえないという立場をとっているが、三隅は芸術化と芸能化は行き来するものであるという主張であり[50]それが、この分類を通してみられる。折口は本来、芸術と芸能は往来する関係であることを論じており[51]、三隅はこの折口の芸術・芸能論を継承したと考えられる。なお、折口の「芸術」に関する考察は、第四編第一章で行う。

山路興造は、本田案と三隅案の神楽・田楽・風流の分類について、分類の基盤を一つにしていないと指摘している。神楽・田楽・風流はそれぞれ、上演目的・発生基盤・表現手段が共通している芸能をひとくくりにしており、本来ならば基盤を共通させた上で選別しなくてはならず、本田分類は現実に即した便宜的なものであるとしている。その上で山路は現在残る民俗芸能が「かつての中央の流行芸能であり、専業芸能者の芸能であったという観点から芸能史の流れの中に位置づけ[52]」、芸能の地方伝播を「民俗芸能化」と呼び、この伝播過程を基盤として民俗芸能を七つに分類している。

これまでの民俗芸能の分類の特徴として、本田安次は芸能が行われる目的・形態を基盤とした分類である。本田の分類は発表されたのち、現在でも辞典類等で用いられている。三隅はその分類を素としながら、境遇と性格の度合いを基準に、演劇・舞踊部門と音楽部門に分けて細かく分類していることが特徴といえる。西角井正大の分類[53]は、目的・形態・伝来という三つの項目を類型化して分類しており、本田と三隅の考えをさらに発展させた形といえる。山路はこれらの分類とは異なり、民俗芸能は、ある時代の中央の芸能が地方に定着したという主張を基に、民俗芸能の伝播過程と時代背景を基盤として分類した。

分類とは、研究者がその対象に対してもつ視点と考え、さらにこれを発展させて方法論を説いていくことが重要になる。山路は民俗の中でも芸能伝承は、表現の多様性があり、芸能自身が民俗以外の要素をもつことから、民俗学的方法による研究が遅れていることを提起し、芸能伝承の民俗学的研究はこれからの課題となると述べている[54]。

民俗芸能研究は、平成二年（一九九〇）から平成三年の二年間にわたり行われた「民俗芸能研究の会／第一民俗芸能学会」（以下、第一民俗芸能学会）を契機にその動向が大きく変化した。第一民俗芸能学会の初志は「先人の業績の知的可能性を再考し、われわれのあるべき民俗芸能研究を構想しようとするもの[55]」であった。

本田安次はその分類からも明らかなように、芸態を重視している。そこに芸能の信仰・宗教性や審美性を求めているためである。三隅治雄もこれに準じている。池田弥三郎も信仰・宗教性に着眼していたことは先述した通りである。芸能が歴史的にどのように形成されてきたのか、という芸能史研究は林屋辰三郎・守屋毅の功績が大きく、また芸能史研究の中でも芸能伝播論は山路興造が第一人者である。

このような先人たちの研究について、大石泰夫は原初形態や宗教的意義に固執した「本質主義」的研究であったと指摘する。特に「おまつり法[56]」を契機に、失われてゆく民俗芸能の「本質主義」が問題とされていくが、大石はこのことに対し「民俗芸能が伝承の実践者である人々の意識や実態から離れ、外の研究者が二項対立の意識を持って勝手にああだこうだと言っている[57]」と批判的に捉えている。橋本裕之を世話人として大石らの参加した第一民俗芸能学会は、平成五年（一九九三）に『課題としての民俗芸能研究』を刊行し、「現場主義」「実践主義」が研究の主体であると主張した。そして、これ以降、現在に至るまで発表された民俗芸能に関わる論考は、民俗芸能の伝承活動に関わる人々の意識（認識）や、民俗芸能が育まれてきた地域社会を論じるものが多い。筆者がここで行っている研究は、これまでの芸能研究の中でも伝承活動を重視した研究の線上に位置する。ただし、芸能をとりまく社会を論じるのではなく、演者（伝承者）の視点を重視しているが、このことについて、従来の研究を検討していく。

二　演者に対する二つの視点

1　集団の中の演者

⑴折口の演者論

折口の演者論において「ほかひびと」は欠かせない存在である。昭和二年(一九二七)の「国文学の発生(第四稿)」[58]で「ほかひびと」などの流民について論じている。「ほかひびと」と芸能者の要点をまとめると以下の通りである。「ほかひびと」は寺や神社に身を寄せ、寺奴となりながらも独自の信仰をもち、法師や陰陽師の姿で唱門師となり、その信仰を基にした芸を行っていた。その芸の中から、千秋万歳・曲舞、後に歌舞伎にも影響を与える幸若舞などが出た。また、彼ら「ほかひびと」の中には、くぐつの民も混ざっていたことも述べている。

折口は「ほかひびと」という流民団を後世の芸能者の祖と考えていた。独自の信仰をもつ「ほかひびと」は、荘園制の中で寺社を保護者としながら、芸をすることで自身の信仰を広めていった。彼らは身分の高い存在ではなく、折口は彼らを「社寺の奴隷」「芸術の奴隷」と表現している[59]。彼らの中で、後に都市に出たものが「ごろつき」へと集約されていく。昭和三年(一九二八)「ごろつきの話」[60]では、「ごろつき」の意味から始まり、異郷の信仰と、異風の芸術とをもって各地を浮浪した「うかれびと」の存在、「ほかひびと」との混合、さらに、社寺に隷属していた奴隷たちと土地のない諸方の豪族の家々の子弟たちである山伏・野武士をも含めた流浪の人々について論述している。

この流浪の人々が徳川以降どうなったのかを述べているのが、「ごろつきの話」の十章「人入れ稼業の創始」である。

彼等のうち、織田・豊臣の時代までに、しつかりとした擁護者を得て、落ちつく事が出来なかつた者は、再、落ちつく機会を失つて了うたのであつた。

それでも、村落にしつかりとした基礎を持つてゐたものは、まだよかつた。即、彼等は、そこへ帰つて、郷士となつた。

又、彼等の中には、早く江戸を棄て、宗教の名を借りて、悪事を働いた高野聖の様なものもある。（中略）彼等の中、最、困つたのは、江戸や大坂・堺などに未練を持つた連衆で、何と子分の始末をすべきか、其が大きな問題であつた。そこで、彼等は、其子分たちを、諸大名の家へ売りつけることを考へた。人入れ稼業は、かうして始つたのである。そして、彼等は所謂侠客となつた。親分・子分の関係は、前に述べた様に、農村の制度からとつたものであるが、今日人口に膾炙してゐる親分・子分は、此人入れ稼業から始つたと見てい丶。有名な幡随院長兵衛の頃には、もうそんなことはなく、ほんとうの人入れ稼業になつてゐたのであらうが、古くは、其子分を大名の家に売りつけたのであつた。

其を「奴」といつた。奴の名は髪の格好から出たものと思はれる。鬢を薄く、深く剃り込んだ其形が、当時ははいから風であつたのだ。そして、其が江戸で流行を極める様になつた。町奴の称が出来たのは、旗本奴が出来たからであつて、もとは、かぶきものと言うた。旗本奴もかぶきもの・かぶき衆などいはれたのであつた。併し、後には、此二者が交錯して、かぶきの中に奴が出る様なことにもなつたのであつた。(61)

折口がいう「ほかひびと」から始まる人々の流れは、次のような図でまとめることができる（図2）。芸能だけに留まらず文学や遊女などにも通じ、折口は彼らをまれびとの実体的な人々と考えていた。彼らに一貫しているのは、身分の低いアウトローな存在であったということである。そしてもう一つ重要なのは、特定の個ではなく集団として論

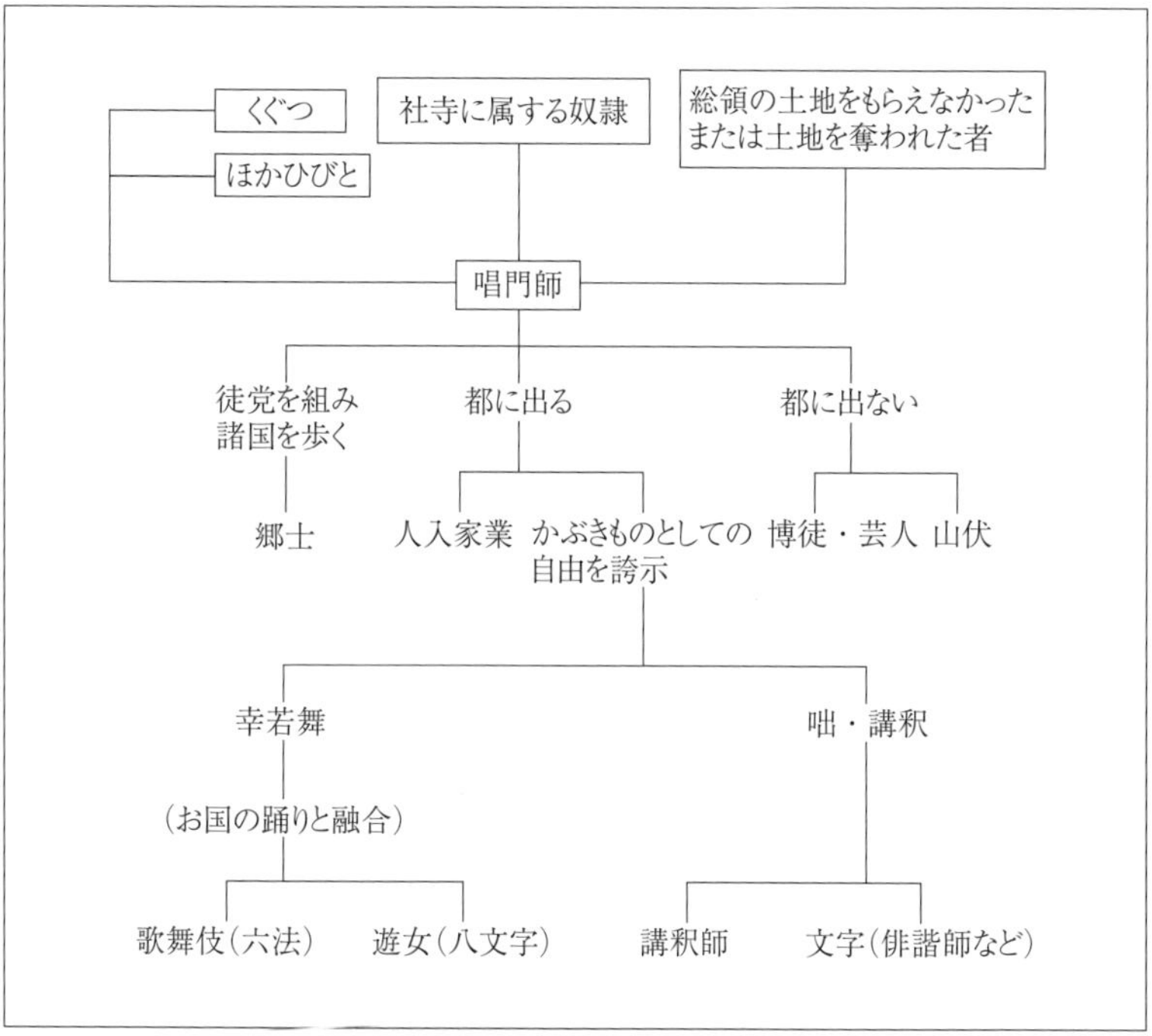

図２　「ほかひびと」から始まる人々の流れ

じていた点である。

⑵ 演者の集団性

池田弥三郎は演者を「芸能の俳優」と表現している。『日本人の芸能』には「芸能の俳優」に関するまとまった論考が掲載されているが、「芸能の俳優とは誰か」という問題よりも、「芸能の俳優は何を演じるか」という芸態論が大半である。「芸能の俳優」に対しては、花祭りや遠山祭りなどを具体例として挙げながら芸能団を中心に言及している。彼らは芸能を副業とした村人であり、彼らの居住する村を芸能村と称している。また、社寺に付属する芸能団として猿楽能を挙げている。猿楽能の芸能団は春日大社と深い関係で結ばれ、その後、「興福寺・東大寺をもパトロンとするようになって、ようやく大和猿楽が定着した[62]」と述べている。

池田はあくまでも個ではなく「芸能団」といった集団を対象としている。なぜなら「個的因由ではなく、集団的因由を見出すこと」[63]を芸能研究の目的に置いているからであろう。

この集団という考えは、三隅治雄も同様である。民俗芸能を「生活の場の芸能」と端的に表現した上で、個人の作為が加わったとしても、それを支持し演じてきたのは「地域社会それぞれの不特定多数の常民」であり、「その性格は没個性的な集団性の強いものになってくる」[64]と述べている。また、芸能は「結い」の能率を高めるなどの共同の目的の下に行われることが大半であるため、民俗や生活に近いものとなるという。

なお、両氏とも「ほかひびと」や「唱門師」については特に発展的な論考はなく、折口論を踏襲している。

(3)芸能の専業者と非専業者

本田安次は芸能の演者を専業の者と非専業の者とに分類した。専業の者とは「平常も芸を専心練磨することのできる立場の人たち」で、舞楽・能・狂言・人形芝居・歌舞伎などがこれにあたる。非専業者の芸能は民俗芸能を指し、「農閑期、或いは祭り前などの限られた期間内に伝習する人達によるものであることが多い」[65]としている。ただし、「明治維新を境に専業者の芸能が非専業者へと委ねられたものも少なくない」[66]とも述べており、民俗芸能の演者について、「明治維新前までは神主、社家、山伏、僧侶など」がいたこと、そして彼らが「祈禱の一手段として、また身についた芸として日頃の修練を怠らなかった」[67]専業者であったことにも触れている。しかし本田は芸能の演者については深く言及していないため、専業者・非専業者という分類についてもこれ以上の展開はみられない。

芸能の専業者・非専業者論について発展させたのが山路興造である。山路は中世における芸能の専業者を「道々の芸能者」と呼び、非専業者を「手の芸能者」と称した上で、演者の歴史的変遷をおっている[68]。「道々の芸能者」は具体的に「独自の修練を要する狭義の芸能を標榜し、それを家の芸として、親から子へ、または師から弟子へと正統に継承する職業芸能者[69]」を指し、座的組織で祭礼などに参勤すると定義している。「手の芸能者」は「下級宗教者や賤民が演じる祝福芸の芸系」[70]で、本質的には素人の芸能民であったとしている。室町期の芸能の特色として、社会体制に依存した多くの「道々の芸能者」が衰退していく一方で「手の芸能者」が台頭していったこと、さらに都市民や郷村の農業民などの一般人が芸能を演じることになったことを挙げており、「本来の専業者ではない素人の芸能者による芸能」[71]へと変わっていたことを指摘している。

山路の演者論で、もう一つ注目しておきたいのは、折口以降、池田や三隅が踏襲してきた身分の低い芸能者について、芸能者全般が賤視されていたわけではないという主張である。山路のいう「道々の芸能者」、つまり芸能の専業者は中世後期までは賤視される対象ではなかった。「道々の芸能者」たちを保護してきた階層の経済的基盤が大きく変動したこと、そして本来専業芸能者ではないはずの被差別民である「手の芸能者」が芸能の担い手となったことで、芸能民全体が被差別民として掌握されていったと論じている。

「道々の芸能者」の代表である猿楽の演者はその後権力の加護を得て、経済的基盤をもつようになる。経済的基盤をもつ専門芸能者に関しては、山路は芸能史の上では重要視しているものの「民俗芸能」としては捉えていない。民俗芸能としては、あくまでも非専業者が対象なのである。

(4) 集団を対象とした演者論

以上、民俗芸能を対象とする研究者の演者論を確認してきた。折口から始まる演者論は三つの視点をもっている。

一つ目は彼らを身分の低い、アウトロー的存在であったと捉えていることである。山路興造はその中で芸能者全体を賤視していないが、一部の芸能者に対しては同様の考えをもっていることから、折口の考えから大きく外れてはいないだろう。

二つ目はパトロンの存在である。寺社などの権力者が彼らを保護していたことは、いずれの研究者も指摘している。

しかし権力者が保護し、経済的基盤を確保した演者は芸能史の上から重要な存在であるとみていながらも、研究対象からは外しているのである。池田弥三郎が民俗芸能の演者を「社会的権威の場との結合がないもの(72)」として線引きしているように、パトロンのついた演者が演じる芸能は「民俗芸能」ではない、ということになる。

三つ目が演者の集団性である。本田安次や山路興造においては、特に「集団」については触れていないが、「特定の個」にも言及していない。ただし、まったく個に興味をもっていないわけではない。特に池田は「俳優の分野では、没個性的な面だけに問題を限るわけにはいかない」といい、「よき芸能の伝承者」は「名人上手の同義語」であるため、「名人上手、名優の出現ということを没却できない(73)」と述べている。また三隅治雄も先述したように、民俗芸能は没個性的な芸能になるものの、「一定の旋律や振りがあるのだから、それをまとめた〝個人〟があってよいはず(74)」とも述べている。しかし、あくまでもその「個人」には目をつむっていたようである。池田の言葉を借りるならば「個人が働きかける非民俗的な問題(75)」であるとして、あえて触れないようにしていたのだろう。

しかし、個の存在は芸能の中に埋没させたままでいいのだろうか。池田が指摘するような「個」は民俗芸能の中に確実に存在し、伝承に大きく関わっていたといえる。

2 個としての演者

本研究で対象とするのは、具体的な固有名詞を挙げながら、誰から伝えられたのかという系譜を技術とともに伝承している芸能である。ただし、誰から教わったという一代限りの師匠と弟子の関係ではなく、幾代も続けて同じ系譜をもつ場合に限る。その具体的な例として挙げられるのが「家元」「流派」の存在である。これまで民俗芸能の研究者による演者論をとりあげてきたが、ここでは「家元」「流派」を論じた先行研究をまとめながら、民俗芸能の研究者とは異なる演者論について確認しておきたい。

(1)折口信夫の家元に対する論考

最も早く家元について言及したのは、折口信夫である。折口は、昭和十四年（一九三九）の講演において「家元発生の民俗的意義」[76]について述べている。折口はこの中で、まず家元という語について「家元という語は、もと、親族関係をあらわす語であったといってよい」と述べ、その後、芸能における家元の発生について触れている。家元の発生には二つの由来があると考え、一つ目が、時代時代の有力者をパトロンとし、そのパトロンを増やしていった芸能人が、本筋の芸能人だとみられてくる。その本筋が家元とみなされていく、というものである。二つ目が、ある団体が集まって座ができる。それぞれの座には座頭がいるが、さらに同じ職業の座を束ねる管領家がいた。しかし、下克上が兆してきたある時代から、この管領の役割をそれぞれ座頭が負うようになる。そこから座頭が「家元」となっていく形ができるという。

そして、家元という制度を封建制度の遺物だと考えてはいけないこと、また弟子は家来ではなく、発生の由来を考えるとそこには擬制的親子関係があること、家元制度というのは、芸能に携わる人々の間で四方からせめてきて作りあげてきた形であり、苛斂誅求をほしいままにする目的ではじめから作られてきたと考えてはならないことに言及している。

(2)歴史学的視点の家元、家元制度

折口は、家元制度とは封建制度の遺物と考えてはいけないと論じているが、民主化の流れの中で封建的遺制として家元制度が批判の対象になっていく[77]。それは基本的には家元制度のもつ否定的側面をあげつらったものであったが、その制度の実態を歴史的・社会的背景の下に把握しようという試みが出てくる。島崎稔の「芸能社会と家元制度」[78]に

始まり、林屋辰三郎[79]・西山松之助が続く。中でも西山松之助は家元研究の三部作といえる『家元ものがたり[80]』『家元の研究[81]』『家元制の展開[82]』を発表し、多くの事例を挙げながら家元と家元制度について歴史的観点からの把握を試みた。

西山が主張する家元の性格と特質は以下の通りである。

① その芸を開いた流祖の正しい嫡流の家であって、流祖以来の伝統的な家芸を伝えている。そうして芸と血が正統であることによって保有する一切の権利をもっている家。

② 一般に遊芸といわれるような文化、例えば茶・花・浄瑠璃・香道などの世界で、そこに師匠と弟子が存在し、弟子がいくら増えてもよいようなところに成立する。

③ 知性的な論理的な公式などで理解することのできるものではなく、経験や感性で、わざを磨く芸能の世界で、しかもそのわざを秘密にすることができ、かつそれが無形文化であるところに成立する。

このような性格をもつ家元を有する組織は武士階級を中心に成立したが、町人が社会基盤となっていく近世以降に、遊芸をたしなむ町人が増加し、多くの弟子人口が創出されることにより、「名取制度、すなわち家父長制的拡大再生産構造が整備[83]」されていった。この構造こそが家元制度であると指摘する。西山は家元制度を以下のように説明している。

ⓐ 家元があらゆる一切の相伝権を独占している。

ⓑ ⓐのような性格から、家元の直弟子・孫弟子・又孫弟子ができて、いわゆる名取制度というものが成立する。

ⓒ 弟子たちは家元の流儀名の一部を与えられて、名目上家元の家族の一員という組織に組み込まれる。

西山はⓐの相伝権に注視し、論を展開させていった。「弟子に免許皆伝相伝の全権利をも譲り与える[84]」相伝形式を

「完全相伝」と呼び、この形式が「単なる家元としてのみ存在しているものなのか、あるいは家元制度を形成しているものなのかを分析識別する場合の、重要なメルクマールとなる[85]」として、完全相伝を伴っている組織は家元制度を構成することはできないと述べている。

これに対して、家元制度をもつ組織には完全相伝は伴わず、名取制度を有しており、名取制度とは「家元に代行する中間教授機関[86]」であるという。ある一定段階の技能を習得した弟子は、家元から流儀名とともに名取という職分を与えられ、「家元制度における家元と末端弟子とを結ぶ[87]」役割をもつこととなるのである。しかし、名取弟子はあくまでも「中間教授」であるため、どれほどわざが優れていても、免許状を発行する権利は家元が握っていて、この権利は絶対に弟子に与えられない。西山はここに「家父長制的拡大再生産構造」をみたのである。

このように西山は、家元の存在する集団を「単なる家元としてのみ存在しているもの」と「家元制度を形成しているもの」に大別するだけでなく、家元制度の成立の歴史を叙述している。前述した通り、家元のみが存在する集団が成立したのは中世期であるが、その後多くの家元が成立した寛永期を家元制度成立の第一期としている。そして、元禄から宝暦・天明にわたる第二期は町人文化の隆盛が目覚ましく発展し、従来の「単なる家元」が名取制度を創出した時期である。第三期は化政期を中心とし、文化の中心が上方から江戸に移り、さらに広く民衆文化の中に家元制度が固定された時期だとしている。この第三期では、民俗芸能にも家元が誕生していることを指摘している。

西山は、「流行歌・民謡・祭囃子などは、私が最初に定義づけた家元の諸条件と照合してみると、いずれも家元を構成することはできない[88]」とし、「地方の基盤社会で成立した文化としての民謡とか民芸・民俗芸能・民話など、それらはすべて個人の作者でなく、村や町の共同体が創出し、かつそれらを伝えていくのにも特定の個人の家としての文化荷担者がなく、共同体が集団で伝えてきた」ために「芸道にもならなければ家元にもならなかった[89]」と論じている。

とはいえ、万歳・大神楽・曲独楽には家元の存在が確認されることから、家元制度成立の第三期において「従来は民俗芸能の世界にあって、個性的な個人の伝統的家芸ではなかったものが、次第に昇華して独占的な家芸に転化」することで「整然たる家元制度を組織していたという確証はな」くとも「多くの弟子を統制していた文化社会を構成していた点において[90]」、民俗芸能も家元が成立するという。さらに西山は、事例としては、水泳・剣道・相撲、さきほども多少触れた万歳や大神楽の家元と家元制度を挙げているが、論考の中心になるのは、日本舞踊や邦楽・小唄などの舞台芸能と座敷芸能である。

林屋辰三郎は西山の家元論を受けた形で、自ら発表した家元に関する論考を発展させている[91]。家元が生み出される芸能は「道」の家と呼ばれる芸能であり、「家元」の実態としては中世に発生したと考えられるが、制度としては京都において近世の中頃から本格的に結成されたと述べている。家元(制度)が確立するには、芸能が「固定」しなくてはならず、それによって家元と門人の間に組織が結成されなくてはならなかった。そして封建的な社会の中で家元制は生まれることとなるが、そこには経済的な仕組みも重なる。このことから家元制は「封建制と資本制とが雑居して[92]」いることを指摘している。

西山・林屋以後も、筒井紘一・熊倉功夫・波戸祥晃・衣笠安喜・守屋毅らにより家元研究は進められてきた。近年、茶の湯の家元をとりあげて論じている廣田吉崇は彼らの研究を評価しながらも「新たな家元理解の全体像を提示するまでにはいたっていない[93]」と指摘している。通説とされてきた十八世紀頃に完全相伝制から不完全相伝制へと移行し、家元制度があらわれ広まったとする西山説に対し、廣田は茶の湯を例に挙げて、近世中期から後期の家元の成長期を近世家元システム、大衆層に多数の門弟を獲得した大正・昭和初期を近代家元システム、第二次世界大戦後から高度経済成長期にかけて家元組織が巨大化した時期を現代家元システムと時代区分した。茶の湯を嗜む人々の変化によって、家元が確立し、家元制度が成立していくこと、またパトロンの有無が家元のあり方に大きく関わっていることを論じ、これまでの家元研究をさらに発展させることとなった。

(3)流派に関する論考

流派についての論考は、家元研究の中でとりあげられてきた。西山は日本の茶道史において天正十六年(一五八八)の『茶器名物集』などを例に「珠光流とか利休流などという呼称はすでに早くから用いられて」いたとしながらも、茶道としての形式的な体系が整備されたものではなかったことから、「この頃すでに流派茶道の家元が成立していたとは考えられない」[94]としている、こうした論述から、流派を家元と関係付けながら考えていたことがうかがえる。その上で西山は「流派」に関して、①家元社会の中で分裂や創流のいちじるしくはげしいもの、②さほどではないもの、③ほとんど、あるいは全く分裂、創流しないもの、という三つに分類し論じている。流派が多く存在する分野について、茶道と日本舞踊を挙げているが、茶道と日本舞踊とでは流派が多い理由が異なるという。

茶道は、現在では、③まったく分裂、創流しないものとして位置付けているが、かつては完全相伝制であったため、相伝された者が新たに流派を名乗り、流派が乱立したという。一方、日本舞踊に関しては、家元制度が確立してから流派が乱立している。西山が『家元制の展開』を著した昭和五十七年(一九八二)において、すでに日本舞踊には一一六の流派が存在していた。その要因として、家元の追放、跡継問題における分裂などを挙げている。追放や分裂などによって、新たな流派を立ち上げていくことで、流派がこれだけ増えていったのだとしている。

分派については、菊池明も流派の性格とともに言及している[95]。流派ができる素地として、日本舞踊の志賀山流を例に挙げながら、実力如何で弟子筋であろうとも師家を超えて重用されること、新たな分野を確立しなおかつそれが支持されること、規模を小さくしても存在しうる分野であることの三点を挙げ、さらに論文が記された昭和四十五年（一九七〇）当時の流派の増加傾向に関し、現代の自由主義の影響、家元と一門との連係の弱さと、何よりも家元という地位への魅力がその原因であると指摘している。

廣田吉崇は茶の湯研究において、流派の存在が自明のこととされてきたとし、「流派とは何か」を問題にしている。流派は「同じ技芸を共有する共同体」であり、一般的には「流祖が新たな技芸を創造することによって、新たな流派ができるもの」であるにもかかわらず、伝承の過程で「同じ流派名をなのりながら、伝承の過程でおのずと技芸にちがいがうまれることもありうる」[96]と述べている。その要因として、大正期以降に地域的な小集団を統合して、より大きな組織体に再編成する「流派統合」が行われ、その際には技芸の伝承ではなく、流祖の家系が重視されたことを指摘している。流派は家元の組織体を意味すると考え、流派と家元は表裏一体とする西山説を踏襲しながらも、近代以降の一部の流派における家元は「流祖の家系しか正統性の根拠を持ちえない象徴家元」[97]とする、新たな見地を見出した。

(4)特定の演者を対象とした演者論

家元と流派に関する研究は歴史学的視点からの研究が大半で、民俗学的視点からの研究はほとんどない。しかし、歴史学的研究には偏りがある。西山以降の研究をまとめると、演者そのものよりも芸能組織に重きを置いている。「家元」という一人の人間を頂点に置いたヒエラルキーの発生、展開、衰退過程を社会構造の変遷をおいながら論じているのである。そして、この家元制度が発生するには絶対的な条件として、「独占的な家芸」をもつ芸能であるとしたため、西山は村や町の共同体が創出してきた芸能には家元を構成することはできないと指摘している。独占的な家芸というのは、すなわち「特定の演者」が演じる芸能と置き換えることができよう。ただし、彼らが対象としていたのは演者よりも演者の「家」という組織であった。そのため「特定の演者」としての家元について、また流派については論述が深まっていない。

三　研究対象とする芸能

1　民俗芸能の「家元」と流派―東京都の民俗芸能を例として―

具体的に民俗芸能の中にはどのような形で「家元」の存在や流派があるのだろうか。

表1は東京都の民俗芸能一覧である。東京都教育委員会『東京都民俗芸能調査報告書　東京都の民俗芸能』を主体としながら、補完として中村規の『江戸東京の民俗芸能』、佐藤高の『ふるさと東京　民俗芸能』、東京都教育委員会『江戸の祭囃子―江戸の祭囃子現状調査報告書―』他を資料として使用した[98]。市町村名、芸能の名称、流派の有無、流派名、家元の有無、芸能の種類を項目としてとりあげて表1を作成してみた。家元の有無に△があるのは、かつては家元が存在したことを示す。芸能の種類については中村の分類を参考にした[99]。また、祭囃子は数が多いため、各市町村で三つ以上の団体がある場合は、祭囃子としてひとくくりにした。この場合の祭囃子は、流派は異なっても楽器構成は同様である。

では、芸能の分類ごとに流派と家元を確認する。便宜上、芸能ごとに(a)～(u)の記号をつける。

まず、(a)祭囃子は、1番の神田囃子は家元が△となっているが、神田囃子保存会の資料によると、十五代家元荒井(屋根屋)喜三郎がおり、十六代・十七代家元と続き、神田囃子保存会が結成されたという流れがある。現在では家元は存在しないが、祭囃子でもかつて家元がいたということは注目しておきたい。

表1　東京都の民俗芸能一覧

	市町村名	芸能の名称	流派有無	流派名	家元有無	芸能の種類	備考
1	千代田区	神田囃子	○	神田流	△	祭囃子　a	現在は家元はいない。
2		神田拍子太々神楽	○	若山流	○	太々神楽　b	若山胤雄社中。四代目家元。
3		山王太鼓	×		×	打込太鼓　u	
4		大江戸助六太鼓	○	助六流	○	打込太鼓	初代家元小林正道。
5		明神将門太鼓	×		×	打込太鼓	
6	中央区	佃の盆踊り	×		×	風流踊　h	
7		浜町音頭	×		×	風流踊	昭和四年〜。
8		小網神社の太々神楽	○	若山流	○	太々神楽	若山胤雄社中。四代目家元。
9	港区	祭囃子	○	江戸流、神田流、葛西流など	×	祭囃子	
10	新宿区	相模流里神楽	○	相模流	○	里神楽　c	萩原正義社中。六代目家元。
11		相模流祭囃子	○	相模流	○	祭囃子	萩原正義社中。六代目家元。
12		相模流寿獅子	○	相模流	○	獅子神楽	萩原正義社中。六代目家元。
13		戸塚囃子	○	田淵流中間囃子	×	祭囃子	
14		江戸の鳶木遣	○	江戸木遣	×	祝い唄（木遣）　m	
15		梯子乗り	×		×	曲芸	
16	文京区	三座の舞	○	岩井流	○	太々神楽	松本源之助社中。四代目家元。大正時代に、社人の岩井家から神楽師の松本家へ。

17		江戸太神楽	○	熱田派	○	大神楽 f	鏡味小仙社中。十三代目家元。
18		湯島天神太鼓	×		×		
19	台東区	浅草神社のびんざさら	×		×	風流踊	
20		江戸里神楽	○	若山流	○	里神楽	若山胤雄社中。四代目家元。
21		木魚念仏	×		×	仏教唄 k	
22	墨田区	墨田囃子	○	箕輪流	×	祭囃子	
23		隅田川おどり	×		×	風流踊	
24		牛島こども太鼓	×		×	打込太鼓	
25	江東区	木場の角乗	×		×	曲芸（角乗） o	
26		深川の力持ち	×		×	曲芸（力持ち） p	
27		木場の木遣	○	木場木遣	×	祝い唄（木遣）	木場木遣と鳶木遣の違いがあるとしている。
28		砂村囃子	○		×	祭囃子	
29		手古舞	×		×	風流踊	
30	品川区	江戸の里神楽	○	品川流郷神楽	○	里神楽	間宮和麿社中。七代目家元。江戸の山の手神楽ともいっている。
31		品川神社太々神楽	○	品川流郷神楽	○	太々神楽	間宮和麿社中。昭和二年頃神職の加藤家から神楽師の間宮家へ。
32		祭囃子	○	相模流など	×	祭囃子	
33		品川拍子	×		×	太々神楽	
34		玉川神社神前舞	○	相模流	○	太々神楽	萩原諄夫社中。

35		大井権現太鼓	×		×	打込太鼓		
36	目黒区	目黒囃子	○	目黒流	×	祭囃子		
37		大鳥神社の太々神楽	○	品川流郷神楽	○	太々神楽		間宮和麿社中。昭和初期から神楽師の間宮家へ。
38		八雲氷川神社の太々神楽	○	神代神楽	○	太々神楽		池田壌三郎社中。二代目家元。
39	大田区	水止舞	○	鹿島流	×	三匹獅子舞		
40		双盤念仏	×		×	鉦打ち	j	
41		六郷神社獅子舞	×		×	三匹獅子舞	t	
42		禰宜舞	×		×	湯立神楽	d	一子相伝（川崎の白幡八幡大神社の宮司による）。
43		江戸流里神楽	○	江戸流	○	太々神楽		岡部啓吾社中。初代。
44		神代里神楽	○	神代神楽	○	太々神楽		池田壌三郎社中。二代目家元。
45		穴守稲荷神社の太々神楽	○	神代神楽	○	太々神楽		池田壌三郎社中。二代目家元。
46		猿田彦祓の舞	×		×	風流踊		
47		三増流曲独楽	○	三増流	○	曲芸（曲独楽）	n	三枡紋也社中。三代目家元。
48		池上太鼓	×		×	打込太鼓		
49		荏原流れ太鼓	×		×	打込太鼓		
50	世田谷区	祭囃子	○	目黒流、船橋流、早間流など	×	祭囃子		
51		喜多見氷川神社神前舞	×		×	神前神楽	e	
52		須賀神社湯立神楽	×		×	湯立神楽		

53		慶元寺双盤念仏	×		×	鉦打ち	
54		九品仏大念仏	×		×	鉦打ち	
55		浄真寺の二十五菩薩練供養	×		×	仏教唄	
56		代田餅搗唄	×		×	作業唄　1	
57	渋谷区	代々木囃子	○	目黒流	×	祭囃子	
58		代々木もちつき唄	×		×	作業唄	
59	中野区	江古田の獅子舞	○	秩父系	×	三匹獅子舞	
60		祭囃子	○	田淵流など	×	祭囃子	
61	杉並区	大宮前里神楽	○	相模流	○	里神楽	萩原正義社中。六代目家元。
62		祭囃子	○	中間流、早間流、速間流など	×	祭囃子	
63		久我山稲荷神社湯の花神楽	○	土御門流	○	湯立神楽	斎藤卯一社中。四代目家元。
64		土御門流神楽	○	土御門流	○	湯立神楽	斎藤卯一社中。四代目家元。
65		井萩の大神楽	×		×	大神楽	
66		杉並麦打唄	×		×	作業唄	
67		杉並餅搗唄	×		×	作業唄	
68	豊島区	長崎獅子舞	○	秩父系	×	三匹獅子舞	
69		富士元囃子	○	大間流	×	祭囃子	
70	北区	王子田楽	×		×	田楽踊り	
71		滝野川囃子	○	滝野川流	×	祭囃子	

72		稲付餅搗唄	×		×	作業唄	
73	荒川区	松井流曲独楽	○	松井流	○	曲芸（曲独楽）	柳家小志ん社中。松井流としては十七代目まで。
74		江戸の里神楽	○	下町流	○	三匹獅子舞	松本源之助社中。四代目家元。
75		素盞雄神社天王太鼓	×		×	打込太鼓	
76		竜神太鼓	×		×	打込太鼓	
77	板橋区	相模流里神楽	○	相模流	○	里神楽	萩原正義社中。六代目家元。
78		成増里神楽	○	相模流	△	里神楽	大正初期に土師流↓地元の有志。その後相模流の萩原正義を師匠とする。
79		徳丸北野神社田遊び	×		×	田遊び	
80		下赤塚諏訪神社田遊び	×		×	田遊び	
81		上赤塚氷川神社田遊び祭り	×		×	田遊び	
82		徳丸の獅子舞	○	関白流	×	三匹獅子舞	
83		赤塚の獅子舞	○	秩父系	×	三匹獅子舞	
84		四ツ竹踊	×		×	風流踊	
85		説経浄瑠璃	○	若松派	○	説教浄瑠璃	家元は三代目若松若大夫。
86		柳流曲独楽	○	柳流	○	曲芸（曲独楽）	やなぎ女楽社中。二代目家元。
87		板橋餅搗唄	×		×	作業唄	
88		祭囃子	○	神田流など	×	祭囃子	
89	練馬区	鶴の舞	×		×	風流踊	

90		祭囃子	○	中間流、大間流、神田流など	×	祭囃子	
91		練馬餅搗唄	×		×	作業唄	
92	足立区	鹿浜獅子舞	○	秩父系	×	三匹獅子舞	
93		花畑大鷲神社獅子舞	○	角兵衛流	×	三匹獅子舞	
94		島根神代神楽	×		×	大神楽	
95		祭囃子	○	箕輪流、神田流、葛西流など	×	祭囃子	
96	葛飾区	葛西囃子	○	葛西流	×	祭囃子	
97		神獅子	○	角兵衛流	×	獅子舞	
98	江戸川区	葛西の里神楽	○	江戸流	△	里神楽	戦後に岩楯己好（神楽師）が、葛西神楽保存会を発足。
99		葛西囃子	○	葛西流	×	祭囃子	
100		葛西のおしやらく	×		×	風流踊	
101		香取神社の太々神楽	×		×	太々神楽	神職の亀井家による口伝での伝承。世襲制。
102		ことぶき太鼓	○	寿流	×	打込太鼓	
103	八王子市	車人形	○	西川古流座	○	人形芝居（車人形）	西川古流座。五代目家元。
104		説教浄瑠璃	○	薩摩派	○	説教節・浄瑠璃	薩摩若大夫。十三代目家元。
105		石川町神社龍頭の舞	○	角兵衛流	×	三匹獅子舞	
106		今熊神社の獅子舞	×		×	三匹獅子舞	

107		小津の獅子舞	○	鹿島流	×	三匹獅子舞	
108		田守神社の獅子舞	×		×	三匹獅子舞	
109		狭間の獅子舞	○	神立流	×	三匹獅子舞	
110		氷川神社の獅子舞	○	神立流	×	三匹獅子舞	
111		山入の簓獅子舞	○	関白流	×	三匹獅子舞	
112		四谷の龍頭舞	×		×	三匹獅子舞	
113		木遣	○	江戸木遣	×	祝い唄	
114		祭囃子	○	目黒流、神田流、浜の手流など	×	祭囃子	
115		子安神社湯祭	○	不明	○	湯立神楽	柴田社中（相模原市）。
116		八王子武神太鼓	×		×	打込太鼓	
117		佼成太鼓	×		×	打込太鼓	
118	立川市	立川市の獅子舞	○	鹿島流	×	三匹獅子舞	
119		祭囃子	○	船橋流、相模流、重松流など	×	祭囃子	
120	武蔵野市	むさしのばやし	○	船橋流	×	祭囃子	
121	三鷹市	三鷹囃子	○	速間流	×	祭囃子	
122		新川囃子	○	速間流	×	祭囃子	
123	青梅市	武蔵御嶽神社太々神楽	×		×	太々神楽	神社に仕える御師（同神社社人）とその子弟の世襲。
124		鹿島玉川神社鹿舞	×		×	三匹獅子舞	

125		上成木高水山獅子舞	○	文挟流	×	三匹獅子舞	
126		沢井の獅子舞	○	角兵衛流	×	三匹獅子舞	
127		野上春日神社獅子舞	○	文挟流	×	三匹獅子舞	
128		二俣尾平溝天之社大神楽獅子舞	○	伊勢派	×	大神楽	
129		梅郷獅子舞	×		×	三匹獅子舞	
130		上郷大神楽獅子	○	伊勢派	×	大神楽	
131		二俣尾大神楽獅子	○	伊勢派	×	大神楽	
132		柚木大神楽獅子	○	伊勢派	×	大神楽	
133		成木熊野神社獅子舞	○	文挟流	×		
134		友田御嶽神社獅子舞	×		×		
135		双盤念仏	×		×	鉦打ち	
136		小曽木の万作踊り	×		×	万作	
137		祭囃子	○	重松流、神田流、葛西流など	×	祭囃子	
138		青梅ひょっとこ踊り	×		×	風流踊	
139		青梅機織唄	×		×	作業唄	
140	府中市	双盤念仏本願寺	×		×	鉦打ち	
141		大國魂神社の青袖杉舞	○	神代神楽	○	神前神楽	山本頼信。十九代目家元。十八代目が舞振した。
142		祭囃子	○	船橋流、目黒流	×	祭囃子	
143		還住太鼓	×		×	打込太鼓	

144	昭島市	中神の獅子舞	○	角兵衛流	×	三匹獅子舞	
145		祭囃子	○	重松流、神田流、目黒流など	×		
146		拝島棒打唄	×		×	作業唄	
147		拝島機織唄	×		×	作業唄	
148	調布市	里神楽	○		○	里神楽	嶋田社中。
149		下石原獅子舞	×		×	三匹獅子舞	
150		玉川文楽の写し絵	○	玉川文楽派	△	人形芝居	
151		祭囃子	○	船橋流、仙松流など	×	祭囃子	
152		上石原の大神楽	×		×	大神楽	
153	町田市	金井獅子舞	○	鹿島流	×	三匹獅子舞	
154		丸山獅子舞	○	鹿島流	×	三匹獅子舞	
155		矢部獅子舞	○	鹿島流	×	三匹獅子舞	
156		根岸こなや踊り	×		△	万作 q	十代目の際に保存会を結成。
157		祭囃子	○	山の手流、中間流など	×	祭囃子	
158	小金井市	糸あやつり	○	結城座	○	人形芝居（糸あやつり） s	結城孫三郎。十二代目家元。
159		貫井囃子	○	目黒流	×	祭囃子	
160		小金井囃子	○	船橋流	×	祭囃子	
161	小平市	鈴木囃子	○	鈴木流	×	祭囃子	

162	日野市	祭囃子	○	目黒流	×	祭囃子	
163		日野太鼓	×		×	打込太鼓	
164	東村山市	雅楽	×		×	その他	
165		浦安の舞	×		×	風流踊	
166		祭囃子	○	重松流	×	祭囃子	
167	国立市	安保天満宮獅子舞	○	鹿島流	×	三匹獅子舞	
168	福生市	天王ばやし	×		×	祭囃子	
169		福生囃子	○	重松流	×	祭囃子	
170	狛江市	祭囃子	○	目黒台町流、船橋流など	×	祭囃子	
171		伊豆美神社神前舞	○	神代神楽	○	神前神楽	山本頼信。十九代目家元。
172		小足立八幡神社神前舞	○	神代神楽	○	神前神楽	山本頼信。十九代目家元。
173	東大和市	狭山ばやし	○	鈴木流	×	祭囃子	
174		清水ばやし	○	高円寺流	×	祭囃子	
175		高木獅子舞	×		×	三匹獅子舞	
176	清瀬市	下宿囃子	○	神田流	×	祭囃子	
177		清戸の獅子	○	秩父系	×	三匹獅子舞	
178		中里万作	×		×	万作	
179	東久留米市	南沢獅子舞	○	秩父系	×	三匹獅子舞	

180		祭囃子	○	重末流、鈴木流、田無速間流	×	祭囃子	
181	武蔵村山市	横中馬獅子舞	○	関守流	×	三匹獅子舞	
182		祭囃子	○	重松流、鈴木流など	×	祭囃子	
183		三ツ木天王様祇園ばやし	×		×	祭囃子	
184		双盤念仏	×		×	鉦打ち	
185	多摩市	落合白山神社獅子舞	×		×	三匹獅子舞	
186		粉屋踊り	×		×	万作	
187		祭囃子	○	相模流、目黒流	×	祭囃子	
188		愛宕太鼓	×		×	打込太鼓	
189	稲城市	江戸の里神楽	○	神代神楽	○	里神楽	山本頼信。十九代目家元。
190		青渭神社獅子舞	○	鹿島流	×	三匹獅子舞	
191		穴沢天神社獅子舞	○	鹿島流	×	三匹獅子舞	
192		祭囃子	○	目黒流	×	祭囃子	
193	羽村市	祭囃子	○	重松流、神田流	×	祭囃子	
194	あきるの市	菅生歌舞伎	×		×	地芝居	
195		秋川歌舞伎	×		×	地芝居	
196		乙津Θ大神楽	○	伊勢派	×	大神楽	
197		西戸倉棒使い	×		×	獅子舞	
198		鉦はり念仏	×		×	鉦打ち	

199		五日市入野獅子舞	○	角兵衛流	×	三匹獅子舞	
200		上代継獅子舞	○	神立流	×	三匹獅子舞	
201		尾崎獅子舞	×		×	三匹獅子舞	
202		小宮神社獅子舞	○	神立流	×	三匹獅子舞	
203		瀬戸岡獅子舞	×		×	三匹獅子舞	
204		高尾獅子舞	○	秩父系	×	三匹獅子舞	
205		鹿島流引田獅子舞	○	鹿島流	×	三匹獅子舞	
206		星竹嵐除け獅子舞	○	角兵衛流	×	三匹獅子舞	
207		山田獅子舞	○	角兵衛流	×	三匹獅子舞	
208		祭囃子	○	重松流、神田流、葛西流など	×	祭囃子	
209	西東京市	田無ばやし	○	速間流	×	祭囃子	
210		保谷囃子	○	大間流	×	祭囃子	
211	瑞穂町	箱根ヶ崎獅子舞	×		×	獅子舞	
212		祭囃子	○	重松流、あだち流	×	祭囃子	
213		瑞穂ひょっとこ踊	×		×	風流踊	
214		武蔵太鼓	×		×	打込太鼓	
215	日の出町	下平井の鳳凰の舞	×		×	風流踊	
216		水口鐘張り	×		×	鉦打ち	
217		玉の内の獅子舞	○	神立流	×	三匹獅子舞	

218		祭囃子	○	重松流、神田流	×	祭囃子	
219	檜原村	小沢の式三番	×		×	式三番	
220		笹野の式三番	×		×	式三番	
221		柏木野の神代神楽	×		×	里神楽	
222		数馬の大神楽	○	藤沢流	×	花神楽	
223		数馬の獅子舞	○	角兵衛流	×	三匹獅子舞	
224		藤倉の獅子舞	○	角兵衛流	×	三匹獅子舞	
225		下川乗の獅子舞	○	角兵衛流	×	三匹獅子舞	
226		下元郷の獅子舞	×		×	三匹獅子舞	
227		樋里の獅子舞	×		×	三匹獅子舞	
228		人里の獅子舞	○	角兵衛流	×	三匹獅子舞	
229		湯久保の獅子舞	○	関白流	×	三匹獅子舞	
230		祭囃子	○	重末流、神田流	×	祭囃子	
231	奥多摩町	小河内の鹿島踊り	×		×	風流踊	
232		小河内（川野）の車人形	○	薩摩派、西川派	×	人形芝居	
233		神庭の神楽	×		×	花神楽	
234		海沢の獅子舞	○	神立流	×	三匹獅子舞	
235		大丹波の獅子舞	○	文挾流	×	三匹獅子舞	
236		大氷川の獅子舞	○	文挾流	×	三匹獅子舞	
237		川井の獅子舞	○	鹿島流	×	三匹獅子舞	

238		小留浦の獅子舞	○	角兵衛流		獅子舞	
239		境の獅子舞	○	鹿島流	×	三匹獅子舞	
240		白丸の獅子舞	○	神立流	×	三匹獅子舞	
241		棚沢の獅子舞	○	文挟流	×	三匹獅子舞	
242		栃久保の獅子舞	○	文挟流	×	三匹獅子舞	
243		日原の獅子舞	○	関白流	×	三匹獅子舞	
244		川野の獅子舞	○	関白流	×	三匹獅子舞	
245		坂本（河内）の獅子舞	○	文挟流	×	三匹獅子舞	
246		原の獅子舞	○	角兵衛流	×	三匹獅子舞	
247		峰の獅子舞	○	角兵衛流	×	三匹獅子舞	
248		小丹波囃子	○	神田流	×	祭囃子	
249		南氷川の屋台囃子	○	神田流	×	祭囃子	
250	大島町	元町の神子舞、鹿島踊、奉納踊	×		×	風流踊	
251		岡田の手古舞、奉納踊	×		×	風流踊	
252		野増の里神楽	×		×	里神楽	
252		差木地ねんじょ踊り	×		×	風流踊	
254		泉津の盆踊り	×		×	風流踊	
255		御神火太鼓	○	大島流	×	打込太鼓	
256	新島村	新島の大踊	×		×	風流踊	

257		獅子木遣	×		×	獅子舞	
258		新島の神楽	×		×	御神楽	
259	神津島村	かつお釣り行事	×		×	その他	
260	三宅村	神着の歌と踊	×		×	風流踊	
261		神着の木遣太鼓	×		×	打込太鼓	
262		御笏神社・御祭神社の神楽	×		×	太々神楽	
263		伊豆の歌と踊り	×		×	風流踊	
264		伊ヶ谷の歌と踊り	×		×	風流踊	
265		伊ヶ谷の獅子舞	×		×	三匹獅子舞	
266		富賀神社の御輿木遣り	×		×	祝い唄	
267		阿古の歌と踊り	×		×	風流踊	
268		坪田の歌と踊り	×		×	風流踊	
269		阿古の獅子舞	×		×	大神楽	
270		天神太鼓	×		×	打込太鼓	
271		初午の獅子舞	×		×	大神楽	
272		巫女舞	×		×	巫女舞 g	
273	御蔵島村	盆踊り	×		×	風流踊	
274	八丈町	樫立の手踊	×		×	風流踊	
275		樫立の場踊	×		×	風流踊	

276		八丈太鼓	×		×	打込太鼓	
277		石投げ踊り	×		×	風流踊	
278	青ヶ島村	盆踊り	×		×	風流踊	
279		月見踊り	×		×	風流踊	
280		南洋踊り	×		×	風流踊	

凡例　×なし　○あり　△かつてあった

参考資料
東京都民俗芸能調査の一次調査票
中村規『江戸東京の民俗芸能』第一〜五巻（主婦の友社、平成四年）
佐藤高『ふるさと東京　民俗芸能』第一・二巻（朝文社　平成五・六年）
東京都教育委員会「江戸の祭囃子―江戸の祭囃子現状調査報告書―」（平成九年）

（b）太々神楽は、伊豆諸島を除くとほとんどに流派・家元が存在する。（c）里神楽は、同じ名前の社中が担っていることが確認できる。里神楽は東京都内に六、七ほどの社中があり、多くが職業神楽師である。里神楽を中心に活動しているが、太々神楽にも携わっていることが確認できる。

その他の神楽をみると、42番の（d）湯立神楽は、神社の宮司により執り行われ、これは一子相伝の世襲制である。また、62・63、114番は神楽師が関わっているが、関わっていない湯立神楽も存在する。（e）神前神楽も同様に、神楽師が関わっているか関わっていないかのどちらかになる。（f）大神楽は、西山松之助が家元制度の確立した民俗芸能としてとりあげているが[100]、東京都内では17番の鏡味小仙社中のみ家元制度が存在した。大神楽は伊勢派と熱田派があり、伊勢派では流派はあっても家元がいない。また、（g）巫女舞に関しては、東京都内では三宅島にしかない芸能であるが、流派も家元も存在しない。

盆踊りなどの（h）風流踊、（i）田遊びは流派や家元の存在は確認できない。（j）鉦打ち、（k）仏教唄、（l）作業唄も同様である。祝い唄の（m）木遣には「江戸木遣」や「木場木遣」という区別があるが、流派と同じように考えていいか今後検討しなくてはならない。

曲芸に関しては、西山松之助が挙げている（n）曲独楽には流派・家元が存在するが、その他の（o）角乗、（p）力持ちには存在しない。（q）万作は155番のみ△となっているが、「根岸こなや踊り」は、いずれの資料をみても十代目の際に保存会を結成とだけ記載されており、詳しいことは現段階では明確ではない。

人形芝居は、（r）車人形と（s）糸あやつりがある。ともに流派も家元も存在するが、糸あやつりに関しては現在劇団のような形で存在し、職業の要素が強くなっている。そのため、家元はいても名取制度はとっておらず、劇団員という形で弟子がいる。

（t）三匹獅子舞は、流派も家元もいない場合もあるが、流派はあっても家元がいないという形態が大半であり、祭囃子と近い形態だと考えられる。

最後に（u）打込太鼓であるが、これは俗にいう和太鼓である。打込太鼓は、打ち方によって名前がついており、これらの打法を組み合わせて創作した組太鼓が現在の主流になっている。また、組太鼓を主とした創作太鼓と、郷土芸能の太鼓と呼ばれる二種類がある。打込太鼓における流派と家元は存在しない場合が大半であるが、大島に一件流派のみ存在し、4番の「大江戸助六太鼓」は流派と家元がともに存在する。この助六流は、初代家元である小林正道氏が組太鼓を創案したということで、お家芸として確立したため家元を名乗り出したと考えられる。打込太鼓は、創作の組太鼓で演奏している団体は、家元や流派を名乗っているようである。詳細は今後の課題とするが、打込太鼓は郷土芸能の太鼓と呼ばれるものには流派や家元が存在せず、一方、創作太鼓といわれるものには流派や家元が存在し始めているといえるかもしれない。

流派と家元の二点に注目して整理すると、以下の三つに分類される。

①流派も家元もある芸能――(b)太々神楽、(c)里神楽、(d)湯立神楽、(e)神前神楽、(n)曲独楽、(r)車人形、(s)糸あやつり、(u)打込太鼓(創作太鼓)

②流派はあるが家元がいない芸能――(a)祭囃子、(f)大神楽、(m)木遣、(t)三匹獅子舞

③流派も家元もない芸能――(g)巫女舞、(h)風流踊、(i)田遊び、(j)鉦打ち、(k)仏教唄、(l)作業唄、(o)角乗、(p)力持ち、(u)打込太鼓(郷土芸能の太鼓)

このように東京都内の民俗芸能においては、流派はあっても家元がいない芸能がある。これまで家元と流派はセットで考えられてきたが、これは民俗芸能には当てはまらないことが明らかになった。

2 民俗芸能における流派の発生と分派

家元は中世に発生し、近世中期(十八世紀頃)には家元制度が誕生していることが通説となっている。一方、流派に関しては家元と一体であると考えられてきたために、その発生については論じられてこなかった。しかし、少なくとも民俗芸能においては、前項でみたように流派と家元は一体ではない。本項では、流派がいつ頃発生したのかを確認しておくことにする。なお、流派とは廣田吉崇が示した「同じ技芸を伝承しているとその成員によって考えられている共同体」としておく。廣田も指摘しているが、同じ流派名であるにもかかわらず技芸が異なる場合があるため、現時点ではこのような曖昧な定義にしておく。

民俗芸能は、その由来や芸態の伝承は口伝であることが大半であるが、次世代に芸を伝達し、免状を渡す際などに

その芸能の由来などが書かれた伝書を残す場合がある。ここでは、これらの伝書を「由緒書」と統一する。

由緒書に関しては関東地方で盛んな三匹獅子舞に関する研究が進んでいる。時枝務は「存在の周知と内容の不周知」および「開けることの忌避」を特色としているという笹原亮二の研究を踏まえた上で、由緒書の伝来、内容および由緒書の機能の変化について言及している。[101] 本項では数も多く広範囲に分布している鹿踊を対象としたい。鹿踊研究は、柳田國男から始まり[102]、中山太郎[103]・本田安次[104]らが進めてきた。特に岩手・宮城にまたがる流派を伴う鹿踊については、森口多里[105]・千葉雄一[106]が詳しく、近年では及川宏幸が行山流鹿踊を中心にその系譜や芸態を整理している。[107]

鹿踊は盆に死者供養として民家の前庭で踊ったり、「墓踊（供養踊）」という演目をもち、寺や墓地で踊られたりしてきたこと、またその装束などから念仏踊りの一種とも考え、修験者の影響についても研究されている。また、宮城・岩手県以外の東北地方に伝わる獅子踊・鹿舞や、関東地方の三匹獅子舞との関係は、発生論や伝播論の観点から長年議論されている。さらに発生・伝播・芸態などを踏まえた上で菊地和博は、東北地方・関東地方のこれらの風流獅子踊りを「シシ踊り」と称し、広義的に捉えている。[108] これらの点について本項では主旨から外れてしまうため言及しないが、表記は「鹿踊」に統一し、『民俗芸能辞典』に倣い鹿踊を「岩手・宮城に分布する鹿の頭をかぶった多頭立て一人立ちの風流獅子踊」とする。

表2は自治体史や報告書などで公開されている由緒書を基に作成した。鹿踊の伝承団体では、大半が由緒書を秘伝のものとしており、公開されることはほとんどない。そのためすべてを網羅できたわけではなく、一部に限ること、また原文にあたることができなかったことをご了承いただきたい。

さて、現在公開されている中で最も早い時期の由緒書は文禄二年（一五九三）の『行山朝羽踊秘奥巻』といわれているが、この由緒書の真偽はいまだ議論されている。次の慶長四年（一五九九）の由緒書も原本ではなく大正五年（一九一六)頃の写本である。

鹿踊の由緒書に関する真偽や内容に関してはこうした真偽の問題などがあるが、流派を意識したと思われる由緒書の初見は、元禄十三年(一七〇〇)の一関市舞川の『行山系図之事』である。この由緒書は系図が記載されているという点も留意しなければならないが、それ以前の由緒書には「元祖」「次伝者」「弟子」という記述があることから、教える—習うの関係性はあったと考えられても、自らの芸能に「流儀」はなかったようである。

寛保二年(一七四二)には「我等流儀」とあり、他と差別化を図ろうとしている様子がうかがえる。したがって、必然的に他団体が存在していたことになる。そうでなければ、わざわざ「流儀」などと示さなくていいからである。ここは現在、山口流を名乗っており、これまでの行山流とは異なる流派を名乗るようになった初めての団体である。そのことからも、流儀の主張が強くなされたと考えられる。この山口流は、現在他の団体では「行山流山口派」と名乗る場合がある。例えば天明四年(一七八四)の陸前高田市横田の舞出鹿踊に伝わる由緒書には「一流伝来、万流に分かれ」という記述がある。山口派という別派閥に分かれていることを、由緒書を通して主張しているのだろう。

流派名が呼称で記述されたのは、文化八年(一八一一)のことである。奥州市江刺区の鶴羽衣鹿踊では「金津流獅子踊伝授之目録」が伝承されており、その中に「金津流」と記載されている。金津流はこれ以降広く伝播し、現在では行山流の次に多い流派となっている。鹿踊の元祖とされる行山流は、由緒書においては安政三年(一八五六)までその呼称はあらわれない。元祖である行山流が、由緒書上にその呼称の記述が最も遅いことは非常に興味深い。由緒書名をみると「行山鹿踊」や「行山踊」などと書かれている場合が多い。このことからも、鹿踊は現在でいう行山流しかなかったため、「行山流」とわざわざ名乗る必要がなかったのであろう。

由緒書の年代と流派に関する記述を概観してきたが、鹿踊において他と差別化が図られるようになったのは十八世

西暦	内容	「流派」「流儀」の記述	現・流派名	出典
1593年		×	行山流	本田安次『日本の伝統芸能』第11巻
1599年		×	行山流	森口多里『岩手の民俗芸能』上巻
1629年		×	なし	千葉雄一「宮城県の民俗芸能(2)」
1634年	由来	×	なし	森口多里『岩手の民俗芸能』上巻
1644年	由来	×	行山流	森口多里『岩手の民俗芸能』下巻
1649年	由来、剣舞の祭文、経文	×	なし	『仙台市史　資料編4　近世3　村落』
1690年	由来	×	なし	『遠野市史』第4巻
1700年	由来	×	行山流	『志津川町誌資料集』2
1700年	由来、系図	流儀	行山流	『志津川町誌資料集』2
1720年	故事、経歴	×	仰山流（入谷派）	金野静一『大船渡の民俗芸能』、『大船渡市史』第4巻
1735~1917年	免状	×	なし	『仙台市史　資料編4　近世3　村落』
1742年	由来、伝授	我等流儀	山口流	森口多里『岩手の民俗芸能　獅子（鹿）踊編』上巻
1752年	由来	×	行山流	『志津川町誌資料集』2
1764～72年	由来記	×	なし	『宮古市史　民俗編』
1766年		×	行山流	金野静一『大船渡の民俗芸能』
1768年		×	仰山流	森口多里『岩手の民俗芸能』上巻、金野静一『大船渡の民俗芸能』
1773年	誓文	流儀	行山流	森口多里『岩手の民俗芸能』上巻
1773年	故事、由来	×	行山流	『金ヶ崎町の芸能』『南都田郷土史』
1773年	免状？	×	行山流	森口多里『岩手の民俗芸能』下巻
1773年	由来、内容	×	行山流	森口多里『岩手の民俗芸能』上巻
1776年	免状	×	—	『岩手県史　民俗編』第11巻
1780年	免状	×	—	『岩手県史　民俗編』第11巻

表2　近世期における鹿踊の由緒書一覧

県	市町村		名称	伝書名	年号（奥書）
岩手県	奥州市江刺区	梁川	行山流久田鹿踊	行山朝羽踊秘奥巻	文禄２年
岩手県	奥州市江刺区	梁川	行山流久田鹿踊	行山朝羽踊秘奥巻	慶長４年
宮城県	柴田郡	川崎町	川崎町本砂金上組鹿踊	踊鹿伝受和則之次第事	寛永６年
岩手県	矢巾町	東徳田	徳丹獅子踊り	竜頭由来記	寛永11年
岩手県	一関市	舞川	行山流鹿子踊	勘太郎之巻	正保元年
宮城県	仙台市	泉区	福岡鹿踊剣舞	釈迦舞流剣拝祓伝巻	慶安２年
岩手県	遠野市	松崎	駒木獅子踊り	鹿踊觴濫巻	元禄３年
岩手県	一関市	舞川	行山流鹿子踊	行山鹿子躍之由来	元禄13年
岩手県	一関市	舞川	行山流鹿子踊	行山系図之事	元禄13年
岩手県	大船渡市	猪川	前田鹿踊		享保５年
宮城県	仙台市	泉区	福岡鹿踊剣舞	鹿躍・剣舞一件綴	享保20～大正６年
岩手県	平泉町		長部鹿踊	千葉清左衛門文書	寛保２年
岩手県	一関市	舞川	行山流鹿子踊	行山御免之事	宝暦２年
岩手県	宮古市	花輪	花輪獅子踊	―	明和年間
岩手県	大船渡市	日頃市	坂本沢鹿踊	相伝書	明和３年
岩手県	大船渡市	大船渡	笹崎鹿踊	相伝書	明和５年
岩手県	奥州市江刺区	藤里		鹿踊伝授誓文	安永２年
岩手県	肝沢町	南都田	都鳥鹿踊	行山鹿踊の由来	安永２年
岩手県	大東町	摺沢	行山流小沼鹿踊	行山をとりの事	安永２年
岩手県	大船渡市	日頃市	小通鹿踊	―	安永２年
岩手県	大東町	渋民		行山踊	安永５年
岩手県	大東町	大原		行山踊	安永９年

1784年		一流伝来、万流に分かれ	行山流（山口派）	金野静一『大船渡の民俗芸能』
1792年	由来、由緒、踊り興行中の遵守事項	×	—	千葉雄一「宮城県の民俗芸能(2)」
1800年	故事、由来	流儀、万流に分かれて	行山流	『陸前高田市史　民俗編（下）』6巻
1806年	起源、由来、指南書	×	行山流	『志津川町誌資料集』2
1810年		万流に分かれて、一派伝来、	行山流山口派	『住田町史　民俗編』第6巻
1811年		金津流	金津流	森口多里『岩手の民俗芸能』上巻
1817年	装束、御詠歌、遵守事項	×	行山流	森口多里『岩手の民俗芸能』上巻
1820年	免許状	×	行山流	森口多里『岩手の民俗芸能』上巻
1823年	免許状	×	仰山流	森口多里『岩手県民俗芸能誌』
1828年	免状	金津流	金津流	本田安次『日本の伝統芸能』第11巻
1828年	免状	金津流	金津流	本田安次『日本の伝統芸能』第11巻
1828年	代々の相伝者	金津流	金津流	本田安次『日本の伝統芸能』第11巻
1831年		×	行山流	『志津川町誌資料集』2
1851年	由来、御詠歌、遵守事項	×	なし	『花巻市の郷土芸能』
1856年	歌詞の由来、歌詞	行山流	行山流	本田安次『日本の伝統芸能』第11巻
1857年	由来		なし	『川井村郷土誌』下巻
1864年	由来、歌詞	×	なし	本田安次『日本の伝統芸能』第11巻

金野静一『大船渡の民俗芸能』(大船渡市、昭和56年)
『花巻市の郷土芸能』(花巻市、昭和60年)
『志津川町誌資料集』2(志津川町、平成3年)
『陸前高田市史　民俗編(下)』6巻(陸前高田市、平成4年)
『宮古市史　民俗編』(宮古市、平成6年)
『住田町史　民俗編』第6巻(住田町、平成6年)
本田安次『日本の伝統芸能』第11巻(錦正社、平成8年)
『仙台市史　資料編4　近世3　村落』(仙台市、平成12年)
千葉雄一「宮城県の民俗芸能(2)」『東北歴史博物館研究紀要』2(東北歴史博物館、平成13年)

岩手県	陸前高田市	横田	舞出鹿踊	横田町梅滝屋敷の鹿踊り由来書	天明４年
宮城県	仙台市	八幡町	八幡踊り	鹿躍伝来目録	寛政４年
岩手県	陸前高田市	矢作	生出鹿踊	鹿躍始之事	寛政12年
岩手県	一関市	舞川	行山流鹿子踊	鹿踊の起源	文化３年
岩手県	住田町	下有住	月山鹿踊（以前は高瀬）	免許状	文化７年
岩手県	奥州市江刺区	稲瀬	金津流鶴羽衣鹿踊	金津流獅子踊伝授之目録	文化８年
岩手県	大東町	摺沢	行山流小沼鹿踊	—	文化14年
岩手県	大東町	摺沢	行山流小沼鹿踊		文政３年
岩手県	大東町	東丑石	仰山流丑石鹿踊	仰山鹿躍の事	文政６年
岩手県	奥州市江刺区	梁川	金津流梁川鹿踊	獅子躍本體巻	文政11年
岩手県	奥州市江刺区	梁川	金津流梁川鹿踊	金津流獅子躍伝授之目録	文政11年
岩手県	奥州市江刺区	梁川	金津流梁川鹿踊	金津流獅子躍相伝	文政11年
岩手県	一関市	舞川	行山流鹿子踊		天保２年
岩手県	花巻市	大迫町	竪沢鹿踊	八木巻鹿踊之巻	嘉永４年
岩手県	大東町	大原		行山踊に就て	安政３年
岩手県	宮古市	箱石	箱石鹿踊	□鹿遊有由来	安政４年
岩手県	岩泉町	釜津田	釜津田鹿踊り	鹿子華園	文久４年

出典
『川井村郷土誌』下巻（川井村役場、昭和37年）
森口多里『岩手の民俗芸能』上・下巻（岩手県教育委員会、昭和37年）
『岩手県史　民俗編』第11巻（岩手県、昭和40年）
『南都田郷土史』後編（南都田村史編纂委員会、昭和43年）
金ヶ崎町芸能保存会編『金ヶ崎町の芸能』（金ヶ崎町公民館、昭和44年）
森口多里『岩手の民俗芸能　獅子（鹿）踊編』上巻（岩手県、昭和44年）
森口多里『岩手県民俗芸能誌』（錦正社、昭和46年）
『遠野市史』第４巻（遠野市、昭和52年）
『大船渡市史』第４巻（大船渡市、昭和55年）

紀であることが確認できた。「流儀」という言葉から読み取るに留まるが、流派名は同じでも共同体としては別物と考えられていたのだろう。十八世紀の由緒書には流派名が呼称で記載されていなかったが、十九世紀に入ると金津流・行山流という呼称が記載されるようになり、この頃には技芸が異なる共同体は流派名も異なるという認識がなされたように思われる。それにより、元祖でありわざわざ流派名を名乗る必要がなかった行山流も、その呼称を由緒書に記述することとなった。つまり、鹿踊は十九世紀に入ってから分派して流派が乱立していったと考えられる。

四　研究内容と方法

本研究は、演者が自らを説明する系譜が、芸能を伝承する上でどのような機能を果たしているのか捉え、その意義を問うものである。対象とするのは「鑑賞者に対して身体で表現する」、地域社会で育まれてきた民俗芸能、専業芸能者により伝承されてきた舞台芸能、特定の地域と人々により伝承され舞台化された遊芸である。方法として芸能伝承論、すなわち民俗学的視点を基軸にして論じていく。

演者論には大きく分けて二つの潮流があった。一つがアウトロー的存在としての演者論である。この演者論は多くが個ではなく集団として論じられ、個の存在は芸能伝承としては論じられてこなかった。また、この演者論ではパトロンなどの社会的権威を背景にもった場合、伝承にどのような影響を与えているかという問題についても論じられていない。

もう一つは特定の演者論である。山路興造のいう芸能の専業者であり、特定の家が代々その家の芸を伝えている。これまでの研究では「家元」という特定の人物を中心に社会的背景から芸能組織論が論じられてきたが、演者そのものに焦点は当てられていない。また京都や江戸が中心となっており、地方は対象となっていなかった。

そこで、第一編では、特定の演者論として一中節と邦楽囃子方の一流派をとりあげ、西山松之助の理論を採用してその実態を把握する。その上で、石川県小松市に伝承されている五十鈴流獅子舞を事例として、これまで対象とされてこなかった地方での家元と流派について検討する。

第二編で対象とする芸能は江戸祭囃子である。東京都内における流派の伝播状況を把握したのち、東京都八王子市の祭囃子を対象として「名人」と呼ばれる特定の個人が流派に与えた影響について論じていく。

第三編では、芸能の専業者である演者をとりあげる。一つが座頭の系譜をもつ秋田県鹿角市で伝承される花輪ばやしの「芸人」、もう一つが石川県金沢市の花街の芸妓である。彼らの実態を把握した上で、社会的背景を含めながらその伝承について検討する。

第四編では改めて民俗芸能の「個」に関する論考を確認した上で、具体的な事例として、現在に生きる祭囃子の演者と里神楽の演者をとりあげることで、民俗芸能における「個」の存在が伝承にいかに関わっているかを明確にする端緒を示したい。

注

（1）折口信夫「日本芸能史」（慶應義塾大学文学部「国文学」講義、昭和三、四、五年。『折口信夫全集ノート編』第五巻、中央公論社、昭和四十六年）一三頁。
（2）折口は、それまではほぼ同一の意味として「能芸」という語を使用していた。「能芸」を舞踊・もの真似と概念規定しているが、厳密には「能」の意味として用いている。能芸という語に関しては、昭和四年以降は芸能という言葉の発生をみるときに『下学集』に能芸門という分類がされているという説明を加える場合、または古くは能を主とした芸という意味で能芸と呼んでいたという「能」の語の意味を説明する場合にたびたび出てくる。なお「能芸」という語を使用している論考は以下の通りである。

「沖縄採訪記　手帖拾遺」(『沖縄採訪手帖』大正十年。『折口信夫全集』第二十一巻、中央公論社、平成八年)、「国文学の発生(第四稿)」(『日本文学講座』第三・四・十二巻、昭和二年一・二・十一月。『折口信夫全集』第一巻、中央公論社、平成七年)、「国文学の発生(第四稿)」(『古代研究』昭和四年、をまとめるにあたり、「国文学の発生　第四稿」に加筆。『折口信夫全集』第一巻、中央公論社、平成七年)

(3)「日本文学の発生」(『日本文学講座』第一巻「概論総論編」昭和八年。『折口信夫全集』第四巻、中央公論社、平成七年)六七〜六八頁。

日本における古代信仰の共通的形式として、色々な形にしろ、祓除を主として居た。さうして、其が多く、各種の遊行神―と考へられるもの―及び、その神人の手で施されるものであつた。さうして、その芸能として、叙事詩を謡ひ、舞踊・演劇を行ふことは、その儀礼の手段であつた。私の話は、文学史を説く上から、詞章にばかりに偏して居たが、実は早くから、演劇・舞踊方面の、ある点までの発達を述べて置かねばならなかつたのだ。舞踊は、鎮魂の手段として行はれたものである。あそびと言ふ用語例は、最古い意味において、鎮魂の為の舞踊である。(中略)

後代においては、舞踊にも演劇的要素を多く含んで来て、掛け合ひ形式を採る様になつた。譬へば、神遊―神楽―の人長・才男のごとき対立を生じるが、其には、さうした演劇構造を採る理由があつた訣だ。

演劇は、日本の古代に於いては、掛け合ひを要素とするもので、寧、相撲(すまひ)の形式に近いものであつた。其主体となる神に対して、精霊がそれをもどく行動をして、結局、降服を誓ふ形になつたのが、次第に複雑化したものに過ぎない。その精霊が、男性であり、女性である事の相違が、芸能としての筋に変化を与へる様になつた。

（4）折口前掲注（1）一一頁。

（5）折口信夫「郷土と神社および郷土芸術」（皇典講究所主催神職再教育講習、昭和七年。『折口信夫全集ノート編』第六巻、中央公論社、昭和四十七年）三五一～三五二頁。

舞踊と演劇というものは非常にちかいもののようにわれわれは考え、舞踊が演劇になってくるのだと思っている。郷土の歌舞伎芝居などは殊にそう考えられる。初めは踊りばかり踊っていたようにみえ、それがだんだん芝居をするようになったとみえるが、実は初めから踊りと芝居とは別のものなのだ。踊りというものは神様が乗り移って一種の恍惚状態に陥ると精神に一種の狂いを生じる。そして、動きが早くなるとそれが踊りなのだ。謡曲などではこれを狂いという。神憑き状態になって踊りだすことだ。（中略）私は踊りというものと、演劇というものとは別にして考えている。

（6）折口信夫「芸能伝承の話」（郷土研究会講義、昭和十三年。『折口信夫全集ノート編』第六巻、中央公論社、昭和四十七年）一三七～一三八頁。

沖縄に行くと、神の神主、「のろ」（祝女）が祭りの中心となって、神人がよってする。いちばん祭りの儀式の中心となるところは「あそび」という舞踊であり、そのほかに神と神との立合い（問答・争い）を演ずる。（中略）このあいだ、鈴木君のもってきた海亀（うんじゃみ）の祭りのときには、海から海神になるものが出てくると、山の神やそのほかの神が出迎えて立合いをする。海の漁の真似をしたり、山の猟の真似をしたりする。それらの人の心の中には、演劇だという気持ちは少しもないらしい。しかし、神のまなびをしていると思っていることは事実のようだ。それらの人の心をいわしてみると、出てくるのは、自分だといわず、神さまが出てくるのだという人が多い。だから程度の差はあるが、神と人との間をうろついているような感じをもち、古い神事の影響を受けて演劇をしている。これがさらに進むと、演劇になってくるのである。

(7) 折口前掲注(6)一四四〜一四五頁。

(8) 折口前掲注(6)一四五頁。

(9) 折口信夫「日本芸能の特殊性」(『日本諸学振興委員会研究報告』第六篇(芸術学)、昭和十五年。『折口信夫全集』第二十一巻、中央公論社、平成八年)一七〇頁。

(10) 折口信夫「日本芸能史序説」(『本流』創刊号、昭和二十五年。『折口信夫全集』第二十一巻、平成八年)二〇四〜二〇五頁。

(11) 吉川半七『日本大辞林』(宮内省、明治二十七年)。

(12) 松井簡治・上田萬年著『大日本国語辞典』第二巻(冨山房、大正五年)。

(13) 折口信夫「日本芸能史六講」(「日本芸能史(第一〜六講)」『舞台芸術』昭和十七年十一・十二月、十八年一〜四月。『折口信夫全集』第二十一巻、中央公論社、昭和五十一年)一七九頁。

(14) 折口前掲注(13)七七頁。

(15) 折口前掲注(13)七七頁。

(16) 池田弥三郎『芸能と民俗学』(岩崎美術社、昭和四十七年)三〇頁。

(17) 折口前掲注(10)二〇三頁。

芸能其自身の性質から言つて、芸能史と言ふものを、所謂歴史の形に、時代々々に変わつて行く姿を組織して記述することは、出来さうにない。つまり、芸能史と言ふ名称自身に問題がある。
(18) 池田前掲注(16)三一頁。
(19) 昭和二十七年度の慶應義塾大学文学部国文科における「芸能史」の講義の題目を「芸能伝承論」とした。
(20) 池田前掲注(16)三二頁。
(21) 池田前掲注(16)三二頁。
(22) 池田前掲注(16)四四頁。
(23) 折口前掲注(9)一七一頁。
(24) 本田安次「芸能史論―折口芸能史の位置づけ―」(『日本民俗研究大系』第六巻、國學院大學、昭和六十一年)一九頁。
(25) 本田安次「概説」(『日本民俗芸能事典』第一法規出版、昭和五十一年)二〇頁。
(26) 三隅治雄『日本民俗芸能概論』(東京堂出版、昭和四十七年)二〇頁。
(27) 林屋辰三郎『「座」の環境』(淡交社、昭和六十一年)五四頁。
(28) 林屋前掲注(27)四六頁。
(29) 林屋辰三郎のいう「環境」とは、芸能を巡る諸条件のことである。上野誠『芸能伝承の民俗誌的研究』(世界思想社、平成十三年)は林屋の環境論について「瞬時に消えてしまう芸能を歴史的に記述することの難しさを見通した上で、芸能の行われた環境を記述しようとするもの」(四一頁)と、概括している。
(30) 守屋毅『近世芸能文化史の研究』(弘文堂、平成四年)一六頁。
(31) 守屋前掲注(30)一六頁。
(32) 守屋前掲注(30)一六頁。

(33) 本田前掲注(25)二〇頁。
(34) 三隅治雄「民俗芸能」(『祭・芸能・行事大辞典 下』朝倉書店、平成二十一年)。
(35) 山路興造「芸能伝承」(『日本民俗学』弘文堂、昭和五十九年)一七一頁。
(36) 山路前掲注(35)。
(37) 守屋前掲注(30)四二頁、図5より転載。
(38) 守屋前掲注(30)四一頁。
(39) 池田前掲注(16)八七頁。
(40) 池田前掲注(16)三三頁。
(41) 池田前掲注(16)三六頁。
(42) 池田前掲注(16)三三頁。
(43) 池田前掲注(16)三五頁。
(44) 池田弥三郎『日本人の芸能』(岩崎書店、昭和三十二年)一六～一七頁。
(45) 三隅治雄「池田さんの「芸能分類」論」(『日本人の生活全集月報』五、岩崎書院、昭和三十二年)。
(46) 本田の分類の初出は、日本舞踊協会編『日本舞踊総覧』(日本週報社、昭和二十七年)であるが、『図録日本の芸能』(朝日新聞社、昭和三十五年)に掲載した分類は、本田自身も「日本の民俗芸能の種類は尽くせたかと思う」と述べており、民俗芸能研究の方法や民俗芸能の解説も加えながら詳細に分類している。
(47) 三隅治雄「民俗芸能」(『祭・芸能・行事大辞典 下』朝倉書店、平成二十一年)。
(48) 三隅治雄「概説」(『民俗芸能辞典』東京堂出版、昭和五十六年)二七頁。

（49）三隅治雄が分類案を示した『日本民俗芸能概論』『民俗芸能辞典』には第三類まであるが、『祭・芸能・行事大辞典 下』の「民俗の項」ではこれまでの分類に補筆・修正を加えているとし、第一類・第二類に集約させている。ここでは、『祭・芸能・行事大辞典 下』の「民俗の項」の分類案を記した。

（50）三隅前掲注（45）一頁。

（民俗芸能は）旧慣の踏襲を心掛けながらも、底に変容・革新への欲求を秘めて胎動を続けており、個人的作為を得て芸術化への道を歩むものもあった。能・田楽や歌舞伎・人形浄瑠璃などがその例であり、また、一度芸術化したものが、地方伝播ののち、地域の民俗に泥んでふたたび民俗芸能化するものもある。

（51）折口信夫「日本芸能史序説」（『日本諸学振興委員会研究報告』第六篇（芸術学）、昭和十五年。『折口信夫全集』第二十一巻、中央公論社、平成八年）二〇五頁。

（52）山路前掲注（35）一八四頁。

（53）西角井正大『民俗芸能入門』（文研出版、昭和五十四年）。

（54）山路前掲注（35）二〇〇頁。

（55）民俗芸能研究の会／第一民俗芸能学会編『課題としての民俗芸能研究』（ひつじ書房、平成五年）四九七頁。

（56）正式名称は「地域伝統芸能等を活用した行事の実施による観光及び特定地域商工業の振興に関する法律」で、平成四年（一九九二）九月二十五日に施行された。

（57）大石泰夫「民俗芸能における「実践」の研究とは何か」（『日本民俗学』二六二号、平成二十二年）一五八頁。

（58）折口信夫「国文学の発生（第四稿）」（『日本文学講座』第三・四・十二巻、昭和二年。『折口信夫全集』第一巻、中央公論社、平成七年）。

（59）折口前掲注（58）、同「室町時代の文学」（長野県南安曇郡教育部会における講義の筆記、大正十五年六月十三～十五日。『折口信夫全集』第二十三巻、中央公論社、平成九年）など。

（60）折口信夫「ごろつきの話」（神奈川県図書館協会主催文芸講演会講演筆記、昭和三年春。『折口信夫全集』第三巻、中央公論社、平成七年）。

（61）折口前掲注（60）三七～三八頁。

（62）池田前掲注（44）九六頁。

（63）池田弥三郎『日本芸能伝承論』（中央公論社、昭和三十七年）七頁。

（64）三隅前掲注（26）六頁。

（65）本田安次『民俗芸能の研究』（明治書院、昭和五十八年）八四〇頁。

（66）本田前掲注（65）八四〇頁。

（67）本田前掲注（65）八五二頁。

（68）山路興造『翁の座―芸能民たちの中世―』（平凡社、平成二年）。

（69）山路前掲注（68）二七頁。

（70）山路前掲注（68）二七頁。

（71）山路前掲注（68）三五頁。

（72）池田前掲注（16）一九頁。

（73）池田前掲注（44）九三頁。

（74）三隅前掲注（26）六頁。

(75) 池田前掲注(44)九三頁。
(76) 折口信夫「家元発生の民俗的意義」(昭和十四年講演会。『折口信夫全集ノート編』第六巻、中央公論社、昭和四十七年)。
(77) 家元制度批判の中では、昭和五十五年(一九八〇)に起きた花柳幻舟事件が有名である。舞踊家の花柳幻舟が家元である花柳寿輔に対し、「家元制度打倒」を唱えてナイフで襲った。家元制の経済・社会構造の批判から、終局的には「天皇制打倒」を目指していたという(花柳幻舟『家元制度打倒〝修羅〟』三一書房、昭和五十六年)。
(78) 島崎稔「芸能社会と家元制度」上・下(『社会学評論』一二〜一四号、昭和二十八〜二十九年)。
(79) 林屋辰三郎『中世文化の基調』(東京大学出版会、昭和二十八年)。
(80) 西山松之助『家元ものがたり』(産経新聞社、昭和三十一年。『西山松之助著作集　第二巻　家元制の展開』吉川弘文館、昭和五十七年)。
(81) 西山松之助『家元の研究』(校倉書房、昭和三十四年。『西山松之助著作集　第一巻　家元の研究』吉川弘文館、昭和五十七年)。
(82)『西山松之助著作集　第二巻　家元制の展開』(吉川弘文館、昭和五十七年)。
(83) 西山前掲注(81)一二四頁。
(84) 西山前掲注(81)二二頁。
(85) 西山前掲注(81)二二頁。
(86) 西山前掲注(81)二〇頁。
(87) 西山前掲注(81)一〇五頁。

(88)西山前掲注(81)四六七頁。
(89)西山前掲注(81)六頁。
(90)西山前掲注(81)五四四頁。
(91)林屋辰三郎『近世伝統文化論』(創元社、昭和四十九年)。
(92)林屋前掲注(91)二四六頁。
(93)廣田吉崇『近現代における茶の湯家元の研究』(慧文社、平成二十四年)一五頁。
(94)西山前掲注(81)三二四頁。
(95)菊池明「流派」(芸能史研究会誌『日本の古典芸能　第六巻　舞踊』平凡社、昭和四十五年)。
(96)廣田前掲注(93)二七頁。
(97)廣田前掲注(93)二四六頁。
(98)表作成にあたり、使用した資料は以下の通りである。
東京都教育委員会『東京都民俗芸能調査報告書　東京都の民俗芸能』(平成二十四年)。

中村規『江戸東京の民俗芸能』第一～五巻(主婦の友社、平成四年)。

佐藤高『ふるさと東京　民俗芸能』第一・二巻(朝文社、平成五・六年)。

東京都教育委員会『江戸の祭囃子―江戸の祭囃子現状調査報告書―』(平成九年)。

佐原六郎『佃の今昔―佃島の社会と文化―』(雪華社、昭和四十六年)。

社会教育課社会教育係『大田区の文化財第十五集　郷土芸能』(東京都大田区教育委員会、昭和五十四年)。

『三宅島の民俗芸能』(三宅村教育委員会、昭和五十六年)。

本田安次『東京都民芸能誌』上巻（錦正社、昭和五十九年）。

西角井正大『伝統芸能シリーズ4　民俗芸能』（ぎょうせい、平成二年）。

新宿区民俗調査会『新宿区の民俗（1）民俗芸能篇』（新宿区立新宿歴史博物館、平成四年）。

宮尾輿男・中村規『風流三匹獅子舞』（東京都民俗芸能振興会、平成五年）。

多摩市史編集委員会『多摩市史』（多摩市、平成九年）。

石川博司『青梅市獅子舞再訪』（多摩獅子の会、平成十四年）。


なお、廃絶している芸能は表から除いている。

(99)　中村規の芸能分類（中村『江戸東京の民俗芸能』第一巻、主婦の友社、平成四年）を基に、本章では以下の通り分類した。

[神楽]　巫女神楽、神前神楽、太太神楽、湯立神楽、里神楽、花神楽、大神楽
[風流]　風流踊（盆踊りなど）、鉦打ち（双盤念仏など）、祭囃子、太鼓打芸（和太鼓）
[獅子舞]　三匹獅子舞
[田楽・田遊び]　田楽、田遊び
[式三番]　式三番
[地狂言]　人形芝居、説教浄瑠璃
[万作]　万作
[曲芸]　曲芸（曲独楽など）

(100)　西山前掲注(82)。

(101) 時枝務「獅子舞由来書をめぐる歴史と民俗—群馬県高崎市阿久津町の三匹獅子舞の由来をめぐって—」(山本直孝・時枝務編『偽文書・由緒書の世界』岩田書院、平成二十五年)。
(102) 柳田國男「獅子舞考」(『定本柳田国男集』第七巻、筑摩書房、昭和四十三年)。
(103) 中山太郎「獅子舞雑考」(『日本民俗學論考』一誠社、昭和八年)。
(104) 本田安次「獅子舞考」(『田楽・風流一』木耳社、昭和四十二年)。
(105) 森口多里『岩手の民俗芸能』(岩手県教育委員会、昭和三十七年)、同『岩手県民俗芸能誌』(錦正社、昭和四十六年)。
(106) 千葉雄一「旧仙台領内鹿踊りの系譜」(『東北民俗』一七号、東北民俗の会、昭和五十八年)、同「宮城県の民俗芸能(2)」(『東北歴史博物館研究紀要』二号、東北歴史博物館、平成十三年)。
(107) 及川宏幸「行山流鹿踊—宮城県北・岩手県南に分布する鹿踊群の系譜、装束と芸態整理—」(『東北歴史博物館研究紀要』一三号、東北歴史博物館、平成二十四年)。
(108) 菊地和博『シシ踊り　鎮魂供養の民俗』(岩田書院、平成二十年)。

第一編　「家元」と芸能の伝承

第一章　一中節・邦楽囃子方の家元

一　一中節の家元と家元制度

江戸時代に興った浄瑠璃は数多くあり、途絶えてしまったものもあるが、長唄・清元・常磐津など現在でも継承されている流派はある。これらは、江戸時代の京都・江戸という都市の中で根付き庶民に広がっていった音楽である。各流派にはそれぞれ家元がおり、家元を中心とした家元制度が根付いている。本章では、浄瑠璃の一流派である一中節を中心に、家元制度が一中節の伝承においてどのような役割を果たしているのかを考察することを目的とする。

1　家元制度

西山松之助の研究(1)は前章でとりあげたが、その理論の特色は「家元」と「家元制度」を区別していることである。家元の特徴の一つとして挙げられるのは、家芸を相伝した弟子たちに免許の授与権も与える、西山が「完全相伝」の形式と呼んでいるパターンである(図1)。免許皆伝を受けた弟子は、家元に許しを請わなくても自分の判断で皆伝できる。ここには家元と弟子だけの師弟結合があるだけで、家元制度は成り立たない。

これに対し、免許の授与を家元が独占しているパターンがある(図2)。どんなに優れた技能をもった弟子であろう

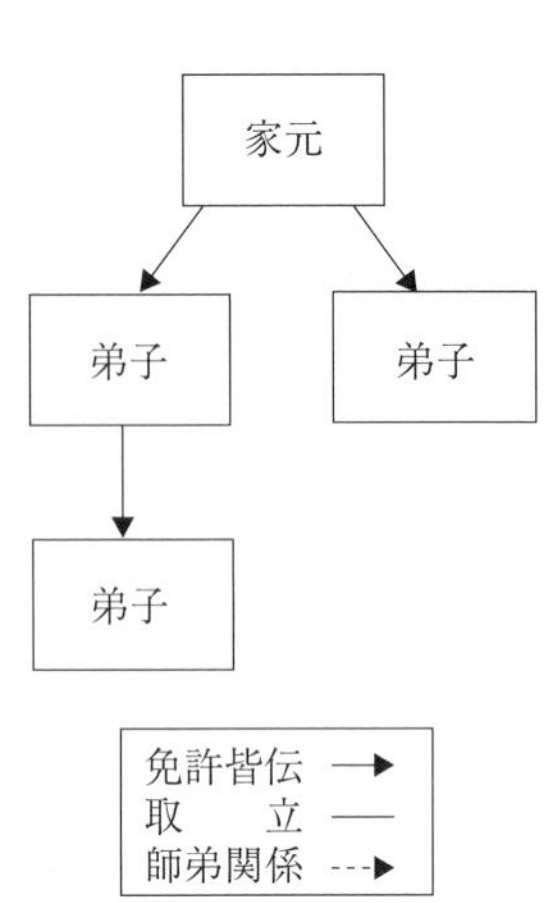

図1　完全相伝の形式

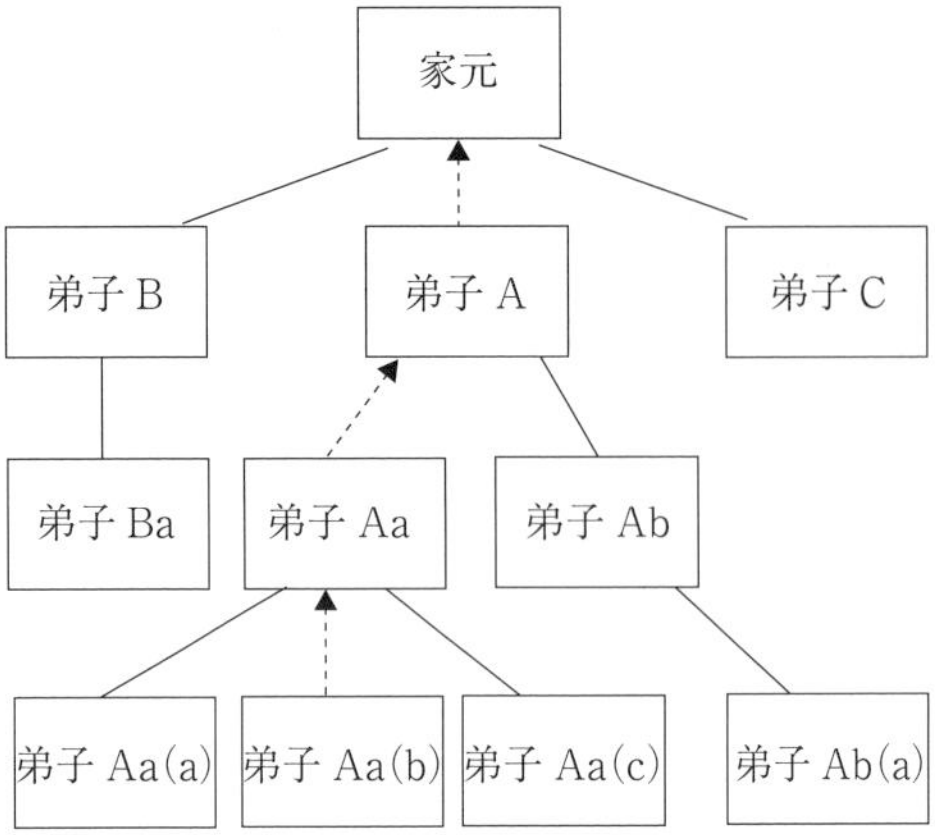

図2　名取制度の形式

と、家元以外の人は免許を与えることができない。この免許は芸名に象徴されていることから、西山は名取制度と呼んでいる。家元から免許を得た名取は、末端弟子の実技指導について家元を代行する中間教授者となる。大きな組織になればなるほど図2のピラミッド型も巨大なものになっていく。

　この家元制度について、日本舞踊の一流派である花柳流を例にしてみよう。

　花柳流は、「花柳〇〇」という「花柳」姓のついた名前をもつ名取が日本全国に約二万人いる。名前をもらうには、「普通部試験」と呼ばれる名取試験において、家元および審査者の前で課題曲を踊り、合格しなくてはならない。さらに師匠として弟子をとるためには、普通部名取となってから満一年以上学んだ者だけ受けられる「専門部試験」に合格し、晴れて花柳流の一師匠となる権限を与えられる。しかし、師匠になり大勢の弟子を抱えるようになったとしても、自分の弟子に名前を与えることはできず、「取立《とりたて》」という推薦権が与えられるだけである。試験を受けるためには、まず直の師匠に取立てもらい、そのまた師匠に取立ててもらい、さらにその師匠に取立てもらい、家元につながるまで何人もの師匠を通さなくてはならない。

こうした取立の連鎖は、地方に行くほど顕著になっており、取立のたびにお礼が発生するため、名取になるには何百万ものお金がかかる場合があるといわれている。

家元制度になると、完全相伝の形式にはない問題が発生する。免許授与権を独占する家元は、絶対的支配権をもつことになる。家元の決定は絶対であり、逆らうことはできない。また、巨大な組織になり流派の人口が増えれば当然名取も増えるわけで、家元に入ってくる金銭も膨大なものになっていく。経済の中心も家元になるわけである。そして多くの伝統芸能で家元は世襲制となっている。どんなに実力があったとしても、世襲制の中では一名取にしかなれない。

前章で述べたように、西山松之助は図1で示した「家元」が多数成立した時期を寛永期（一六二四〜四四）、図1に示した「家元」から図2の「名取制度」を創出した時期を元禄期（一六八八〜一七〇四）から天明期（一七八一〜八九）、家元制度が固定された時期を化政期（一八〇四〜三〇）と考えており、現在でも通説とされている。

次に、家元制度成立の具体例を一中節の家元制度と歴史からみていく。

2　一中節の成立と展開

一中節は、元禄期（一六八八〜一七〇四）に生まれた浄瑠璃の一流派だが、いつ頃樹立されたのか正確な年代はわかっていない。(2) 初世都太夫一中は、慶安三年（一六五〇）に京都御池堺町本願寺派の明福寺の次男に生まれ、寺を継いだものの百日ほどで還俗し、京都の都越後掾（都万太夫）に弟子入りして浄瑠璃を学んだ。(3) この万太夫に許されて、都太夫一中と名乗るようになったといわれている。都太夫一中となって、初めは京都を地盤としていたが、弟子とともに二度にわたって江戸に下ることで、市村座の芝居にも出演するなどして大流行となった。初世一中は、二度目の江戸下りの後、京に戻り享保九年（一七二四）に七十五歳で没したといわれている。

吉川英史『日本音楽の歴史』(4)、竹内道敬『一中節古典名作選　レコード解説書』(5)、西山松之助『家元制の展開』(6)によると、初世都太夫一中以降の一中節の展開は以下の通りである。

一中の弟子であり、娘婿ともいわれる金太夫三中は、京に戻ることなく江戸で一中節を広め、同じく一中の弟子の秀太夫千中が享保十九年（一七三四）に江戸中村座で「夕霞浅間嶽」を語り大当たりをしたことで、彼らが江戸での一中節の定着に大きな役割を果たしたといわれている。一方、一中の弟子の中に、都半中という人がおり、都一中の流派から宮古路と姓を変えて分派し、独立して京都で宮古路節を語っていく。

二世都太夫一中は、実子である若太夫が継いだ。二世一中の子に斎宮という者がいたが、若死にしたらしく、記録もほとんど残されていない。また、同じく二世一中の子と推定される人に宮古路太夫一仲がいた。江戸に下ることはなく、ずっと上方にいて一中節というより、宮古路として分派した半中からの宮古路節を語っていたという。当時上方では、宮古路節が全盛期であった。本家の一中節はそれに圧倒され、大元の一中節は江戸に残った初世の弟子のほうに伝わっていった。

初世は都太夫一中、その子どもである若太夫が二世を継いだ、とまでは文献などから定説となっているが、三世・四世は曖昧である。というのも、寛政四年（一七九二）、江戸に五世都太夫一中の名が現れたからである。

五世は二世一中の子、初世の曾孫であったらしいといわれている。上方で宮古路の三世にあたるとされる宮古路一仲に学び、天明の初め頃江戸に下って吾妻路宮古太夫として吉原で男芸者に出た。寛政四年（一七九二）春に改名して五世を自ら名乗る。彼がなぜ五世と名乗ったのかは、竹内道敬によると資料の少ない斎宮を三世と数えてのことという説や、江戸に残った初世の弟子である三中と千中を三世・四世と数えてという説があるというが(7)、実際のところはわからない。

六世都太夫一中は五世の弟子である大野万太が継いだ。七世都太夫一中も五世の弟子である嘉六栄中が継いだ。『家元制の展開』によると、七世は芸達者な人であったが、金を全部酒に変えてしまうほどの大酒飲みで、その格好から「おこも一中」とも呼ばれていたという。築地の「寒さ橋」で行き倒れて亡くなり、芝の毘沙門寺に葬られたといわれている。八世都太夫一中は六世の孫にあたる、千葉仙之助が継ぐが、若くして亡くなり、八世の父が九世都太夫一中と名乗っていた。十世都太夫一中は伊藤楳太郎である。三味線方都松次の孫で、明治期に名人といわれていた都一広・以中の世話により襲名した。十一世都太夫一中は十世の娘である小林清子である。料亭の女将もしながら家元を継ぎ、昭和五十九年(一九八四)には重要無形文化財の保持者に指定される。現家元の十二世都太夫一中は、十一世の弟子藤堂誠一郎である。

五世一中は後に初世菅野序遊とも名乗り、彼の没後、天保十年(一八三九)に実子の二世序遊が独立して一中節菅野派を、また嘉永二年(一八四九)年には都閑斎という女性が一中節宇治派を樹立した。現在も三派に分かれているが、都派の都一中が一中節の宗家となっている。

さて、一中節において家元制度が確立したのはいつ頃であったのだろうか。初世一中の名が最初にみえるのは元禄十七年(宝永元年〔一七〇四〕)刊の『落葉集』である。家元制度が確立し始めた頃と重なる。初世一中の高弟として三中・千中の名もあることから、門弟をとっていたことは明確である。しかし、二世一中を息子に継がせたとはいえ、宮古路節の分派も行われており、しっかりとした家元制度が形成されているとはいえない。江戸時代の三味線音楽がニューミュージックとして流行し、より新しい音楽を求めて独立していくことは自然の流れかもしれないが、家元制度が確立していない当時だったからこそ分派することが可能だったのではないかと考える。

文政期（一八一八〜三〇）に「都羽二十拍子扇」という、一中節の作品が五十五曲納められた伝書が刊行される。これは五世都一中が整理したものといわれている。五世都一中は、それまで曖昧になっていた都一中の名を再び語り出した人物である。啓蒙書を発刊し一中節の普及に大きく携わっただけでなく、一中節からの分派も五世以降は行われていない。また、六世へ家元を継承させたことからも、五世が一中節の家元制度を整えたと考えられる。

3 家元移行の過程

先代の十一世都一中から、現家元である十二世都一中への家元移行について、十二世への聞取り調査と、十二世の半生について書かれた『一中節十二世　都一中の世界』を基に報告する。

十二世は父親が常磐津節の師匠であり、常磐津の技術を磨くために、常磐津の大元である一中節を習いに十一世都一中の元に通いだした。常磐津では、二世常磐津文字蔵という名前も与えられており、常磐津の三味線弾きとして仕事をしていた。一中節では名取でもなかったものの、十一世は十二世となる人物への指導に力を入れていたように思われる。昭和五十年（一九七五）、十二世は二十三歳のときに一中節を習い始めるが、そのきっかけも「あなた、早くいらっしゃい」という十一世自らの電話だったという。当時十二世が師事していた常磐津菊三郎より十一世に話が通っていたといっても、家元自ら連絡してくるのは異例のことである。また、「都会《みやこかい》」という都派一中節の門弟によるおさらい会があり、その際に全二〇曲の内、半数の三味線を任された。現在も行われている都会だが、その構成をみてみると家元が出演しない者の番組は二、三曲しかない。このことから半数を任されたというのは、どのくらい大役だったかがわかる。

家元を継ぐようにいわれたのは、七十歳を過ぎた十一世が入院したときのことだった。十二世がお見舞いに行くと、突然「次の一中になりなさい」といわれたという。十二世は「わたくしは、芸も人間的にもいたりません。とてもお受けすることはできません」と答えたが、これに対して先代は「あなたが芸も人間的にも致らないことを一番よく知っているのは、私です」と激怒した。周囲では、後に重要無形文化財保持者となる都一いきが十二世を継ぐと思っていたそうである。その環境の中で自分が選ばれたという重要性を感じ取り、また先代の容態が見た目ほど良くはなく、それで本来なら病室で口にするようなことではない発言をしていると考え、先代の体力の限界という面でも、受け継ぐ覚悟を決めたという。師匠である父、また常磐津の師匠である常磐津文字兵衛と家元である常磐津文字太夫の了承を得て、一中節の家元を引き受けた。

一中節を引き継ぐ際の作業で一番大変だったことは、家元交代の知らせの準備であった。関係者すべてに同時に知れ渡らなくてはならないことを十一世から強くいわれていた。これは、時間のずれが生じて後に知ることは失礼にあたるからである。また、先代の弟子に送る知らせ状には先代の署名を入れなくてはならず、一枚一枚手書きで作る知らせ状は、非常に手間のかかるものであった。このようにして、平成三年（一九九一）三十九歳のときに十二世都一中を襲名した。

皆が家元と認識するための秘伝書受け渡しや、お披露目会などはないが、知らせ状の署名が重要だったと思われる。関係者や弟子たちに知らせるまでは、先代と次期家元である十二世の内輪でしか話は進んでおらず、極秘に作業を進めていた。突然聞いた人、特に先代の弟子には寝耳に水の状態だったと思われるが、この署名がある限り反論はできない。このことからも家元の絶対君主制を垣間みることができる。

4　一中節の特色

邦楽は、五線譜のような楽譜はなく、師匠と弟子が一対一で向き合い、師匠からの口伝と技法のまねをすることで学んでいくものである。それは一中節でも同じで例外ではない。

ここでは伝承されている技法をみていく。三味線は三本の糸からできていて、左の親指と人差し指の間で竿を支えて、左の人差し指・中指・薬指で糸を押さえたり、はじいたりして音を奏でる。右手では撥をもち、撥が糸を押さえて放したときに、音が出るのだが、これを「撥を糸にあてる」という。三本の糸にはそれぞれ、一番上が「一の糸」、真ん中が「二の糸」、一番下が「三の糸」という名がついている。三味線には、楽譜がない代わりに口三味線と呼ばれる三味線の音を文字化した伝承方法がある。指を放した状態で三の糸を撥であてることを「テン」。押さえた状態であてることを「チン」。二の糸を放してあてることを「トン」。押さえてあてることを「ツン」。一の糸を放してあてることを「ドン」。押さえてあてることを「ヅン」と表す。

「テンツンテン」と弾きなさい、といわれた場合、三の糸を放して撥をあて、次に二の糸を押さえて撥をあて、最後にまた三の糸を放して撥をあてる、ということになる。この口三味線は流派によって表現が違う。また、撥で下から糸をすくうことを「すくい」、糸を左手の指ではじくことを「はじき」と表現する。この手法が基本となるが、曲が複雑になればそれだけ他の手法も出てきて、例えば指を放した状態で二と三の糸を同時にあてたときは「シャン」。一の糸を押さえ、二の糸を放した状態で、一と二の糸を同時にあてたときは「ジャン」など口三味線も複雑になっていく。

一中節の三味線は「粘って弾くこと」を大事にするように伝えられている。撥をあてたときの音が重要なのではなく、撥が糸から離れ、その後に響く音に重点が置かれるからである。十二世は、音のない部分を感じさせるために前の音を存在させている、という。例えば、お寺の鐘はゴーンとなり響き、その余韻を残しながら音が消えていくが、音が消えた後になんともいえない刹那が残る。一中節ではその刹那を音楽で表現しているのだという。

三味線の隣で曲を語るのが浄瑠璃である。「一中節は面取りだ」という言葉があり、角ばった浄瑠璃を嫌い、はっきりと語っていても丸さややわらかさを表さなくてはいけない。言葉の最後を長くのばして語れば、その音はおのずと母音になり、その母音をさらにのばして語ることで子音に戻す語り方である。初世一中の作品の中で「辰巳の四季」というものがある。この中の「ちんりちらちら春風に」という部分を例に挙げてみる。「ちらちら」の「ら」の「あ」は「アンアンナーアン」、「春風に」の「に」の「い」は「イーインニー」となる。このように一中節ほど極端に母音を強調する浄瑠璃は他にはみられない。十二世は、先代一中から家元を継ぐ前にある書簡を受け取った。十一世から「これを大切にしなさい。ここに一中節の秘伝が書いてあります」といわれた。書簡の中には「あいうえおかきくけこ……」の五十音が先代の手書きで書かれており、「産み字」と呼ぶ母音を大切にすることが一中節の真髄だと教えられたという。現在この書簡は稽古場の仏壇に置かれている。初世から伝わっている秘伝の書物ではなく、先代が書き残した稽古用のお手本といってもいいのかもしれない。文字として残されていることが大事なのではなく、文字には残らない母音を語ることこそが一中節のすべてを表しているのだということである。

三味線には、譜面がある。口三味線だけでは表しきれない指の押さえる場所を数字で示している。この譜面をみれば、三味線を弾くことは可能かもしれない。浄瑠璃は文字しか書かれていないが、録音機器を使うことで語ることはできるかもしれない。また、五線譜を利用すれば多くの人が曲を演奏することができるかもしれない。しかし、撥の角度やあてる強さが微妙に違うだけで、一中節ではなくなってしまうという。浄瑠璃に関しても、五線譜で表せる音階がない場合がある。歌っているのではなく、語っているからであるという。どんなに普及書が出たとしても、師匠と向き合って稽古をしない限り、独特の雰囲気というものを得ることは難しい。「刹那を表現する」といったような、譜面では読み取れない部分を録音などから取得することは不可能であろう。

5　家元制度の役割

一中節は、大きな流派ではない。したがって家元と弟子が直接につながり、弟子の弟子になっても把握できないほどの人数はいない。そのため、組織を運営するにあたり、特別何かをすることはないという。一中節において家元のみが行う仕事は二点である。

一つ目が免許の最終的発行である名取の了承である。大きい流派になると、一年の内決まった時期に名取式が行われるが、一中節では特に決めていない。名取という免許はあるものの、厳密な資格制度はないという。技法を習得しているのはもちろんだが、真摯に勉強する気持ちがある人物であると判断した場合に、家元の直の弟子である直門の中で、家元自身が認めた人物、また直門でない場合でも、直接の師匠が推薦し、家元が認めれば名取の資格を与えられる。

以前は家元の自宅で名取式を行っていたそうだが、先代からは都内の料亭で行っている。名取式の出席者は、家元、新名取、取立である場合は取立師匠、また、古くからの名取も参列するが、合わせても一〇人ほどである。

式はまず免状が渡される。免状を渡すと、次に流儀の扇子を渡す。代々決まっている扇子で、この扇子は名取にならないと使用することはできない。扇子の他に、ユカギという紋付の着物、男性の場合は着物の他に流派の袴を着ることが許される。扇子同様、代々決まったものである。最後に家元と新名取が互いの盃に酒を入れて飲む「おさかずき」を行う。その後は参列者とともに食事会となる。名取になると、師匠の資格を得ることができるが、実際弟子をとるには、家元、もしくは師匠の許しがなくてはならない。

名取式は、盃を交わすことで一門に迎え入れるという意味がある。一門に加えたのは家元であり、加えた以上はその人の責任もすべて家元が取らなくてはならない。一門の中の誰かが不手際を起こし、周りに迷惑がかかった場合、謝るのは本人よりも家元である。すべての責任を負う家元がいるからこそ、門弟たちは自由に活動でき、その活動が流派の繁栄につながるのだという。また、家元は上座に座っていてはならず常に下座に座していなくてはならないとも十一世からいわれてきた。家元よりも優れた人物を輩出するためにも、十二世は十一世から「家元とは謝ることのできる人物だ」と教えられたという。

二つ目が次期家元の指名である。家元がいなくなることで、一中節がなくなるとはいいがたい。しかし、一中節が大きな流派ではないということは、誰かが先頭に立って伝承していかなくてはなくなってしまうものだともいえ、後世に伝えるという面において、その役割は大きいものだといえる。一中節の家元は伝承責任者であるために、次期家元の選択を誤ると伝承が途絶えてしまう恐れがある。次期家元指名は家元の最後にして最大の仕事といえるのである。

家元制度は、時代に取り残された古い慣わしともいわれている。この制度がなければ、多くの人々に一中節が普及し、伝承する側もされる側も多くなったかもしれない。しかし、先代からの芸をなるべく正確に伝えるためには、中心になる人物がいなくてはならない。正確さというのは、音程だけではなく譜面に表すことができない部分も含まれる。同じ芸が変わらずに伝承されていると知らしめるためにも、家元という存在が必要なのである。また、一中節のような小さな流派になると、伝承を途絶えさせないための責任者の役割も大きくなる。流派に属する者たちが、精神的支柱としての家元を意識しているからである。一中節では、繁栄と伝承の責任が家元制度という機能を通して、名取の了承と次期家元指定という形になって現れている。

一中節はお互いの顔がみえる組織であるからこそ、このように役割と制度とが直結していると考えられる。花柳流のような大きな流派では、組織形成や経営など、この家元制度を通して複雑化していくのだが、他流派との比較は今後の課題にしたい。

二　一中節の名取となるまで

一中節の名取であるRさん（昭和四十年代生まれ）は、二十代から十二世都一中に師事し、平成二十年（二〇〇八）に名取式を行った。これまで社会的背景を基に家元やその制度・流派が論じられてきたが、弟子である一名取については詳細な資料はない。ここでは、Rさんが入門してから名取になるまでを聞取り調査を基に記していく。

1　一中節への入門

Rさんが十二世都一中の下に弟子入りしたのは二十八歳のときであった。それまで会社と家の往復の毎日であったことから、何か趣味をみつけてクッションを置きたかった、というのが理由であった。もともと興味のあった楽器をやりたいと考え、雑誌を読みながら「お稽古」ができるところを探していた。そんなとき、たまたま通りかかった神楽坂で、三味線の音を聞く。神楽坂の料亭が並ぶ場所を歩き、そこから三味線の音が漏れてきていた。それを聞いていたときに「これだ」と直感的に感じたのだという。

そこで改めて雑誌で「三味線」を中心に探して体験稽古にも行った。この体験稽古をきっかけに「プロになりたい」と決意を固め、様々な演奏会に行くようになった。そのような中で知人と話をした際、知人が長唄と一中節の演奏家と親しいことがわかり、その場で連絡をしてくれた。とんとん拍子で話がすすみ、早速、一中節の稽古見学に行くこととなった。

稽古見学に行くと、そこで近々行われる演奏会の下浚い(リハーサル)をしている最中であった。間近でプロの演奏家たちによる演奏を聞き、かなりの衝撃を受けた、とRさんは振り返る。二回目の稽古見学では、初めて三味線を触った。その際に十二世から「三味線に好かれている」といわれ、その言葉がきっかけで「やります」と、入門することとなった。

2 初舞台と裏方のお手伝い

入門当初に手ほどきを受けたのは、「さくらさくら」「お江戸日本橋」「荒城の月」といったRさんもよく知る曲であった。三味線の持ち方、音の出し方などはこれらの曲を通して教わっている。ひと通りこれらの曲が弾けるようになり、古典曲を稽古することとなった。十二世都一中は、常磐津文字蔵として常磐津の三味線弾きでもあるため、初めての古典曲は「廓八景」という常磐津の曲であった。「前弾き」という浄瑠璃が入る前の前奏部分には十二世が譜面に口三味線を書いてくれた。口三味線とは、三味線の音を文字化した符のことである。あとで知ることになるのだが、十二世にとってRさんは口三味線による稽古の「実験台」だったのだという。これまでの稽古曲とは異なり、まったく内容のわからない古典で、どのように稽古すればいいのかわからなかったRさんは、次の稽古日までに前弾きの口三味線を丸暗記し、十二世には「そんな必要なかったのに」と驚かれた。このときに覚えた口三味線は、三味線の音と雰囲気を頭と体に叩きこむことができたため、後々まで役に立ったという。以降は口三味線で曲を覚えるくせがつき、演奏中も口三味線を頭でいいながら三味線を弾いている。初舞台は平成十一年（一九九九）の国立劇場で、この「廓八景」を演奏した。

その後は、毎年のおさらい会のため「松島」「お夏」「大森彦七」などを一曲ずつ稽古していった。なお、初舞台となった国立劇場は、数年に一度開かれる大きなおさらい会という位置付けである。通常のおさらい会は規模がもう少し小さいホールで行う。稽古は師匠と一対一で行うが、何よりも戸惑ったのはこのようなおさらい会での手伝いだったという。

これまで古典の世界にまったく触れたことがなかったRさんは、初舞台でもあり、初めてのおさらい会であった国立劇場では何をするのかわからずにいた。手伝いにもいろいろある。受付の準備、楽屋でのお茶菓子の用意、師匠の出迎えや楽器の組み立てなど。開場前の早い時間から始まり、自分の出番が終わったあとも先輩である姉弟子・兄弟子、もしくは賛助出演の演奏家たちの楽屋で随時お茶用のお湯の交換やお弁当の配布、会の終了後は全部屋の片付け、楽器や師匠の着物の片付けなど、一日裏方として動き回らなくてはならない。

当初は何もわからなかったRさんも、兄弟子と姉弟子たちを見習い、徐々に裏方仕事を覚えていき、今では裏方の中心となっている。

3　名取への想い

入門してからしばらくして、国立劇場の大衆芸能（寄席囃子）研究生として籍を置いた時期があった。国立劇場では長唄三味線の素養のある女性を対象として、昭和五十五年（一九八〇）より二年間で、寄席囃子演奏者になるための基礎教育を行っている。平成二十六年（二〇一四）では、研究修了生の就業者は八八％にのぼっている(8)。入門時から三味線奏者のプロを目指していたRさんにとって、稽古を重ねるだけでなく、早く一人前のプロになりたいという思いが強かったのかもしれない。

十二世に了承を得て、さらに課題曲が長唄であったために、十二世の知り合いの長唄の先生にも稽古をつけてもらった。試験は長唄と常磐津の弾き語り(9)をして合格した。そのときの合格者は六、七名であった。狭き門を通り抜けたRさんであったが半年ほどでやめてしまう。寄席囃子は、落語のイメージに合わせて即興性や雰囲気を重視しており、これまで十二世に習っていた「三味線の勘所」の妙や面白さがなかったためである。Rさんは改めて寄席囃子ではなく、十二世の下で三味線弾きになろうと決意した。

名前をもらい、名取になりたいという気持ちが強くなってきた平成十六年(二〇〇四)より、一中節の稽古を始める。最初に習ったのは「猩々」であった。一中節のおさらい会である「都会《みやこかい》」と、常磐津のおさらい会である「百閃会《ひゃくせんかい》」は、半年に一度交互に行われるため、この年から半年ずつ常磐津節と一中節の稽古を行った。

名取式に向けての相談が自然と多くなっていた頃、以前から好きだった一中節の歌詞の一部を名前につけたいと十二世に申し出た。歌詞はひらがなであったため、字面は自分で考えたという。一中節では、女性は「都一〇」男性は「都〇中」と、家元である「都一中」の名を一文字もらう。他の名取とも名前が重ならないことからも、十二世はすぐに了承した。

4　名取式

名取式は平成二十年(二〇〇八)二月九日に、白金で行われた。名取式の参列者に関してはこれまでお世話になった兄弟子・姉弟子らを招待したいというRさんの希望を十二世に伝え、正式な依頼は十二世が行った。その他の準備に

写真１　八世都一中の書（掛軸）

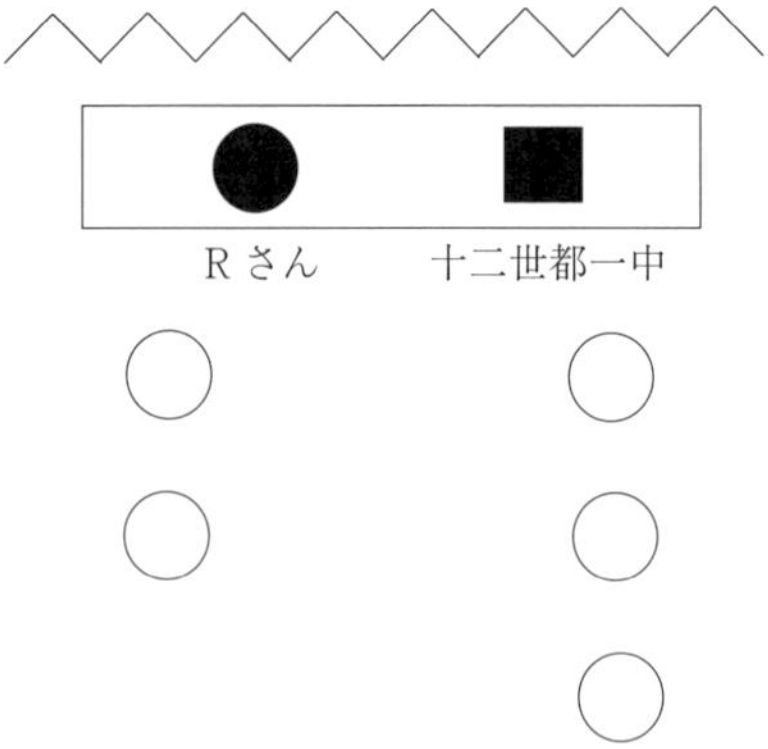

図３　Rさんの名取式の会場配置図
○は参列者

写真２　免状と名取札

関しても十二世が中心に行っているため、細かいことはわからないという。

名取式は昼前から始まった。金屏風の前に赤毛氈が敷かれ、その前に招待された兄弟子・姉弟子ら五名が向かい合って座っていた（図3）。また、床の間には八世都一中の書が飾られていた（写真1）。

赤毛氈に十二世とRさんが座ると、十二世がまず免状を読み上げる。免状には「此度其許江右名目相許申候、然ル上者尚藝道出精可致者也」とあり、十二世都一中の署名と捺印がされている。免状読み上げの際は両者とも前を向いているが、その後向かいあい十二世からRさんに名取札・免状（写真2）・扇子が渡される。この扇子は名取にならないと与えられない一中節の流儀の扇子である。再び正面に向き直り、赤い盃に酒を注がれ、参列者とともに全員で飲む。これを「おさかずき」という。儀式はこれで終わり、食事会となった。なお、Rさんは名取札も免状も現在は自宅に保管している。

名取式の二ヶ月後の都会《みやこかい》（一中節のおさらい会）がRさんの名披露目会となった。プログラムには「〇〇（本名）事都一〇」と書かれた。Rさんは「マキモノ」と呼ばれる引出物を用意し、両親や友人たちも招待した。この際に一中節の揃いの着物も用意した。以後、一中節を演奏する際にはこの揃いの着物を着用している。

Rさんは、現在も一中節の名取として、様々な演奏会で活躍しながら十二世の下で稽古に励み、自身も師匠として弟子をとっている。

Rさんは三味線や浄瑠璃を幼い頃から稽古していた人ではない。素人の弟子として入門し、稽古を重ねて名取となった。一門に馴染むためには稽古に励むだけではなく、裏方の仕事を学ぶことも重要であることが確認できた。

前項で記した名取式の様子と比べると多少異なる点もあるが、兄弟子・姉弟子などお世話になった人に参列してもらうこと、名取札・免状が手渡されること、「おさかずき」という盃を交わすこと、名取になると流儀の扇子と着物が渡されることは変わらないため、これらが一中節の名取式の基本であり重要な事柄といえる。

一対一で稽古をし、技芸を伝承していく一中節をはじめとした三味線音楽や日本舞踊などの実情を知るには、弟子一人一人に注目していくことも必要ではないだろうか。なかなか資料として表に出てくることはない部分だが、今後も聞取り調査を進めて資料を蓄積していきたい。

三　邦楽囃子方A流の名取式

平成二十五年(二〇一三)四月、都内の料亭にて邦楽囃子方A流名取式が行われた。ある一定段階の技能を習得した弟子が、家元から流儀名とともに名取という職分を与えられるが、その名取となる際の儀式が名取式である。

名取式の詳細は本来秘儀とされており、他流と意見を交わすことなどはなく、特に新名取となる者が支払う名取料など金銭に関わる点については外部の人間には知らされない。名取料の高低で流派を選択する可能性を防ぐこともその理由の一つに挙げられよう。そのため、本節では金銭に関わる部分は伏せ、また流派名や個人名はイニシャルで表すことにする。

名取式に関しては、第一節では論考の一つの素材として、第二節では体験談として扱った。A流の名取式には、準備段階から食事会まで参加させていただき、家元から直接話をうかがうことができた。名取式の実態は摑めたと考えられるが、現段階では文献等が乏しいため、本節では考察を行わず、現在のA流の名取式の実態を記すことにする。

1　A流―邦楽囃子方という職業―

邦楽囃子方とは、歌舞伎音楽の一つである囃子に特化した演者である。囃子方の使用する楽器は四拍子(大小鼓・締太鼓・能管)と大太鼓であるが、この他に「鳴物」の名称で総称される寺院・神社の宗教楽器や祭礼囃子や民俗芸能の楽器を採り入れ、各種の打楽器や管楽器を広く用い、その数は数十種類に及ぶ。これらの楽器を単独または二種以上組み合わせて演奏する。その音曲は一定のリズムで構成された曲目と効果・描写を主とした演奏に分けられる。前者は能囃子を模したものや祭礼囃子を模したものなどがあり、後者は雨音・風音などの森羅万象を表現する。また、劇場習俗の囃子として、一幕終わるごとに打ち囃される「幕切シャギリ」など、演出に関係なく興行場の習俗として行われてきた儀礼囃子も囃子方の役割となる[10]。

歌舞伎音楽として発展してきた囃子方は、近代以降、同じく歌舞伎から派生し独自の芸能として発達してきた日本舞踊や、三味線音楽の公演でも演奏する機会が多く、近年では囃子独自の公演を行うこともある。

囃子方にはいくつかの流派が存在し、その内の一つがA流となるが、厳密にいうとA流はその中がa派とb派に別れており、今回調査を行ったのはA流b派となる。A流はa派が主流であったといい、b派も先々代家元である現家元の祖父までは血縁関係があるため辿れるが、それ以前がどのような経緯で家元を継いでいたのか、もしくは家元と名乗っていたのか明確ではなく、文献資料も残されていないという。

現在A流b派は、先代の尽力により笛方の名取を輩出することが多い。笛方とは、囃子方の中でも笛を専門とする奏者の総称であり、その他の楽器を演奏する囃子方と区別されている。先々代は太鼓・鼓を主とした囃子方であり、笛方となった先代も、現家元には先々代に倣って太鼓・鼓を主として欲しいという意向があったという。

現家元は六歳の六月六日から稽古を始め、高校生からは舞台に出演する機会が増え、先代の体調不良も契機となり家元を継ぐこととなった。

現在A流b派の名取は二〇〇名ほどいるという。家元から職分を与えられた名取は、家元を代行して末端弟子の実技指導を行う中間教授機関となる。しかし、あくまでも中間教授機関であるため、名取が教授する弟子が名取となるには、家元からの許しを請わなければならない。この関係を示したのが図4となる。末端の弟子であるAｂが名取になるには、「取立師匠」と呼ばれる弟子Aを通して、家元から流儀名と名取の職分を与えてもらわなくてはならない。

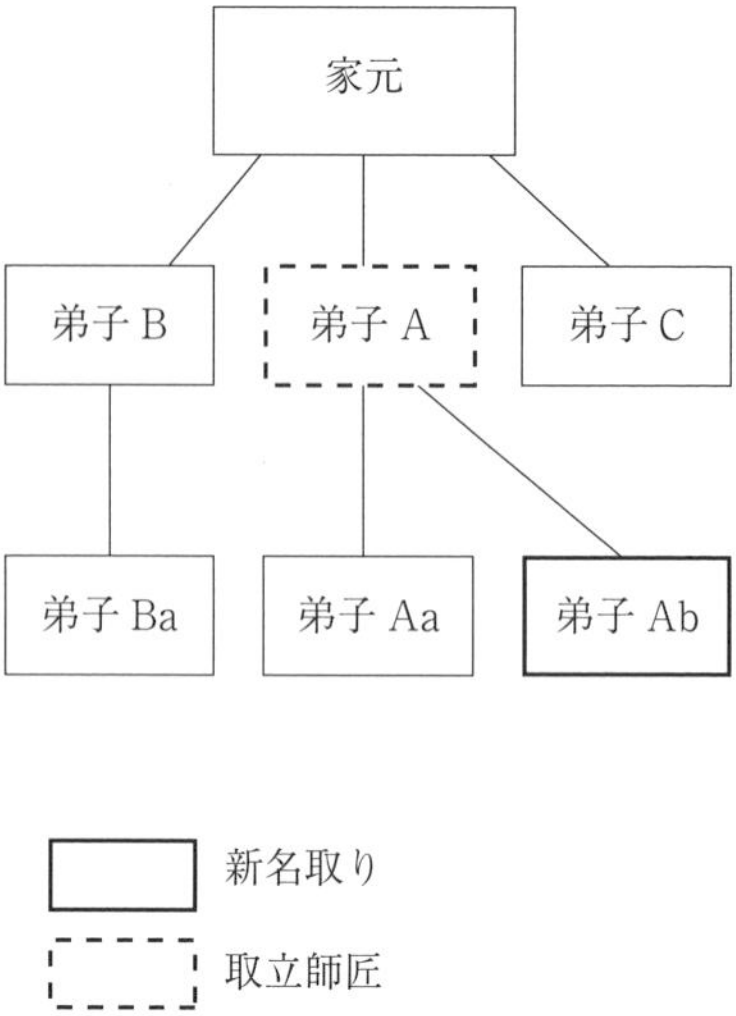

図 4　A 流家元と名取関係図

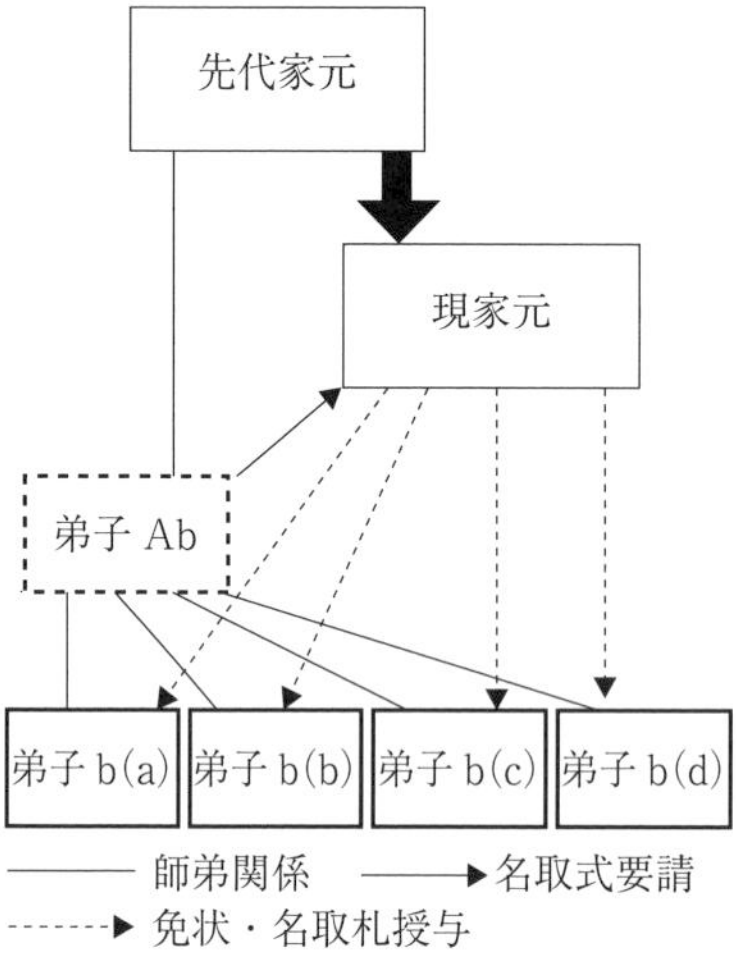

図 5　平成26年4月に行われた A 流名取式関係図

今回の調査で新名取となったのは、先代の弟子の弟子にあたる階層である（図5）。名取を与えることができるのはあくまでも家元であるため、直弟子にあたらなくとも家元が名取授与など一切の権利をもつこととなる。家元制度に関しては序章にて述べているため、これ以上詳細には触れないが、家元が引き継がれていく限り、図で示したピラミッド型の形式が変化することはない。

A流b派の名取式は希望者があれば開催し、不定期で行われる。どこかで教えたかったり、プロとして舞台に立ちたかったりと願い、自ら名取になることを希望する者や、稽古の場所が増えたことで弟子を派遣させたい取立師匠が弟子を名取にして稽古場に派遣する場合など、名取になる理由は様々であるという。流派によっては名取にふさわしいか実力を測るため試験を行うこともあるが、A流b派ではその差配をすべて取立師匠に任せている。

名取授与式である名取式を行う新名取の人数はそのときにより異なり、一人の取立師匠から数名の新名取を出す場合や、時期が合えば複数の取立師匠からそれぞれ新名取が出て名取式を行う場合がある。平成二十六年(二〇一四)に行われた名取式は前者にあたり、一人の取立師匠から四名(一名は欠席)が輩出された。

2　現在のA流名取式

A流b派の名取式の会場は都内の料亭Sである。流派によっては神社で行うこともあるとのことだが、A流b派は特に場所のこだわりはもっていないとのことである。かつてはホテルで行ったり、他の料亭で行ったりしていたこともあるが、近年ではこの料亭Sを会場にすることが多くなった。

名取式のための準備は、先代までは各取立師匠が行ったというが、現家元になって以降は家元とその家族が行っている。この日、名取式を昼十二時から始めるため、家元と家元の母堂は午前十一時半に料亭Sを訪れた。部屋に通された後、家元の母堂は、この日に名取となる人数分の盆の上にそれぞれの免状と名取札を載せ、準備を始めた(写真3)。先々代までは〝かわらけ〟を準備し、免状と札を渡す際に、家元と新名取一人一人のそれぞれの盃に三度に分けて酒を注ぎ、三口で酒を飲む、いわゆる三三九度の盃を交わしていたが、先代以降は酒が苦手であるためそれをやめ、名取式を終えた後に開かれる会食前に全員で盃を交わすこととしている。

免状と名取札は代々銀座の三越本店に執筆を依頼しているという。免状(写真4)は、できあがると家元に渡され、家元が捺印をした上で水引を掛けた祝儀袋に収められる。写真5が名取札である。長方形の木札に流儀名が書かれている。流儀名は、先代が家元となった当初は先代自身が考えていたが、現在では取立師匠と相談の上、新名取が考える。取立師匠の名の一文字をもらうことが慣例となっている。取立師匠から家元に新名取の流儀名の知らせを受け、他の名取と流儀名が重なる場合は考え直してもらう場合もあるという。

準備が整い、紋付き袴を着、白扇子を持った家元が部屋内に設けられた赤毛氈にあがり、名取式の説明が行われる。上手《かみて》に座った家元の母堂が「〇〇（本名）様ことＡ（流派名）△△（流儀名）」と読み上げると、名を呼ばれた新名取は下《しも》手《て》から赤毛氈にあがり、家元から免状と名取札を受け取る。かつてはこの際にかわらけで盃を交わしたが、前述した通り、現在はこれが省略されているため、家元と新名取と取立師匠が並んで写真撮影が行われた。この作業を新名取一人ずつ行った。なお、今回欠席であった一名は、取立師匠が免状と名取札を代わりに受け取った。

免状と名取札の授与が終わると、家元より「本来は一人ずつ、固めの盃をかわしていましたが、先代から下戸のた

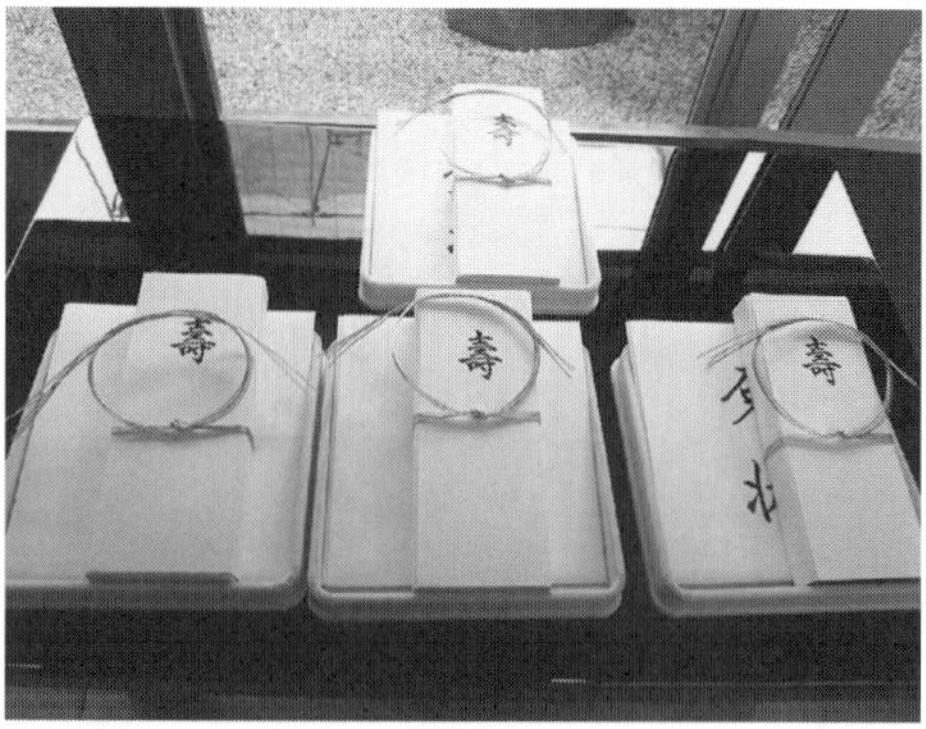

写真３　免状および名取札

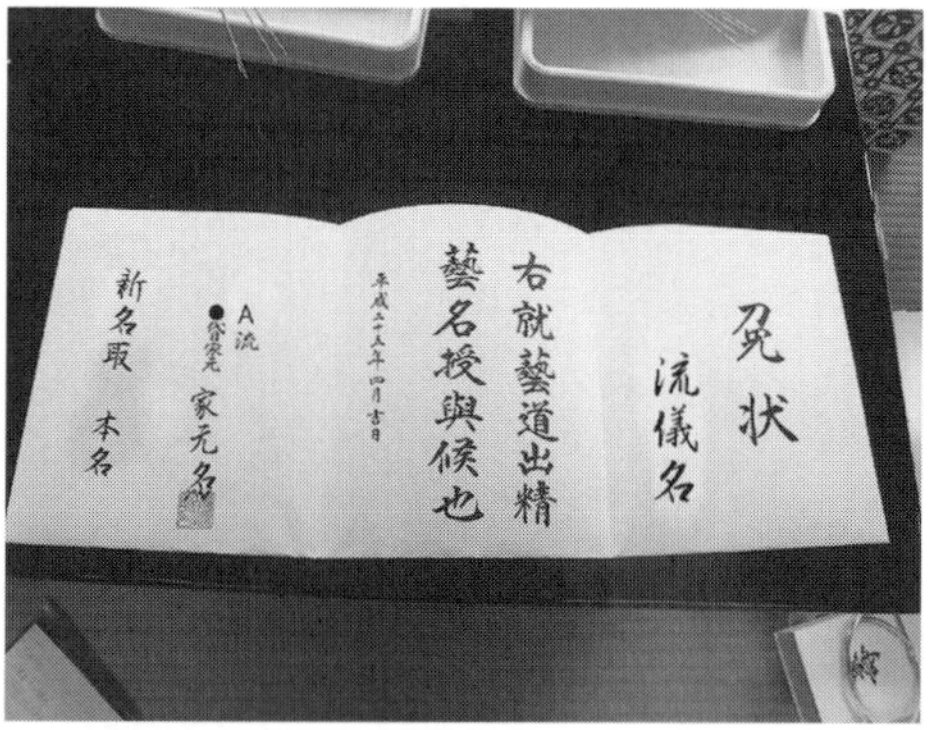

写真４　免状

写真５
名取札（右）

め食事の最初に盃は交わします。A流の流儀名を名乗るとき、名乗らないときにかかわらず、日頃の行いも芸道も精進していただきたい」という言葉があった。その後、集合写真を撮り、会食に移る。会食が始まる際には料亭で用意された盃を全員が持ち、家元の「おめでとうございます」という挨拶で宴会が始まった。

会食では、新名取が稽古を始めたきっかけや流儀名の由来などの自己紹介が会話の中心となり、取立師匠らの挨拶と家元の挨拶を最後に終了する。

3　一中節名取式との比較

邦楽囃方の家元によれば「うちは簡略化しており、会食がメイン」とのことであるが、免状と名取札の授与や会食前の固めの盃など折々に他の名取式の習俗をみることができる。最後に、一中節の名取式と比較しながら、名取式の中で重要と思われる部分を確認していきたい。

一中節は、元禄期(一六八八～一七〇四)に生まれた浄瑠璃の一流派で、現在では都《みやこ》派・菅野《かんの》派・宇治《うじ》派が存在するが、調査を行ったのは宗家の都派である。表は、一中節都派と邦楽囃方A流b派の名取式を要素ごとに比較したものである。

会場に関しては、現在は双方ともに料亭であるが、一中節は先々代まで家元の自宅で行われていた。この事例だけをみると名取式は内々に行うものであるとも考えられるが、他流派では神社で行う場合もあるとのことから、本来は公に示すものだったのかもしれない。会場については他事例を集めた上で改めて検討すべきであろう。

出席者は家元・取立師匠・新名取で、共通する点である。A流では家元の母堂が名取式のサポートを行っているが、一中節ではサポートする立場の者は確認できていない。

表1 A流と一中節の名取式

	A流	一中節
会場	料亭かホテル	家元自宅→料亭
出席者	家元、家元母堂、取立師匠、新名取	家元、取立師匠、新名取、古参の名取
免状	家元の印鑑(朱印)	家元の印鑑(焼印)
流儀名	師匠から一文字	男性：○中、女性：一○
授与物	免状、名取札	免状、扇子、ユカギ(女性)、袴(男性)
進行	免状、名取札授与→盃→会食	「おさかずき」→免状、扇子授与→会食
盃	かわらけで三献の儀	互いに盃に酒を入れ飲み交わす
盃の意味	固めの盃	一門に迎え入れる

免状は、A流は三越に、一中節では知人の書道家に依頼している。免状の内容よりも重要なのは代々受け継がれてきた家元の印である。この印がなければ正式な免状にはならないのである。家元の印は、流儀名の書かれた名取札(木札)にも捺す。A流では朱印、一中節では焼き印である。特に焼き印は、生涯消えることがなく他の印に書き代えることができないという意味をもっているとも考えられる。その点からも家元の印の重要性を認識することができる。

流儀名はA流では師匠の一文字をとり、一中節では女性は「都一○」(一文字とは限らない)、男性は「都○中」とする慣例がある。いずれも現在では取立師匠と相談しながら名取を受ける者が自ら決めているが、A流の先代の代は先代が流儀名をつけていたという。「名取」という言葉をそのまま受け取れば「流儀名を取る」もしくは「流儀名を取らせる」ことであるが、本来は「名を与える」ことに意義があったとも考えられる。また、師匠の名前の一文字を貰うことは、師匠から芸を受け継ぐことの決意の表出とも考えられる。

さらに一中節では名取札だけではなく、名取にならなければ使用することのできない扇子と紋の入ったユカギ(着物)と袴を授与しており、名取札同様に一門であることの証となる。いずれにせよ、流儀名の授与は一門として認める最も重要な部分であることは明確である。

名取式の進行は双方で違いがみられるが内容に変わりはない。重要なのは盃を交わすことである。現在では簡略化しているものの、A流では「固めの盃」であることが家元からの説明である。かつてはかわらけで三三九度が行われていたが、盃を交わしてから免状と名取札を授与していたのか、免状と名取札を授与してから盃を交わしたのか、その順番は明確ではない。一方、一中節では儀式の最後に盃を交わす。儀式の中で執り行われる盃事は、神社祭祀における頭屋渡しの行事や、擬制的親子関係を結ぶ際の親子盃・兄弟盃、テキヤ社会の襲名盃など、日本全国に広くみられる習俗である。日本の盃事に関する習俗の重要性はすでに神崎宣武も指摘していることである(11)。

舞台芸能である囃子や浄瑠璃は、民俗芸能とは異なり個々の活動に重きが置かれ、末端にあたる弟子が家元と共演する機会はほとんどないのが実情である。邦楽囃方の家元も「地方にいるお弟子さんのお弟子さんには、名取式で初めて会って、名取式以降もなんらかの機会がない限り会わないことが多い」という。常に家元と行動をともにし、共演機会が多ければ一門にいることを実感できると考えられるが、そうでなければ家元の弟子であると自覚するのは難しいだろう。芸という目にみえないものを継ぐ際、形として表出するのが名前であり、一門に入ることを実感するための盃事であり、この儀式を経ることで家元を頂点とした流派の系譜を意識することになると考えられる。

本項では今後の資料として活用するために名取式の実態をまとめることだけに留めた。他事例を集め比較しながら名取式の習俗を確認していきたい。

なお、邦楽囃方の現在の家元が家元になるまでの経緯は、すでに聞取り調査を終えているが、他の家元とともに別稿で記す予定である。その上で、流派・家元が存在する民俗芸能との相違を検討していきたい。

注

（1）西山松之助『西山松之助著作集　第一巻　家元の研究』（吉川弘文館、昭和五十七年。初出：西山松之助『家元の研究』校倉書房、昭和三十四年）。西山松之助『西山松之助著作集　第二巻　家元制の展開』（吉川弘文館、昭和五十七年）。

（2）文明十二年（一四八〇）蓮如上人に帰依し出家した青地城主、青地左衛門尉頼賢により創建。山門近くに初世都一中の石碑が建ち、毎年五月の命日には、現在、十二世都一中による奉納演奏が行われている。

（3）初世の師に関しては、都越後掾（都万太夫）であったという説と、角太夫（土佐掾）であったという説がある。小俣喜久雄は『初代都太夫一中の浄瑠璃―音曲に生きた元住職―』（新典社、平成十年）の中で、各説の根拠となった文献を改めて確認した上で、一中節の語り物とそれに関連する他流派の太夫の語り物などの正本に付される文字譜を比較検討し、角太夫（土佐掾）を師とする説を支持している。

（4）吉川英史『日本音楽の歴史』（創元社、昭和四十年）。

（5）竹内道敬『一中節古典名作選　レコード解説書』（テイチク、昭和五十七年）。

（6）西山前掲注（1）『西山松之助著作集　第二巻　家元制の展開』。

（7）竹内前掲注（5）、竹内道敬「三代目宮古路一仲とその周辺」（『近世芸能史の研究』南窓社、昭和五十七年）。

（8）国立劇場ホームページ（http://www.ntj.jAc.go.jp/tRAining/outline/gRoup05.html）。

（9）三味線を弾きながら語ることを「弾き語り」という。通常の舞台演奏では三味線方と浄瑠璃方は別であり、一丁一枚（三味線方一人、浄瑠璃方一人）や、二丁二枚（三味線方二人、浄瑠璃方二人）という。

（10）『歌舞伎辞典』（平成十二年）一六七～一六八頁。

（11）神崎宣武『三三九度　日本的契約の民俗誌』（岩波書店、平成十三年）。

参考文献

吉川英史監修『邦楽百科辞典』（音楽之友社、昭和五十九年）。

関光三『〝いき〟の源流―江戸音曲における〝いき〟の研究―』（六興出版、昭和六十年）。

竹内誠「なぜ今世襲なのか」『世襲について　芸術・芸能編』（日本実業出版、平成十四年）。

第二章　獅子舞の家元

一　石川県小松市の獅子舞の概観

小松市は石川県中南部に位置し、北は能美郡、南は加賀市および江沼郡に接している。市内の西側は日本海に面し、東側は山地となっていて、山間部から流れる梯川は支流と合流しながら安宅町で日本海に注ぐ。寛永十六年（一六三九）に加賀藩主前田利常が小松城へ隠居のため入城したことを契機に、現在の市役所から小松駅一帯に城下町が形成される。近世から続く織物業や大正十年（一九二一）に設立された小松製作所の影響などによる鉄鋼業で栄えた。また、北陸の玄関口として小松空港が置かれるなど、現在においても金沢に次ぐ県下第二の都市である。

小松市で全国的に著名な民俗芸能としては、毎年五月に行われるお旅まつりでの子ども歌舞伎が挙げられる。また、市の無形民俗文化財に指定されている「悪魔祓い」や、加賀太鼓と呼ばれる太鼓芸能も盛んであるが、最も伝承している町の多い民俗芸能が獅子舞である。

石川県の中では金沢市に次いで多い一四一の獅子舞団体（町）が存在する。(1)『石川県の獅子舞　獅子舞緊急調査報告書』(2)において、小松市内の獅子舞は大きく分けて二つの演舞様式があると指摘されている。一つは獅子と一緒に舞うことを主体とした「舞獅子」で、もう一つは獅子を殺すことを主体とした「棒ふり獅子」である。舞獅子は「五十鈴流」といわれるものが大半であること、棒ふり獅子は「越中系」と「越前系」を由来としたものが多いことを述べている。その上で市内の獅子舞の概観と、舞獅子と棒ふり獅子の代表的な町として、龍助町と額見町をとりあげている。

しかし、小松市の獅子舞に関する調査はこれ以降、三十年以上行われておらず、金沢市の加賀獅子舞や能登地区の能登獅子舞に比べると、まとまった論考もみられない。そのため、舞獅子と棒ふり獅子という類型の検討もされておらず、両演舞様式の定義も曖昧なままである。また、舞獅子の「五十鈴流」について報告書には「現在も市内寺町在住の家元吉光屋五代目吉岡久次(3)などが指導にあたっている(4)」とあるが、その実態について詳細なことは述べられておらず、『むかしの小松(5)』における吉光屋の記述を引用しているのみである。

本節では、五十鈴流の歴史的概観と五十鈴流獅子舞の芸態を確認し、その特徴を明らかにしたい。さらに市内の獅子舞をいくつかとりあげ分類した上で、五十鈴流獅子舞と比較検討し、流派と家元をもつ獅子舞が、地域の獅子舞にどのような影響を与えているのかを論じることを目的とする。

1　獅子舞の諸相

市内において獅子舞が演じられる機会は各町の氏神例大祭である。例えば旧市街地では菟橋神社と本折日吉神社の春の例祭として、毎年五月にお旅まつりが行われるが、その際には小学生から中学三年生の男児が獅子舞を演じる。各神社の氏子範囲の中で一〇以上の氏子町があり、大半の町で各々獅子舞を伝承しているが、これは市内でも特殊な状況で、大半の町では一つの神社に対して多くても三つの獅子舞団体が演じる程度である。旧市街地のように担い手が子どもである町も増えているが、本来は青年団(若者組)が行うものであった。二十歳前後から青年団に加入し、青年団活動の一環として獅子舞を演じる。年齢階梯制で、青年団でも年長者が獅子を舞い、年少者は楽器の演奏や棒使いと呼ばれる獅子に対峙する役を演じていた。近年は若者不足により青年団の機能が果たせなくなった町では、子どもや青年団経験者・有志などによって引き継がれている。

市内の獅子舞の共通点として挙げられるのが使用する楽器の種類である。どの町でも鋲留太鼓と笛で演奏している。太鼓の演奏者は一人であることが大半であるが、中には一人がリズムを刻み、もう一人がメロディーを演奏するという二人の奏者がいる場合もある。笛は六孔の竹笛で、七孔ある笛を使用する際には一孔塞いで演奏する。笛の演奏者は人数に制限がなく、基本的には手の空いている者が演奏する。

獅子頭は各町によって異なる。色・形態も多岐にわたるが『小松市獅子舞調査報告書』によると、上部が平たく角がない「小松型」と、上部が盛り上がり頭部に角が一本生えている様式の二つに分けることができるという(6)。

まず、小松市内の獅子舞の実態を確認する(7)。（地図1）

(1)月津町の獅子舞

月津町の氏神は白山神社であり、九月十四～十六日の秋祭りでは五穀豊穣を祝い、獅子舞を演じている。

現在の獅子舞は獅子殺しを主体とした舞いであるが、昭和二十七年（一九五二）以前は近世から続く「箱獅子」と呼ばれ、「豆ひろい」という所作を伴った獅子舞であった。豆ひろいは、獅子頭を地面に向けて口を開閉させ、頭を左右に振って、豆を拾うような動作を行う。その獅子舞をみた周辺町から「月津はまだあんな古い形の獅子舞をやっているのか」といわれたことをきっかけに、富山県の新湊より獅子舞を伝習することとなり、昭和二十八年の秋祭りから現在の棒使いによる獅子殺しを行う獅子舞を演じるようになった。

棒使いは一人ずつ採り物をもち、獅子に対峙する。最初に登場する棒使いの採り物は葉団扇《はうつわ》で、獅子をなぞるようなしぐさを行い、獅子を眠らせる。その後、先端に紐をつけてボールを結び、そのボールを猫じゃらしのように獅子

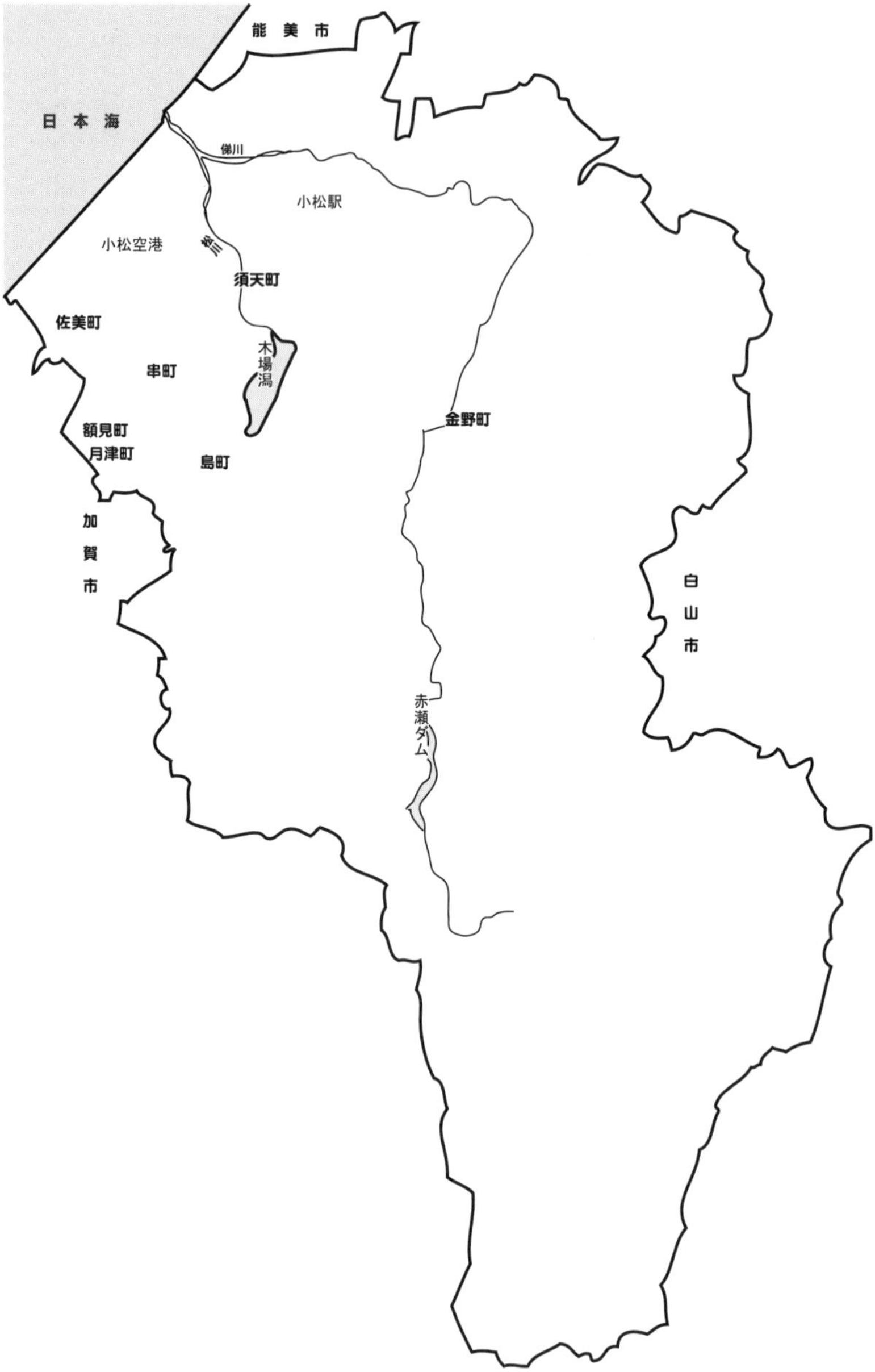

地図１　関連地域概略図

の前で転がし、獅子が夢中になっているすきをついて退治する「鎌」を持つ棒使いや、横に振ったり縦に振ったりして獅子の注意を引いて遊ばせた上で退治する薙刀や剣を持つ棒使いが登場する。

葉団扇は「ホラホラ」、鎌は「カマ」、薙刀は「ナギナタ」、剣は「ケン」という曲目の囃子を演奏する。曲順は特にないが、葉団扇と薙刀が少し長めの舞いであり、鎌と剣は少しおどけたフリとなっているため、葉団扇と剣、薙刀と鎌、もしくは葉団扇と鎌、薙刀と剣の組み合わせで舞うことが多い。

獅子殺しが主体の四曲のほかに「寝獅子」と呼ばれる演目がある。かつて青年団で舞っていた際は、町内会長などの役付きからは酒一本と五〇〇〇円を花代としてもらっており、その場合は四曲すべてを舞った上で寝獅子を行っていた。寝獅子は「ホラホラ」の演奏に合わせて舞うおどけた舞いである。獅子が道で寝ていると、ヒョットコがやってくる。ヒョットコは獅子が寝ているのに驚きながらも、ふざけて獅子舞に接触する。その内に獅子が起きヒョットコと獅子が絡んで、最後には獅子をヒョットコがひっくり返して馬乗りになり、獅子を退治して終了する。一連の流れは決まっているが型の決まりはないため、若い衆たちは酒を飲みながら即興で演じ、非常に面白いものだったという。この寝獅子は新湊から教えてもらったわけではないが、箱獅子を演じていた頃は行っておらず、どこから伝授されたのかは明らかではない。

⑵串町の獅子舞

串町では昭和四年(一九二九)に串八幡神社を遷宮したことを契機に、子ども獅子から大人獅子へと変更した。この大人獅子は片山津から伝習した獅子退治をする演目と寝獅子である。

獅子を退治するのは棒使いと呼ばれる役であり、天狗の面と河童の面をつける。面の名称に合わせてそれぞれ天狗の舞、河童の舞と称される二つの演目を演じる。天狗の舞は、天狗の面をつけた棒使いが九〇センチメートルほどの短い棒で獅子と戦い、逃げていく獅子を棒使いが追いかけるフリで終わる。河童の舞は、河童の皿のようなものにシャンガと呼ぶ毛をつけ、それをかむった棒使いが長い黒棒を使い獅子と戦う。

串町の寝獅子は「長吉寝獅子」と呼ばれている。片山津から伝習した寝獅子は、寝ている獅子を棒で倒す舞いであったが、昭和五、六年（一九三〇、三一）頃に改作された。改作したのは、北海道から串町に移住した長吉という大工の見習いである。長吉は、ヒョットコの面をかぶり、面白おかしく演じながら寝獅子を起こして退治した。これが好評となって以後、戯けたこの寝獅子を踏襲するようになり、「長吉寝獅子」と呼ぶようになった。寝獅子のあらすじは以下の通りである。野良仕事帰りに瓢箪を持って少し酔っぱらいながらやってきた長吉は、道で獅子が寝ているのに気がつき驚く。触ってみるが動かないため、からかってやろうといたずらを仕掛ける。獅子がまったく起きないため、長吉は獅子を退治できると思い、鍬から槍に持ち替えて襲いかかるが、獅子は起き上がって長吉の急所を噛む。驚き痛がりながらも攻防の末、最後は長吉の槍が獅子の顔面を捉えて退治する。話の展開上重要な仕草（急所を噛むなど）以外は特に決まったフリはない。長吉役はヒョットコの面をつけ、赤い布を股間から垂らしているのが特徴であり、この赤い布を見学者などにみせて笑わせる。見学者を意識しながら演じていくため、長吉寝獅子はアドリブが重要となる。

囃子は他の獅子舞と同様に笛と太鼓で演奏するが、かつては太鼓を運ぶ櫓があり、その櫓を「桜ばやし」と呼んでいた。現在櫓はなく、毎回玄関の中に太鼓を運んで演奏している。囃子にはそれぞれ「コンコラコン　コンコラコンコンコラコンのコン」（天狗の舞）、「チーチーラカラカ　チーラカラ」（河童の舞）、「ちょーきち寝獅子　コンコラコンのコンコラコンのコンコラコンのコン」（長吉寝獅子）の地言葉があり、一フレーズを繰り返し演奏する。

⑶島町の獅子舞

昭和十七年（一九四二）に片山津にある愛染寺の住職が、近隣の青年団たちを集めて親睦を深めることを目的とし、寺を獅子舞の稽古場として提供していた。当時島町では「まめころがし」という赤い雌獅子が舞う獅子舞があったが、愛染寺で知り合った潮津《うしおづ》の青年団から習い、それ以後「まめころがし」から現在の獅子舞に代わった。

演目は「コンコラコン」「シャンシャン」「チーラカ」と寝獅子である。「コンコラコン」と「シャンシャン」は昭和十七年（一九四二）に潮津から習ったが、「チーラカ」は昭和三十年頃に加賀市高塚町から伝授された。寝獅子は祭りの手伝いにやってきた潮津の青年団の寝獅子をみて、その後、島町でも行うようになった。正式に習ったわけではないため、今では島町独特のしぐさで演じている。「コンコラコン」は過激な獅子舞で獅子と対峙する棒使いは槍を使い、シャンガと呼ばれる毛と般若の面を着け見得をきってから舞い始める。「シャンシャン」では面をつけずにシャンガだけかむり、両端に房がついた棒を使用する。「チーラカ」は一番小さな白いシャンガをつけ顔を覆う。刀を使用しており、ゆっくりとした動きで、一番格式の高い踊りとなる。いずれの舞いも獅子を倒すのではなく、暴れる獅子を治めるという意味合いがある。

曲目は、演目と同名の「コンコラ」「シャンシャン」「チーラカ」「寝獅子」と、家から家の間を移動する際に「行進曲」がある。行進曲は二曲あるが演奏する場の決まりはなく太鼓奏者に任せている。演奏の主となるのは太鼓であり、獅子と笛は太鼓に合わせている。そのため太鼓はすべての役割を経験した年長者が叩くことが多い。太鼓は皮だけでなく縁を叩くこともしばしばある。「コンコラ」の曲の出だしも縁を叩くが、これは獅子が起き上がる音を表している。

頭を右に振ると左目が、左に振ると右目が棒使いをにらむ形となる。常ににらんでいる必要があるため、頭の顎を上げてはならない。頭は七、八キログラムあるが、頭を持つのは右手のみで、左手は顎に添えるだけである。稽古を始めたばかりだと、左手で顎を下から上に嚙んでしまうのだが、左手はあくまで添えるだけにしておき、右手で上から下に嚙まなくてはならない。獅子舞の動作は基本的には繰り返しである。動作を覚えることができても型を身に付けるのは難しいのだという。

寝獅子を退治する棒使いは「シャンシャン」で使用する棒を持ち、ヒョットコの面を着けている。寝ている獅子を戯けながらからかい、起き上がった獅子と攻防した末、最終的に獅子の首の骨を折って退治する。

(4) 額見町の獅子舞

額見町の獅子舞は気多御子神社の秋祭りに演じられる。かつては「豆ひろい」という獅子舞であったが、他の町と異なった獅子舞をしたいと考え、大正十二年(一九二三)に富山県の高岡から習った。『石川県の獅子舞　獅子舞緊急調査報告書』によると、「幕末のころ、中国から長崎へ渡ってきたものを明治初期に額見の在所の山田新左ヱ門という人が、村の若者数名をつれて長崎に赴き、習ってきた(8)」という伝承もある。

小棒振(別名：コンコラコン)、棒廻し(別名：チーチーラカラカ)、寝獅子の三演目ある。それぞれの演目で棒使いが獅子を退治する。小棒振の棒使いは鶏を模した鶏烏帽子をかむる。この鶏烏帽子を「トットコ」と呼んでいるが、戦前は「鶏管《けいかん》」と呼んでいた。小棒振は、獅子をからかいあざけた様を表す鶏の舞いである。棒廻しの棒使いは小棒振と衣裳は同様であるが、鶏烏帽子の代わりに赤い鉢巻きを巻いている。若者が山中で出会った獅子と格闘し、谷底へと獅子を突き落とす。

小棒振と棒廻しの別名である「コンコラコン」と「チーチーラカラカ」は、笛の音を模したものである。それぞれの演目の他に、移動する際に演奏する「奴ばやし」、一演目舞い終わると演奏する「気多御子ばやし」、神社から出発する際に演奏する「寒月ばやし」、神社に戻る際に演奏する「ささらばやし」があるが、現在は「奴ばやし」を演奏することが多い。

寝獅子は二つの舞いとは異なり、棒使いはぼろの布でほうかむりをし、野良仕事の格好をしている。近年はヒョットコの面を着けるようになった。草むらで寝ている獅子をみつけた野良仕事帰りの農夫が、ほろ酔いの滑稽なしぐさを繰り返しながら獅子に近づき、隙をみて獅子の喉を締め上げて討つという内容である。

(5)金野町の獅子舞

金野町の獅子舞は、八幡神社の春祭り(四月十五日に近い日曜日)で行われている。明治四十三年(一九一〇)六月三十日に、八幡社と山神社を合祀して八幡神社となり、その記念として小松の東町から転住していた畳屋魚本左吉より伝習した。児童が棒、薙刀、太刀を用いて獅子と争う、獅子殺しを主体とした獅子舞である。

「日本海軍」(作詞：大和田建樹、作曲：小山作之助)、「我は海の子」(作詞作曲：不明)の軍歌を演奏した後、「サァイー」という太鼓奏者の掛け声で、寝ている獅子が目を覚まして獅子の舞を行う。「ソーラ　ツヶヤー」の掛け声で、①棒使い、②薙刀、③太刀が順番に獅子を退治して最後に獅子が負けて終了する。棒使いの衣装は黄の地に龍の鱗のような柄がついているものであり、「うろこ模様」と呼んでいる。棒役と薙刀役は「シャンガ」という毛を頭につける。最後に獅子舞にとどめを刺す太刀役はシャンガをつけず、唯一袴を着て演じる。かつてはチャッパと呼ばれる胴拍子とササラを演奏する「お稚児さん」と呼ばれる未就学男児がいた。現在は実際に演奏することはなく、集合写真撮影時のみ登場する。

(6)龍助町の大獅子

龍助町で舞われている獅子舞は大獅子と称され、これは本折日吉神社の神事として近世より舞われている。かつてはお旅まつりでのみ演じられ、門外不出の芸能とされていた。

龍助町は習得させた獅子舞を代々吉光屋に任せていたが、その際の人手として「向本折から代々舞楽補助に来た、海老《かいろう》と云う家が補助手の家柄となった」(9)との記載があり、向本折町の若者を演者として雇っていた。町内で保管されている「大獅子記録帳」の「大獅子舞わし手請負先」によると、嘉永年間(一八四八〜五四)から昭和二十一年(一九四六)まで吉光屋が舞い手を請け負っていたとあるが、戦後、龍助町町内の人々で舞いたいという気運が起こった。龍助町町有文書の「獅子入用帳」によると、昭和二十二年に龍助町は、後述する吉光屋より獅子舞を伝習し、大獅子の舞い手は龍助町の若連中たちに移った。昭和三十一年から三十六年は再び吉光屋が舞い手となったが、龍助町の若連中もともに舞っていた。昭和三十七年以降は龍助町へ舞い手が完全に移行する。昭和四十年代頃までは寺町では吉光屋の自宅から始めて町内を回るのが慣例であったという。

「サイ」「マメ」「カケ」という三段階に分けて舞い、以前は小学校入学前の男児が演じる、蝶を表した「ザザラうち」と呼ばれる役があった。ほかに麻・木綿等を掛けた榊や、竹(幣串)と真っ赤な大団扇が大獅子の舞に付随していたというが(10)、どのように使用していたかは明確ではない。

龍助町のある橋南地区の子ども獅子は一六団体ある。これらの子ども獅子は、大獅子から伝承されており、多少の差異はあるものの基本的な舞い方は同様である。平成二十二年(二〇一〇)よりお旅まつり前に、芸態の確認・統一を行うため、龍助町大獅子の伝承者が、子どもたちに稽古をつける機会を設けている。また本折日吉神社氏子範囲以外でも、龍助町から、千木野町・西軽井町三丁目・吉竹町・糸町・南浅井町・寺井町・小杉町・能美町に直接伝授している。

⑺須天ダンゴ獅子

須天町で伝承されている獅子舞は通称ダンゴ獅子と呼ばれる。近隣の町の獅子頭はほとんどが赤い漆を塗っているが、職人の多かった須天町で製作された頭は、漆を塗って木目を隠す必要のないほど美しい桐の一木彫りの白獅子である。時代を経てこの白木造りの頭が黒くなっていったためダンゴ獅子と呼ばれるようになったという説や、鼻がダンゴ鼻だったからそう呼ばれるようになったという説がある。

須天熊野神社の秋祭りで演じられていたが、現在では春祭りで行われている。神輿の渡御は行わないため、祭りの中心となるのは獅子舞である。

太鼓を載せ、移動の際に獅子頭を置くための櫓は獅子の櫓と呼ばれ、本祭の前々日までに準備する。櫓の上には御幣と日本国旗とともに、木枝に桜の花びらを模し桜色に染めた紙を飾る。これを「桜ばやし」という。桜ばやしの枝はウメモドキと決まっていた。また、桜ばやしには金銀の短冊も垂らしていたというが、現在ではウメモドキも使用しておらず、短冊の飾りもつけていない。ウメモドキを使用していた頃は、祭り後に子どもたちが小枝を分けて持ち帰った。自宅の神棚に飾っておき、体調不良の際にその花で頭を撫でて治したという。

獅子は頭持ちが一人、カヤと呼ぶ胴体部分の布の中に三人入るが、人数が少ない場合は頭持ちを合わせて三人で演じている。カヤの一番後ろはしっぽ持ちといい、竹の棒をしっぽに見立ててカヤを上にあげる。

明治初年頃には伝承していたといわれているが、どこから伝習したのかは明らかではなく、向本折町など近隣町の獅子舞の影響も受けたと考えられている。一連の舞いを「サイ」「マメ」「カケ」の三段階に分けて、獅子が蝶と戯れている動作を表現している。獅子は人に向けて舞う場合、顎を上げてはいけないといわれている。また、獅子の口の中には複数枚の古銭「寛永通宝」を紐に通して入れており、口を開閉するときには音が鳴る。須天町の獅子舞は「五十鈴流の暴れ獅子」とも呼ばれ、カヤも含めてかなり激しい動きとなる。

囃子は「道中ばやし」「宮囃子」「前囃子」「本囃子」の四曲である。「道中ばやし」は、家から家の間を移動している最中に笛と太鼓で囃す曲で、獅子舞が来ることを知らせる意味がある。「宮囃子」は現在演奏していないが、かつては神社の入口から参道までを移動する際に演奏する曲であった。「前囃子」は「本囃子」の直前に演奏する曲である。「本囃子」は獅子舞の囃子とも呼ばれ、獅子の舞に合わせて演奏する囃子である。

2　棒使いの登場する獅子舞の類似点・相違点

表1は調査を行った獅子舞、およびアンケート調査や報告書から、芸態・由来が明解であった佐美町の獅子舞についてまとめたものである。獅子舞の構成から考えると、獅子頭、楽器形態や演奏人数、担い手なども挙げなくてはならないが、資料の不十分さもあるため、ここでは曲目や装束を含めた獅子舞の芸態と、由来を中心に各獅子舞をまとめた。

すでに指摘されているが、改めて市内の獅子舞は、棒使いの登場する獅子舞と登場しない獅子舞に大別することができ、今回確認した棒使いの登場しない獅子舞は、いずれも五十鈴流を名乗っている。しかし、流派の有無、棒使いの有無のみで分類するのは、いささか乱暴であり、特に棒使いの登場する獅子舞には様々な要素が含まれている。そこで、いくつかの要素について類似点と相違点を確認する。

⑴ 演目・曲目

串町・島町・額見町、佐美町は曲目と演目に類似点がみられる。それが「コンコラ（コンコラコン）」「チーラカ（チーチーラカラカ・チーチーラカ）」である。いずれの町も演奏する曲の地言葉をそのまま曲名（演目名）にしているため、多少の差異はあったとしても同様であると考えられる。

月津町では使用する武器名を曲名・演目名として用いている。伝習地や舞い方の詳細が明らかでなかったために表には掲載できなかったが、同様の曲名・演目名は粟津町の獅子舞にもみられる。いずれも曲目(演目)を複数伝承し、それぞれの曲(演目)に棒使いが登場する点においては共通するが、唯一、金野町は一曲のみの演奏となる。

⑵棒使いの武器と装束

額見町以外では面もしくはシャンガと呼ばれる毛をつけている。この内、シャンガはすべての町で被っており、特に串町ではシャンガをつけた棒使いの登場する演目を「河童の舞」と称している。天狗面をつけているのが串町・月津町・佐美町、同じ面というくくりでは島町も般若面を使用している。まったく異なった装束なのが、鶏烏帽子と赤鉢巻を使用する額見町である。

採り物は、棒・槍・刀・剣・葉団扇・鎌・薙刀で、長さや太さは各町で異なっている。多岐に及んでいるため共通点はみつけにくいが、葉団扇を使用するのは月津町のみである。

⑶寝獅子

串町・島町・月津町・額見町では「寝獅子」の演目がある。ヒョットコなどのおどけ者が登場し、獅子と戯れ、最後には獅子を退治する内容は、いずれの町も大差ない。

⑷舞い方

前述した通り、金野町を除いて一曲につき一人の棒使いが登場する。棒使いが獅子舞を退治する形式が大半であるが、島町では「暴れる獅子を治める」と表現し、額見町・月津町・佐美町では演目によって獅子を殺す場合と殺さない場合がある。獅子を眠らせるのは、月津町の「ホラホラ」と佐美町の「シャールシャール」で、反対に寝ている獅

武器	稚児	舞い方	備考
短棒 長棒		各演目とも、棒を使い獅子を退治する。	寝獅子あり。
槍 棒 刀		「コンコラコン」の冒頭で獅子が目覚める。棒使いは見得をきってから舞い始める。いずれの舞いも獅子を倒すのではなく、暴れる獅子を治めるという意味がある。	寝獅子あり。
葉団扇、剣		獅子をなぞるようなしぐさを行い、獅子を眠らせる。	寝獅子あり。
鎌		棒の先に紐をつけてボールを結び、猫じゃらしのように転がし、獅子が夢中になっているすきをついて退治する。	
薙刀		縦横に振って獅子の注意を引いた上で退治する。	
槍			
槍		獅子をからかいあざけった様を表す鶏の舞い。	「幕末の頃、中国から長崎へ渡ってきたものを明治初期に額見の在所の山田新左ヱ門という人が、村の若者数名をつれて長崎に赴き、習ってきた」という伝承もある。 寝獅子あり。
棒		若者が山中で出会った獅子と格闘し、谷底へと獅子を突き落とすという内容の舞い。	
棒 薙刀 太刀	「お稚児さん」就学前の子どもがチャッパとササラを演奏していた。	「サァイー」という太鼓奏者の掛け声で、寝ている獅子が目を覚まして獅子の舞を行う。「ソーラ　ツケヤー」の掛け声で、①棒の棒使い②薙刀の棒使い③太刀の棒使いが順番に獅子を退治する。	
長棒		獅子殺し。	串町から「チーチーラカ」「コンコラコン」、松崎町から「シャールシャール」を伝習した。
小棒		蝶々と獅子の戯れ。	
短棒		獅子を眠らせる。	
	「ササラすり」チャッパとササラを演奏していた。獅子と戯れる蝶を表現している。	太鼓奏者の「サイ」「マメ」「カケ」の掛け声に合わせて舞う。「サイ」の掛け声で獅子を起こした後、獅子が蝶と戯れている動作を表現している。	五十鈴流。
		太鼓奏者の「サイ」「マメ」「カケ」の掛け声に合わせて舞う。獅子が蝶と戯れている動作を表現している。	五十鈴流。

表1　獅子舞一覧表

町名	伝習した年代と町(地域)	演目	曲目	棒使い		
				シャンガ	面	その他
串町	昭和4年 加賀市 片山津	天狗の舞	コンコラコン		天狗	
		河童の舞	チーチーラカラカ	○		毛(シャンガ)のついた河童の皿のようなもの。
島町	昭和17年 加賀市 潮津	コンコラコン	コンコラ	○	般若	演目によりシャンガの形が異なる。チーラカでは顔を覆う。
		シャンシャン	シャンシャン	○		
		チーラカ	チーラカ	○		
月津町	昭和27年 富山県 新湊	葉団扇	ホラホラ	○	天狗面	
		鎌	カマ	○	天狗面	
		薙刀	ナギナタ	○	天狗面	
		槍	ヤリ	○	天狗面	
額見町	大正12年 富山県 高岡	小棒振 (別名：コンコラコン)	コンコラコン			トットコ。 (鶏管)
		棒廻し (別名：チーチーラカラカ)	チーチーラカラカ			赤鉢巻き。
金野町	明治43年 小松市東町			○		
				○		
						袴を着る。
佐美町	昭和15年 串町 昭和29年松崎町	チーチーラカ	チーチーラカ			
		コンコラコン	コンコラコン			
		シャールシャール	シャールシャール			
龍助町	戦後 小松市寺町の吉光屋					なし
須天町	明治初め 地域は不明					なし

子を起こすのは、島町の「コンコラ」と金野町である。また、佐美町では蝶と獅子の戯れを表現している演目があることに注目しておきたい。

金野町では、チャッパと呼ばれる胴拍子とササラを演奏する「お稚児さん」が登場する。さらに他の町にはみられない「サァイー」「ソーラ　ツヶヤー」との掛け声があり、この掛け声に合わせて棒使いが登場する。

二　五十鈴流神楽舞獅子

1　家元吉光屋

現在確認できる限りで、市内には五十鈴流を名乗る獅子舞団体が四四ある。五十鈴流は正式名称を「五十鈴流神楽獅子舞」といい、文化十一年(一八一四)四月に吉光屋次郎助が伊勢で太太神楽の梅荘太夫より習得したことから始まる、とされている(11)。

吉光屋は寺町のY家の屋号で、Y家が五十鈴流神楽獅子舞の家元である(12)(図1)。

毎年五月に行われるお旅まつりにおいて、本折日吉神社の神幸祭では各氏子町が近世より決められた神具を持ち、渡御している。龍助町の神具は大獅子である。龍助町では獅子頭を享和元年(一八〇一)に製作し、その十三年後に吉光屋次郎助を伊勢に派遣して獅子舞を習得させた。以降、戦後に至るまで龍助町大獅子の舞い手は吉光屋が担うこととなった。

『むかしの小松』には、「吉光屋は斎名、軒名を名乗」っており、「久次の父は岩斎と称え、叔父久次郎は現在「久徳軒(13)」と呼称して居る(14)」とある。茶屋町には四代目岩斎の久徳軒に師事した武田松徳軒がおり、後に平面町へ獅子舞を伝授したといわれている。この「斎名」と「軒名」は吉光屋の血筋のみでなく、吉光屋より名前を許された弟子にも与えられていた名前であった。

写真1は昭和五十三年（一九七八）に幸町へ授与した免許状である。この免（許）状では「六代岩斎」と記載されているが、「五代」の誤りである。免許状には家元をはじめ師匠の名が連なっている。岩斎の左隣に記されている龍山（芳五郎）は、久徳軒（久次郎）の子息であり、吉光屋五代目の岩斎（久次）の従兄弟にあたる。宗芳軒は吉光屋の弟子にあたる人物で、四代目岩斎（岩吉）から獅子舞を伝習し「宗芳軒」という名を与えられた。吉光屋五代目岩斎は龍山・曽我宗芳軒と共に近在郷に獅子舞を教えに行き、獅子舞を習得した町には免許状を与えていた[15]。

代を名乗っているのは六代目までであり、免許状は授与していないが、現在でも子孫や弟子らによって五十鈴流は継承されている。

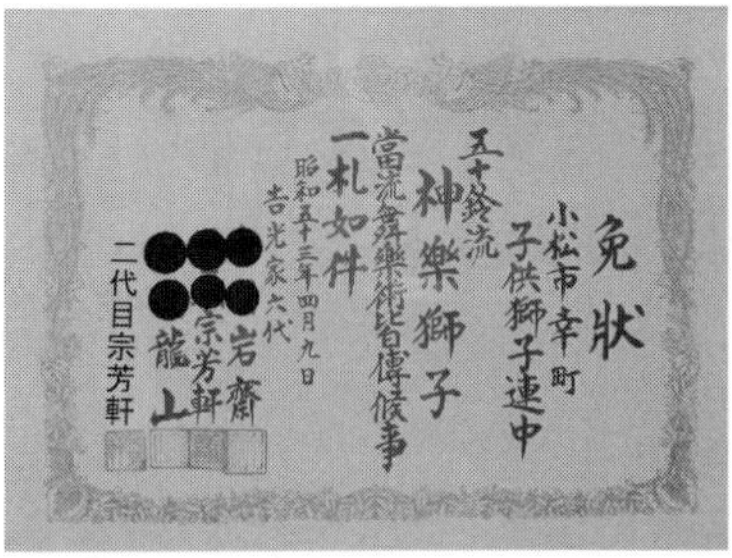

写真1　幸町へ授与された免状

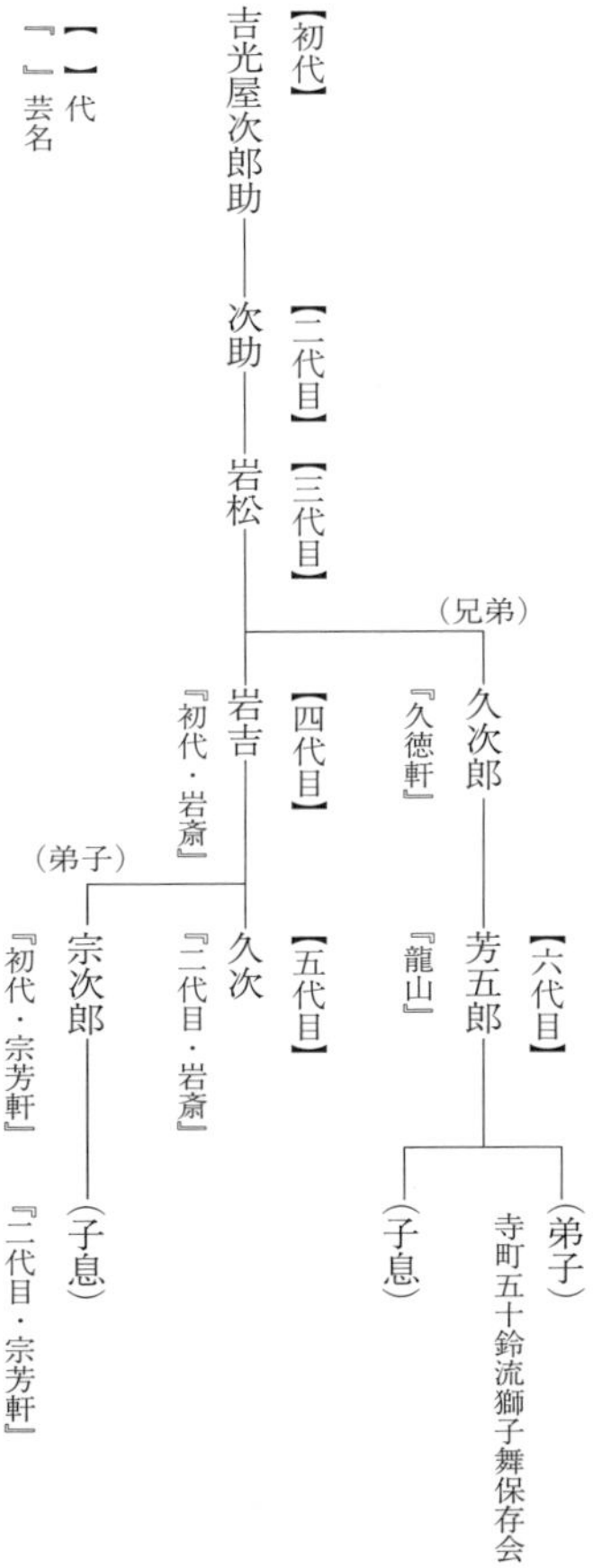

図1　吉光屋の系譜

2 五十鈴流神楽獅子舞の特徴

昭和二十五年(一九五〇)に執筆された『むかしの小松』第二巻には、五十鈴流獅子舞の特色を「太鼓の打方が左手を右手に劣らざる様に、働かす事が特長である、舞は獅子頭のにらみと、四足のさばきに重きを置き、笛は舞笛と道中囃子の二種ある、道中囃子は賑やかであつて優美であり、歩み足調子に能く合い、慥に楽隊行進よりは古雅である、太鼓、舞、笛、三拍子揃うた、勇ましき神秘な獅子舞[16]」と表している。「四足のさばき」とあるように、当時はカヤと称される胴体部分に二人が入っていたようである。昭和四、五十年代は健康を祈願し、聖域であるカヤに妊婦や子どもなど見学者が多数入っていた。現在でも見学者が入ることもあるが、基本的には三~四人がカヤに入り、一人が獅子頭を担当する。

「笛は舞笛と道中囃子の二種」は現在でも同様で、道中囃子は「オンデカ」という曲名である。笛奏者の人数に限りはないが、太鼓の奏者は一人である。獅子の演舞は「サイ」「マメ」「カケ」の三構成から成り、それぞれ太鼓奏者の「サァイー」「ソーラ　マメヤー」「ソラカケヤー」という掛け声を合図に獅子が動き出す。「サイ」と「マメ」では笛の曲調は同様で「カケ」では曲調が変化するが、『むかしの小松』にあるように「舞曲」の一種類と考えられている。演舞の意味合いは各資料や聞書き調査で異なる。

個人所有の資料によると、「サァイー」で獅子が眠気から目を覚まし、獅子の前で飛んでいる蝶をじっとみつめる。「ソーラ　マメヤー」で獅子は手の平の豆の間を噛んで舐めながら胸の方へ噛み上げる。すると蝶が獅子の前で蝶の舞を始めたため、獅子は口で追い払う。「ソラカケヤー」では、獅子は左の方へ頭を下げて構え、蝶に向かって飛びつくが蝶は逃げる。獅子はまた右のほうへ頭を下げて蝶を睨み、吠えて脅しながら襲い掛かるが、蝶は上空に飛び上がる。獅子は再び左に構えて吠え小さく頭を振り、じゃれながら蝶に向かうが、蝶はそれをかわす。獅子の動きが激しくなり、蝶は疲れたのか、獅子から徐々に舞い去り、獅子は後を追って吼える。
現在の龍助町大獅子や吉光屋の子孫にも五十鈴流神楽獅子舞の演舞は「獅子が蝶と戯れる様を表現している」ことが伝えられている。龍助町大獅子では、昭和四十年代まで「ささらすり」と呼ばれる就学前の男児二人が、唐子姿で胴拍子とササラを演奏していた。「ささらすり」の被る花笠には大きな蝶の飾りが付いており、「ささらすり」が獅子と戯れる蝶の役であったという。
一方で『石川県獅子舞調査報告書』では、当時の吉光屋五代目家元の聞書きを基に「眠っている獅子をおこし、好物の豆を与えて獅子に舞を指せる形式をとっている。（豆を与えて楽しく遊ばせる形式という意見もある）(17)」と、舞いの内容を記している。聞取り調査では「豆を与える」という伝承は確認できず、「マメ」という掛け声が「豆を与える」となったのか、もともと豆を与えるフリであったのが変化したのかは明確ではない。
ここで五十鈴流神楽獅子舞の特徴をまとめる。
(Ⅰ)「サァイー」「ソーラマメヤー」「ソーラカケヤー」という掛け声
(Ⅱ)演奏は一曲だが、演舞は三部構成
(Ⅲ)獅子が目を覚ます
(Ⅳ)蝶と戯れる様を表現
概観する限り、他の地域では五十鈴流の名称は確認できない。詳細な芸態を分析すると類似した獅子舞が存在する可能性もあるが、少なくとも吉光屋を家元とした「五十鈴流」という流派名の獅子舞は小松市特有であるといえる。

三　五十鈴流と市内の獅子舞

1　近隣地域からの影響

棒使いの登場する獅子舞は、串町・島町が加賀市から、月津町・額見町が富山県から、金野町・佐美町は市内から伝授された。実際、それぞれの地域の獅子舞はどのような形態であるのか確認する。

『石川県の獅子舞　獅子舞緊急調査報告書』によると、加賀市には一一九の獅子舞団体（町）があり全体の四五パーセントを占めるのが棒ふり獅子と呼ばれる様式である。棒ふり獅子は、採り物を持つ演舞者が獅子と対峙するのだが、その中には能登半島より伝えられ山口半三郎によって広められた獅子とともに戯れる舞と、内灘の能美郡より伝えられた獅子殺しが主となるものに分かれるという。全体の四三パーセントを占めるのが通称「カンカラ獅子」と呼ばれる獅子舞で、獅子の胴体部分であるカヤの中に三〜五名入り、カヤの外で打つ太鼓に合わせて舞う獅子である。

串町が習った片山津町のものは、明治四十二年（一九〇九）に山口半三郎から習った獅子舞で、昭和五十年（一九七五）頃より休止している。曲目は「テンテコ」「シーシャ」「コンケラコン」「フンバカバヤシ」などで、採り物は剣と棒であった。島町が「コンコラコン」と「シャンシャン」を習った潮津町の獅子舞は、能美郡辰口町来丸から伝えられた。曲目は棒・相棒・薙刀など一三種類ほどあったというが、昭和六十年時点では一〇種類ほどに減少している。また、以前はシャンガンと呼ばれる毛をつけていたが現在はつけていない。小松市に隣接する加賀市高塚町は、片山津の山口半三郎から昭和三年に習った獅子舞がある。

島町はこの地から昭和三十年（一九五五）頃に「チーラカ」を習っている。ここでは、天狗面に烏帽子やシャンガンを被る棒使いが登場し、採り物は槍・長棒・太刀・房付棒・赤白棒である。注目すべきは演目で、「コンコラコン」「チィチィコロコロチィロコロ」「太刀」「シャンシャン」「シンダニャゴロ（寝獅子）」「チョチョトマレ」「キョブリ」が伝承されている。いずれも獅子に対し一人の棒使いが獅子と争い「チョチョトマレ」「キョブリ」以外は獅子を仕留めて演舞が終了する。「寝獅子」は酔っぱらったニワカが寝ている獅子につまずく場面から始まり、面白おかしく獅子を退治しながら、最後は素手で仕留めて終わる。

月津町・額見町が習った富山県でも多数の獅子舞が伝承されており、五つのタイプに分類できるといわれている。(18) 詳細な伝承地が明らかではないため、大まかに捉えることしかできないが、高岡と新湊では氷見獅子と射水獅子と呼ばれる獅子舞が伝承されている。ともにカヤの中に五〜六名ほどが入る百足獅子で、氷見獅子では獅子に対峙する棒使いが天狗の面や鳥かぶとを被るのが特徴である。採り物にはシシマイボウ・テングノボウと呼ばれる竹の棒を使用する。射水獅子は氷見獅子に近いが、シャグマと呼ばれる毛を被った青年やキリコと呼ばれる花笠を被った男児が獅子の踊り子として登場する。採り物は、薙刀・棒・太刀・鎌などがある。

富山県と加賀市の獅子舞の類似点として、棒使いの用いる天狗面や毛、採り物が挙げられる。さらに加賀市で伝承されている獅子舞の演目名と小松市の曲名（演目名）には非常に近い名称が複数存在する。加賀市片山津町の「コンケラコン」、高塚町の「コンコラコン」「チィチィロコロコチィロコロ」「シャンシャン」がそれであり、小松市の複数の獅子舞が伝承している「コンコラ（コンコラコン）」「チーラカ（チーチーラカラカ・チーチーラカ）」「シャンシャン」と名称に類似点がみられる。同曲名だからといって囃子の内容が同様だとは限らないが、ここで挙げた曲名に限っては、いずれも囃子の地言葉をそのまま名称にしているため、名称の類似は囃子の内容も似通ったものだと考えるのが妥当である。さらに考察する必要はあるが、加賀市の影響は強く受けているといえるだろう。

近隣地域の獅子舞から影響を受けた点をまとめると、
(i) 獅子殺しの形態
(ii) 棒使いの登場
(iii) 寝獅子の演目
(iv) 曲目が複数ある
が挙げられる。

2　獅子舞の分類

小松市内の獅子舞を第一項で挙げた五十鈴流の特徴と、第二項で挙げた近隣地域からの影響点を当てはめてみよう。改めて、五十鈴流の特徴(大文字ローマ数字)と近隣地域の影響(小文字ローマ数字)をまとめると以下の通りになる。

(I) 「サァイー」「ソーラマメヤー」「ソーラカケヤー」という掛け声
(II) 演奏は一曲だが、演舞は三部構成
(III) 獅子が目を覚ます
(IV) 蝶と戯れる様を表現
(i) 獅子殺しの形態
(ii) 棒使いの登場
(iii) 寝獅子の演目
(vi) 曲目が複数ある

各町に上記の要素を当てはめたものが表2である。

五十鈴流を名乗り芸態に差異のないのが龍助町と須天町である。一方、この二町のもつ要素が一切重複しないのが額見町・串町・月津町で、いずれも市外から伝習した獅子舞をもつ。島町も大半は五十鈴流の特徴に当てはまらないが、最初の演目で獅子の目を覚ますための太鼓を演奏する点は類似する。獅子舞を寝かす演目は月津町と佐美町にあるが、退治するのに獅子を眠らせるのは至極当然の行為である。島町では獅子殺しをせず、あくまでも暴れる獅子を治めるのだという。治めるのになぜ起こさなくてはならないのか明確な理由は確認できなかったが、「獅子を起こす」行為が市外から伝承した獅子舞の中で唯一存在することは、着目しなければならないだろう。

島町と同様に一点だけ五十鈴流の特徴に当てはまるのが佐美町である。「コンコラコン」は串町・島町・額見町に共通する演目であるが、佐美町の「コンコラコン」では他の町と異なり蝶と戯れる様を表現している。佐美町では

表2　小松市内の獅子舞分類表

町名	要素
月津町	i ii iii iv
串町	i ii iii iv
島町	Ⅲ　i ii iii iv
額見町	ii iii iv
金野町	Ⅰ Ⅱ　i ii
佐美町	Ⅳ　i ii iv
龍助町	Ⅰ Ⅱ Ⅲ Ⅳ
須天町	Ⅰ Ⅱ Ⅲ Ⅳ

「コンコラコン」と「チーラカ」を昭和十五年(一九四〇)に串町より習った。串町では「コンコラコン」でも退治するため、いつ変化したのか、もしくは古風の形が佐美町の形態なのかは明確ではないが、一つの特徴であることは確かである。

最も五十鈴流の要素を含んでいるのが、金野町の獅子舞である。まず、「サァイー」という掛け声である。「ソーラ　ツヶヤー」という掛け声は異なるが、演奏曲が一曲であり、掛け声をきっかけに演舞に変化がある点も共通点として挙げられる。また、蝶と戯れる表現はないが、胴拍子とササラを演奏する男児が登場することも見逃せない点である。一方で獅子を退

治する棒使いも登場する。面はつけないが、シャンガをつけて棒・薙刀・太刀で争う姿は、市外の影響を受けた獅子殺しの形態である。金野町は棒使いの登場する獅子舞の中では最も古くから伝承している。明治四十三年（一九一〇）に市内の東町から転住していた畳屋魚本左吉より習ったといわれているが、東町では現在、五十鈴流の獅子舞を伝承しているため、魚本左吉という人物が東町で習ったのか、創作したのか定かではない。

このように、小松市の獅子舞は、

① 五十鈴流の特徴をもつ獅子舞
② 市外から影響を受けた獅子舞
③ ①と②が混在する獅子舞

の三つに分類することができるのである。

四　五十鈴流神楽獅子舞の影響

五十鈴流と名乗る流派の獅子舞は市内で四四あることは前述したが、流派を名乗っていなくても五十鈴流の特徴をもつ獅子舞や、五十鈴流の免状を授与した町、昭和四十年代以降に龍助町から伝習した町を加えるとかなりの数となる。

地図2は三分類で市内の獅子舞を示したものである。加賀市に近い県南部には市外の影響を受けた獅子舞、および両要素の混在した獅子舞が分布している。すでに指摘している通り、加賀市の影響を特に強く受けていることがこのような分布となった要因と考えられる。一方、地図の上部にある小松駅周辺には五十鈴流の特徴をもつ獅子舞が集中

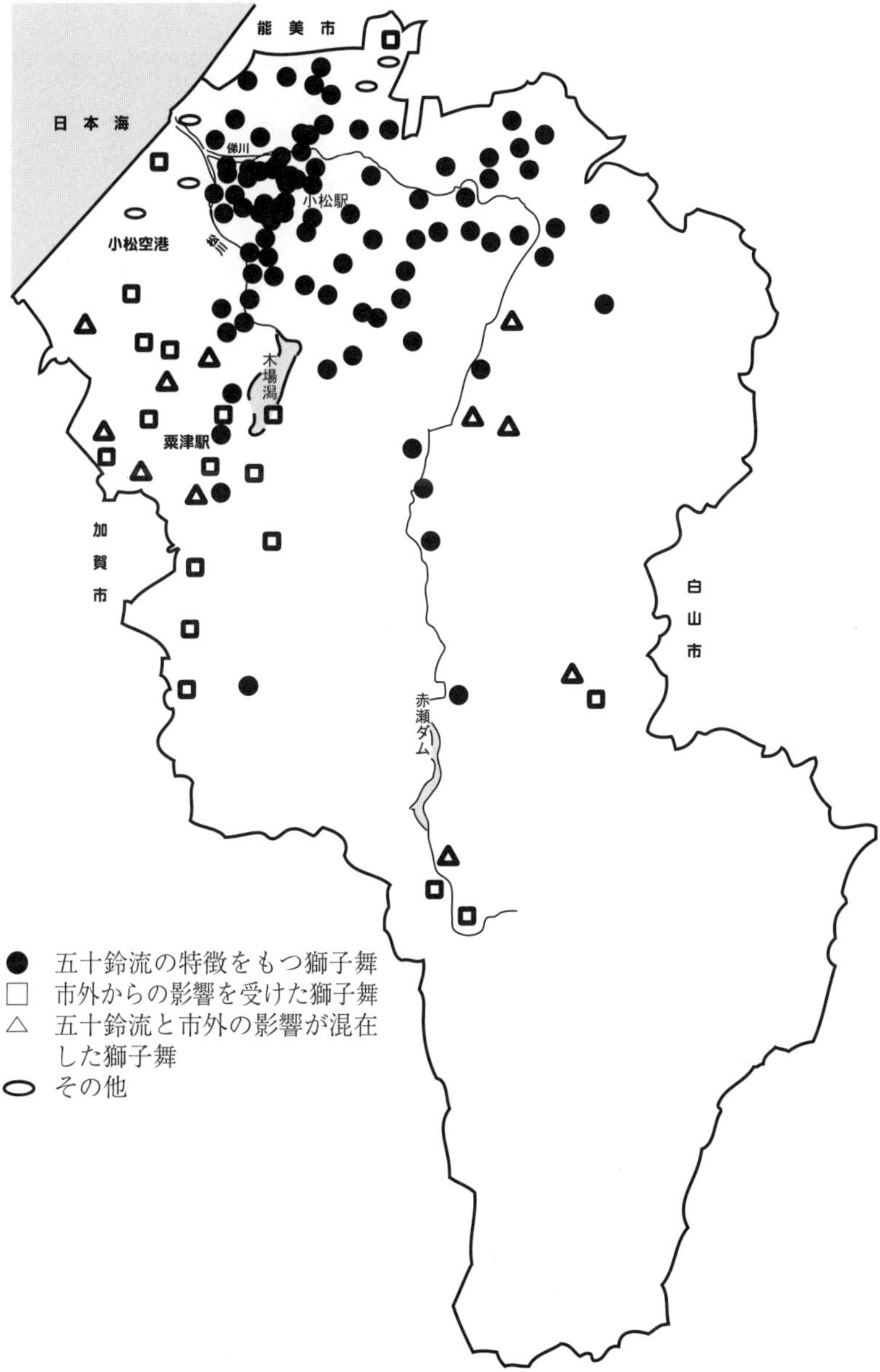

地図２　小松市内獅子舞分布図

している。小松駅周辺には城下町として栄えた橋南地区がある。ここには、吉光屋が獅子舞の舞い手となった龍助町や、家元の居住地である寺町があり、いわば五十鈴流神楽獅子舞の本拠地とも呼べる地域である。文化十一年(一八一四)に吉光屋次郎助が伊勢太太神楽を習得して以降、この地から各地へと五十鈴流は広まっていった。地図2では現在の五十鈴流神楽獅子舞の分布を示したが、以前はさらに広域にわたっていたと考えられる。

現在棒ふり獅子舞を伝承している町も、かつては他の獅子舞を演じていた。月津町では近世から続く「豆ひろい」という所作の獅子舞で、地面に向けて口を開閉させ、頭を左右に振って、豆を拾うような動作を行っていたと伝えられている。詳細な芸態は明らかではないが、島町でも「まめころがし」、額見町でも「豆ひろい」という獅子舞があった。現在伝承している獅子舞に代わったきっかけは各町により異なるが、月津町では、近隣町から「まだあんな古い形の獅子舞をやっているのか」といわれたことが契機であった。月津町の近隣地域である額見町・矢田町・四丁町はすでに棒使いの登場する獅子舞を伝習していた。この形式の獅子舞は「新しい形」で、月津町の「豆ひろい」は「古い形」と認識されていたのである。

この「古い形」の獅子舞だが、月津町の伝承から①豆を拾う所作、②地面に向けて口を開閉させる、③頭を左右に振るという芸態であったことが確認でき、五十鈴流に近い芸態であったと考えられる。特に注目したいのは①豆を拾う所作である。現在、五十鈴流神楽獅子舞の伝承者たちからは確証を得られなかったが、五十鈴流は五代目家元によると「好物の豆を与えて舞をさせる形式」の獅子舞であったといわれている。(19)「豆」というキーワードを五十鈴流の特徴として加えた場合、月津町・島町・額見町もかつては五十鈴流の獅子舞を伝承していた可能性が浮上する。かつて「豆ひろい」「まめころがし」という獅子舞を演じていた町を含めると、加賀市境界まで五十鈴流の分布は広がる。さらに加賀市では、通称カンカラ獅子と呼ばれる獅子の中に、「豆ひろい」の型がある。豆ひろいは寝獅子ともいい、ゆっくりとした舞いであるという。加賀市の「豆ひろい」をも含めると、五十鈴流の分布はさらに広がることになるのである。

石川県において、流派をもつ獅子舞は金沢市を中心に数多くある。金沢市を中心に伝承してきた加賀獅子舞は、棒ふり（棒使い）が獅子を退治する形式である。小松市のように一匹の獅子に対して棒ふりが一人とは限らず、複数の棒ふりが互いに打ち合った後、共同して獅子を退治する場合もある。この棒ふりの演舞は棒・剣・槍・柔術等を応用して芸能化したものだった。これらの武術には流派があったため、それに基づき棒ふりは流派を名乗っている。大別すると「半兵衛流」と「土方流」に分けられるが、盛時には四〇余流もあったといわれ、現在でも一六の流派が存在する。半兵衛流では、通常の入門者と異なる優れた高弟クラスに免許状や伝書の類を与え、その地域において半兵衛流の普及と指導にあたらせていたことは、小倉学の調査で明らかとなっている[20]。土方流やその他の流派は、宗家の出自や門弟の取り方も異なっているため同列に考えることは難しいが、各流派で道場への入門、武芸伝授の免状、師範への免許皆伝などが行われていた。免許皆伝された高弟からまた次の高弟へと伝授されていったのである。西山松之助は、家元の存在しない免許皆伝による相伝では、相伝された者が新たに流派を名乗ることで、何百何千という多くの流派に分裂することを指摘している[21]。

五十鈴流は、半兵衛流や金沢市におけるその他の流派とは、相伝の形式に相違がみられる。獅子舞を伝授した町には免許状を授与していたが、それは昭和三年（一九二八）以降のことで近世では免許状に関する資料は確認できない。「斎」や「軒」の名前を与えた弟子はいたが、道場を開くこともなく、免許皆伝の形式をとっていた記録もない。

何よりも、家元の有無は加賀獅子舞の流派と最も異なった点として挙げられる。西山は家元の性格と特質の一つとして「その芸を開いた流祖の正しい嫡流の家であって、流祖以来の伝統的な家芸を伝えている。そうして芸と血が正統であることによって保有する一切の権利を持っている家」と主張している。また、名取制度という中間教授機関を有し、弟子には技能を直接指導する教授権は与えても、相伝権は与えず一切の免許発行権利は家元のみが保有する「家元制度」について論じている。

この論考に基づき考えてみると、吉光屋は流祖以来、五十鈴流神楽舞獅子という伝統的な家芸を伝え、嫡流の家として代々家元を継いでいた。また「斎」や「軒」の名を与えていたため、ある程度の名取制度はとっていたと考えられる。しかし、「斎」「軒」の名前をもつ人物は少なく、免許状も普及していたとはいいがたい。したがって西山のいう「家元制度」がしっかりと確立されていなかった。

では、家元の威光や権限が五十鈴流神楽獅子舞伝承者たちにまったく浸透していなかったのであろうか。家元の弟子、そのまた弟子から獅子舞を伝授された町にとって、家元の存在は非常に遠いものになる。世代が交代すれば、五十鈴流を伝承している意識は薄れていくはずである。

この疑問を解く鍵は、龍助町大獅子にあると考える。家元吉光屋とその周辺の弟子たちは、近世から戦後まで百三十年に及んで毎年龍助町大獅子を舞っていた。獅子舞が演じられるのは近世より小松市内最大のお旅まつりである。お旅まつりで行われる曳山見物に、周辺農村や隣県から多くの見物人が集まっており、近隣地域には広く知れ渡った祭りであった(22)。曳山が中心の祭りであるため、一般的に龍助町大獅子が知られていたとは考えにくいが、五十鈴流神楽獅子舞の伝承者たちにとっては、家元が舞う毎年一度の機会として認識されていたのではないだろうか。

家元制度や名取制度が確立されていなくとも、家元自らが毎年獅子舞を舞うことでその存在を示しており、五十鈴流神楽獅子舞の伝承者たちはこの流派の系譜に組み込まれていることを再認識していたと考えられる。

大正後期以降、五十鈴流は「古い形」とされ、近隣地域から新たに獅子舞を習う町も増えていった。しかし基層にあるのは五十鈴流神楽獅子舞であり、近隣地域から影響を受けたとしても、五十鈴流の要素を含む獅子舞が今日まで伝承されている。

五十鈴流は小松市で伝承される獅子舞の伝播や芸態に、多大な影響を与えていることは明らかな事実である。

五　今後の課題

本章では、いくつかの問題を残している。

小松市の獅子舞は加賀市の影響を強く受けている。一方で、近世より加賀一帯の中心地である金沢市の獅子舞の影響はほとんど受けていない。金沢市の加賀獅子舞は、能登地方や富山県にまで影響を与えており、地理的な問題だけでは片付けることができない。この点はさらなる調査が必要となる。また、小松市内においても、獅子頭の形態や舞い手の装束について深く言及できなかった。特に気になるのは「桜ばやし」の存在である。須天町では、太鼓の櫓に装飾する飾りを「桜ばやし」と呼んでいる。串町では太鼓の櫓自身を「桜ばやし」と称している。「桜ばやし」とは、城下町で行われる曳山歌舞伎の上演前や道中、稽古初めなどの儀式の最後などに演奏されていた笛の曲目である。城下町の子ども獅子舞でも演奏されていたため、元来、獅子舞に関連する曲であったのか、曳山に関連する曲であったのかは明確ではない。

五十鈴流神楽獅子舞は城下町で伝承された民俗芸能であり、城下町から近隣農村へと伝播していった。「桜ばやし」も同様に城下町から農村へと伝承した可能性もあり、ここから小松の城下町と農村との関係についても論じることができるだろう。

注

（1）『石川県の獅子舞　獅子舞緊急調査報告書』（石川県教育委員会文化課、昭和六十一年）による。平成二十四年に実施したアンケート結果により、報告書発刊以降に発足された獅子舞団体が五つある。報告書の調査は昭和五十六〜五十八年に行われたため、現在では数に変動があると考えられる。

（2）前掲注（1）。

（3）報告書には「六代目吉岡久治」と記載されているが、子孫よりこの記載が誤りであることを確認した。

（4）前掲注（1）一二〇頁。

（5）小野寺松雪堂『むかしの小松』第二巻（むかしの小松刊行頒布会、昭和二十五年）。

（6）『小松市獅子舞調査報告書』（小松市教育委員会、昭和六十年）五頁。

（7）『新修小松市史　民俗編』（小松市教育委員会、平成二十六年）における調査を基にまとめた。

（8）前掲注（1）一三六頁。

（9）小野寺前掲注（5）一〇六頁。

（10）前掲注（1）一三五頁。

（11）平面町では、五十鈴流獅子舞の由来について「千年前に魔ものが出て農作物をよく荒らしたので、伊勢神宮へお願いした。すると「杉の根株で獅子頭をつくり、それに赤いホロをつけ、それで舞いをせよ」とのお告げがあった。すると豊年万作になったという」（前掲注（1）一二九頁）と伝えられている。伊勢という地名は共通するが、吉光屋との関係は述べられておらず、これ以上詳細な内容は確認できなかった。

（12）獅子舞に関する文書史料として吉光屋のY家が記録されているのは、龍助町町有文書「獅子入用帳」（天保十三年から昭和四十八年に及ぶ）がある。

(13) ここに記述されている久徳軒は、子どもが演じられる獅子舞を創り、近郷山村まで広めた人物である。

(14) 小野寺前掲注（5）一〇六頁。

(15) 写真1の免（許）状は個人名が記されている箇所があるため、筆者が加工した。二代目宗芳軒の箇所には本名が記されているが、彼は初代宗芳軒の子息であり吉光屋の弟子として、五十鈴流の獅子舞を習得した。

(16) 小野寺前掲注（5）一〇五頁。

(17) 前掲注（1）一三四頁。

(18) 佐伯安一『富山民俗の位相』（桂書房、平成十六年）。

(19) 前掲注（1）一三四頁。

(20) 小倉学「加賀獅子舞の棒ふり考―半兵衛流―」（『加能民俗研究』六号、昭和五十三年）。

(21) 西山松之助『家元の研究』（吉川弘文館、昭和五十七年）四四頁。

(22) 『新修小松市史　資料編5　曳山編』（小松市、平成十五年）。

第二編　祭囃子の伝播と流派

第一章　東京都における祭囃子の広がり

はじめに

祭囃子は「神社の祭礼に際し氏子が練り物・山車・屋台などを連ねて神輿を供奉する際に囃される囃し」(1)などといわれるが、本章では、祭囃子は祭礼を囃し立てる音曲の総称として捉えておきたい。祭囃子は土地によって名称が異なり、また内容も違う。例えば京都の祇園祭で演奏される祭囃子は「祇園囃子」と呼ばれ、京都市周辺に広がっている。なお、「祇園囃子」という名称は全国の祭礼で囃子の総称として使用される場合や、曲目名として伝わっている場合があるが、田井龍一・増田雄は「「祇園囃子」の系譜序論」の中で、それを「イメージとしての祇園囃子」としている(2)。祇園祭ないし京都に対するあこがれから部分的に聴き覚えてそれぞれの在所に持ち帰ったものであるといい、祇園囃子が直接伝わったと考えられる山・鉾・屋台の祭りは、京都府亀岡市の亀岡祭り、滋賀県大津市の大津祭り、三重県伊賀市の上野天神祭りの三ヶ所のみであるとしている。

それに対して江戸時代、かつて「天下祭」と呼ばれた神田祭と山王祭の中で演奏されていた祭囃子は「江戸祭囃子」といわれ、現在でもこれは関東一円の祭礼で演奏されている。祇園囃子と江戸祭囃子の大きな違いの一つは楽器の構成である。祇園囃子は摺り鉦を六～八人、締太鼓を二人、笛(能管、または竜笛)を六～八人程度で演奏している。

江戸祭囃子は、鋲止め太鼓を一人、短胴枠付き締太鼓を二人、篠笛を一人、摺り鉦を一人、の計五人で演奏し、その人数構成から「五人囃子」とも呼ばれている。この他にも佐原囃子や花輪囃子など地名を附した祭囃子があるが、本章では江戸祭囃子をとりあげ、その伝播経路について考えてみたい。

江戸祭囃子といわれる祭囃子を伝承する団体は、東京都内だけで四〇〇以上あるとされる。しかし、全般的に個別の祭囃子ついての記録史料(古文書など)は乏しく、系譜や技法については団体ごとの口伝や実際の音を手がかりにせざるを得ない。祭囃子がどこから始まり、現在伝承している祭囃子は誰からどのように習ったのかというようなことは、各団体が独自に先代から教えてもらったことであり、地域が離れてしまうとその口伝をすり合わせることもほとんどない。このように、それぞれがそれぞれの伝承をもっているため、祭囃子がどのように伝播していったのか把握することは難しい。

江戸祭囃子の伝播の過程を明らかにするためには、各団体における伝承を整理することが必要である。そこで本章では東京都内の各祭囃子団体の伝承に注目して、その伝承経路と流派について考察する。

一　祭囃子の流派

江戸祭囃子の調査報告書で最も新しいのが、平成九年(一九九七)に発行された『江戸の祭囃子―江戸の祭囃子現状調査報告書―』(3)である。この調査は平成五年度に行われ、二十三区と多摩地区における、江戸祭囃子保持団体を対象にしている。区市町村教育委員会に伝承団体の有無と状況について照会し、回答を求めるというもので、その結果、三三四団体から所在報告を受けている。さらに予備調査に洩れた団体を加えた三九一団体にアンケートをとり、返答のあったアンケートの結果をまとめている。本章ではこの調査報告書に掲載されている団体の「流派」「由来、歴史」「現在への伝承経路」というアンケート項目を中心にみていく。また、筆者が実地調査を行った結果から、調査報告書から洩れていた団体も加える。(4)

1　祭囃子の創始

前述したように東京都に四〇〇団体以上あるとされる江戸祭囃子連中・囃子連は、それぞれが流派を名乗っている。江戸祭囃子は享保初年(一七一六頃)に、葛西三十三郷の総鎮守香取大明神(現在の葛西神社)の宮司であった能勢環が和歌囃子と称する囃子を創ったのが始まりだとされている。(5) 能勢環は、近隣の若者にその囃子を教え、それが次第に付近の農村から江戸に伝わったという。これが現在の葛西流であり、この葛西流が他地域へ広がり、それぞれの土地で独自にアレンジされていった。これが葛西流を祭囃子の大元とする説である。しかし、この他にも祭囃子の始まりを唱える諸説はいくつか存在する。

例えば、青梅市の和田町囃子保存会(神田流)では、「家康が、関東武士及び土着民の信頼を得るため、高井戸・葛飾の代表を京都に出向かせて庶民的な神楽囃子を取り入れ、神田地区で競演させ近辺に広め、神田流の元祖となった」と伝えている。

神田流は一般的に、神田祭の地元の人たちが葛西の囃子を真似て稽古し、祭礼の時に演奏していた。これに江戸中期に紀州和歌浦の囃子を地元の漁師たちから教わり、それを葛西囃子と融合させて神田囃子が誕生したという説もある。(6) また、前述した和田町囃子保存会の伝承では神田流は祇園囃子を採り入れた囃子であるという。

目黒流の囃子は、文化・文政(一八〇四〜三〇)頃に荏原郡目黒村(現目黒区)で神田流の囃子を基に作られたとされている。(7) 目黒区の東が丘保存会(目黒流)では神田囃子から派生したという説とともに、会津の出羽囃子がルーツだとする説も伝承されている。また大田区で伝承されている沼部囃子は、出羽囃子を伝承しているという。(8)

大田区田園調布の多摩川浅間神社には、昭和四十九年(一九七四)に作られた田園調布沼部囃子の由来板がある。『大田区の文化財』第一五集の「郷土芸能」(9)に紹介されている由来板の全文は以下の通りである。

田園調布沼部囃子の由来

此の囃子は笛、大太鼓、締太鼓、鉦にて奏する五人囃子である。

源は江戸初期会津の殿様松平出羽守が参勤交代の折、目黒下屋敷にて国の囃子を慰みに近在の若者に広めた出羽囃子の由来であり尚、葛西囃子、神田囃子、等等あるもこの出羽囃子(通称目黒囃子)は武家流の囃子にて、御座敷囃子であり大名囃子である。後、享保年間(西暦一七一六年)八代将軍徳川吉宗にて神田囃子と共に当地の若者が出羽囃子を江戸城にて上覧し当時日本一の折紙を付けられる。

明治初期、初代広瀬五郎、二代川西卯之助に依り出羽囃子に地元囃子を織り込み沼部囃子と改名す。

近年この囃子を識る人が尠なく今年社団法人善行会より、文化賞を受賞後世に遺す為、由来書を印す。

五代目代表　酒井　福造

昭和四十九年十一月十六日

大田区・品川区には、これらの他に相模流の囃子が多く存在している。相模流は、田淵中間流や船橋流などとともに、目黒流から派生した囃子であるといわれている。(10)

しかし大田区の六郷囃子保存会(流派の記載なし)では祭囃子の起源についてまた違う伝承を伝えている。

今から八二一年前の建久年間、源頼朝公の鎌倉時代に神社で奉納される神楽囃子の曲の中から生まれたものといわれ、娯楽として武家の間で行われており別名、鎌倉囃子又は相模囃子とも呼ばれていた。時代と共に、各地に広まり現在の祭囃子になるまでには、鎌倉から相模へ、相模から多摩川を下り綱島へ、その後京浜方面に伝わって来たと言われている。現在の調布方面から、高井戸、神田、浅草などの下町囃子となり、目黒、荏原、池上、羽田、川崎、六郷などの山の手囃子となる。

葛西囃子が基となり、祭囃子が南下したという一般的な解釈とは異なり、鎌倉から始まり北上したという。この鎌倉を発祥地とする伝承は、明治期に発行された『祭礼囃子の由来』が基になっていると考えられる(11)。

このように、江戸の祭囃子は葛西から始まったといわれていても、様々な説があり、一概に祭囃子の発祥がどこであるとはいえない。

2 東京都における祭囃子の流派分布

他にも、千歳船橋が発祥地である船橋流や、田無が発祥地である田無早間流など、地名を附した流派名がある。横浜から伝承されたといわれる浜の手流や、東京都二十三区の南西部を総称している山の手という名称を用いた山の手流など、地域名にちなむとはいえ、どこを指すのか明確ではない流派や、祭囃子の「間」にちなむ早間流・中間流・大間流。また、重松流のように人の名前にちなんでいるものなども存在する。

多摩地区に多く伝承している重松流は、所沢の行商人古谷重松が始めた囃子とされている。重松がどこで囃子を習い覚えたのか明確ではないが、少なくとも古谷重松がどこかの囃子を独自でアレンジしたと考えられ、現在重松流を名乗っている団体の祖となったのは間違いないと思われる。古谷重松は足で太鼓を叩きながら笛を吹いたという伝説が残っているほどの名人であったという。こんにゃくや藍染の行商人だったため行商先で囃子を伝授した、という伝承が多く残されている。

これらの流派を地図にしたものが地図1である。

葛西流はほとんどが二十三区の北東に広がっている。特に葛西神社のある葛飾区より東はすべて葛西流である。逆に多摩地区になると、葛西流を伝承しているところは青梅市に二団体、あきる野市に一団体しかない。

神田流は、二十三区の北、板橋区・北区・豊島区あたりに集中しており、江東区や墨田区・足立区でもみられる。神田流囃子発祥の地とされている神田明神あたりの千代田区には集中して存在しているが、その周辺には祭囃子がないことも特徴といえる。空白部分にあたる港区・渋谷区でかつて囃子があったことは『祭礼囃子の由来』から明らかである(12)が、現在では伝承が途絶えてしまっている。また、調査報告書から抜け落ちている場合もあると考えられる。

目黒流を地図の上で追っていくと、目黒区・世田谷区あたりから、多摩川を沿って船橋流と混ざりながら西側へ広がっている。甲州街道と交差する地点から西にはほとんどみられない一方、多摩川の支流が流れる八王子市には目黒流が多く見られる。

相模流は二十三区の南、大田区と品川区にしか存在しない。大田区は多摩川をはさんで川崎市と隣接している。囃子の交流があったことは、『大田区史』などからみてとれるため、今回は対象としていない川崎市に広がりをみせている可能性がある。

船橋流は多摩川と甲州街道の間に集中しており、それ以外だと立川市に二つあるだけとなる。また、この立川市より西にはまったくない。集中しているところは、世田谷区と隣接する狛江市・調布市・府中市となる。府中市は、大國魂神社を境に東側が船橋流、西側が目黒流というように完全に流派が分かれている。

重松流は、古谷重松が所沢の行商人であったためか、所沢に近い東村山市・東大和市・武蔵村山市・瑞穂町で多く

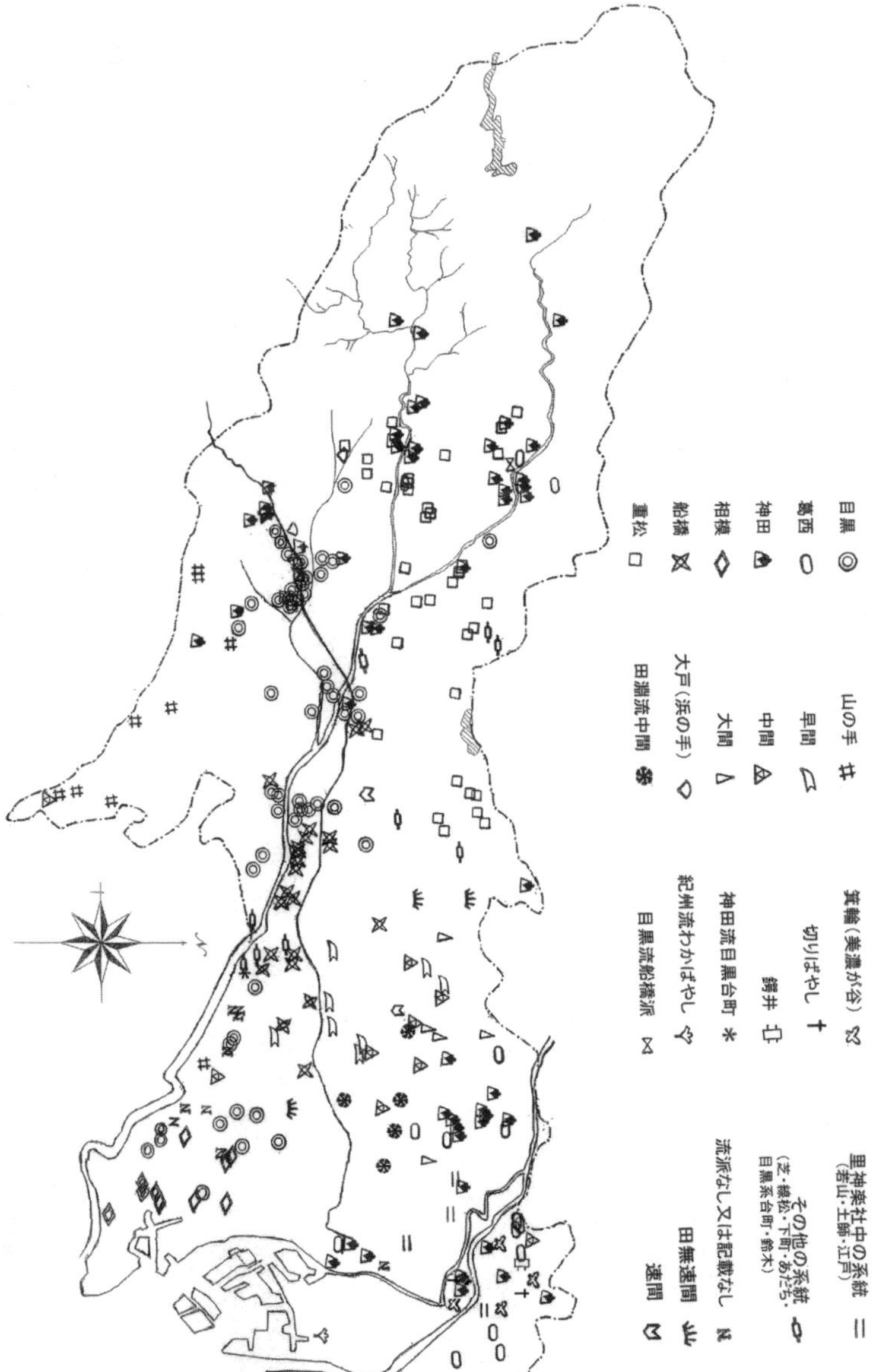

地図1　東京都における江戸祭囃子の流派別分布図

みられ、日の出町・あきる野市まで広がっている。

山の手流は、ほとんど町田市でしかない囃子である。相模流と同じく、かなり地域が絞られ伝承されている。早間流は二十三区の西側、多摩地区との境あたりに広がっている。中間流を名乗っている囃子が、この早間流と混合する地域にのみ存在している。大間流もこの地域に多少被っているが、早間流や中間流より北東寄りとなる。

大戸浜の手流は横浜方面から伝わってきたなどといわれており、東京都内では八王子市にしかない囃子の流派である。箕輪（美濃が谷）流と切りばやしも足立区のみにみられる限定された流派である。

このようにそれぞれの囃子連が流派を名乗り、分布域を形成している。しかし、各囃子連のどこから教わりどこに広めたかといった伝承をみていくと、流派とは違った範囲を示すことができる。次にこの伝承経路について考えてみる。

二　祭囃子の伝承経路

多くの囃子連では現在伝承している祭囃子を誰から、もしくはどこの囃子連から習ったのかということを伝承している。各団体の伝承をみていくと、特定の人の名前、土地の名前、囃子連の名前が複数の伝承経路となってみえてくる。

(1) 煎餅屋留七

品川区のゆきわ会では、現在伝承している囃子は昭和二十七年（一九五二）に浜川の野口政吉に直接指導されたものだという。この野口政吉の名を伝えている囃子連では、他に煎餅屋留七・倉本三五郎という人物の名も挙がっている。

品川区の大井囃子保存会や大田区の向睦囃子会でも餅屋留七・倉本三五郎・野口政吉の名が伝えられており、いくつかの団体をみていくと、麻布区広尾町の煎餅屋留七から始まり、倉本三五郎、昭和に入り野口政吉へと続く一つの伝承経路ができあがっていることが確認できる。煎餅屋留七以前の人名や囃子連の名前はないが、煎餅屋留七を起点とする伝承経路として押さえておくことができる。この煎餅屋留七系統を地図に示したのが地図(1)となる。

『祭礼囃子の由来』の中で、煎餅屋留七と倉本三五郎はそれぞれ「東京府麻布区広尾町　文化十一年　元祖　煎餅屋留七」「東京府荏原郡大井村　文政三年　初代師匠　倉本三五郎」とあるので、地図には渋谷区広尾、品川区大井に記号を示した。野口政吉は、ゆきわ会をはじめ数団体で「浜川」の野口政吉と伝えられているため、品川区浜川に記号を印した。地図で示すと地域は限定されるものの、この煎餅屋留七系統の囃子が広がったのは、野口政吉の力が大きかったことがわかる。

(2)石田滝蔵

石田滝蔵の名を伝えている囃子連の大半が、弘化年間（一八四四〜四八）生まれの石田滝蔵が神田で祭囃子を習得し、上板橋宿（現板橋区弥生町）に戻り広め、直弟子で同じく上板橋宿の栗原佐吉が各囃子連に広めたという伝承をもつ。この石田滝蔵系統を示したのが地図(2)である。石田滝蔵系統といっても、それぞれの伝承をみていくと広めたのは栗原佐吉ということになるが、彼は上板橋宿の周辺にしか伝えていないことがわかる。南下してこの系統を伝えたのは、栗原佐吉の弟子であったようである。

(3)田淵

田淵とは、阿佐ヶ谷にあった地名であるとか、田淵流の囃子を伝授した阿佐ヶ谷の横川氏の屋号であるとか、その名の由来ははっきりしないが、阿佐ヶ谷が発祥のようである。田淵という名が伝承に出てくる囃子連もいくつか存在

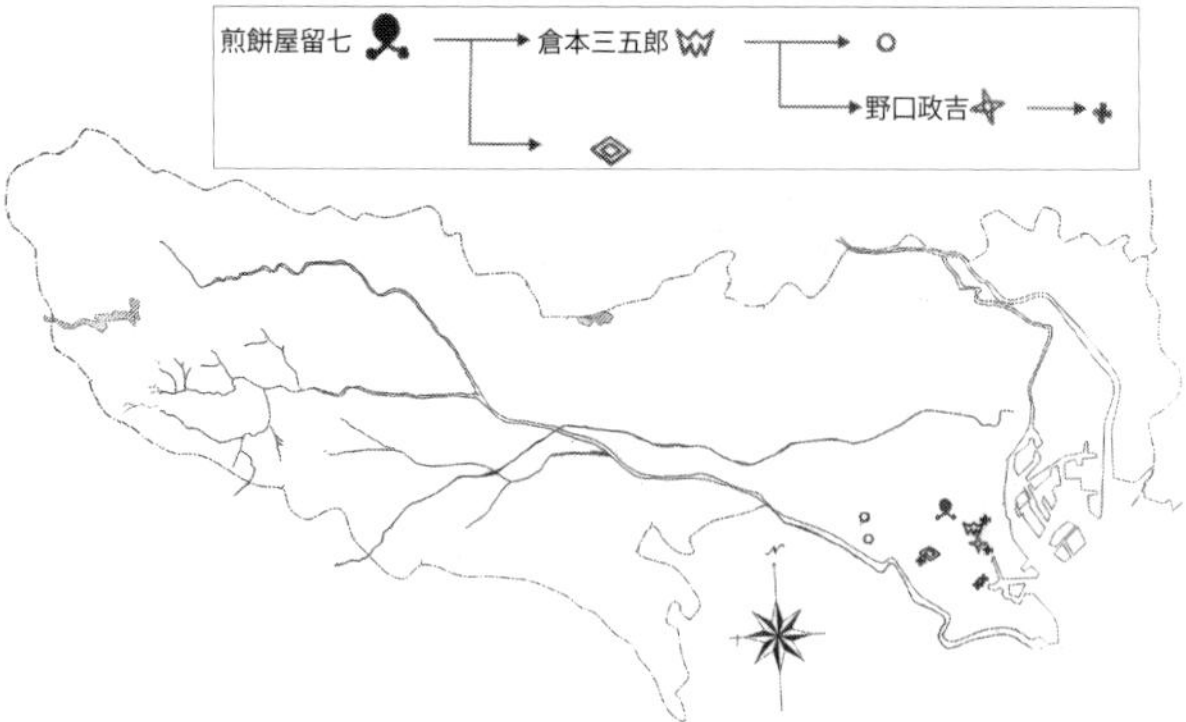

地図(1)　煎餅屋留七系統分布図

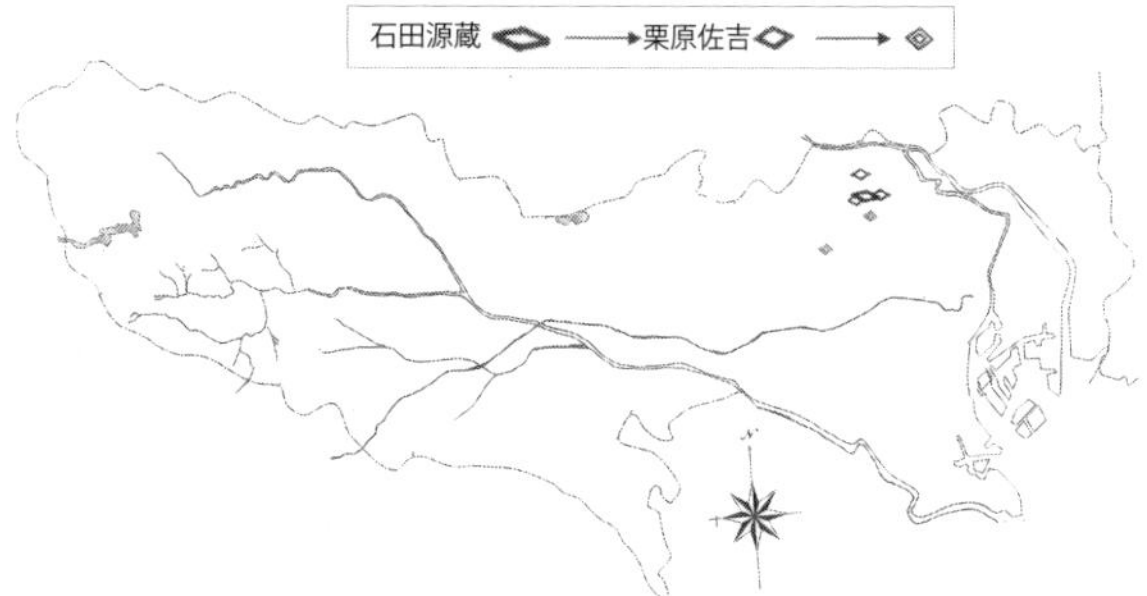

地図(2)　石田滝蔵系統分布図

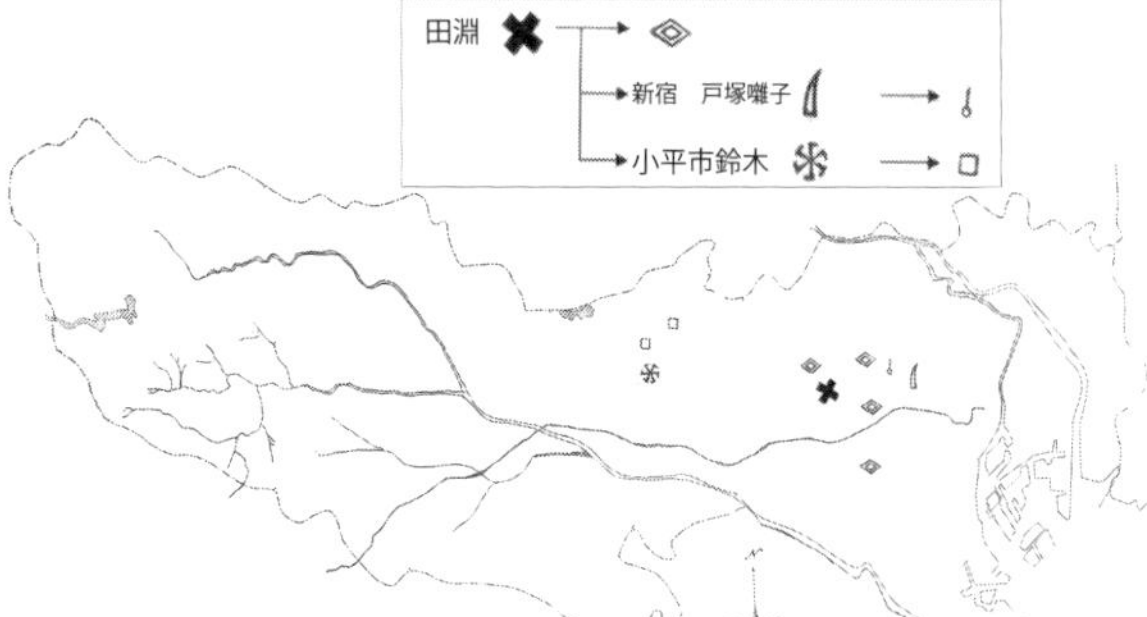

地図(3)　田淵系統分布図

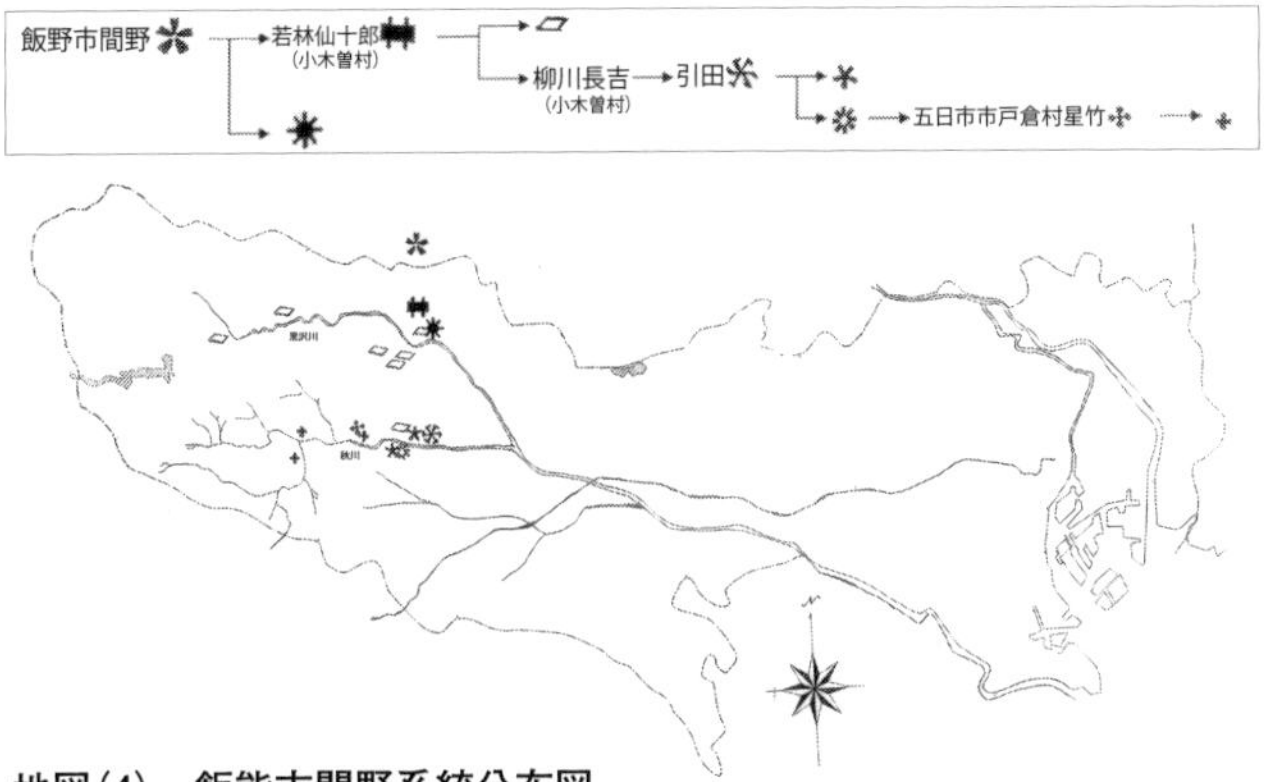

地図(4)　飯能市間野系統分布図

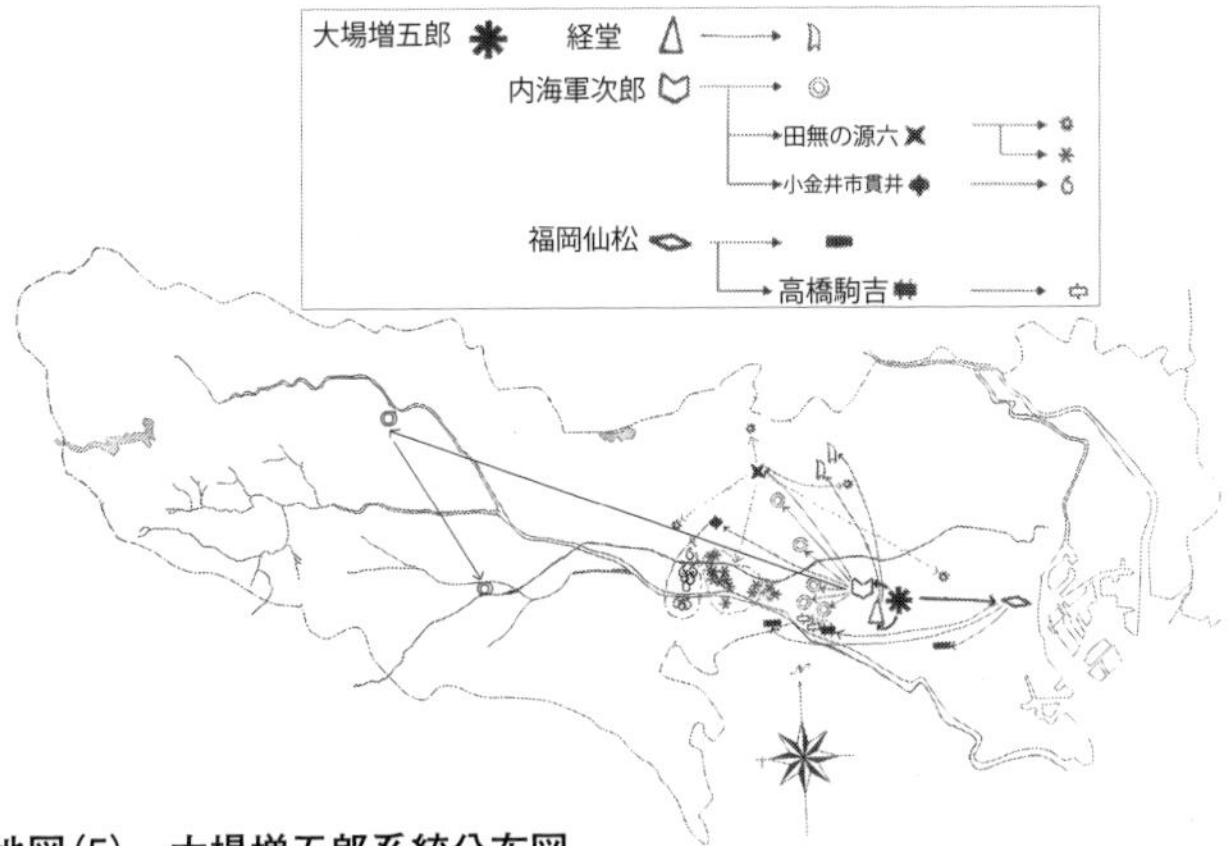

地図(5)　大場増五郎系統分布図

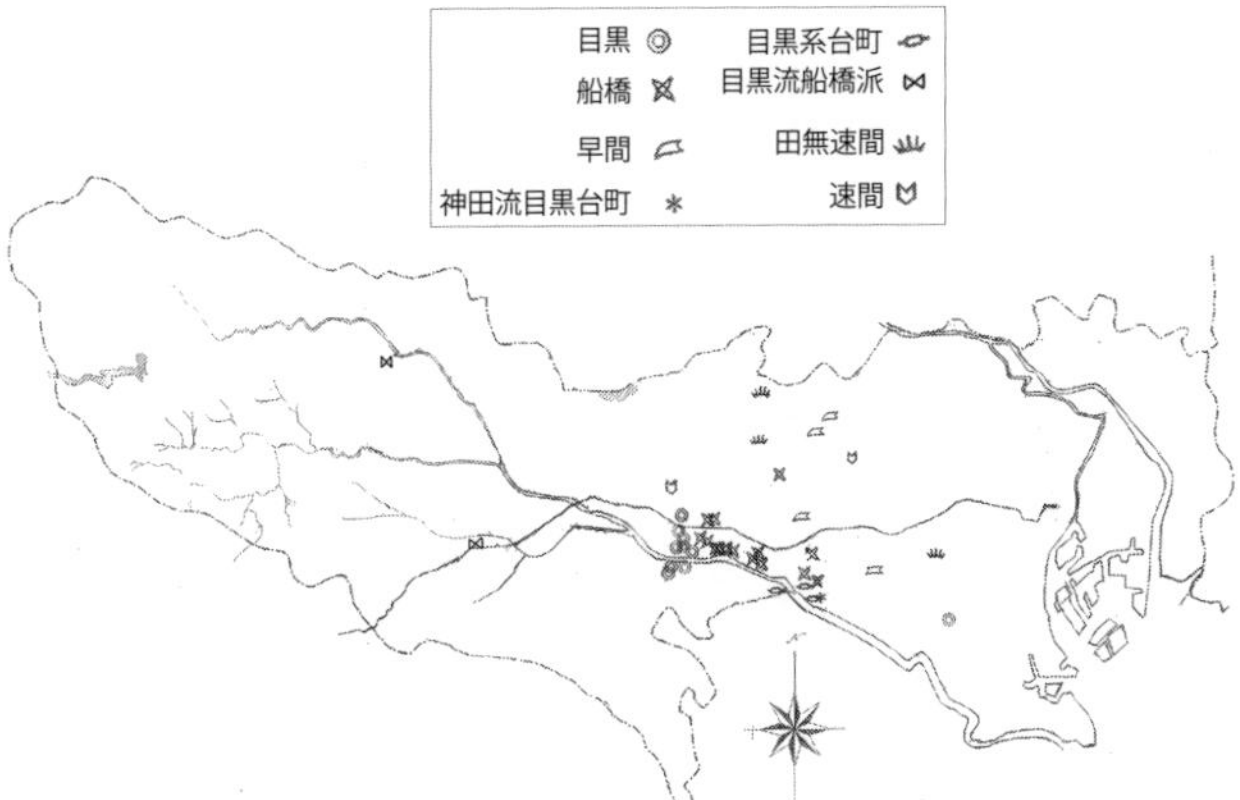

地図(6)　大場増五郎系統の流派別分布図

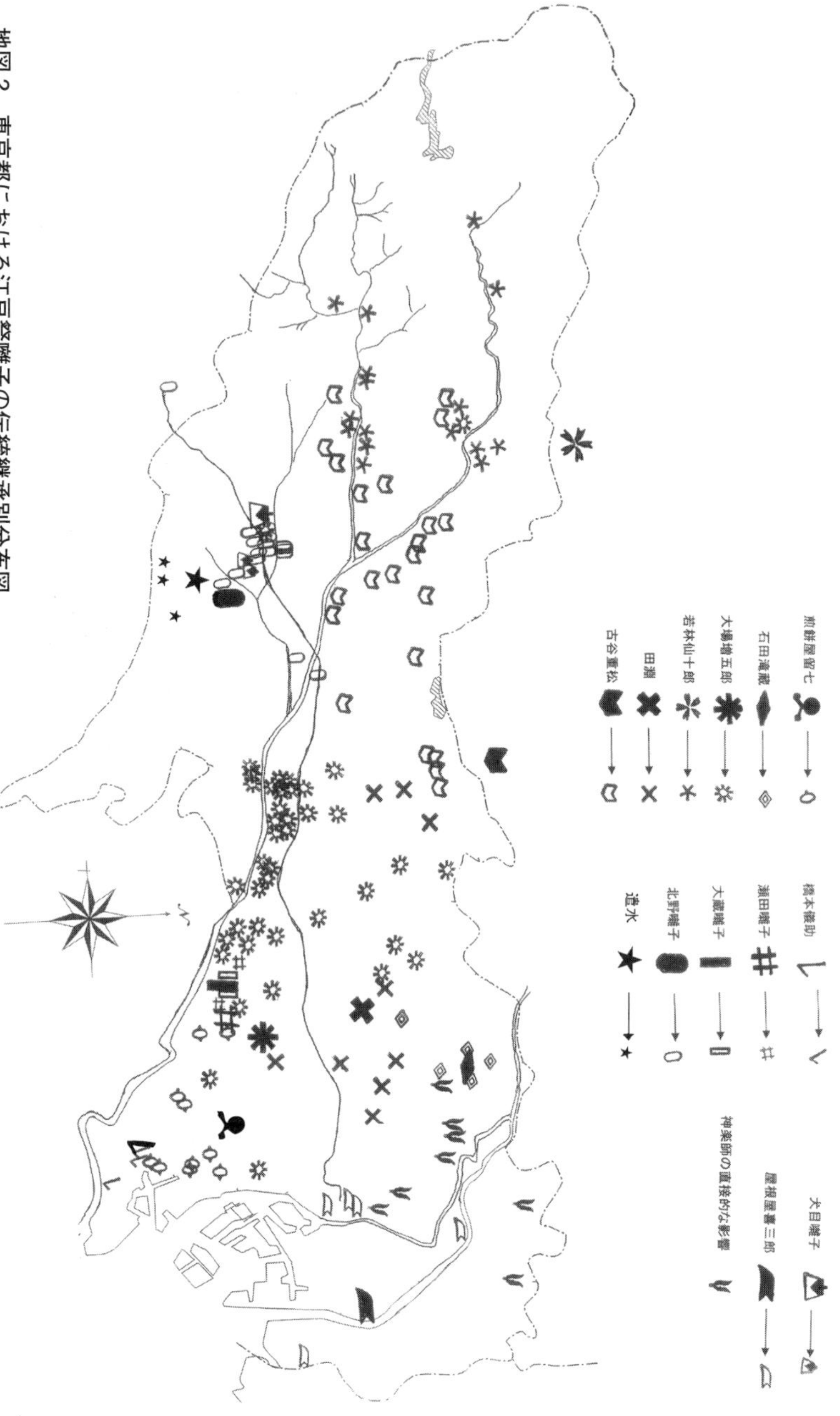

地図2　東京都における江戸祭囃子の伝統継承別分布図

する。この田淵系統を示したのが地図(3)である。田淵系統は、二つの地域に分かれる。一つは阿佐ヶ谷近辺、もう一つは小平市鈴木近辺である。小平市の鈴木はやし保存会の伝承では、弘化四年(一八四七)に江戸郊外田淵の通称「初さん」から鈴木地区の深谷定右衛門が習ったという。二十三区内の田淵系統の囃子連では「初さん」の名前が出てくることはなかった。

(4) 飯能市間野

東京都の祭囃子といっても、その系統の始まりが東京都でない場合がある。地図(4)がその例の一つで、飯能市間野系統である。

小木曽村(現青梅市黒沢)の若林仙十郎(もしくは扇十郎)の名前が多摩地区西部の囃子連に多く伝承されている。青梅市の和田囃子連では、若林仙十郎は埼玉県飯能市間野の人から囃子を習い、地域に広めたという伝承がある。飯能市間野から直接伝えたのは、若林仙十郎と青梅市の森若囃子連であったが、より広範囲に広めたのは若林仙十郎であった。若林仙十郎から同じ小木曽村の柳川長吉へ、そこから引田村(現あきる野市引田)に、その後、五日市の留原(現あきる野市留原)、さらに五日市市戸倉村星竹(現あきる野市戸倉)という伝承経路がはっきりとしている。

地図でその経路を追っていくと、若林仙十郎から直接伝えられた囃子連は黒沢川に沿って広がっているが、引田村を経由した伝承も、秋川を沿って西へと広がっている。

一見して川に沿って西に伝播したように思われる。しかし黒沢川沿いは、一人の人物が直接伝えたのに対し、秋川沿いは、各囃子連を伝って徐々に西へ伝播していった。つまり黒沢川沿いの広がりは時間的な差異はほとんどみられないが、秋川沿いの広がりは時間経過と西への伝播が比例していると考えられる。

(5)大場増五郎

『祭礼囃子の由来』に、「東京府荏原郡世田谷村字宮ノ坂　文化十二年　元祖　大場増五郎」という記載があり、「元祖」とあることから、大場増五郎は世田谷村で祭囃子を始めた人であるとされている。世田谷区経堂の安宅囃子保存会は、世田谷八幡神社の宮司、大場増五郎が直接の師匠であると伝承している。大場増五郎の名がない場合も、世田谷八幡神社の宮司とあるのは大場増五郎であると考えられる。そうして作成した大場増五郎系統の地図が地図(5)である。記号だけではわかりにくかったため、伝承経路を線でも示した。太線が大場増五郎が直接指導したところ、細線の先の囃子連が大場増五郎の孫弟子にあたり、点線の先の囃子連が曾孫弟子にあたる。空間的には西へ広がっているが、時間軸でみると、ある一定の時期から南下しており、それ以上西には伝播していかなかったと思われる。

地図(5)の点線の囲みは府中市の囃子連である。府中市は大國魂神社を境に、西が小金井市貫井を経由して伝わった祭囃子と、東が田無市の西林源六という人物を経由して伝わった祭囃子とに、はっきりと分けることのできる興味深い地域である。

以上五つの伝承経路と三つ以上同じ人物名か地名のある団体の伝承経路も加えて作成したものが地図2である。大きな記号は各伝承経路の発祥地を示している。二十三区の南東部には橋本儀助系統と煎餅屋留七系統が分布している。北東部は田淵系統と石田滝蔵系統に加え、神楽師の直接的な影響を受けた囃子連が多い(13)。また荒川をはさんだ東部は屋根屋喜三郎系統の広がりもみられる。

二十三区の境から多摩地区にかけては大場増五郎系統が分布している。煎餅屋留七系統の囃子連と大場増五郎系統の囃子連の間にあった空白を埋めるのが、世田谷区の大蔵囃子連系統と、同じく世田谷区の瀬田囃子連系統であることにも注目しておきたい。

多摩地区北部になると、古谷重松系統と飯能市間野系統とが二分していることがわかる。また、多摩川支流には八王子市の北野囃子連系統と、同じく八王子市の犬目囃子連系統が集中している。

三　流派と伝承経路の関係

地図1と地図2を比較してみると、同じ伝承経路の囃子連でも、違う流派を名乗っている囃子連があることがわかる。そこで流派と伝承経路の関係について、地図(5)の大場増五郎系統を中心に詳しくみていきたい。

地図(6)は、大場増五郎系統の囃子連の流派を分布図に示したものである。大場増五郎系統には、目黒流・船橋流・早間流・田無速間流・速間流・神田流目黒囃子台町派・目黒台町流・目黒流船橋派といった八つの流派が存在する。

大場増五郎は前述のように世田谷宇佐八幡宮の宮司であったと伝えられており、その所在地が地図(5)には示されているが、現在ここには囃子は伝承されていない。そのため地図(6)には流派の記号を印すことができなかった。また各囃子連の伝承でも、『祭礼囃子の由来』の中でも、大場増五郎が流派を名乗っていたかどうかは記述されておらず、現在のところ不明である。

大場増五郎が直接伝えた直弟子にあたる囃子連についてみると、世田谷区経堂の安宅囃子保存会は、現在早間流を名乗っている。そしてこの地から直接伝承された二つの囃子連も同じく早間流である。

福岡仙松についても、地図(6)には所在する記号を印すことができなかった。福岡仙松がいたとされる芝区伊皿子町(14)（現港区伊皿子）には現在囃子連の存在を確認できていないからである。彼から伝わったとされる流派は、目黒流と目黒台町流・神田流目黒囃子台町派である。また神田流目黒囃子台町派の囃子連から伝わった二つの囃子連はともに目黒流台町派を名乗っている。「目黒」と「台町」という名称を名乗りながら、なぜ「神田流」という流派名を名乗らなかったのかは明らかでない(15)。ともかく、この地域では、同じ師匠から伝承されているにもかかわらず、流派名が変化していることは注目しておくべき点である。

大場増五郎が囃子を直接伝えた内海軍次郎は、『祭礼囃子の由来』には、東京府北多摩郡千歳村字船橋（現世田谷区千歳船橋）の「大世話人」として名前が記されているが、大場増五郎・福岡仙松と同じく、現在ではこの地に囃子連は存在していない。しかし、内海軍次郎が直接伝えた囃子連では、船橋流・目黒流・船橋流早間・早間流と、目黒流船橋派・田無速間流など、多様な流派名を名乗っている。

船橋流は、各地で内海軍次郎が目黒流をアレンジして独自に広めた流派だとされている。この伝承を裏付けるものとして、聞取り調査を行った青梅市の藤若囃子連の伝承に注目したい。藤若囃子連の囃子は、大正七年（一九一八）に船橋の内海軍次郎という人が当地の寺に住み込んで、そこで近隣の若者に教えたのが始まりであるとされている。この囃子連は「目黒流船橋派」を名乗っており、この流派は、藤若囃子連と藤若囃子連が直接教えた八王子市の多賀囃子連の二団体しかない。内海軍次郎が直接教えたのだとすれば、この「目黒流船橋派」という流派名そのものが、目黒流から船橋流が派生した流派であることを示していることになる。

内海軍次郎の直弟子で早間流を名乗っているのは、三鷹市の三鷹ばやし保存会のみである。いつ頃伝承されたのかは明確ではない。大場増五郎の直弟子である経堂の安宅囃子連が早間流を名乗っていたことを、また船橋流早間派という囃子連もあることを考えると、船橋流という流派が確立する前に伝えられた可能性が考えられる。また、小金井市貫井の囃子連は内海軍次郎から江戸末期に伝えられたといい、目黒流を名乗っている。船橋流が目黒流にアレンジを加えたものだとすれば、これも船橋流を確立する前に伝承されたとも考えられる。

目黒流と船橋流・早間流という三つの流派名は入り乱れており、結局のところ明確ではないが、少なくとも前述した神田流目黒囃子台町派・目黒流台町派と同じように、同じ師匠でも流派名が変容しているということは明らかであろう。

田無早間流は、明治の終わりに田無（現西東京市）の西林源六が内海軍次郎に弟子入りし、それまで田無にあった囃子を改造して作った囃子といわれている。

最後にこの西林源六の直弟子にあたる囃子連をみていく。直弟子の囃子連には、田無速間流・速間流と船橋流の三つの流派がある。

「早間」と「速間」の違いは現段階では明らかでない。ただ、田無囃子保存会では、西林源六は速間流といわれるまだ完成してない囃子を内海軍次郎の下で作り直して、現在の田無囃子を完成させたと伝えている。未完成の囃子というのがどういう囃子なのか明確ではないが、西林源六の直弟子にあたる囃子連では、「早間」ではなく「速間」と名乗っていることから、こだわりはあるように思う。

速間流を名乗っている囃子連で年代が明確なのは杉並区の井草囃子速間流保存会で、大正初めに伝承されたという。つまり、この時点で西林源六がこだわっていたとされる「速間」の囃子が伝承されているということになる。

府中市でも、西林源六から伝授された囃子連が数多く存在する。府中市に囃子を広めたのは西林源六の直弟子である府中市新宿囃子保存会の平田与吉であるが、彼が西林源六から指導を受けたのは大正十四年（一九二五）であるという。[16]

大正初期にすでに「速間」の囃子が他地域に伝承されていたが、それより十年ほど後に伝えられた府中では「船橋流」としている。船橋流の元祖である内海軍次郎から直接伝わったのではなく、田無速間流の元祖である西林源六を経由して伝えられたにもかかわらず、なぜ船橋流であるのか注目すべき点であろう。

おわりに

以上のことから五つの祭囃子の伝承経路での特徴をいくつか挙げたい。

まず一つ目が、一つの系統の広がりにはいくつかの経路が存在しており、一子相伝のように一系的ではなく、複数に派生してさらに分派して伝播していることである。二つ目は、囃子の伝授に師弟関係はあるようだが、それは個人的な関係に留まるのではなく、地元に持ち帰って、習った囃子を広める目的のほうが大きかったと思われることである。しかし、それが地元のみならず、周辺に広める場合がある。その際、特定の人物もしくは囃子連が大きな影響力をもつ場合があり、囃子が広まっていく現象もみられる。

特定の個人や囃子連が積極的に広めようとしていたのか、周辺の人々が教えを請いに来たのかはわからない。しかしどちらにせよ、習ってもいい、もしくは習いたいと思われるような魅力があったに違いない。影響力をもった人物の中には、自ら流派を作り上げる者もいた。目黒台町流・船橋流・田無速間流などは伝授された囃子にアレンジを加え、その囃子をさらに広めていった。そのため、同じ系統でもいくつかの流派が存在することになる。祭囃子の流派が多数存在する理由の一つと考えられる。

しかし、同じ師匠から指導されたにもかかわらず、流派名が変化している場合がある。これが三つ目の特徴である。新たに流派を作り上げたのなら理解できるが、府中市の祭囃子のように船橋流から田無速間流を経由し、再び船橋流に戻るといったような例を考えると、違う流派名を名乗っていても演奏の内容が同様であったり、同じ流派名を名乗っていても演奏の内容が異なったりする囃子連が発生することになる。

こうしてみると、同じ流派が同じ伝承経路によって伝播してきたとは限らないことがよくわかる。今後祭囃子がどのように伝播していったのか考える場合には、流派がどのように認識されているのか、さらに注目すべきであろう。

注

（1）神田より子・俵木悟編『民俗小辞典　神事と芸能』（吉川弘文館、平成二十二年）。

（2）田井龍一・増田雄「「祇園囃子」の系譜序論」（植木行宣・田井龍一編『都市の祭礼―山・鉾・山車と囃子―』岩田書院、平成十七年）。

（3）東京都教育委員会『江戸の祭囃子―江戸の祭囃子現状調査報告書―』（平成九年）。

（4）調査報告書発刊後、目黒区では一団体が新たに発足した。八王子市は、調査報告書には一団体のみしか記されていない。アンケート無回答の団体を加えても三団体しかない。しかし、実際調査を行ってみると、八王子市だけで四〇団体近い囃子連が存在している。発足年を聞いてみると、調査報告書発刊以前のものが多数ある。他の市町村でも報告書から抜け落ちている団体もあると考えられ、今後地域ごとの丹念な調査が必要である。

（5）三隅治雄は「総論・祭囃子の歴史と今後」（前掲注（3））で、祭囃子の発祥を何に求めるかは、民間伝承の通例で、一時期、一事件に絞って説明しきれるものではないとして、昔から繰り返し語られてきた創始説を述べている。また、三隅は近世期各地祭礼の神楽の舞人・楽人のほとんどが神社所属の神主・社家たちであり、埼玉県南埼玉郡鷲宮町（現埼玉県久喜市鷲宮）鎮座の鷲宮神社の神楽の伝承を例に挙げながら、神主能勢環が太太神楽など神楽の楽に通じていて、そこから神楽囃子と通うところの多い祭囃子を生み出したのではないか、と推測している。

宮尾しげをは「江戸祭囃子」（宮尾しげを・本田安次『東京都の郷土芸能』東京教育委員会、昭和二十九年）で、江戸祭囃子の伝承について画然とした事歴は見当たらないとしながら、伝承の各説をそのまま記している。そこでは葛西囃子は享保の初めに香取明神の神主、能勢環が神楽囃子を作り出し、祭礼はもちろん、五穀豊穣の奉納囃子として、領内に奨励したのが葛西囃子の始まりといわれている、とある。

（6）中村規は『江戸東京の民俗芸能2　風流』（主婦の友社、平成五年）の中で、神田囃子（神田流）は、はじめ葛西の囃子を真似たものだったが、江戸中期に紀州和歌浦の囃子を漁師が神田の仕事師屋根屋喜三郎に教え名人芸を示して以降、名実ともに神田囃子となったと述べている。

宮尾しげをは「江戸祭囃子」（前掲注（3））で、江戸川区の葛西囃子は葛飾の葛西囃子の別流で、神田囃子はそのまた別れということになっているといい、江戸川、神田の葛西囃子は紀州和歌浦の漁師が大漁のとき、浜で歌った和歌囃子が基となっている伝承があると述べている。

（7）目黒区郷土研究会『目黒の近代史を古老に聞く古老座談会』（目黒区守屋教育会館、昭和五十七年）では、幕末から明治にかけて芝の伊皿子のせんま師匠に神田囃子を教わり、その中の一人、神藤増五郎（上目黒）が笛・太鼓・金などの音色をうまく組み合わせて「目黒囃子」を作り出したとある。神藤増五郎の名は調査報告書ではほとんど記載されておらず、筆者の調査でも彼の話を聞くことは現在のところない。

（8）調査報告書や『大田区史（資料編）民俗』（大田区、昭和五十八年）をみる限り「沼部囃子」を名乗っている団体は存在しない。しかし、大田区の「田園調布西囃子連」ではその伝承経路を以下のように述べている。

昭和十二年頃、下沼部の平野次郎氏や鈴木要三郎氏などが囃子を学び、これを落合仁三夫ほか六〜七名が習い伝授した。手の内は沼部囃子とまったく同じである。（「巳や昇殿」だけは、このとき習わなかったということである。）同三十年代には一時中断したが、同四十五年ぐらいから復活し、現在に至る。

（9）『大田区の文化財』第一五集（東京都大田区教育委員会、昭和五十四年）。

（10）串田紀代美「東京都の祭囃子―江戸里神楽からの影響をめぐって―」（東京国立文化財研究所芸能部編『芸能の科学』二五号、平成十年）。

（11）河原源十郎『祭礼囃子の由来』（明教社、明治二十八年）には囃子の由来と巻末に東京西南地区の囃子連名が掲載されている。

（12）河原前掲注（11）『祭礼囃子の由来』の中で、東京府南豊島郡代々木村（現渋谷区代々木）、東京府南多摩郡豊沢（現渋谷区恵比寿）、東京府芝区伊皿子町（現港区三田）、東京府麻布区広尾町（現渋谷区広尾）、東京府南豊島郡渋谷村字中渋谷（現渋谷区道玄坂）、東京府南豊島郡渋谷村字上渋谷（現渋谷区渋谷）の記載があり、少なくとも明治二十八年頃まではこれらの地域でも祭囃子が伝承されていたことが確認できる。

（13）神楽師と呼ばれる江戸里神楽の専業者が存在する。大崎春哉編『江戸里神楽の源之助』（青蛙房、昭和六十三年）の中で江戸里神楽土師流四代目・松本源之助は次のように述べている。

神楽師は、太鼓は叩けても祭囃子の太鼓は叩いてはいけないことになっており、祭りに行くと神楽は神楽殿で、祭囃子は囃子舞台で演奏していた。しかし、戦時中祭囃子連が出兵したり疎開したりしたことで、神楽師が祭りで招かれると「お囃子を叩いてくれ」と言われるようになり、やむなくお囃子を叩くようになった。

このように、里神楽と祭囃子は不可侵であったという伝承がある一方で、串田紀代美「東京都の祭囃子」（前掲注（10））など、祭囃子の創始当時から神楽師が深く関わっていたことを指摘する先行研究もある。神楽師がいつ頃からどのような形で祭囃子に影響を与え関わっていったのかは、今後の課題としたい。調査報告書で里神楽が確認できるのは若山社中・松本社中・土師流であり、今回はこの名が伝承経路にある場合、神楽師の直接的な影響がある囃子連としてまとめた。

（14）『祭礼囃子の由来』（河原前掲注（11））には、「東京府芝区伊皿子町　世話人　福岡仙松」と記載されている。

（15）狛江市の多摩川囃子保存会では、「台町」という流派名は芝伊皿子町台町から囃子が伝授されたためだといわれている。かつてあった伊皿子台町は、明治二年（一八六九）に芝伊皿子町に吸収合併され町の名前は消滅している。台町派という名の由来は伊皿子台町からとったという可能性があると考えられる。

（16）須知真紀子「府中囃子の研究―「印旛」に見られる音楽的表現様式の特徴―」（『府中市立郷土館紀要』一一号、府中市教育委員会、昭和六十年）。

第二章　東京都八王子市の祭囃子

一　「八王子まつり」の現在

近年、都市において大規模な祭りが盛んに行われるようになっている。「八王子まつり」もその一つであり、かつて宿場町として栄えた甲州街道沿いの八王子では観光客が六八万人以上も訪れる一大観光行事となっている。(1) 三日間、祭囃子の音はやむことがなく、昼間は民謡流しや神輿渡御、大太鼓演奏などがあり、夜はライトアップされた山車が甲州街道を行き交う。

近隣の山車が出る祭りとして挙げられるのは、八王子と同様に宿場町として栄えた青梅大祭や府中くらやみ祭りである。開催される祭りの規模としては一見同じように思えるが、最も異なるのは、青梅大祭・府中くらやみ祭りが、それぞれ住吉神社・大國魂神社の例祭であるのに対して、八王子まつりは、市民祭として始まった催しに二つの神社の例祭を後に融合させている点である。元は市民祭として始まったものが、神社を巻き込みながら巨大化していったことに着目したい。

本章では、八王子まつりの市民祭と神社祭礼のそれぞれの性格を把握した上で、祭りに関わる人々、特に今回は、祭礼行事に直接関わっている人々の思いと、八王子まつり実行委員会の意図などを検討していく。

1 「八王子まつり」の沿革と現状

(1) 「八王子まつり」の舞台

東京都八王子市は東京都心から西へ約四〇キロメートルに位置し、周囲を多摩丘陵・滝山丘陵・高尾山・陣馬山などに囲まれた盆地に形成され、約一八八平方キロメートルの面積をもつ。平成二十三年九月時点の人口は五四万人で、多摩地区の中核として栄えている地域である。

江戸時代には甲州街道の宿場町として発展し、元禄年間（一六八八〜一七〇四）には横山十五宿、または八王子十五宿などと呼ばれていた。天正十八年（一五九〇）の八王子城落城後、総奉行となった大久保長安が八王子城下（現八王子市元八王子）の横山・八日市・八幡の三宿を現在の八王子市街中心部へ移したことから八王子宿が生まれる。町立ては、横山村の中央を東西に通じる幹線道路を開削し、道路を挟んで東より横山宿・八日市宿・八幡宿の三宿が置かれた。後にさらにその西に八木宿が加わり四宿となった。その後、この四宿を中心に新しい宿を加えていく。

八王子十五宿について、『新編武蔵風土記稿』(2)では、「新町（現新町）、横山宿（現横山町）、本宿（現本町）、八日市宿（現八日町）、寺町（現寺町）、八幡宿（現八幡町）、八木宿（現八木町）、横町（現大横町）、本郷宿（現本郷町）、久保宿（現追分町と千人町の一部）、島之坊宿（現日吉町辺）、小門宿（現小門町）、上野原宿（上野町）、馬乗宿（現南新町辺）、子安宿（現子安町、旭町、東町）」を十五宿とし、さらに「東は子安村に接し、西は千人町に亙り浅川に限れり、対岸は横川村なり、南は小引村・新横山村の内御所水及散田村にさかひ、北は元横山村・本郷村なり。街道は宿の東竹の鼻より入りて西へ通じ、千人町入り口にて左右にわかる。その左には甲州街道にて、散田村より西の方駒木野の関を越え、小仏の峠へ達す、その右に行けば久保宿、島ノ坊宿を経て、浅川を越え横川村を過て恩方村の内案下と云所へいづ。又元八王子の方へも達する路なり。その大路の南裏にも又一条の往還あり小門宿などはこの裏通の町並なり」という記述があ

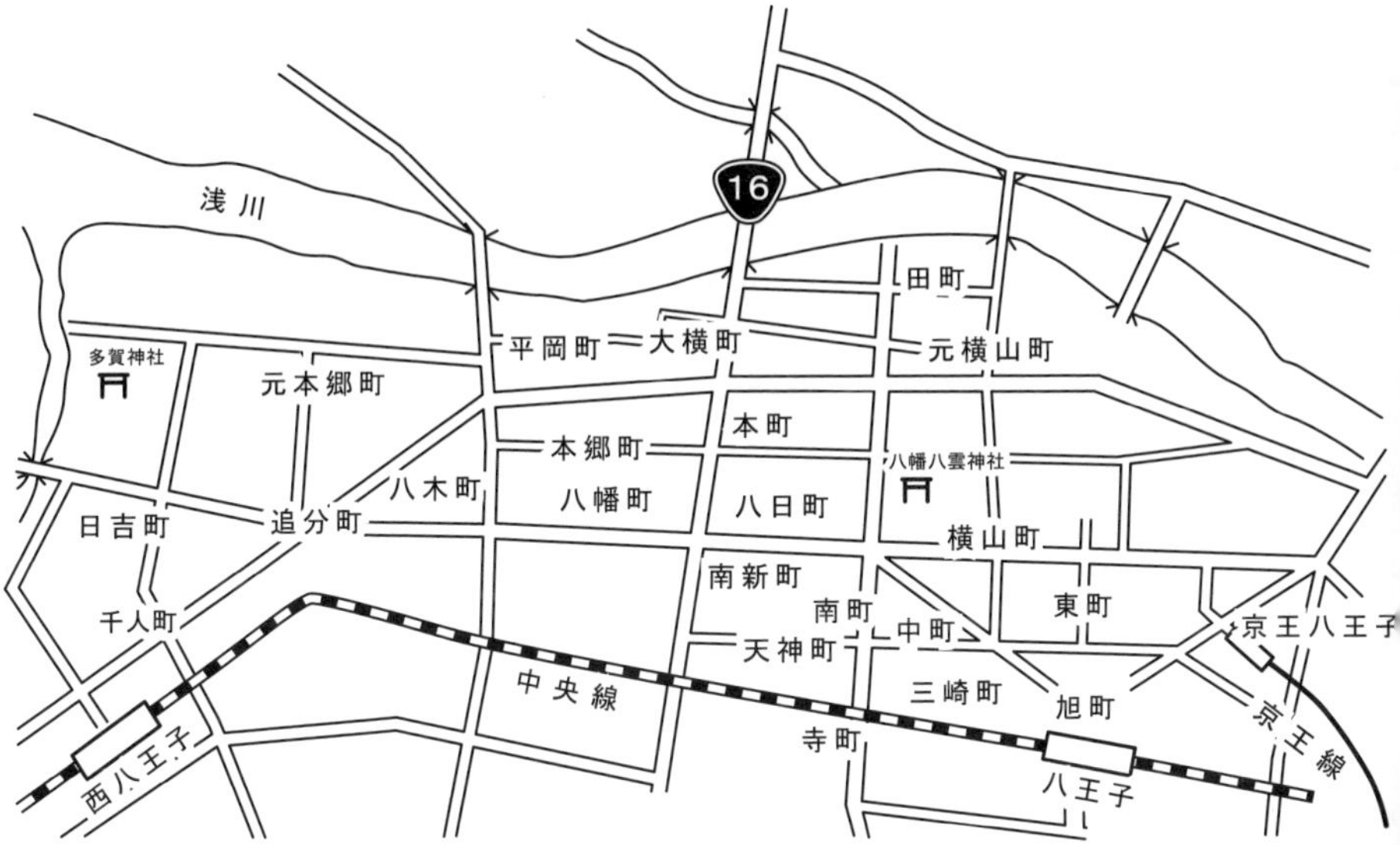

地図1　旧八王子町概略地図

る。江戸時代から宿場町として、さらに戦前までは織物業が盛んであった。

この宿場町の範囲とほぼ同じ一帯を、ここでは旧八王子町と呼ぶことにする。地図1が旧八王子町の概略図である。

この地域には神社が二つ存在する。大横町の中心を通っている国道一六号より東側の八幡八雲神社を鎮守社としている地域が下地区で、元横山町・新町・東町・旭町・横山町・中町・三崎町・南町・寺町・天神町・南新町・八日町・本町・田町から構成されている。現在でも駅に近い場所であるため八王子市の中心街をなしており、甲州街道を軸とする商業地域である。戦前、甲州街道沿いにある横山町と八日町には大店が立ち並んでいた。特に八日町は八王子織物取引の中核をなしていた。また、元横山町は職人の町で、機屋関係の仕事をする家が多く、八王子の中でも規模の大きな機屋が多かった。

国道一六号より西側の多賀神社を鎮守社としている地域が上地区である。元本郷町・日吉町・千人町一丁目・二丁目・追分町・八木町・平岡町・本郷町・八幡町で構成されている。甲州街道に面している八幡町・八木町は上地区の中心的な町で、戦前は大規模な卸問屋が多かった。上地区と下地区の境となっている大横町は両神社の氏子であり、二つの神社の祭りに一年交代で参加している。

(2)八幡八雲神社と多賀神社の例祭

八幡八雲神社は、八幡神社と八雲神社とが合祀されているために、例祭も二回行われる。七月二十三日・二十四日が八雲神社の例祭、九月十五日が八幡神社の例祭となる。特に七月の八雲神社の例祭の時は「下《しも》のまつり」と呼ばれ、このときには宮神輿と町内の山車が出ていた。現在では神事のみ行い、神幸祭は「八王子まつり」で行っている。九月の八幡神社の祭礼では、現在では神輿は出ていない。元横山町の囃子連を中心に何組かの囃子が神楽殿で居囃子を少々行うだけである。多賀神社の例祭は八月十五日・十六日で「上《かみ》のまつり」と呼ばれ、「下のまつり」と同様に山車と神輿が出ていたが、現在では「八王子まつり」と同日に例祭日を移したため、八幡八雲神社のように改めて神社の例祭は行っていない。

下のまつり・上のまつりを知っている当時の人々は、一様に祭りの華やかさを語る。その祭りを彩っていたのは、各町で出していた山車である。いつから八王子で山車が曳行されるようになったかを確証する文献記録はないが、相原悦夫の『八王子の曳山祭』(3)によると、文政二年(一八一九)作製と保存箱に書いてある八幡町二丁目の屋台飾りが最古のもので、すでに文化・文政期には山車があったことがわかり、また祭囃子が普及した時期からも推測できると述べられている。

明治期までは各神社の氏子地域での山車の曳行であったが、大正から昭和初期にかけて祭礼の規模が拡大していった。大正初期に両神社の周囲に玉垣が建造されたため、山車が神社境内に集まれなくなり、場所を甲州街道に移して神輿や山車の巡行をするようになった。また、大正四年(一九一五)の大御大典、大正七年の市制施行記念大祭、昭和三年（一九二八）の御大典、昭和十五年の紀元二千六百年大典などの大祭が両社合同で執行されたことも、規模拡大化の要因となったと思われる。

もう一つの要因として上地区と下地区のライバル心が考えられる。七月に行われる「下のまつり」で豪華な山車が出るならば、九月に行われる「上のまつり」はそれに負けないものを作ろうと、表町と呼ばれていた下地区の横山町・上八日町・下八日町と、上地区の八幡町・八木町が、競って華やかな山車の製作をしていったという。それに感化され、他の町で彫刻や山車人形に様々なこだわりをもって製作していった。山車に乗る祭囃子も同様である。町の人々は山車を作り、祭りの資金を出費する。現在のように各町会に囃子連ができるのは近年になってからであり、それまでは近郊農村から囃子連を招いていた。「表の五町、皆目黒。裏町は知らず」という言葉があり、表町にしか目黒流の囃子を乗せてはいけないというものである。流派にまでこだわる彼らの対抗心が感じられる。上地区対下地区はもちろんのことだが、町同士でも競い合っていったことが、規模拡大化につながっていったと考えられる。

(3)「八王子まつり」の沿革

近世からの町として栄えていた八王子市の旧八王子町であるが、昭和三十年代になると衰退していく。上下のまつりも戦時中の空襲により家々が焼失し、戦前の華やかさを失っていった。また、近郷近在の人々に親しまれていた大善寺十夜大法会、通称「お十夜」も昭和三十年（一九五五）頃には中止してしまい、八月七日に行われていた七夕祭りも下火となっていき、昭和三十九年には中止となる。お十夜や七夕祭りは、露店や見世物・サーカス等などでにぎわっていたというが、こうした人々が集まる行事が一気になくなってしまったといえる。

昭和三十六年（一九六一）以降のおおまかな沿革を、表1にまとめた。

旧八王子町の活性化を目指し、昭和三十六年（一九六一）に始まったのが市民祭である。「三万人の夕涼み」として

表1　八王子まつりの沿革（抜粋）

第1回市民祭	昭和36（一九六一）・8・26	「三万人の夕涼み」として富士森市民球場で野外演奏、仕掛け花火。当日の観衆五万人。
第4回市民祭	昭和39（一九六四）・7・31～8・2	市民祭の会場を甲州街道に移し、パレードを中心とし催しに切りかえた。女神コンテスト開催。
第6回市民祭	昭和41（一九六六）・7・30～8・7	市制五十周年。山車と神輿が初めて参入。
第8回八王子まつり	昭和43（一九六八）・7・27～8・4	「八王子まつり」と改称。以後、山車が正式に参入。
第9回八王子まつり	昭和44（一九六九）・8・1～8・3	多賀神社の例祭日が八王子まつり開催日に移動。
第18回八王子まつり	昭和53（一九七八）・8・4～8・6	多賀神社の千貫御輿が約七十二年ぶりに渡御。
八王子まつり	平成14（二〇〇二）・8・2～8・4 10・5	山車・御輿を中心とした伝統まつりとしての夏の行事と、花火大会を中心とした秋の行事に分けて開催。八雲神社の宮神輿が初めて参入。八雲神社祭礼の神幸祭が八王子まつり開催日に移動。
八王子まつり	平成22（二〇一〇）・8・6～8・8 7・31	八王子まつり五十周年。

富士森市民球場で野外演奏や仕掛け花火を行った。当日の観衆が五万人だったことで、毎年継続して行っていくことになった。第四回市民祭で、現在の会場となる甲州街道に中心が移る。市民祭の色が濃く、女神コンテストや市中パレード、サンバを呼ぶなど、カラオケ大会などお楽しみ行事が中心であった。当時を知る祭囃子連の人たちは「あの頃は面白くなかった。一部の人たちだけで盛り上がっていた」という。第六回市民祭では市制五十周年記念行事として、「上のまつり」「下のまつり」で巡行・渡御していた山車と神輿が参入した。正式に山車の曳き廻しが行われるようになったのは、第八回からである。このときから「八王子まつり」と名称も変わり、翌年の昭和四十四年には多賀

神社の例祭日を八王子まつり開催日と同日に移した。

しかし、山車や神輿は出ていたものの、祭り全体の軸は不明確であり、まとまりに欠けていたという話も聞く。特に上地区が盛り上がりに欠けていたという。上地区は、西八王子に近くJR八王子駅を中心に盛り場として活性化していた下地区からは、上地区の端（千人町や元本郷町）まで徒歩でも三十分ほどかかる。旧八王子町が横に長いため、観光客も下地区に偏りがちとなってしまっていた。昭和五十三年（一九七八）の第一八回八王子まつりから、多賀神社の千貫神輿が復活し、上地区の甲州街道を通しているが、神輿が通過した後はそのあたり一帯は空疎感が漂っていたという。

そうした事態を打開するため、八王子まつりの再編が平成十四年（二〇〇二）に行われた。八王子まつり検討委員会が、委員長に八王子市出身の映画監督である斎藤耕一氏を置き、市議会・各町会長・商会組織・学校関係者などを連ねて組織された。

このときに決まった大方針は、八王子まつりを山車・神輿の「まつり」に特化することであった。この方針は現在でも基本的に変わっていないという。

この検討委員会を経て、平成十四年（二〇〇二）、第四一回八王子まつりから生まれ変わったといわれている。具体的には、それまで行っていた武者行列やミスコン・花火大会を別の日程（平成二十二年は七月終わり）に改めて置き換え、八王子まつりの三日間は山車・神輿を中心とした「伝統まつり」と位置付けられた。この年に八雲神社の宮神輿が初めて参入し、八雲神社例祭の神幸祭を八王子まつりで行うこととなった。筆者が八王子の祭囃子連の調査に行った際、「今まで市民祭であったのが平成十四年から山車や神輿が入る現在の形となった」という話を聞いたことがある。実際、祭りに参加する人々が変わったと感じたのは平成十四年からであり、委員会側にとっても市民にとっても八王子まつりが「生まれ変わった」年であることは明らかである。こうして、八王子まつりという市民祭と、神社例祭が、本格的に一体化するようになった。

このように、市民のお楽しみ行事として始まった八王子まつりは、昭和四十年代から神を祀る神社の例祭と合体し、さらに平成に入ってから伝統的な祭りの色合いを濃くしようと展開していったのである。

下地が神社例祭ではなく市民祭りであったことや、開催四十年を経てから方向性を決めていったことで様々な軋轢も出てくることになるのだが、まず具体的に八王子まつりの内容について述べていく。

2「八王子まつり」の内容

祭りの一日目は、子ども音頭の集い、氷の彫刻展が中心となるため、八王子実行委員会が掲げる「神輿・山車が中心の祭り」というよりも、市民のお楽しみ行事といった色を濃く残している。山車はすでに各町会に設置されているが、本格的には始動していない。二日目になると朝から祭囃子の音色が響きだす。

祭りの概要を述べるにあたり、同時刻に様々なイベントがあり、八王子まつりのすべてをみることはできていない。そのため、独自の調査と「八王子祭山車はどのように認識されているか(4)」を参考にしながら、多賀神社・八幡八雲神社それぞれの宮町である元横山町と元本郷町の山車と神輿の動きを追い、八王子まつりを概観していく(表2)。

⑴元本郷町

元本郷町は上地区を構成する町の中でも、特に神社と深い関係にある宮元とされており、その囃子団体は多賀囃子連という。

八王子まつり二日目の朝に、多賀神社境内において朝六時から山車に乗って囃子を演奏している。これを「雲切

表2　八王子まつりの概要

	時間	
一日目	13：00	子ども音頭の集い
	15：20	氷の彫刻展
	18：30	宵宮の舞（八王子芸妓による踊り披露）
	19：00	八王子祭囃子連合会による居囃子

（1）元本郷町

	時間	山車・囃子	神輿	その他
二日目	6：00	多賀神社境内で山車に乗り、雲切り	霊入れの神事	
	8：00		三輪御所車に乗せられ町会巡り、御神符を渡す	
	9：00	多賀神社神楽殿で居囃子演奏	←	神楽殿にて演芸行事
	13：00	町内を巡行	多賀神社に帰還	←
	15：00	神社前で追分、千人町　送り囃子		
	18：00	**甲州街道にて巡行、「上下山車総覧」**		
	20：00	多賀神社に帰還		
三日目	10：00	町内を巡行		神楽殿にて演芸行事
	13：00	多賀神社で送り囃子	多賀神社宮出し　↓　御仮屋に鎮座（0時まで）	←
	15：00	町内を巡行	**追分交差点から御仮屋を渡御**	
	18：00	**甲州街道にて巡行**		
	20：00	**山車八幡大辻合わせ**		
	0：00		御仮宮にて還幸祭	

(2)元横山町

	時間	山車・囃子	神輿	その他
二日目	6:00	八幡八雲神社で山車に乗り、雲切り		
	12:00	町内を巡行		
	16:00	駅前で居囃子		
	18:30	甲州街道にて巡行		
	21:00	八幡八雲神社に帰還		
三日目	6:00	八幡八雲神社で山車に乗り、雲切り		
	10:30		霊入れの神事	
	13:00	八幡八雲神社で送り囃子	十締めと木遣の後、宮神輿が出発。町内渡御	
	14:00	甲州街道にて居囃子		
	16:00	大注連縄の神事	御旅所に鎮座	
	17:00	**甲州街道にて巡行**	神輿渡御（甲州街道、氏子地域）	
	18:00	**八日辻、横山辻にて山車辻合わせ**	←	
	20:00	**年番送り**	←	
	21:00	八幡八雲神社に帰還　迎え囃子	八幡八雲神社に宮入り	

り」と呼び、いい天気になることを願って演奏しているという。このときに多賀神社の宮神輿に御霊入れを行う。

この雲切りと呼ぶ行事は、上地区の他の囃子連でもそれぞれの山車で行っていた。現在では近所から騒音被害を訴えられ警察が出動する騒ぎとなってしまったため、ほとんどの囃子連で行わなくなってしまったが、日吉町の日吉囃子連では、昔は午前三時頃から太陽が出る前に演奏し、晴れを願ったという。追分町の追分囃子連でも、昔は日の出前から演奏し、雨が降らないように願ったといい、現在でも午前五時くらいから行っている。

雲切りを終えた後、祭囃子は山車での演奏を一時休止し、多賀神社の神楽殿で居囃子演奏を行う。ここでは午後から大正琴などの演芸も行われる。

宮神輿は、三輪御所車に載せられ、氏子の手で曳かれながら町会を巡る。その際、各町会に設けられたお神酒所で神輿渡御の儀式が行われ、多賀神社宮司のお祓いの後、御神符を渡していく。この御神符を山車の柱に結びつけることで山車が動かせるようになる。

午後になると町内を山車が巡行する。夕方六時になると、甲州街道で上地区の山車が曳き廻される。上地区は国道一六号より西側であり、基本的に山車も国道を越すことはない。平成二十二年（二〇一〇）は八王子まつり五十周年ということで、上地区・下地区の山車が一斉に甲州街道に勢揃いする「上下山車総覧」という行事が行われた。国道一六号を越えたのはこのときのみで、それ以外の年の上地区の九つの山車は、追分町の交差点から一六号までの道を一周ほど巡行し、各町へと戻る。

三日目の朝には雲切りは行わず、前日回りきれなかった町内の山車巡行を午前中から行う。午後になると宮神輿だけでなく各町会の神輿を含め八基が多賀神社宮神輿御仮屋まで担がれて渡御する。祭り中、上地区には露店もほとんど出ておらず、あまりにぎわいを感じないが、この神輿渡御が始まると一斉に観客が押し寄せてくる。なお、神輿は午前〇時に御霊だけ先に還す還幸祭が行われ、神輿は翌朝神社へ戻る。

山車は午後六時過ぎから徐々に甲州街道に出ていき、甲州街道と秋川街道が交差する八幡大辻と呼ばれる交差点に集合し、「山車八幡大辻合わせ」が始まる。八王子市長・八王子まつり実行委員長の挨拶が行われた後、上地区の鳶の頭による木遣をきっかけに、九つの山車で一斉に祭囃子が始まる。そして二手に別れ山車居囃子競演と続き、午後九時の八王子まつり終了とともに、山車はそれぞれの町内に囃子を演奏しながら帰っていく。

上地区では平成二十年(二〇〇八)から平成二十二年の調査期間中、祭りの流れにほとんど変化はない。平成二十一年から元本郷町の山車が多賀神社の境内に設置されるようになったくらいである。一方の下地区では、おおまかな流れは変わらないものの行事に変化がみられる。これから述べる下地区の祭りの流れは、平成二十年の調査によるものである。

(2)元横山町

多賀神社の宮町元本郷町に対して、八幡八雲神社の宮町は下地区の元横山町である。元横山町の祭囃子団体は元横囃子連鼓会という名称で、昭和四十六年(一九七一)に発足した。

二日目の朝六時、八幡八雲神社の境内で雲切りを行う。元横囃子連鼓会の他にも下地区では大横町・本町・上八日町が雲切りを行っている。

雲切りを行っている間、八幡八雲神社には囃子連以外の姿はみられない。にぎやかになるのは十二時前後からである。この頃になると、下地区の山車はそれぞれの囃子連を乗せて八幡八雲神社にやってきてお祓いをうけた後、御神符をもらい各町内へと巡行していく。午後四時から下地区の七台の山車が駅前や八日町交差点付近に分かれて居囃子演奏を行い、午後六時半から甲州街道の山車曳行が始まる。下地区内の国道一六号より東側、八王子駅入口の交差点までを山車が何周も曳き廻される。途中、山車同士が向かい合う形で対峙する「ブッツケ」を行う。川越まつりの「ひっかわせ」と同様の意味をもち、一方の囃子に引きずられたほうが負けで、その場を去らなくてはならない。現在では安全面に配慮し、しばらく演奏をした後に手締めをして、また巡行を始める。約三時間の山車の巡行が終わり、それぞれの町内に帰っていくと二日目は終了する。

元横囃子連鼓会では、三日目も朝六時から雲切りを行う。午後一時半過ぎ、宮神輿が鳶の木遣と手締めの後に八幡八雲神社を出発する。八幡八雲神社では三日目の午前十時半より宮神輿の霊入れが行われる。宮神輿の出発の際、境内に停めてある山車上では囃子連が「投げ合い」という曲を演奏する。この曲が演奏されるのは神輿が出発する時のみであり、それ以外で演奏されることはない。宮神輿は町内の八基の神輿とともに甲州街道を中心に渡御し、夕方四時前に八日町スクランブル交差点付近の八幡八雲神社宮神輿御旅所に鎮座する。

山車は宮神輿を送った後、それぞれに甲州街道へ出向き居囃子を行う。宮神輿が安置されると元横山町の山車はその前で「大注連縄切り神事」を行った。「大注連縄切り神事」についてはを後述する。「大注連縄切り神事」が終わると、甲州街道と一六号手前の交差点である八日辻、甲州街道とパーク壱番街通りの交差点である横山辻で山車辻合わせが始まる。四方を山車で囲み、鳶の木遣を合図に始まる。上地区の「山車八幡大辻合わせ」と同様である。そして二日目と同様に甲州街道の山車曳行が始まり、ブッツケが各所で行われ、祭りは最高潮に達する(写真1)。

写真１　甲州街道での「ブッツケ」の様子

午後八時過ぎ、八日町スクランブル交差点付近に下地区の山車が一列に並び、年番送りの行事を行う。年番送りが終わり、八王子まつりが終了するとともに山車はそれぞれの町内へと戻っていき、元横山町の山車も、囃子を演奏しながら八幡八雲神社へと帰ることとなる。十分ほどで宮神輿も神社に還御するが、そのときに囃子で迎える。

3 「八王子まつり」の実行組織と山車町内

(1) 「八王子まつり」を支える組織

八王子まつりはいくつかの組織がそれぞれ分担し、祭りを作り上げている。まずはその組織について述べていく。八王子まつり実行委員会の組織は、実行委員長は市長で、副実行委員には町会自治会連合会の会長、副市長、商工会議所会頭、観光協会会長が名を連ねている。部会のそれぞれに部会長がおり、広報部会の部会長は中町町会、行事部会の部会長は祭囃子連合会、協賛部会長は自治会連合会の幹部、警備交通部会の部会長は八王子交通安全協会である。また、専門委員は、市史編さん室長や学識経験者たちとなっている(図1)。以上は、八王子まつりを企画する組織である。

次に実際に祭りを行う町内の組織をみていく。調査できたのが下地区に関するものなので、上地区の組織については今後の課題とする。

下地区には二十六町会あり、それぞれに町会長がいる。また、各町には町内頭と呼ばれる鳶の頭がいる。現在では、何町か兼任している町内頭がいるので、二六人の町内頭がいるわけではない。また、一つの町会に二人の町内頭がいる時期もあったという。町内頭は鳶の親方なので、その下に道具持ち以下の鳶がいる。

元横山町では、祭りの際、主に町内頭が関わっているのが山車の運行である。町会長・町内頭・鳶の他に、山車を曳く各町会の子ども会、消防団がおり、山車の屋根に登り、電線などの障害物から山車を守り、山車を動かす際の掛け声「いち、に、のや〜い」という号令を出す屋根方がいる。この屋根方は鳶ではない。しかし、屋根方を務める者は、山車運行の実質的責任者である町内頭に必ずこの役に就くことの許可をとっている。「屋根方」という名称がつ

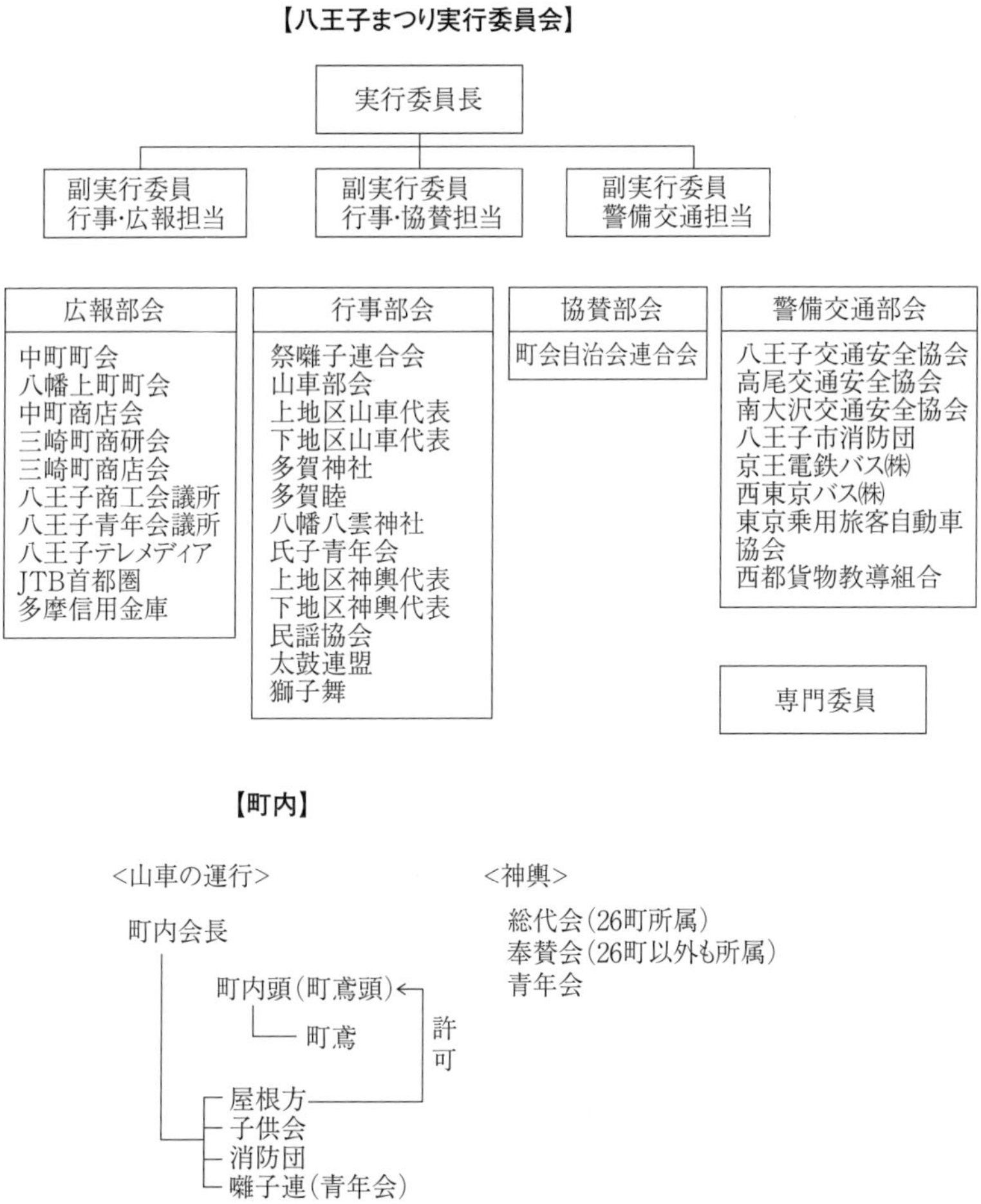

図１　八王子まつりを支える組織

き専門職化したのは最近で、以前は手が空いている町の若者が交代で屋根に登っていたという。また、山車の管理や曳き手には回らないが、山車に乗る囃子連も山車の運行に関わる組織の一つといえる。

神輿の運行に関わっているのは宮元頭・年番頭と、奉賛会・青年会である。かつては総代会といって、二十六町会それぞれに一人ずつついた総代が組織している会もあったが、現在では機能していないそうである。この総代会は二十六町会の人以外は入れないが、一方、現在でも機能しているのが奉賛会である。奉賛会は二十六町以外でも入れるが、町会長が兼任していることが多く、神輿の渡御の際、花笠を被り、裃で先頭を歩く役目を担っている。青年会は、神社の氏子組織である。八幡八雲神社の宮町である元横山町では、平成元年（一九八九）に青年会が発足した。それまでは元横囃子連鼓会と本町睦連が青年会の役割をしていたそうである。

以上のように、山車に関わっているのは町の組織、神輿に関わっているのは神社の組織であるといえる。また、鳶職の存在も大きく、山車の運行はもちろんのこと、祭りの準備のための宮飾りや町内の飾りつけも町内頭が行っており、宮元頭は神輿の準備、御旅所の設営、花場の設置などを行う。担ぎ手である青年会を仕切るのも宮元頭であり、神輿発御や結束式の前には必ず木遣が披露される。昭和一桁生まれの方に話を聞くと、戦時中の大空襲の際に戦火で家や山車を守ったのは鳶職だったといい、人々が尊敬のまなざしでみていることがうかがえる。その頭である町内頭は実質的に町会長よりも、それぞれの組織をまとめる役割をしていると考えられる。

⑵実行委員会の意図と方向性

平成十四年（二〇〇二）に検討委員会が設置されたことは前述したが、「『夏まつり八王子』企画大綱」「八王子まつり検討委員会報告書」「八王子まつり報告書」を資料として、もう少し詳細にみていく(5)。

【基本的方向】

まず検討委員会では、基本的方向として以下の八点を挙げている。

①山車・神輿の「まつり」の特化

それまでの八王子まつりが、「パレードという近代的内容の行事と山車・神輿に代表される「古典的な行事」が混在しており、祭り全体としての軸が不明確」であったことを指摘している。そこで、古典の祭りへの志向を方向性として定め、関東屈指の山車の祭りを目指すことになった。検討委員会では、山車・神輿を特化させるための一つの指針として、川越まつりも見学に行ったそうである。

②地域伝統芸能の登場

「まつり」を古典的内容で統一するため、八王子市内の郷土芸能を祭りの主会場で披露することを検討している。八王子市の郷土芸能としては、獅子舞・粉屋踊り・万歳・双盤念仏・車人形・説教浄瑠璃が挙げられていたが、結果として、平成十五年(二〇〇三)から獅子舞披露が三日目の昼間に行われることになった。

③「まつり」地域全体の盛り上がりを図るために

上地区が盛り上がりに欠けるという現状を踏まえたものである。町内の山車の参加はあったものの、八幡八雲神社の宮神輿が出ていないことも地域がまとまっていない原因の一つだったかもしれない。そこで平成十四年(二〇〇二)から、神幸祭が参画するようになる。とはいえ、現在でもこの問題は残っており、下地区は露店も出てにぎわっているのに対し、上地区は閑散としている印象を受ける。

④民踊流し・関東太鼓大合戦

「『夏まつり八王子』企画大綱」では、行事の一環として行っていた民踊流しと和太鼓の演奏を八王子駅前に集約させたいと考えていた。しかし、平成十五年(二〇〇三)の報告書をみると甲州街道で行っている。上地区の盛り上がりを考えても、八王子駅前で行うことには矛盾もあり、おそらく上地区からの反発もあったのだと考えられる。現在でも二日目の午後に甲州街道を使って行われている。

⑤氷の彫刻展

これは第一六回から行われている行事である。現在でも一日目に行われている。

⑥「まつり」は市民主導で実施

それまでの八王子まつりの運営は、行政主導で行われていたそうである。企画大綱には「今後は市民主導で行うほうが良い。他都市においては「祭り」前にその運営のための様々な準備が市民の手で行われているのも重要な伝統文化と言える。「祭り」に代表される地域の伝統や文化は住民固有の有形無形の財産である」とある。この部分からも、伝統というものにこだわっていることがうかがえる。

⑦関係機関の協力

⑧「まつり」環境の整備・促進は行政に

山車人形の増加を視野に入れ、山車の曳行の妨げとなる信号機や道路標識などの障害物を可動式にする、環境の整備を行政側に要望している。

【具体的方策】

次に、検討委員会が示した三点の具体的方策と推進について挙げる。実行委員会側が具体的にどのように祭りを行いたいかがみえてくるからである。その上で、現在の実施状況と比較していく。

①名称

まず、名称を「夏まつり八王子」とし、「第何回という表現については、八王子の伝統祭りとするため表記しない」としている。しかし「八王子まつり」が定着していたため、現在でも「八王子まつり」という名称を使っている。回数に関しては第一五回からパンフレットには表記しないようになったが、平成二十二年（二〇一〇）は第五〇回目というPRがなされており、パンフレットにも「八王子まつり50年」という文字が堂々と記載されている。回数を数えず「伝統祭りとする」という意図はうまく継承されていないように感じられる。

②八幡八雲神社宮神輿の渡御、御旅所の設置

多賀千貫神輿の渡御に呼応し、八幡八雲神社の宮神輿の渡御を要請している。結局八雲例祭の神幸祭の期日を移すことで、平成十四年（二〇〇二）より、宮神輿の渡御も御旅所も設置されるようになり、市民祭と神社例祭の一体化が実現した。

③山車・神輿の全体行動

「山車や神輿が上下二つのグループに分けられるという、他の祭礼に見られない特性を最大限に活かし」つつ、決まった時刻に氏子境界線である八幡町交差点に両宮神輿、すべての山車、町内神輿の集合行事を提案している。その集合を、「御本社大辻揃《ごほんしゃおおつじそろえ》と名づけ極限まで盛り上げたい」とある。また、下地区の山車と上地区の山車が一直線にすれ違う「上下《かみしも》山車《だし》揃曳《そろいびき》」や、上下の山車が完全に重なり合い、一斉にお囃子の掛け合いを開始する「上下《かみしも》山車《だし》揃《ぞろえ》」を行い、「八王子祭り期間中の「究極の時」を迎える行事にしたい」としている。

結局この行事の実現はならず、山車の巡行も山車辻合わせも上地区・下地区で別々に行っている。また、上地区では平成十五年（二〇〇三）より「うちわ祭」を模した年番送りが、平成二十年より「祇園祭」を模した大注連縄神事が行われるようになった。平成二十二年に初めて上下の山車が並び、一斉に演奏する上下山車総覧が行われ、当初企画していた「上下山車揃曳」が叶ったといえる。

他にも絵行燈の復活や、軒揃えの実施、花萬燈の復活を各町会へ要請、手踊りの創作実施、山車の曳き手の祭り衣装の統一化を要望している。この内、手踊りと祭り衣装以外は現在実施されている。

(3)山車町内で創設された神事

八王子まつりの大まかな流れは前述したが、毎年変化している行事がある。それが「大注連縄切り神事」である。平成二十年(二〇〇八)の「大注連縄切り神事」は、年番の元横山町の囃子連(元横囃子連鼓会)が神輿の鎮座した御旅所の前で注連縄を山車に張り、それを町会長が切り、その後、そこの囃子連が創作した囃子と踊りを披露するというものであった。初めてということもあり、突如神事が始まり、町会長が切る前に注連縄が切れてしまうハプニングもあって、客観的にみてもぎこちなさが全面に押し出されていた(写真2)。

平成二十一年(二〇〇九)は、大注連縄切りの神事が下地区の山車の出発時に行われるようになった。二日目の朝、下地区の山車が八幡八雲神社にやってきて拝殿でお祓いを受けるが、その際に各町会の山車すべてが「大注連縄切り神事」をすることになった。鳥居の前に山車を止め、山車の運行に関わる組織の代表が拝殿でお祓いを受けた後、新しい御神符を山車につけ、注連縄を張り、町会長が注連縄を切ってから巡行が始まる。青年会兼囃子連の方から「この方が去年よりも、神事っぽいでしょ? 意味が通じるでしょ?」といわれた(写真3)。

平成二十二年(二〇一〇)は、さらに変化していた。「大注連縄切り神事」は、年番が御旅所の前で行うという平成二十年度の形態に戻り、山車の出発時に新たな神事が作り出されていた。それが発御式である。一日目の午前十時から午後五時にかけて、下地区の山車が順番に八幡八雲神社にやってくる。まず各町会長が古い御神符を納め、山車に関わる人々が拝殿で神事を行う。宮司を先頭に神事を受けた人々が行列をなして空の山車の前まで行った後、清め祓い式といって神主が空の山車の前でお祓いを行い、その後、山車に新しい御神符を取り付ける奉掲が行われる。町会長の挨拶があり、関係者全員で手締めを行い、祭囃子の演奏とともに神社を出発する（写真4）。

この発御式は、もともとこのような大々的な形態ではなかったという。下のまつりの際には、町会長が式典の後に新しい御神符をそれぞれ受け取り、持ち帰って山車につけていた。御神符を新しく代えて初めて山車の曳行ができるのだという意識をもちたいという。もちろん、神社に来る間までの道のりで山車も曳き、それに伴い囃子の演奏もある。また、境内にはせいぜい三台の山車しか入れないため、時間的に新しい御神符に代える前に各町内を回っているところもある。元横山町の町会長が「この清め祓い式は、行事ではなく神事として行いたいという気持ちがある」と

写真２　2008年大注連縄神事

写真３　2009年大注連縄神事

写真４　清め祓い式

述べたことから、祭りの際の神事にこだわっていることが感じられる。

彼らは、「本来の祭りのあり方」という言葉をよく使う。意識の中で「祭りは楽しむだけではなく、神ありきのものなのだ」と思っているからである。神事を大事にしたいという気持ちの表れが、三年間で変化していく大注連縄切り神事や発御式であると考えられる。

他の行事についても彼らの思いを聞くことができる。

例えば、年番送りである。年番送りは「うちわ祭を真似たもの」といい、実行委員会が発案した行事をやっている意識が強いように思われる。この年番送りも辻合わせもそうであるが、下地区では甲州街道内に観光客は入ることができない。祭りに関わる一部の人だけが入れても面白くないという。上地区では辻合わせの際にどんな人でも中に入ることができる。下地区は人通りも多く、確かに甲州街道に人が入ることは安全面で問題があると思うが、参加する町会の中には、細い歩道に押し込められた観光客の内、大半の人がゆっくり見ることのできない行事は意味がないと考えている人もいる。

他にも、平成二十二年(二〇一〇)に行われた上下山車総覧に対しても述べている。一三台の山車が一堂に会しても、端から端までは一キロメートルほどあり、観光客がみられるのはせいぜい四、五台である上、全山車が揃うまでに一時間はかかってしまい、それならば上下のまつりのときから行われている「ブッツケ」をしたほうが面白いという。

また、上下で行事が同時刻にかぶってしまうことも問題だという。特に日曜日の夜は行事が目白押しで、上地区の辻合わせと下地区の年番送りはほぼ同時刻に行っている。一・七キロメートルの甲州街道全面に展開しており、お互いなるべく中心に寄って行事を行っていたとしても、同時にみることはできない距離にある。特にこの点については、下地区にどうしても人が集中してしまうため、上地区からの不満となっているようである。

(4)「雲切り」と「大注連縄切り」の位置付け

八王子まつりでは平成十五年(二〇〇三)からパンフレットを作り、大々的に広報を展開してきた。行事の内容、時間を甲州街道の略図を用いながら説明し、神輿渡御、山車辻合わせの際の山車の配置や、会所めぐりのスタンプラリー、迂回バス情報、上下の山車を写真付きで紹介している。表2に太字で書かれているのがパンフレットに書かれている行事である。

パンフレットに書かれていない主な行事として、まず雲切りが挙げられる。雲切りは、先述した通り早朝に行われる囃子である。

囃子連は各町内で誰も観客がいない中で演奏をする。町の囃子連では天気が良く晴れるように演奏しているという。早朝であることも、パンフレットには掲載されていない要因の一つだと考えられるが、囃子連の人々にとっては、この雲切りが祭りのスタートであり、重要な行事として捉えていることは確かである。

「大注連縄切り神事」もパンフレットには掲載されていない。平成二十年(二〇〇八)・二十一年では甲州街道で行っているため観光客も足を止めて見入っていたが、平成二十一年はパンフレットにも掲載されず神社で行っているため、観光客が知ることなくひっそりと行っている。平成二十二年の発御式や神輿の宮出し・宮入りも同様である。下地区で実際山車に関わっている人たちは大々的な神事と捉えているが、観光客の目線から見るとまったく知らない神事である。

実行委員会の主催する「大注連縄切り神事」は、観光客を対象としたイベントであり、平成二十一年(二〇〇九)の町会、神社が主催する「大注連縄切り神事」は、神事としての性格を色濃く出そうとしていた。神輿の宮出し・宮入りも同様である。宮入りに関してはパンフレットに一行ほど、八幡八雲神社の宮神輿のみ書かれているが、町の人々にとって宮出し・宮入りは重要な位置を占めている。下地区では、宮入りの前は神社に人がごったがえしている。神輿を担ぐ人、山車の曳行に関わる人はもちろん、近所の人たちも見に来ている。また、宮出しの際に、宮元町の囃子連である元横囃子連鼓会では、「投げ合い」を演奏する。八王子市内の囃子では「投げ合い」は、この宮出しのときにしか演奏しておらず、宮神輿の出御の重要性が感じられる点でもある。上地区でも同様に、宮出しは三台の山車が集まり囃子を演奏して、宮神輿の出御を華やかに行っている。

山車・神輿の町内巡行はどの地域でもよくみられる光景である。山車に乗って演奏している祭囃子が聞こえてくると、家の中にいる人たちが次々と顔を出し、外に出てきて、自宅の前から山車の曳き手に加わることも少なくない。それぞれの地区で一通り回るが、これもパンフレットに掲載されていない。パンフレットには「甲州街道　山車巡行」という文字が掲げられている。つまり、甲州街道に入るまでは地元の人たちを対象にしており、甲州街道に入った時点で山車の巡行は観光客への見せ物に変わるのである。

神輿も同様である。一通り氏子地域を回ると、パフォーマンスとして披露されている色合いが強いと思われる神輿渡御が始まる。パンフレットにも掲載されている神輿千人渡御である。これは上地区の各町内の神輿が一斉に甲州街道を街道沿いにある御旅所まで渡御していくものであり、上地区のメイン行事になっている。

山車辻合わせ・年番送りに関しては、パンフレットにも掲載されている行事である。ともに平成十五年（二〇〇三）から始まった行事であるが、実行委員長の挨拶から始まる一連の式典があり、どうしても実行委員会の主催とみざるをえない。

八王子まつりは午後九時で露店が閉まる。八時半頃に下地区の年番送りが終わった時点で、上地区・下地区ともにパンフレットに書かれている主な行事は終了するが、パンフレットには「九時まで巡行」という文字があり、九時になるまで甲州街道を山車が往来している。露店終了のアナウンスも流れるため、九時には八王子まつりが終わったという雰囲気が醸し出されるが、下地区の町の人にとっては時間という区切りではなく、宮入りをするまで祭りは終わっておらず、九時半頃に神輿が神社に鎮座するまで、神社には人が大勢いる。また、上地区では○時の還幸祭をもって祭りが終わる。両地区ともそこに観光客の姿はなく、宮出しの時と同様に例祭に直接的に関わっている地元の人々のみでしめやかに終了する。

4　市民祭と神社例祭

「八王子まつり」の構成を考えるとき、そこに絡んでくる八王子まつりを企画している実行委員会と、実際に祭りを運営している人々の意図や、この「まつり」に寄せる思いが重要となる。

「八王子まつり」として前面に押し出されているのは、パンフレットに掲載されているものである。パンフレットを作り、八王子まつりを企画しているのは八王子まつり実行委員会で、意図している祭りがそのままパンフレットに表れている。

それが神輿・山車を中心とした「伝統的まつり」である。しかし、もともと八王子まつりは市民祭として始まっているため、伝統的な祭りにすることは難しく、そこで行ったのが、多賀神社の例祭と八幡八雲神社の神幸祭を八王子まつりに一体化することであった。宮神輿や山車を全面的に押し出すためには、神社例祭が必要不可欠だったからである。

それぞれの神社例祭だった「上のまつり」「下のまつり」では、華やかな山車の巡行が行われ、「ブッツケ」も自然発生し、非常に盛り上がったという。しかし、神輿でも山車でも中心になるのは町内巡行であり、他に山車や神輿の行事はなかった。八王子まつりを山車と神輿の伝統的な祭りにするためには「ブッツケ」だけでは弱かったとみられる。そこで企画されたのが、元来、上のまつりと下のまつりにはなかった山車辻合わせや年番送り・大注連縄切りの神事である。他地域の祭りを参考にしながら、山車と神輿に特化することを考えていったのである。

また、旧八王子町全域を巻き込んだ祭りにしたいという考えも強くもっていた。上地区・下地区という二つの社会があるという特性を生かしたいと考えつつ、上下の山車や神輿が一堂に会す行事を提案する。しかし、それは実行できない。というのも、その当時から現在に至るまで上地区と下地区の対抗心があるからである。結果として上下それぞれで様々な行事を行うが、時間帯も重なり上地区の活性化にはつながりにくくなっている。伝統的な対抗心を主催者側が加味できなかったのだと考えられる。

一方、祭りを運営する人々も神輿や山車に特化した伝統的な祭りには賛成であった。市民祭として開催していた八王子まつりは面白くなかった、他人事のように感じた、という話からもその思いは汲み取れる。しかし、平成二十二年(二〇一〇)の上下山車総覧に対して、また新たに作られた山車辻合わせや年番送りなどに対して、不満もくすぶっていることは明らかである。むろん、表にも出ずひっそりと祭りを行いたいという意識はない。上のまつりと下のまつりでも行われていた甲州街道での「ブッツケ」などは「これぞ八王子のまつりである」という意識がある。ただ、パンフレットに載っていない行事や神事を大事にしていることは確かであり、彼らが八王子まつりを神社例祭の一環と考えていることがうかがえる。華やかな観光客を対象とした行事も必要であるが、歴史のある上のまつり・下のまつりを伝承すること、神事を大切にすることが最も重要だと考えているのである。

なんとか神事らしく、彼らの考える祭りらしくするための試行錯誤の最も顕著に表れていたのが、大注連縄切りの神事である。神事を行うのならば、イベントのようにやるのではなく神事の意味を強く表すために演出をしていきたいと考え、最終的に大注連縄切りは自分たちのものではなく実行委員会のものであると割り切り、自分たちの神事は発御式として行う。祭りというのは神社ありきで、神事が中心なのだという強い思いの表れだと考えられる。

八王子まつりは八王子市最大の祭りである。市民祭の要素と神社例祭の要素が混ざり合いながら構成されている。一つ一つの行事を辿っていくと、市民は主催者側とは違う強いこだわりをもっており、「まつり」とは何かということを提示してくれている。

5 人々が意図する「伝統的まつり」

八王子まつりに関わる実行委員会や、祭りを運営する人々が「伝統」を意識していることは明らかであった。実行委員会側が考える「伝統」と、運営する側の考える「伝統」には温度差があるように感じられる。この伝統に対するこだわりはこの地域だけではなく、全国的に広がる様々な祭りでも芸能でも同じだと思われる。八王子まつりと同様な形態の祭りは各所に存在している。かつて行われていた祭りに様々な行事が付随し、それも含めて「伝統的な祭り」としているのは日本だけではない。例えば世界無形文化遺産に登録されている韓国の端午祭は、巨大な祝祭イベントである。八王子まつりのような形態の祭りを詳細に調査していくことで、何をもって「まつり」とするか、「伝統」とするのか、という点を見直していきたい。

さらに、今回とりあげることができなかった商店街を含めた一般の住民も、祭りに対する意識は異なると考えられる。八王子まつりは旧八王子町一帯の大規模な祭りであり、開催期間中の一定時間は甲州街道でも交通規制が行われ、バスの経路も一本裏の通りとなる。筆者がバスに乗車した際に「時間も場所も変わって不便だ」などという声を聞くこともあった。市街地を挙げての祭りに対して、ほとんど参加することがない人もいることは確かである。一方で、高齢の人が上地区の千人神輿が始まる前に、家から椅子を持ってきて座り、嬉しそうに神輿がやってくるのを待っている姿もみかける。山車や神輿にもかかわらず、商店でもなく出店にも参加していない一般の住民であっても、祭りをみることで参加している人々もいるのである。

また、多くの人が出ているものの、どの程度が観光客なのかも明確でなく、地域とのつながりが弱い新住民などがどれほど参加しているのか、現在の調査では把握できていない。

八王子まつりに関して、旧八王子町に在住している市民を大きく分けると、祭りを運営する人々、祭りに参加する人々、祭りを見る人々、祭りにまったく関わらない人々、の四グループに分けることができる。どんなに大規模になり観光化されても、祭りは地域の住民が構成して成り立つものである。この四つのグループを詳細に調査し、八王子まつりの重層性を整理することで、大規模なまつりの相対的な構成を見出していきたい。

二　八王子市における祭囃子の機能

1　山車に乗る祭囃子

八王子市には平成二十年現在四〇近い祭囃子団体があるが、八王子まつりに参加し、なおかつ山車に乗るのは二〇団体ほどである(表3)。

上地区では千人町一丁目、八幡上町、追分町、元本郷町、八幡一・二丁目、日吉町、平岡町の山車に地元の囃子連が乗っており、八木町は府中市片町から、小門町は相模原市緑区千木良から囃子連を呼んでいる(6)。下地区では、大横町、本町、元横山町、横山町三丁目、中町の山車には地元の囃子連が乗っており、三崎町は八王子市上柚木町の囃子

表3　八王子まつりで山車に乗る祭囃子連（平成二十年）

地区		山車（演奏する場）	囃子連の所在地	団体名	流派	伝承された年	伝承経路
下地区	①	中町	中町	香川社中	目黒流	昭和48	北野→相模湖与瀬　柏木氏→香川隆樹氏（香川社中）
下地区	②	元横山町	元横山町	元横囃子連鼓会	目黒流	昭和46	香川氏・持丸氏→元横
下地区	3	横山町三丁目	横山町三丁目	片倉囃子連	目黒流	明治13	北野→片倉
下地区	④	本町	本町	本町囃子連	目黒流	昭和22	北野→本町
下地区	5	三崎町	上柚木	上柚木囃子連	目黒流	明治期	?→上柚木／（戦後）北野→上柚木
下地区	6	上八日町	片倉	片倉囃子連	目黒流	明治13	北野→上柚木→片倉
下地区	7	八日町一・二丁目	千人町二丁目	てんた会	浜の手流	昭和21	諏訪町→千人町二丁目（のちに「てんた会」に改称）
下地区	8	南町	町田市	みつめ囃子振興会	山の手神田流	幕末頃	神田→鑓水囃子連→みつめ囃子保存会
下地区	9	南新町	五日市	東町囃子連	神田流		
	⑩	大横町　※1	大横町	大横町囃子連	目黒流	昭和46	片倉→大横町
上地区	⑪	平岡町	平岡町	平岡町囃子連	目黒流	昭和63	大横囃子連→平岡町
上地区	⑫	八幡上町	八幡上町	八幡上町囃子連	目黒流	昭和62	本町→中野町東三丁目→八幡上町
上地区	⑬	追分町	追分町	追分囃子連	目黒流	昭和23	北野→追分
上地区	⑭	千人町一丁目	千人町一丁目	千人一はやし連	目黒流	昭和20年代後半	追分→千人町
上地区	⑮	八幡一・二丁目	八幡一・二丁目	八幡囃子連	神田流	平成3	日吉→みとみ会→桑都勇会の囃子連（現・囃楽）→八幡

16	八木町	府中市	片町囃子連	目黒流	戦前	府中番場→片町
⑰	元本郷町	元本郷	多賀囃子連	目黒流船橋派	平成15	青梅の藤若囃子連→多賀
⑱	日吉町	日吉町	日吉囃子連	神田流	昭和26	犬目→日吉
19	小門町　※2	相模湖町	千木良囃子連	目黒流、大戸流　※3		
20	千人町一丁目（手伝い）	並木町	並木囃子連	目黒流	昭和20年代前半	追分→並木町
21	連合会の山車	遣水	遣水はやし保存会	神田流	寛政年間	神田明神の宮司一族→鑓水
22	連合会の山車	南大沢	南大沢囃子連	神田囃子山の手	昭和25頃	町田市小山→南大沢
23	連合会の山車	宮下町	宮下囃子保存会	重松流	昭和52	日の出町平井加美町祭囃子振興会→宮下町

※1　大横町は多賀神社（上地区）と八幡八雲神社（下地区）の両氏子のため、毎年交互に各地区の神事と行事に参加している。
※2　小門町は平成16から八王子まつりに上地区として参加。本来上地区の氏子ではないため、表の上地区からは外した
※3　千木良囃子連では、目黒流、大戸流二つの流派を伝承している

連、上八日町は八王子市片倉町の囃子連、南町は町田市小山町のみつめ囃子振興会、八日町一・二丁目は八王子市散田町の囃子連、南新町は五日市の東町囃子連(7)がそれぞれ乗っている。

これらの山車に乗る囃子連の流派をみると、上地区の山車に乗る囃子連で目黒流を名乗っているのは、千人一はやし連、八幡上町囃子連、追分囃子連、平岡町囃子連と、府中市片町囃子連である。神田流を名乗っているのは、八幡囃子連、日吉囃子連である。目黒流船橋派を名乗っているのは多賀囃子連で、千木良囃子連では目黒流と大戸流の二つを名乗っている。下地区の山車に乗る囃子連で目黒流を名乗っているのは、本町囃子連、元横囃子連鼓会、片倉囃

子連、香川社中、上柚木囃子連である。山の手神田流を名乗っているのは南町のみつめ囃子振興会である。浜の手流を名乗っているのは八日町一・二丁目のてんた会であり、神田流を名乗っているのは南新町の五日市市東町囃子連である。多賀神社（上地区）と八幡八雲神社（下地区）の両氏子のため、毎年交互に各地区の神事と行事に参加している大横町の大横囃子連は、目黒流を名乗っている。

地元の山車に地元の囃子が乗っているところは表3の丸数字の番号のところである。上地区は、目黒流四団体、神田流二団体、目黒流船橋派一団体。下地区では、本町、元横山町、中町の三町すべてが目黒流である。

このように八王子まつりに参加している囃子連の多くは目黒流であり、さらに上地区と下地区内の各町会の囃子連も目黒流が多い。特に下地区にある囃子連はすべてが目黒流である。また表3でわかるが、八王子まつりに参加していない祭囃子連も目黒流が圧倒的に多い。

前章でみたように、目黒流を名乗っている祭囃子は東京都内では多く、特に多摩の南地域では神田流と目黒流が二極化して存在している。しかし八王子市周辺地域における状況をみると、多摩市では目黒流があるが、昔から行き来が盛んで交流があった五日市（現あきる野市）では、ほぼすべて神田流を名乗っており、目黒流はない。同じく隣接する町田市では、山の手流と名乗っている祭囃子が多い。なぜ八王子市では目黒流が盛んであるのかは、祭囃子の伝播を考える上で、大きな問題の一つと考えられる。

八王子市ではどのように祭囃子が広まっていったのか考えてみるため、いつ頃からどのように囃子連ができたのか、まず第一章の伝承経路を基に細かくみていく。

2 八王子市内の伝承経路

(1) 北野系統（地図2）

北野で囃子が始まったのは、幕末頃とされている。目黒村（現目黒区）から直接伝わったのか、どこかを経由して伝わったのかは明らかではない。北野系統を示したのが地図2になる。現時点で伝承された年代が不明の囃子連はのぞいている。戦前に伝わったもの、昭和二十年代から四十年代に伝わったもの、それ以降を記号別で示した。また、どのように伝授されていったのか線で示している。二度囃子が伝わっている団体には、伝承された時期が早いものは実線、遅いものは点線で示した。

北野の囃子は、まず主に北野周辺の近郊農村に伝習された。片倉では北野から明治十三年（一八八〇）の正月に習ったといわれている。上地区と下地区で北野から直接指導を受けた囃子連はいずれも昭和二十年代である。それ以降は北野の直弟子ではなく、昭和二十年代に北野から伝授された囃子連が指導している。また、北野系統はいずれの囃子連も目黒流を名乗っている。

(2) 犬目町系統・鑓水系統（地図3）

犬目町は五日市の囃子連から習い、それを日吉町へと伝えた。地図3をみると、分派することなく一筋の伝承経路のみであることがわかる。

鑓水では寛政元年（一七八九）に神田明神の宮司一族が絹商人大塚徳左衛門の屋敷に泊まり、近隣の村人に囃子を広めたと伝えている。八王子市内で鑓水から直接伝授された囃子連はないが、町田市ではこの鑓水系統が、みつめ囃子振興会より町田市内の二団体に伝えられている。みつめ囃子振興会は、現在でも八王子まつりに参加し、南町の山車に乗っている。

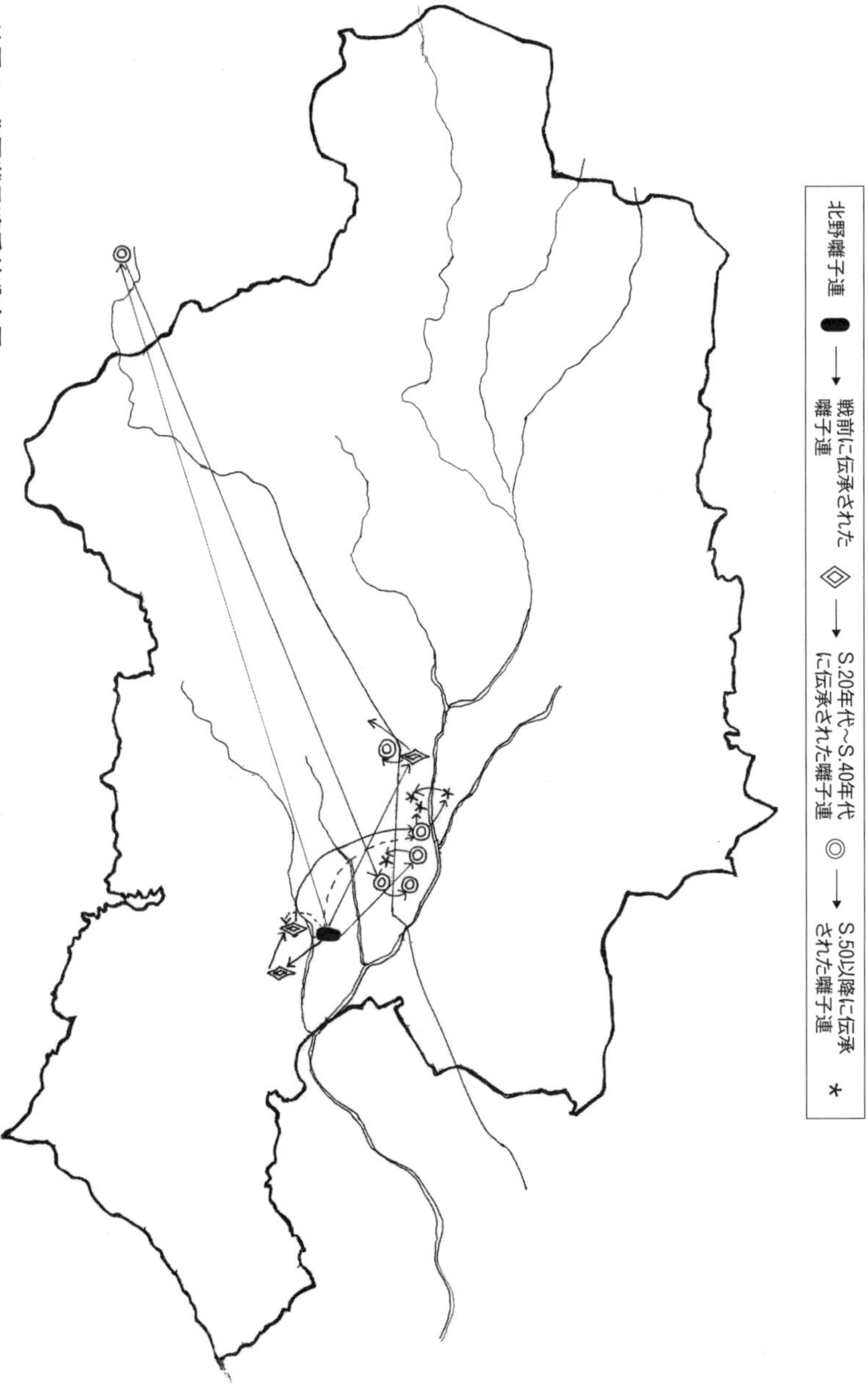

地図２　北野囃子連系統分布図

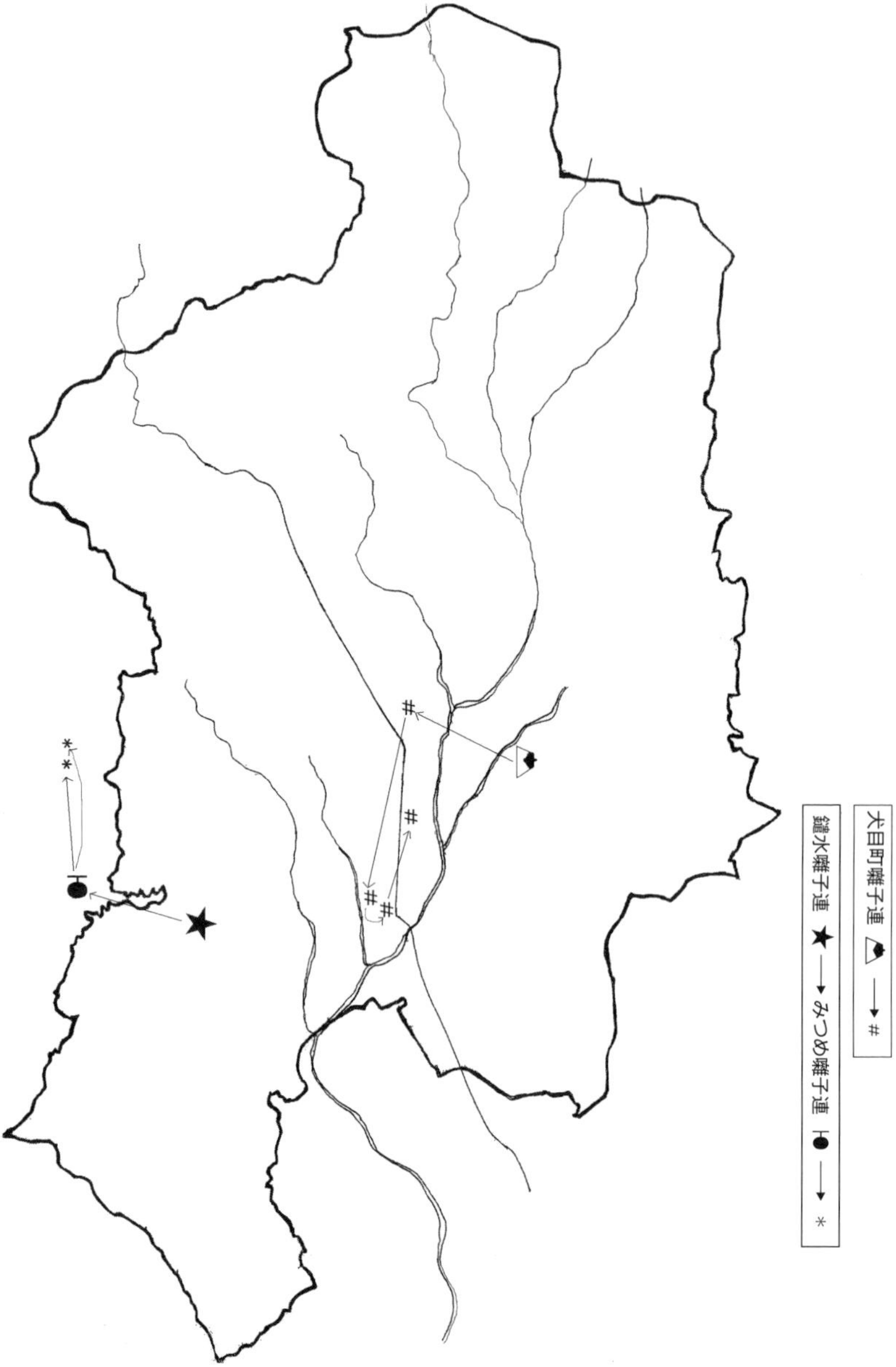

地図3　犬目町囃子連系統・鑓水囃子連系統分布図

地図3の犬目町系統・鑓水系統はいずれも神田流である。この二系統以外にも神田流を名乗っている囃子連がある。八王子市内には浜の手流という流派も存在する。また、重松流を名乗っている囃子連もあるが、第一章で述べた重松系統に組み込まれているので、ここでは詳しく述べない。

八王子市内で目黒流を名乗っている囃子連は、伝承経路が不明であるもの以外は、すべて北野系統に属しているが、神田流の場合は少なくとも二系統あり、その他にも町田市相原町の大戸などから伝えられた神田流囃子連も存在する。

八王子市で最も早く祭囃子が伝えられたとされるのは鑓水である。しかし、鑓水から八王子市内の他の地区に祭囃子を伝えてはいない。一方幕末頃に祭囃子が始まったとされる北野では、その後、近郊農村から始まり八王子の旧八王子町へ囃子を伝えている。言い換えれば、八王子市でははじめに受容された神田流ではなく、百年以上遅く伝えられた目黒流が広まっていることになる。

3　山車と祭囃子

祭囃子が活躍するのは祭礼のときである。山車と囃子の関係は深い。神社の神楽殿などで演奏する居囃子もあるが、山車祭りと称している祭りにおいては囃子連を乗せずに山車だけ曳行されることはなく、八王子市でも同様である。そのため、八王子市において祭囃子を考えるときに祭礼の際の山車は欠かせない存在であると考える。

山車は、一台で数千万円もかかるとされている。したがって、山車をもつことができるのは、経済的に豊かであった町のみであった。同じ町内の大店二、三軒がお金を出し合い、より豪華な山車を祭礼時に出すことで競い合った。織物業が盛んであった上地区の八幡町と八木町、下地区の八日町と、横山町では激しい山車の競争があり、特に豪華絢爛であったという(8)。戦前、山車を持っていた町会は、下地区では横山町一・二・三丁目、八日町一・二丁目、上八日町、三崎町、中町、南町、寺町、南新町、元横山町、本町で、上地区では大横町(両氏子)、八幡町一・二丁目、八幡上町、八木町、追分町、日吉町であった。だが、明治三十年(一八九七)の大火、昭和二十年(一九四五)の空襲によりほとんどの山車が焼失してしまったという。平成二十年現在一九台の山車があるが、これは焼け残った山車の他に、再建したものや、新造したものである。

町内に囃子連ができるまでの間、市内の山車の多くには町会から依頼された近郊農村の人々が乗って、囃子を演奏していた。そうした囃子連は八王子市内だけではなく、日頃から交流の深かった五日市や、町田市・相模原市・府中市からも来ていた。

表3をみると、上地区では八木町を除く各町会で、(9)地元の囃子連が山車に乗っているが、下地区では半数以上が他地域の囃子である。

平成二十年(二〇〇八)の八王子まつりで上八日町の山車に乗っていた片倉囃子連の話者(昭和二十年〔一九四五〕生)によると、上八日町とは昔からの「なじみ」があり、現在でもその関係は続いているという。また、上柚木囃子連は、昭和四十一年まで八幡町の山車に乗っていた。しかし、師匠が同じ北野囃子連で上柚木囃子連にとって兄貴分(10)であった追分囃子連より、演奏する山車の変更を申し付けられ、現在では三崎町の山車で演奏している。このように特定の町会との関係が終わっても、他の町会に移動することで旧八王子町の祭りとの関係は続いている。また、町会から依頼され、祭りを囃しに行くという構図は、上地区よりも下地区の方が強いといっていいだろう。

片倉囃子連の話者は、囃子連中は「下座連」と呼ばれていたという。かつては祭りの際に町内で酒を振舞われる席でも、町会の人は上座に座り、近郊から呼ばれた囃子連は下座に座ったという。また、南町が呼んでいた日の出町平井の囃子連は荷車に太鼓などの道具を載せて八王子まで来ており、泊りがけで祭礼に参加していたという。大店の主人たちは、祭礼が始まると町鳶に山車の曳行や祭りの運営を任せていた。山車に乗った囃子連がステテコ姿で演奏する一方、大店の主人たちが羽織袴を来て祭りを見物していた様子は、当時の写真[11]からもうかがえる。

大店の主人たちが近郊農村から囃子連を依頼する際には、一つの規制があったという。それが、かつて下地区でいわれていた「表の五町、皆目黒。裏町は知らず」という言葉である。「表の五町」とは、横山町一丁目、横山町二丁目、横山町三丁目、上八日町(八日町三・四丁目)、八日町一・二丁目の五町で、江戸時代に八王子十五宿の中心となる四宿の内の二宿であると同時に、織物業で栄えていた地域である。下のまつりの中心的な存在と考えてよいだろう。それ以外の元横山町、本町、新町、大横町、三崎町、中町、寺町、南新町は「裏町」と呼ばれていた。つまり「表の五町、皆目黒。裏町は知らず」とは、下のまつりでは表の五町の山車にのみ目黒流の囃子を乗せることが許され、裏町は目黒流の囃子を乗せてはいけないという意味なのである。表町であった上八日町では、かつても現在においても目黒流の片倉囃子連が乗っている。また、片倉囃子連は横山町三丁目の山車にも乗っていたという。

それでは、以前に裏町の山車に乗っていたのはどこの囃子であったのであろうか。

元横山町は、神田流を称する町田市のみつめ囃子振興会や、八王子市内では神田流の南大沢囃子連、神田下町流の原囃子連、浜の手流の原宿囃子連(現・原宿芸能保存会)などが乗っていたという。元横囃子連鼓会では、囃子連発足当初は昔聞いていた神田流の囃子が耳に残っているので目黒流の囃子は演奏しづらかったという。また、現在は神田流のみつめ囃子振興会が乗っている南町の山車には、かつて五日市の神田流の囃子が乗っていたという。神田流の鑓水囃子連は、昔は裏町とされていた三崎町の山車に乗っていたという。どの団体も過去の記録資料はなく、いつからどの囃子連が演奏していたかということは明確にはわからない。しかし、かつて他の流派が乗っていたとしても、現在の下地区の山車に乗る囃子連の流派は過半数が目黒流であることは事実であり、いつ頃からか下地区では裏町でも目黒流の囃子連を山車に乗せることが許されるようになったと考えられる。下地区では目黒流の囃子は特別な囃子であったのである。

一方上地区では、「表の五町は皆目黒。裏町は知らず」に類するような規制はなかったようである。しかし上地区と下地区とは対抗意識が強い。下地区の表の五町の代表的な町が横山町と八日町であるのならば、上地区の表の町に相当する町は、同じく織物業が盛んであり、十五宿の前身である四宿の内の二宿であった八幡町と八木町であろう。八木町は八王子まつりの始まる昭和三十六年(一九六一)以前から、府中市の片町囃子連に来てもらっているという。現在目黒流の囃子を伝承している八幡上町が、戦前はどうであったのか明らかではないが、八幡町一・二丁目は犬目から日吉を通って伝わってきた神田流を伝承している。しかし、前述したように上柚木囃子連は戦前から昭和四十一年まで八幡町の山車に乗っていたという。さらに資料を補充しなければならないが、上地区でも目黒流が特別視されていた可能性がある。

また、下地区の囃子連を調査する際、太鼓や笛を五線譜の代わりに文字で書き記した譜をみせてもらった。そこには「相模流目黒(北野)囃子の曲」と書かれたものがあった。前節で述べたが、相模流という流派名を名乗っている囃子連は東京都内では品川区と大田区にしか存在しない。二つの流派を名乗っている囃子連もあり、「目黒流船橋派」「目黒系台町流」などと、流派が合わさったような名称を名乗っている場合もあるため、「相模流目黒」と名乗ってもいいはずであるにもかかわらず、「相模流を名乗っているのか」という質問には「うちは目黒流である」と、どこの団体もいう。名乗っている流派にこだわりをもっているということを、この点からも推測することができる。

4　祭囃子の名人

北野系統の目黒流が広く伝播した要因は目黒流のステイタス以外にもう一つ、名人の存在が考えられる。「技芸に優れて名のある人。名手」（『広辞苑』第六版）というのが名人に対する一般的な解釈であり、祭囃子でも当てはまる。祭囃子において「技芸にすぐれる」こととはどういうことなのか、ということに着目し、祭囃子の名人について定義付けを行いたい。

前章で挙げた『祭礼囃子の由来』(12)に、特定の人物を名人と記している箇所がある。「文化時代には煎餅屋留七、神徒安五郎、神主増五郎の三氏等斯道の名人なりき、而して最も破矢、横笛を能せしなり」とある。文化時代の三人の名人は「破矢」という曲目の笛が上手であったようである。また、出典は明らかにされていないが、『東京都の郷土芸能』(13)や「目黒囃子の盛衰と起源」(14)などによると、明治十七年（一八八四）秋に十年ぶりに復活した神田神社の大祭に各地から祭囃子の名人が選ばれて参加したという。選ばれた名人は以下の七人である。

表青戸　源次郎
小松川村　角次郎(15)
鹿骨村　七五郎
新宿町　助次郎
不明　出歯の伝次
目黒　笛又
碑文谷　島半

この内、源次郎・角次郎・七五郎・助次郎・出歯の伝次は葛西流の囃子を演奏し、笛又・島半は目黒流の囃子を演奏したという。笛又と島半は、上目黒の梅沢又次郎と碑文谷の島半蔵のことである。『祭礼囃子の由来』にも二人の名は記載されており、目黒区内での調査でも名前をよく聞く人物で、ともに笛の名人であったと伝えられている。

祭囃子は笛が主旋律となり、笛の音色に太鼓が合わせて演奏している。「目黒囃子の実情」(16)は、かつての祭囃子の稽古風景の聞書きを記載しているが、「おまえの笛じゃ叩けない」と太鼓の撥を投げつけられたことがあった、というエピソードがある。祭囃子の上手下手は笛にかかっているといえ、祭囃子の名人とは笛の名人である場合が多い。

では、笛の名人というのはどのような人物なのか。

「祭囃子はジャズである」という話を、調査している際に聞くことがある。つまり、基本はあるがアレンジが自在だというのである。長野県安曇野市三郷二木地区の諏訪三柱神社の囃子では、笛の演奏手法に「転がし」というものがある。これは、穴を押さえている指を離したりつけたりして音の違うビブラードを奏でる手法であるが、主旋律は同じでも転がしの部分は人によって違うという。(17)八王子市や目黒区で実際に笛の演奏を聞いてみると、「転がし」と同じ手法を使っているように思われる。譜を追いながら聞いていても、どこを吹いているのかわからないのは、このような手法で多様な音を織り交ぜたり、わざと間をずらしたりして演奏しているためであろう。八王子市の本町囃子連は下地区内で最も早く始まった囃子連である。話者(昭和二〇年代生)より一世代前は名人ばかりであったといい、アドリブを多様に使うのが本町の特徴であるという。そのため、近隣の囃子連が技を盗みにくることもあったが、そのときはわざと「地」(基本)を吹いていたという伝承がある。

八王子市では、上のまつり・下のまつりと呼ばれていたときから現在に至るまで山車の往来があり、そのときに「ブッツケ」と呼ばれる祭囃子の競演があることは前述した。相手の笛の音に太鼓や鉦が引きずられたほうが負けとなるが、要は笛がどれだけ太鼓をうまくリードするかにかかっている。アレンジを凝らしすぎて基本が崩れてしまうと太鼓と鉦はついていけなくなるが、基本だけを忠実に守っていても相手の音色に惑わされかねない。名人から盗みたかった技というのは、この基本とアレンジの絶妙な調和の部分であり、この調和が上手くとれた演奏をできる人物が笛の名人であると考えられる。

幕末頃に伝承されたという八王子市北野では、「ブッツケ」に対抗する技術方法の改良に迫られ、戦後まもなく改良が行われたという。この改良を行ったのが名人と呼ばれていた雨野畑蔵と石坂崎次である。表4は北野から囃子を伝授された囃子連の「インバ」という曲の太鼓の地言葉を示した。「インバ」の太鼓はこの地言葉を繰り返し演奏する。一枠一撥で一三撥叩く。太字は強めに叩き、細字は弱く叩くことで音の強弱をつける。ここで重要なのは最初の三撥である。

戦前に北野から伝承されたといわれている上柚木囃子連・片倉囃子連は、「テ」「ケ」と二撥打ったあとに「テン」と一撥打つのに対して、戦後北野や北野から伝授された香川社中から指導を受けた本町囃子連・追分囃子連・元横囃

表4　「インバ」の太鼓の地言葉

	囃子連名	「インバ」の地言葉													囃子連発足年	師匠
1	上柚木囃子連	**テ**	**ケ**	**テン**	ツ	ク	ス	**テ**	ツ	ク	**テン**	ツ	ク	ツ	明治13年以前	北野囃子連
2	片倉囃子連	**テ**	**ケ**	**テン**	ツ	ク	**テ**	**レ**	ツ	ク	**テン**	ツ	ク	ツ	明治13年	北野囃子連
3	本町囃子連	**テン**	**テ**	**ケ**	ス	ク	ス	**テ**	ス	ク	**テン**	ス	ク	ス	昭和22年	北野囃子連
4	追分囃子連	**テン**	**テ**	**レ**	ツ	ク	ス	**テ**	ス	ク	**テン**	ス	ク	ス	昭和23年	北野囃子連
5	元横囃子連鼓会	**テン**	**テ**	**ケ**	ス	ク	ス	**テ**	ス	ク	**テン**	ス	ク	ス	昭和46年	香川社中
6	大横町囃子連	**テ**	**ケ**	**テン**	ス	ク	ツ	**テ**	ツ	ク	**テン**	ツ	ク	ツ	昭和47年	片倉囃子連

子連鼓会は、「テン」と一撥打ってから「テ」「ケ」と二撥打つ。大横町は片倉から伝授したため片倉のインバと同様の打ち方である。いずれも現在伝承している「インバ」の太鼓の地言葉であり、長い年月を経て各囃子連独自のアレンジを加えている可能性もある。

また、北野囃子連は伝承者がおらず、改良に関する話を聞くことも難しいが、元横囃子連鼓会は師匠である香川社中から、「テケテン」と打つのは目黒流本来の打ち方で踊りやすいリズムとなるが、「テンテレ」のほうが威勢のよいリズムになると指導を受けたという。また、片倉囃子連は戦後しばらく経ってから「テケテンツク…」から始まるインバの叩き方だと野暮ったいと八王子まつりに参加する目黒流の囃子連にいわれ、「テンテケ…」から始まるインバに変えている。なぜ威勢のよいリズムにしたのか、その理由が「ブッツケ」と関係するのかは明確にできないが、戦前と戦後で少なくとも「インバ」の太鼓には改良が加えられ、戦後は改良前の叩き方では「野暮ったい」と思われていたことは明らかだろう。

名人の雨野と石坂の下には、囃子を習いたい人々が自然と集まってきたそうである。その中には本町囃子連の佐宗晋吉・佐宗音吉兄弟ら本町囃子連の発起人たち、追分囃子連の市川藤吉ら追分青年会、相模原市緑区の與瀬神社宮司の柏木昭治などがいる。佐宗兄弟らは二人から習った囃子を本町に持ち帰り、本町囃子連を立ち上げた。その後本町の囃子は中野町東三丁目へ伝わり、昭和六十二年(一九八七)には中野町東三丁目から八幡上町へと伝えられた。追分囃子連は昭和二十年代後半に並木町へ伝授し、昭和四十年代以降には恩方や千人町一丁目に伝えている。與瀬神社の柏木は香川社中の香川隆樹に北野で習った囃子を伝え、香川から元横囃子連鼓会へと伝わっていった。北野囃子連および雨野・石坂については後述する。

雨野・石坂といった名人が輩出され、その名が周辺に知れ渡り、彼らの下に人が集まったことで囃子が広まったのは明らかである。名人の存在は、八王子市への目黒流の伝播に深く関わっていたと考えていいだろう。

なぜ目黒流が特別視されていたのか。豊かな町の囃子としてステイタス化されたと考えるだけでよいのか。いまだ明確であるとはいえない。これが八王子市域に限定されたものなのか、さらに広い範囲にも及ぶものであるのかという問題も残されている。ともかく、八王子市旧八王子町の祭囃子は、町のステイタスと結びついているといえる。各町会は祭りの際、対抗意識を燃やし、山車の絢爛さを競い、それに乗る祭囃子の流派を競ったのである。その評価の基準は町民の意識と結びついており、祭囃子は町会の顔となっていたのである。

三　競演する祭囃子

八王子市内の祭囃子は平成二十五年現在、確認できる限りで伝承団体が四三団体ある。隣接市の中では群を抜いた団体数である[18]（表5）。また、市内全域に広がっており、各地区で一つ以上の祭囃子団体（以後、囃子連）が確認できる。なぜこれほど八王子市では祭囃子が盛んに行われているのであろうか。この問いの答えを探るべく、本節では旧八王子町とそれ以外の地区で伝承されている祭囃子を確認し、若干の考察を行う。

表5　八王子市の祭囃子

	No.	囃子連の所在	団体名	流派	伝承した（囃子連結成した）年と伝承経路	
旧八王子町下地区	1	中町	香川社中	目黒流	昭和48	北野→相模湖与瀬　柏木氏→香川隆樹氏（香川社中）
	2	元横山町	元横囃子連鼓会	目黒流	昭和46	香川氏、持丸氏→元横
	3	本町	本町囃子連	目黒流	昭和22	北野→本町

上・下	4	大横町	大横町囃子連	目黒流	昭和46	片倉→大横町
旧八王子町　上地区	5	平岡町	平岡町囃子連	目黒流	昭和63	大横町→平岡町
	6	八幡上町	八幡上町囃子連	目黒流	昭和62	本町→中野町→八幡上町
	7	追分町	追分囃子連	目黒流	昭和23	北野→追分町
	8	千人町一丁目	千人一はやし連	目黒流	昭和20年代後半	追分→千人一
	9	八幡町一・二丁目	八幡囃子連	神田流	平成3	日吉→みとみ会→桑都勇会の囃子連（現・囃楽）→八幡
	10	元本郷町	多賀囃子連	目黒流船橋派	平成15	青梅の藤若囃子連→多賀
	11	日吉町	日吉囃子連	神田流	昭和26	犬目→日吉
旧八王子町	12	千人町二丁目	てんた会	浜の手流	昭和21	諏訪町→千人町二丁目（のちに「てんた会」に改称）
	13	明神町	東雲会	目黒流	平成3	北野→東雲会
	14	子安町	みとみ会	神田流	昭和33	日吉→みとみ会
由井地区	15	北野町	北野囃子連	目黒流	幕末頃	?→北野
	16	片倉	片倉囃子連	目黒流	明治13	北野→片倉
由木地区	17	上柚木	上柚木囃子連	目黒流	明治期	?→上柚木／（戦後）北野→上柚木
	18	鑓水	鑓水はやし保存会	神田流	寛政年間	神田明神の宮司一族→鑓水
	19	南大沢	南大沢囃子連	神田囃子山の手流	昭和25	町田市小山→南大沢
	20	大塚	大塚囃子連	目黒流	幕末頃	?→大塚
	21	中野西二丁目	中野西二囃子連	目黒流	昭和58	大横町→中野西二
	22	中野西三丁目	中野西三囃子連	目黒流	昭和52	大横町→中野西三

小宮地区	23	中野町東三丁目	中野東三囃子連	目黒流	昭和20年代後半	本町→中野東三
	24	小宮町	小宮囃子連	目黒流	明治30	東京目黒→小宮町
加住地区	25	宮下町	宮下囃子保存会	重松流	昭和52	日の出町平井加美町祭囃子振興会→宮下囃子保存会
	26	宮下町	若社会	重松流	平成8	〈有志で結成〉
横山地区	27	散田	散田囃子連	目黒流		片倉→散田
	28	並木町	並木囃子連	目黒流	昭和20年代前	追分→並木町
	29	椚町	くぬぎだ桜会	神田下町流	昭和62	原→椚田
	30	廿里町	廿里囃子連	神田下町流	昭和58	原→廿里
川口地区	31	犬目町	犬目町囃子連	神田流	大正13	(あきる野市)引田→犬目町
元八王子地区	32	諏訪町	諏訪伝統芸能保存会	浜の手流	明治33	(町田市相原町)大戸→諏訪町
浅川地区	33	東浅川町	原宿芸能保存会	浜の手流	昭和23	千人町二丁目(現・てんた会)→原宿
	34	東浅川町	原はやし連	神田下町流	昭和21	(町田市相原町)大戸→原
	35	高尾町	落合お囃子会	神田下町流	平成18	(町田市相原町)大戸→落合
	36	高尾町	高尾町五丁目囃子保存会	神田下町流	昭和26	(町田市相原町)大戸→高尾町五丁目
	37	高尾町	浅川囃子連	神田下町囃子		〈有志で結成〉
	38	初沢町	初沢第一町会の囃子連	目黒流	昭和20年代	北野→初沢第一

恩方地区					
39	下恩方町	川原宿囃子連	目黒流	戦前(神田流)／昭和54	?→川原宿／(昭和54)追分→川原宿
40	西寺方町	宝生寺囃子連	重松流	昭和57	青梅市出身の杉田氏→西寺方町(宝生寺団地および近隣地域)

1　旧八王子町の祭囃子

(1) 北野囃子連の存在

表5の「伝承経路」の項目をみると、旧八王子町下地区・上地区の一一の祭囃子連の内、八つが北野囃子連に関わりがあることが確認できる。

北野囃子連は現在活動が中断されているが、この囃子連は八王子市内と近隣市でも著名であり、特に戦前から昭和二十年代に活躍した北野囃子連の雨野畑蔵・石坂崎次・石坂奥五郎は名人として知られていた。石坂奥五郎は雨野畑蔵・石坂崎次の師匠であったこと、また雨野畑蔵・石坂崎次両氏は昭和五十四年(一九七九)に亡くなったこと以外、彼らの生年・出身地などは明確ではなく、直接囃子を習った者も現在では数えるほどしかいない。直接習った数名の話を基に、彼らがどのような人物であったのか確認する。

表5No1に名前が挙がっている柏木氏は、相模原市緑区與瀬(旧相模湖町與瀬)にある與瀬神社の宮司である。柏木氏は八王子市浅川地区から移住した西川常吉より笛を習い、十代の頃から祭囃子を演奏していた。西川の師匠にあたるのが、北野囃子連のハタさんと呼ばれる雨野畑蔵と、奥ちゃんと呼ばれる石坂奥五郎である。したがって柏木氏は北野囃子連の孫弟子にあたる。

北野囃子連のハタさんと奥ちゃんは、與瀬神社の祭礼の際、神楽を依頼していた八王子の「稲葉」という興行団体とともに神楽の演奏にやってきていた（写真5）。奥ちゃんは昭和十年代にはすでに隠居しており、演奏することはほとんどなかったが、ハタさんは神楽の笛を担当していた。ハタさんは神楽の笛よりも祭囃子の笛を好み、神楽が終わると與瀬の囃子連に混じって演奏していた。

写真５　與瀬神社での神楽

柏木氏は昭和十年代、自身の師匠である西川に連れられて、北野にあるハタさんの家に行ったことがあった。ハタさんの家の縁側で自分の笛を聞かせたところ、「これだけ吹けるなら教える必要はない」といわれたという。ハタさんの家の縁側にはいろいろな人がやってきて、笛を吹き、囃子の練習をしていた。ハタさんは二時間笛を吹きっぱなしということもよくあったが、近所の人も気にしていなかった。ハタさんの職業は土木関係で鳶の仕事をしていた。そのために非常にごつごつした手をしていたが、その手からは想像できないような綺麗な音色を出す人だったという。また、酒が好きで、縁側でよく飲んでいた。

柏木氏はハタさんの家で笛の技術を認められて以降、西川とともに「下のまつり」の際には中町の山車に乗る北野囃子連と一緒に演奏するようになった。その頃、ハタさん・奥ちゃんと、石坂サキちゃんと呼ぶ石坂崎次がおり、北野囃子連の全盛期であった。柏木氏が若い頃はすぐに山車に乗ることは許されず、山車の後ろからついて歩き、ひたすら笛を覚えたものだった。ようやく一通りの笛が吹けるようになり、山車に乗ることができたのは戦後になってからのことである。

戦後、奥ちゃんは本町に囃子を教えたが、北野の若い連中はそのことに対してあまりいい顔をしなかったという。そのため、「下のまつり」で本町の山車と北野囃子連が乗る中町の山車が対面すると両方でにらみ合うこともあった。当時は交通が激しくなかったため、山車の巡行場所に決まりはなく、巡行中に出会うと「ブッツケ」を行った。「ブッツケ」は山車に乗った囃子連同士が演奏をして引きずられたほうが先に移動するというものであるというが、柏木氏が「下のまつり」で演奏していた昭和二十～三十年代には、「ブッツケ」の状態になると、現在の八王子まつりと同様、早々に町の役員同士が手締めをして、山車がすれ違っていた。

石坂崎次の弟子にあたるH氏によると、中町の山車は五日市と北野とどちらの囃子連を乗せるかと張り合い、最終的に中町が北野を選んだということを聞いたという。また、戦前か戦後すぐの話として、「下のまつり」の際に山車上でハタさんが笛を演奏していると、対面でやってきた他の囃子連は、山車から全員が降りて道に座ってハタさんの笛を聞き、終わると拍手をしたという。ハタさんは朝起きると、必ず笛を吹いていた。「あの手がいい」と思うと、寝ながらでも指を動かし、足で太鼓のリズムをとっていたらしい。技巧に富んだ演奏をするため、みていても指がどう動いているのかわからなかったという。

八王子市初沢町では、昭和二十年代に北野囃子連より祭囃子を習った。市内で北野囃子連に名人がいるという評判を聞きつけて、直接稽古の依頼に行った。快く引き受けてくれ、笛をハタさん、太鼓をサキさんに習ったという。特にハタさんは笛の名人として知られており、ＮＨＫの音楽番組に出たときに「審査のしようがありません」と絶賛を受けるほどであったという。

以上が聞取り調査で得た北野囃子連の名人たちの情報である。

北野囃子連がいつ、どこから囃子を習ったのかは明らかでないが、里神楽の興行もしていたことから、里神楽との関わりが深いと考えられる。祭囃子と里神楽の関連性は小林梅次[19]や串田紀代美[20]が指摘しており、串田は「祭囃子と里神楽はその成立期の頃から極めて密接な関係であり、いわば里神楽の庭で祭囃子が育まれたといっても過言ではない」(21)と述べている。

現在、八王子市内において祭囃子と里神楽の関係はほとんど確認できないが、戦前から昭和二十年代にかけて、北野囃子連が里神楽に関わっていたという事実は重要なことである。

北野囃子連の名人の中でも、特に伝承者の記憶に残っているのが雨野畑蔵(ハタさん)である。祭囃子を演奏する際、主旋律を奏でる笛は重要な役割を担っている。戦前に行っていた「ブッツケ」は、相手の笛の旋律に太鼓や鉦が引きずられたほうが負けだとされていたことからも、笛が重要視されていたことは明らかである。

(2)「ブッツケ」の勝敗

「ブッツケ」の際に演奏するのは「破矢」や「屋台」と呼ばれている曲である。祭囃子の演奏曲の中では演奏方法が複雑であるが、曲調も早く威勢のいい曲である。

現在行われている「ブッツケ」は安全面を考慮し、決められた場所、時間で行い、町会役員らの手締めが終わると早々に山車がすれ違い巡行を再開するため、争いが起きることはない。祭囃子の演奏により勝敗を決めていた「ブッツケ」は、戦前まであったという場合と、八王子まつりとして上地区の多賀神社の例祭日が統一する以前(昭和四十年代前半)まであったという場合とがある。資料もないのでいつ頃まで行われていたのか明らかではないが、人々の記憶や伝承からこのような「ブッツケ」がかつて行われていたことは確かである。

前述したように、山車の競争は戦前激しく行われていた。山車の細工はもちろんであるが、「表町は皆目黒」という言葉があったことからも、山車の巡行に関しても競争が行われていたと思われる。山車の巡行時に表出する争いごとの一つが「ブッツケ」であった。負けるとその場を立ち去らなくてはならず、勝ち続ければ自由に好きな場所で山車を見物人にみせることが可能となった。「ブッツケ」に勝つことは町民にとって名誉をかけた重要な事柄だったと考えられる。ただし、旧八王子町の人々は祭囃子を演奏することはできない。そこで重要となるのが「ブッツケ」に強い祭囃子を招くことであった。

北野囃子連では昭和十年代から二十年代にかけて、雨野畑蔵や石坂崎次により「ブッツケ」で勝つために音曲の改良が行われたという。どのような改良が行われたのかは明らかにすることはできないが、「ブッツケ」に勝てる囃子を演奏することで、町から招かれる機会が増えたであろうことは推測できる。北野囃子連が「名人」と呼ばれたのは、この「ブッツケ」に強かったことも一つの要因だったのかもしれない。「ブッツケ」で勝てる北野囃子連は名人として名を馳せ、戦後に結成された旧八王子町の囃子連はその囃子を習うために、北野囃子連へと弟子入りした。

また、目黒流祭囃子がステイタス性を帯びたのは、目黒流である北野囃子連の影響もあったと考えられる。

東京都目黒区自由が丘で目黒流の囃子を伝承している自緑会では、「目黒流は、殿様の前で演奏する「座敷囃子」」と伝えられているという（平成十九年〔二〇〇七〕、筆者調査）。また目黒流を伝承している大田区の田園調布沼部囃子の由来板には、江戸初期に会津の松平出羽守が参勤交代の折、目黒下屋敷にて国の囃子を慰みに近在の若者に広めたのが始まりで、この囃子はお座敷囃子で大名囃子である、と書かれている。(22) 八王子市内でも、恩方地区の川原宿囃子連（目黒流）では、「目黒流は座敷囃子であり本来ならば着流しで演奏しなくてはならない」との伝承がある。

一方、対極する伝承をもつ囃子連もある。鑓水囃子連から伝授され、南町の山車に乗るみつめ囃子振興会（神田流）では、「目黒流は喧嘩囃子でわかりやすい音曲」だといわれている（平成二十一年〔二〇〇九〕、筆者調査）。上柚木囃子連（目黒流）では「目黒流は「喧嘩囃子」。神田流は「座敷囃子」といわれていて、間が遅い」という（平成二十年、筆者調査）。また、八王子まつりで毎年旭町の居囃子演奏を行っている相模原市の中澤囃子連（大戸流）でも「大戸流は静かな囃子。目黒流は笛の音色も高く、喧嘩囃子である」という（平成二十一年、筆者調査）。市内では特に旧八王子町で「ブッツケ」に関わる囃子連から目黒流が「喧嘩囃子」だと認識されていた点からも明らかなように、旧八王子町における祭囃子は「ブッツケ」に勝てる囃子が重要だったのである。

2　農村部の祭囃子

旧八王子町においては勝てる囃子が重宝されたが、農村部ではどのような祭囃子が伝承されているのか、次に『新八王子市史民俗調査報告書』第2集「八王子市東部地域　由木の民俗」[23]と聞取り調査を資料としながら、旧八王子町以外の地域の祭囃子について確認していく。

(1)由木地区と浅川地区の祭囃子

①鑓水はやし保存会（由木地区）（表5No18）　鑓水で伝承されているのが鑓水囃子である。寛政元年（一七八九）に神田明神の宮司一族が絹商人大塚徳左衛門の屋敷に泊まり、近隣の村人に囃子を教えた。そのため、鑓水は神田流である。「弘化二年（一八四五）黒縮緬の衣裳を揃え神田明神のお祭りに泊まりがけで参加した」り、「明治七年（一八七四）浅草花川戸より鑓水大塚山に道了様をお迎えしたときは屋台を組んで途中までお迎えでた」（『鑓水囃子の起源と継承』[24]）といわれており、江戸末期から明治初年にかけて、活発的に活動していたことが確認できる。明治十年頃には町田市小山の三ツ目に囃子を教えた。三ツ目では現在もみつめ囃子振興会が祭囃子を伝承しており、町田市内の他地区にも囃子を伝えている。

日清・日露戦争あたりから徐々に衰微し、太平洋戦争中は一時中断した。戦後、当時の囃子の伝承者が六十歳を超えていたため囃子の廃絶を危惧し、昭和二十二年（一九四七）四月より戦前に囃子を伝承していた者より稽古を受け、復活した。

②上柚木囃子連（由木地区）（表5No17）　上柚木では古くから目黒流の囃子があったと伝えられている。古い太鼓や摺り鉦には寛政年間（一七八九～一八〇一）と記してあるが、実際いつの時期にどこから習ったのか明確ではない。戦後改めて、目黒流の祭囃子を伝承している北野囃子連の石坂奥五郎氏より習った。

上柚木囃子連では、現在、八王子まつりにおいて三崎町の山車で演奏しているが、八王子まつりとして「上のまつり」「下のまつり」が統一する以前の三崎町の山車に乗ったのは、旧八王子町上地区の追分囃子連（表5No7）であった。昭和四十三年（一九六八）より同日に両地区での山車が巡行されるようになり、上地区の追分町が下地区の三崎町の山車に乗ることができなくなった。そのため、三崎町の山車に乗るように追分町より指示された。当時上柚木町は八幡上町の山車であったが、三崎町に乗ることとなったため、八幡上町の山車では片倉囃子連が演奏することとなった。[25] 片倉囃子連も北野から習った囃子連であるため、追分・上柚木・片倉は兄弟弟子である。

③南大沢囃子連（由木地区）（表5No19）　南大沢町の囃子は大正初期からあったという。流派は不明であるが囃子の笛の吹き手がいなくなってしまったことから、太鼓の叩き手も同様に自然消滅してしまった。そのため、昭和二十五年（一九五〇）頃に以前から交流のあった町田市の小山の囃子連から改めて習った。小山の囃子が神田囃子山の手流であったことから同様の流派を名乗っている。旧八王子町の「下のまつり」では元横山町の山車で昭和二十年代からしばらく演奏していた。

④大塚囃子連（由木地区）（表5No20）　江戸時代末期に伝授されたといわれているが、昭和二十二、三年（一九四七、四八）頃より衰退していった。このまま中断することを危惧した当時の若者たち（現在の囃子連世話役世代）が戦前に囃子を演奏していた古老たちに手ほどきを受け、昭和五十二年に復活した。流派は当初より目黒囃子（目黒流）を継承し

ている。囃子復活時の踊りの師匠であった西川福治は、宮司の代わりに祈禱等を行う官主《かんぐし》と呼ばれる役職であった。西川は、祭りの前に舞台上・山車上・境内にて三番叟を舞い、西・東・真ん中に酒を垂らして浄めを行っていた。旧八王子町の祭りには参加したことはないが、府中市の大國魂神社のくらやみ祭りに行き、囃子や踊りの技法を盗んだものであった。

⑤原宿芸能保存会〔浅川地区〕(表5 No33)　東浅川町の原宿では、昭和二十一年(一九四六)に千人町二丁目より浜の手流の囃子を伝習した。千人町二丁目は諏訪町から習ったという。囃子連を結成した後、旧八王子町の「下のまつり」「上のまつり」では元横山町、平岡町、元本郷町、八幡町一・二町目でも囃子の演奏を行った。原宿は高尾氷川神社の氏子であり、例祭時に演奏する。その際に、かつては大戸(町田市)や旧八王子町の上地区からも山車を借りてくることがあった。

⑥原はやし連〔浅川地区〕(表5 No34)　かつては「目黒のリュウマ」という囃子を演奏していたが、昭和二十三年(一九四八)に大戸(町田市相原町)から囃子を習った。流派は神田下町囃子と呼んでいるが、別名は大戸囃子という。恩方地区の小津や子安町にも演奏へ行ったが、旧八王子町の「上のまつり」と「下のまつり」に行くことが結成当時の憧れであった。その後「下のまつり」では三崎町、南町、「上のまつり」では元本郷町(居囃子演奏)、八幡町から依頼を受けて演奏した。特に八幡町へは昭和三十年代から八幡町で囃子連が結成される平成はじめまで長年行っていた。

(2) 各地区の特色

由木地区では四つの囃子連が伝承されている。鑓水囃子保存会は東京都千代田区の神田明神の宮司一族より習った。寛政年間(一七八九〜一八〇一)に始まったといわれており、確認できる限りでは市内で最も古い囃子連となる。鑓水囃子連は後に町田市小山の三ツ目に伝えており、現在三ツ目の囃子連（みつめ囃子振興会）は昭和三十八年（一九六三）に町田市無形民俗文化財に指定されている。

南大沢では戦後に、町田市小山より祭囃子を伝習している。囃子連の名前は明確ではないが、「神田囃子山の手流」という流派名は、みつめ囃子振興会と同様である。したがって、南大沢の囃子連は鑓水囃子連の流れを汲んでいることとなる。地理的に、鑓水と南大沢は町田市小山町に隣接した地区であり、祭囃子の交流は盛んであった。

同じ由木地区でも上柚木囃子連は、由井地区に隣接しており、前述した北野囃子連の影響を受けている。そのため、兄弟弟子である由井地区の片倉囃子連とともに、早い時期から旧八王子町の祭りに参加している。

大塚囃子連は鑓水・上柚木・南大沢の囃子連と異なり、現在でも八王子まつりには参加していない。祭囃子をいつどこから伝承したのか明確ではないが、多摩川を隔てた府中市の囃子連の影響を受けている。また、里神楽の興行主であった西川福治との関わりもみえ、ここでも祭囃子と里神楽の関係を垣間みることができる。

このように囃子連の由来だけみても四者四様であり、同地区であるにもかかわらず一つ一つが独自の祭囃子であることは由木地区の囃子連の特色だといえよう。

次に浅川地区の囃子連であるが、原宿芸能保存会・原はやし連の他に落合お囃子会（表5No35）、高尾町五丁目囃子保存会（No36）、初沢町の囃子連（No38）がある。初沢町の囃子連をのぞく四つすべての囃子連および浅川地区に隣接する横山地区廿里町の廿里囃子連（No30）、横山地区椚町のくぬぎだ桜会は、大戸（町田市相原町大戸）の囃子との関係をもっている。大戸から直接習った場合と、諏訪町・千人町二丁目を通して習った場合があり、現在名乗っている流派名には差異があるが、神田下町流の別名を「浜の手流」や「大戸囃子」と呼んでいることから、いずれも大戸から伝わったと考えてよいだろう。

大戸の囃子は大戸囃子と呼ばれ、天保期（一八三〇～四四）に神田の下町囃子の師匠に習った加藤国蔵が、明治四年（一八七一）に上相原町大戸の吉川家の養子となり、村人を集めて指導したのが始まりだといわれる。(26) 大戸は地理的には浅川地区に隣接しており、由木地区が町田市小山町と交流があったことと同様に、浅川地区では町田市相原町大戸との交流が盛んに行われていたと考えられる。

農村部の祭囃子は、近隣地域との交流によりお互い影響を受けながら祭囃子を伝承してきた。特に八王子市南部に位置する由木地区や浅川地区では、町田市との関わりが大きい。北部の小宮地区・加住地区・川口地区も、隣接するあきる野市（旧五日市市）と交流があると考えられるが、この点については今後の課題とする。

3　旧八王子町と農村部の山車

⑴山車での演奏

旧八王子町周辺の農村部の囃子連は、かつての「上のまつり」「下のまつり」、現在の八王子まつりで演奏していることが多い。現在確認できる範囲で過去に乗っていた山車の囃子連をまとめた（表6）。演奏していた時期は曖昧であることが多いため明記できなかったが、いずれも昭和十年代から各町で囃子連が結成するまでの間である。

山車をもつ各町では専属の囃子連を招くとは限らず、各地に依頼していることが確認できる。囃子連を招いたきっかけを聞くと、親戚や知人がいる、町内の飲食店で知り合った、などの理由が多い。このように特定の旧八王子町と農村部とのつながりではなく、人同士のつながりが主であった。特定の地域から招くことはないが、北野囃子連（由井地区）と、原・原宿の囃子連（浅川地区）は、上のまつり・下のまつりの両方で演奏していた。また、上地区では八王子市外、特に五日市の囃子連を招くことが多かったようである。

表6　他町の山車で演奏していた囃子連一覧

地区	No.	山車を所有する町	建造年	演奏していた囃子連：旧市街地	由井地区	小宮地区	由木地区	浅川地区	町田市	あきる野市（旧五日市市）	府中市
旧市街地　下地区	1	中町	大正8		北野囃子連						
旧市街地　下地区	2	元横山町	大正12				南大沢囃子連	原囃子連、原宿囃子連			
旧市街地　下地区	3	横山町三丁目	平成6		片倉囃子連						
旧市街地　下地区	4	本町	昭和6								
旧市街地　下地区	5	三崎町	明治40	追分囃子連				原宿囃子連			
旧市街地　下地区	6	南町	明治39					原宿囃子連			
旧市街地　下地区	7	南新町	平成6								
旧市街地　下地区	8	上八日町	昭和60					高尾町			
旧市街地　下地区	9	八日町一・二丁目	平成16			千人町二丁目(てんた会)					
	10	大横町	明治44								
旧市街地　上地区	11	平岡町	平成20		北野囃子連			原宿囃子連			
旧市街地　上地区	12	八幡上町	大正4				上柚木囃子連		大戸はやし	伊奈	
旧市街地　上地区	13	追分町	大正3							引田	
旧市街地　上地区	14	千人町一丁目	平成17								
旧市街地　上地区	15	八幡町一・二丁目	大正7	本町囃子連	北野囃子連			原囃子連、原宿囃子連			
旧市街地　上地区	16	元本郷町	昭和53					原囃子連、原宿囃子連			
旧市街地　上地区	17	日吉町	大正6							伊奈、二ノ宮、引田	
旧市街地　上地区	18	八木町	大正3								片町囃子連

※平成21～25年の調査に基づき作成した。

原囃子連が元本郷町に居囃子演奏を行っていた事例を除いて、すべての囃子連は山車上で演奏している。近年、山車の作られた町でも各囃子連が演奏に行っていたのは、山車をもつ以前は山車を所有する町から借りた上で囃子連を招いたためである。

横山町三丁目（表6№3）、南新町（№7）、上八日町（№8）、八日町一・二丁目（№9）の山車は戦火で焼失してしまったが、戦前までは山車を所有していた町である。これらの町は焼失後も上地区から山車を借りて祭りに参加していた。横山町三丁目は上地区の八幡町一・二丁目（№15）や日吉町（№17）から、上八日町は隔年で山車を出していた同じ下地区の本町（№4）から借りていたという。八日町一・二丁目は八幡町一・二丁目の山車を借りていたため、本来なら氏子範囲が異なるため行くことのない八幡町までお礼の意味を込めて巡行していた。

上地区では焼失した山車は比較的少ない。しかし、元来山車を所有していなかった平岡町（表6№11）は中町の山車を借りることがあり、その際に中町で演奏していた北野囃子連を依頼していた。千人町一丁目も近年新たに山車を製作したが、それまでは下地区である三崎町・南町・元横山町・本町の山車を借りることがあったという。

このように旧八王子町内で山車の貸し借りは盛んに行われていたが、昭和四十三年（一九六八）から、八王子まつりで同日に両地区の山車巡行が始まり、以後の貸し借りは不可能となった。前述したように三崎町では、上地区の追分囃子連が演奏をしていたが、上・下のまつりが統一されたことにより囃子連を変更せざるを得なくなった。上のまつり・下のまつりともに演奏をしていた囃子連もあり、上地区・下地区の一方の山車しか乗ることができなくなったのである。これは囃子連を招いた町にとって深刻な問題であり、昭和三十年代終わりから昭和四十年代にかけて旧八王子町での囃子連が増加した要因の一つと考えられる。

写真7　八幡町一・二丁目の山車人形

写真6　鑓水囃子連の手作りの山車

旧八王子町では近世から山車文化が根付いているが、農村部で演奏される祭囃子は居囃子で行うことが多い。巡行する場合も、由木地区の大塚では牛車を改造して山車に見立てていた。近年になると、トラックを改造して山車風に設える町や、地元の棟梁の手を借りて手作りの山車を製作している町もある（写真6）。

⑵浅川地区の山車

浅川地区では八月中旬に高尾の氷川神社の祭りが行われる。氏子範囲は前述した浅川地区の六つの囃子連を所有する町が含まれる。この地区では戦前から昭和二、三十年代頃にかけて、祭りの際に美山町の馬込、町田市の大戸、八王子市の旧八王子町などから山車を借りていた。原宿では、山車とともに「神武天皇」などの山車人形を借りていた（写真7）。「神武天皇」は八幡町一・二丁目の山車人形であるが、八幡町一・二丁目では旧八王子町外へ山車を貸したことは記憶がないとのことから、山車は別の地域から借り、山車人形のみを借りていた可能性もある。日吉町では、昭和二十年代に山車を浅川地区に貸した際、高架下の高さが足りず地面を掘って移動させたことがあったという。また、高尾町五丁目囃子保存会では、日吉町の記憶と同様に上八日町の山車を借りる際に、国鉄の高架下を掘って移動させたということであるが、上八日町の山車は昭和六十年（一九八五）に再建されたため、山車は日吉町、山車人形は上八日町の素戔嗚尊像を借りたと考えられる。

昭和三十年代まで浅川地区の川原宿にも青年団が主体となった囃子連が存在していた。どのような形状であったか明らかではないが、戦前までは山車も所有していた。空襲で焼失したため戦後は町田市大戸から山車を借りていた。新地でも同様にかつては囃子連が結成されていたという。

昭和二十年代まで、祭りには氏子範囲の最東にある新地から、原の獅子舞とともに、囃子連のあった新地・原・原宿・川原宿・高尾五丁目らが、山車上で演奏をしながら高尾の氷川神社まで巡行をしていた。そのため、他地域から山車を借りなくてはならなかったのである。

さらに高尾駅前では山車同士が「ブッツケ」を行っていた。ここでいう「ブッツケ」とは駅前に山車を止めて「囃子の競演」を行うことであるという。旧八王子町で行われている「ブッツケ」のように山車同士が対面し、囃子演奏に勝った側が道を占拠することは行わないが、勝敗をきっちりと分けないだけであり、囃子の優劣を競うという認識をもっている点は旧八王子町の「ブッツケ」と変わらない。

四　旧八王子町と農村部の祭囃子文化の関係

平成二十五年現在、旧八王子町において伝承されている祭囃子は、いずれも戦後に始まったものである。周辺農村では近世期から周辺地域との交流の中で祭囃子を伝承していた。旧八王子町の祭りの際には周辺農村から囃子連を招いており、祭囃子は旧八王子町の文化でないことは明らかである。

山車に誇りをもつ町民は見物人のいる場で山車を披露したいが、多数の山車が往来しているため、必然的に同じ場に山車が集まってしまう。場所を占拠するためには「ブッツケ」で勝たなくてはならない。そのため、「ブッツケ」で勝てる囃子を招いていたと考えられる。「ブッツケ」のために囃子を改良したとされる北野囃子連は名人が多く輩出され、囃子連が目黒流を伝承していたことから「目黒流」がステイタス化された可能性がある。そして、後に結成される旧八王子町の囃子連に北野囃子連は影響を与えることとなった。

浅川地区の囃子連は旧八王子町に囃子連が結成される以前、旧八王子町の祭りで演奏する機会が多くあった。彼らは地元である高尾氷川神社例祭時に、旧八王子町と同様に山車を巡行する。旧八王子町では山車が焼失してしまったため、距離の近い町同士で山車を借りることはあった。しかし浅川地区では、山車を巡行するために、長時間かけても周辺地域や旧八王子町から山車を借りてくるのである。そして、見物人の多い駅前で「ブッツケ」を行い、それぞれの囃子の優劣を競う。山車上で演奏し、競演するという山車文化は、浅川地区の囃子連が実際に見聞きしている旧八王子町の祭りから影響を受けていると考えられる。

現在でも囃子と山車の関係は続いている。旧八王子町上地区の八木町は、平成二十年(二〇〇八)に、かつてあきる野市(旧五日市)の伊那に山車を売却していたことが判明した。それまで府中市の囃子連が演奏していたが、これをきっかけとして伊那の囃子連を招くこととなったという。

このように、農村部の祭囃子文化、旧八王子町の山車文化は双方で交流をもちながら、八王子市内の祭囃子文化を形成してきたのである。

八王子市内にある四〇以上のまつり囃子は、それぞれの地域で育まれ伝承されながらも、旧八王子町の祭りと密接な交流をもっていることが確認できた。一方、旧八王子町で伝承されている囃子は、農村部の囃子の影響を多分に受けていることも明確となった。

現時点の八王子市内調査では、旧八王子町・浅川地区・由木地区・恩方地区の祭囃子を中心としていたため、加住地区や川口地区などの北西部、旧八王子町に最も近い小宮地区の祭囃子が旧八王子町とどのような関係にあるのか捉えられていない。また、八木町と五日市の伊那のように、旧八王子町から売却された山車を所有する町と囃子連との関係を考えることも今後の課題となる。

注

(1) 八王子まつり　公式サイト(http://www.hachiojimatsuri.jp/)参照(平成二十二年九月閲覧)。
(2) 『新編武蔵風土記稿』第五巻(雄山閣、平成八年)一四九〜一五〇頁。
(3) 相原悦夫『八王子の曳山祭』(有峰書店、昭和五十年)。
(4) 坪郷英彦・宮内貴久・工藤芳彰・伊藤真奈美「八王子祭山車はどのように認識されているか」(『民具研究』一四〇号、平成二十一年)。
(5) 「『夏まつり八王子』企画大綱」「八王子まつり検討委員会報告書」(以上、八王子まつり検討委員会、平成十四年)、「八王子まつり報告書」(八王子まつり実行委員会、平成十六年)。
(6) 千人町一丁目・平岡町では人数の関係から、それぞれ並木囃子連・大横町囃子連が助人で演奏している。
(7) 五日市市は秋川市と合併し、現在はあきる野市となっている。しかし、八王子の人々は今でも旧市名の五日市市と呼んでいるため、ここでは五日市と記した。
(8) 『南町山車建造百周年記念祭礼写真集』(八王子市南町町会、平成十八年)。

(9)上地区の小門町は産千代稲荷神社の氏子町であり、平成十六年から八王子まつりに参加するようになり、山車も昭和五十年代に建造された新しいものである。上地区の氏子ではなく、八王子まつりへの参加も平成十六年からであるため、今回は八木町のみを地元の囃子が乗っていない町会として示した。

(10)上柚木で祭囃子が始まった時期は明確ではないが明治期といわれている。その上柚木囃子連の兄貴分は追分囃子連だというが、これは戦後の話である。上柚木囃子連は中断の危機に追い込まれ、戦後改めて北野囃子連から囃子の指導を受けた。昭和二十三年に北野から囃子を伝授された追分囃子連よりも、再指導を受けた時期が遅かったことから、上柚木囃子連は追分囃子連を「兄貴分」としている。

(11)前掲注(8)に掲載。

(12)河原源十郎『祭礼囃子の由来』(明教社、明治二十八年)。

(13)宮尾しげを・本田安次『東京都の郷土芸能』(東京教育委員会、昭和二十九年)。

(14)光谷宗助「目黒囃子の盛衰と起源」(『郷土目黒』二集、目黒区郷土研究会、昭和三十三年)。

(15)光谷宗助「目黒囃子の盛衰と起源」には、「小石川　角次郎」と明記してあるが、二瓶英二郎「目黒名物「目黒ばやし」再生論」(『郷土目黒』三八集、目黒区郷土研究会、平成六年)には「小松川村　角次郎」とあるので、今回は後者を採用した。出典が明らかでないので現段階では原文を確かめられていない。

(16)木場伸也「目黒囃子の実情」(『郷土目黒』五〇集、目黒区郷土研究会、平成十八年)。

(17)『安曇野市三郷及木の民俗』人文学演習調査報告書　第三集(跡見学園女子大学大学院人文科学研究科倉石研究室、平成二十年)。

(18)『江戸の祭囃子―江戸の祭囃子現状調査報告書―』(東京都教育委員会、平成九年)によると、隣接する青梅市には一五団体、多摩市は二団体、日野市は五団体、町田市は九団体、檜原村は二団体ある。
(19) 小林梅次「東京近郊の祭ばやし」(『日本民俗学会報』四七号、日本民俗学会、昭和四十一年)。
(20) 串田紀代美「東京都の祭囃子―江戸里神楽からの影響をめぐって―」(東京国立文化財研究所芸能部編『芸能の科学』二五号、平成十年)。
(21) 串田前掲注(20)一一七頁。
(22) 大田区田園調布の多摩川浅間神社にある田園調布沼部囃子の由来板の全文は以下の通りである。

田園調布沼部囃子の由来

此の囃子は笛、大太鼓、締太鼓、鉦にて奏する五人囃子である。

源は江戸初期会津の殿様松平出羽守が参勤交代の折、目黒下屋敷にて国の囃子を慰みに近在の若者に広めた出羽囃子の由来であり尚、葛西囃子、神田囃子、等等あるもこの出羽囃子(通称目黒囃子)は武家流の囃子にて、御座敷囃子であり大名囃子である。後、享保年間(西暦一七一六年)八代将軍徳川吉宗にて神田囃子と共に当地の若者が出羽囃子を江戸城にて上覧し当時日本一の折紙を付けられる。

明治初期、初代広瀬五郎、二代川西卯之助に依り出羽囃子に地元囃子を織り込み沼部囃子と改名す。

近年この囃子を識る人が尠なく今年社団法人善行会より、文化賞を受賞後世に遺す為、由来書を印す。

五代目代表　酒井　福造

昭和四十九年十一月十六日

(23) 『新八王子市民俗調査報告書』第2集「八王子市東部地域　由木の民俗」(平成二十五年)。
(24) 加藤勝記『鑓水囃子の起源と継承』(平成十六年、鑓水囃子連所蔵)。

（25）現在では八幡上町の町内で囃子連を結成している。
（26）『東京都の民俗芸能―東京都民俗芸能調査報告書―』（東京都教育委員会、平成二十四年）。

参考文献、資料

八王子まつりパンフレット（平成十九年～平成二十二年）。

「『夏まつり八王子』企画大綱」（八王子まつり検討委員会、平成十四年）。

「八王子まつり検討委員会報告書」（八王子まつり検討委員会、平成十四年）。

「八王子まつり報告書」（八王子まつり実行委員会、平成十三年）。

「八王子まつり報告書」（八王子まつり実行委員会、平成二十一年）。

「はちとぴ　特集八王子まつり」No10（清水工房、平成二十一年）。

『八王子市指定有形文化財　山車調査報告書』（八王子市教育委員会、平成二十三年）。

コロトヴァエレーナ『都市祭礼研究における再伝統化及びポリティックス―八王子まつりを事例に―』（お茶の水大学人間文化創世科学研究科比較社会文化学専攻生活文化学コース修士論文、平成二十四年、未公刊）

『新八王子市史民俗調査報告書　八王子市中央地域　旧八王子町の民俗』（八王子市、平成二十八年）。

第三編　芸能の伝授と系譜

第一章　特化された楽奏者
―花輪ばやしと「芸人」―

はじめに

　秋田県鹿角市花輪では毎年八月十九日から三日間、幸《さきわい》稲荷神社の祭礼である「花輪ばやし」が行われ、腰抜け屋台[1]に自分の町の祭囃子連を乗せて巡行し、祭礼を華やかに演出する。祭礼で演奏される囃子は、花輪の町の住民と周辺農村地域から呼んでいる「芸人さん」と呼ばれる人々で構成されている。「芸人」は長年にわたり専属の町があり、町の住民は太鼓と鉦、「芸人」は笛と三味線を演奏する。演奏する楽器が差別化されていることにより、技術が必要な楽器を演奏する「芸人」は特化された楽奏者となる。

　この「芸人」については、その祖の伝承があり、その人物は「工藤あやめの市《いち》(あやめの一)」であるといわれている。性別も生没年も不明であるが、ボサマと呼ばれる座頭であったという。現在の「芸人」の中にボサマはいないが、彼らは、あやめの市を祖とする笛と三味線の楽奏を伝承する系譜の中に組み込まれている。

　本章では花輪ばやしの実態を報告しながら、芸人の存在が花輪ばやしにどのように位置付けられているのか考察する。

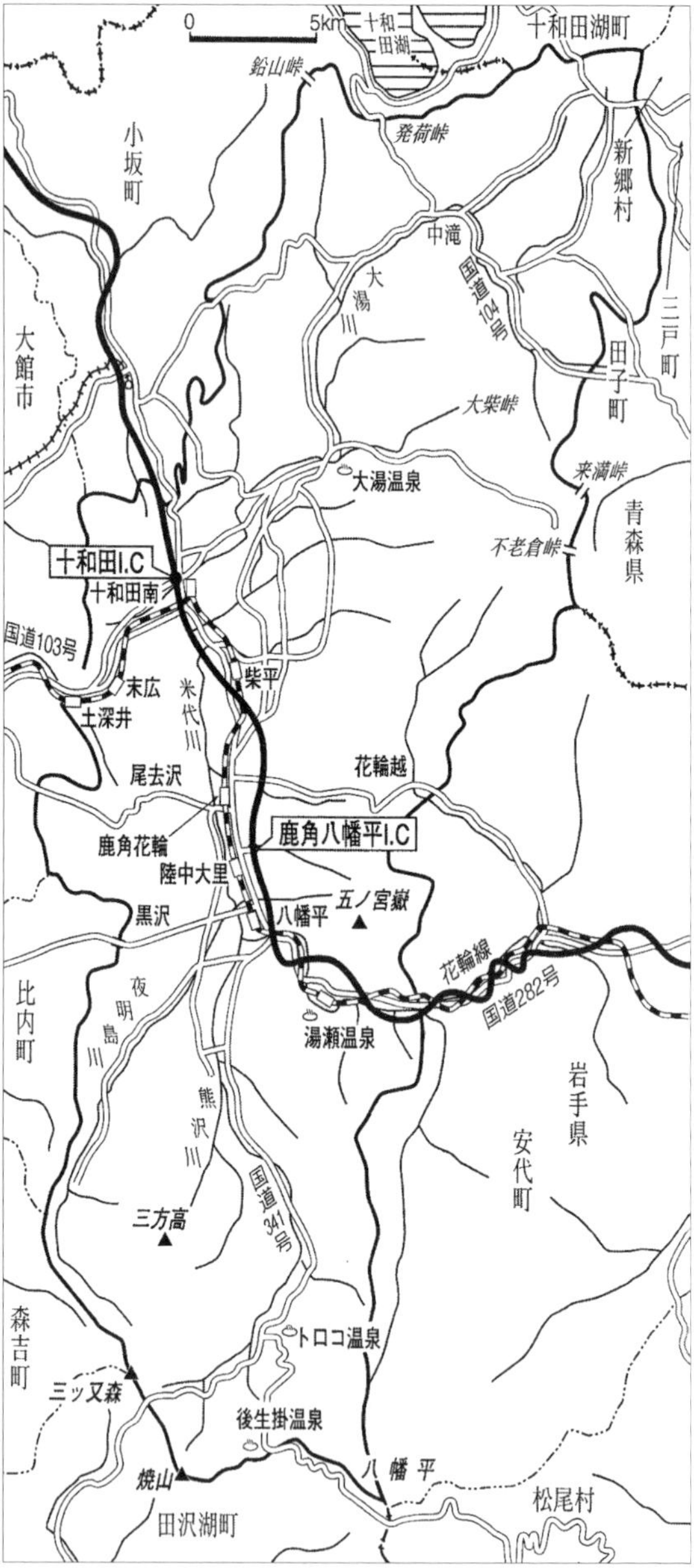

地図１　鹿角市概略地図

一　花輪ばやしの概要

1　調査地と祭礼の概要

秋田県鹿角市花輪は、秋田県の北東部、奥羽山脈の懐に形成された断層盆地（鹿角盆地）に位置し、東側は岩手県の県境と、北は青森県と県境を接する（地図1）。中世は鹿角四氏（成田氏・奈良氏・安保氏・秋元氏）の支配下にあり、江戸時代は南部藩（盛岡藩）に属していた。花輪ばやしが伝承される花輪地区は、鹿角盆地のほぼ中央に位置し、慶長年間（一五九六～一六一五）に盛岡藩代官所が置かれて以降、鹿角（南部）街道沿いに発展していった。また、鹿角地方は「からめ節」で「田舎なれども鹿角の里は、西も東も金の山」と歌われているように、大小の鉱山が多くあった。尾去沢鉱山への工業用物資や鉱山労働者の生活物資の供給と販売を手掛ける業者・商店が店舗を並べる花輪地区は、商業地として栄えていった(2)。

花輪ばやしは祭礼の通称としても用いられているが、本章では祭礼中に腰抜け屋台で演奏する祭囃子を指す。また祭礼は、かつて用いられていた名称である「花輪祭典」と記す。戦前の新聞記事によると八月十六日の神輿渡御から二十日までの行事は「花輪祭典」と呼ばれていたためである(3)。鹿角市教育委員会編『花輪祭り』（鹿角市文化財調査資料　第一〇五集）では、八月十六日から二十日までの花輪祭典を含めて、花輪ねぷた（八月七日・八日）、個々の家の先祖祭りである盆行事（八月十三日～十六日）、花輪の町踊り（八月二十六日～九月八日）の花輪地区における八月の民俗行事を総称して「花輪祭り」と称し、花輪祭典は一連の行事の一つとしてとりあげている。花輪ばやしを演奏する機会は花輪祭典であるが、町の子どもたちは花輪ねぷたの際に太鼓を演奏し、後にとりあげる「芸人」は町踊りにおいても演奏する。本章では花輪祭典の花輪ばやしを中心に論じていくが、一連の行事との関わりも視野に入れなければならない。

花輪祭典は、幸稲荷神社の祭礼である。現在、花輪祭典に腰抜け屋台を出しているのは上五町（上五町内）と呼ばれる舟場元町《ふなばもとまち》・舟場町《ふなばまち》・新田町《しんでんまち》・六日町《むいかまち》・谷地田町《やちだまち》と、下五町（下五町内）と呼ばれる大町《おおまち》・旭町《あさひちょう》・新町《しんまち》・横丁《よこちょう》・組丁《くみちょう》の一〇町である。かつては大町・谷地田町・六日町の三町のみが参加する祭りであったが、三町に次いで早い時期から囃子演奏の記録があるのは新町で、明治半ばには囃子が演奏されていたと考えられる。(4)一方、他の町では戦後になって囃子の演奏を開始する。昭和二十〜三十年代に囃子演奏を始めた町は、現在のような腰抜け屋台ではなく、櫓を載せた台車上や居囃子での演奏であった。これらの町は昭和三十年代以降になると腰抜け屋台を次々と製作していく。最後に祭典に参加する新田町では、屋台の製作に合わせて囃子の稽古を始めた。

祭典への参加と囃子演奏の開始には年代に差がある。例えば新田町は昭和四十年(一九六五)頃から祭典を運営していくための組織が作られ、舟場町では昭和四十三年に初参加したとの記録もある。しかし、どのような意味での参加であったのか明確ではなく、一時的なことであった可能性も否定できない。

重要なのは、いずれの町も屋台製作の前に囃子演奏ができるようになっていることである。屋台だけをもっていても祭囃子がなくては巡行することができない。つまり屋台を動かしているのは祭囃子ともいえ、祭典の中で祭囃子は重要な位置を占めているのである。

2　花輪ばやしに関する研究

(1)花輪ばやしの起源を探る研究

花輪ばやしに関する研究は囃子の起源を主題としていることが多い。すなわち、花輪ばやしがいつ頃、どこから伝承されたのかという点である。まとまった研究書としては田村政四郎の『花輪囃子考』(5)(昭和三十五年)、佐藤久一の『花輪ばやし』(6)(昭和五十九年)、小田切康人の『花輪ばやしのルーツは奥州平泉にあった』(7)(平成二十年)があり、花輪ばやしの主要論考はこの三書に集約される。

『花輪囃子考』が発表される以前から花輪ばやしの起源を京都に求める京都移入説が根付いていた。京都移入説は、昭和二年（一九二七）に吉田豊治が古老の聞き語りをまとめた「大神楽に関する記録」（『鹿角時報』一一五号・一一七号・一一八号）がその根拠となっている。そこには「秋元駒吉氏（熊之助の父君）は太鼓の名手、佐藤仁三郎氏（善平氏祖父君）は各種の芸人にしてこの時京都に於いて見学或いは習得したる囃子その他を輸入しこれまで「本屋台」「二本竹」の二種なりし囃子に更にぎおん、うげんきょう、吉原越し等を加え（中略）天保一四年癸卯七月の祭典は当町祭典史上に一代期限を画したるものなり」と記載されている。すでに小田切康人も指摘しているが、この「大神楽に関する記録」が浸透したことによって、花輪ばやしの京都からの移入説が定着したと考えられる。田村はこの京都移入説を否定する形で論を進めている。花輪ばやしの発生論を曲調などから明らかにしようとし、自身の体験や古老からの聞書きを中心に言及している。そして「古い時代に時の都から鹿角に入居した貴族人の作曲が永い間に祭囃子に転化された」（『花輪囃子考』八頁）という仮説を導き出した。また、太鼓の打ち方から、伝承曲の創作時期を三つの時代に分けており、加えて詳細な解説も行っているため、毎年発行される『花輪ばやしマガジン』(8)の中で現在でも引用されているほど、花輪の人々の中に根付いている論考である。この後も田村は精力的に花輪ばやしに関する研究を発表している(9)。

田村に続いて佐藤久一は、『郷土芸術ノート花輪ばやし』(10)（昭和四十一年）と前掲『花輪ばやし』を発表した。昭和三十六年（一九六一）に田村の説を受け京都にて比較調査を行い、以前から伝承されている佐藤新兵衛が京都を訪れたことは事実としながらも、祇園ばやしとの音楽的類似点はみつけられず、曲ではなく人物が伝来したとして田村の論考を裏付ける形となった。

さらに二氏の論考を展開させているのが小田切康人である。小田切はそれまでの論考をまとめた上で、その起源を奥州平泉の藤原文化に求めた。奥州平泉の落人として定着した一族郎党が花輪の地に根ざし、音曲を伝えて構成し、祭囃子へと転化したという説を提唱している。また、前掲『花輪ばやしのルーツは奥州平泉にあった』では、起源だけではなく古老からの聞取りや資料を提示し、祭礼に関する記述や伝承曲、芸人の系譜などにも触れている。

(2) 文献資料からみる花輪ばやし

文献資料では花輪祭典を含んだ花輪祭りに関する事項は確認できるが、具体的に囃子に関して述べられているのは、明治三十八年(一九〇五)八月二十六日に発行された『花輪便り』臨時増刊が初出である。ここには「真先に奮発シタルハ新町ニテ、腰抜屋台ヲ引ズリ出シ朝マタキタリ三味線太鼓ノハヤシ勇マシク、芸者数人ニ踊ラセナカラ御神輿ノ渡リタル後ニ続キテ、六日町ヨリ谷地田町盆坂角ヲ後ニ見セ、新町近ク入リタル頃ハ、日モ全ク暮レタレバ、赤イ提灯綺麗ニサゲテ山々山ヲ進軍ス」(読点、筆者)とある。明治期には現在のように三味線を含めた囃子であったことがこの記述から明らかとなる。青年の言論発表の機関誌として発刊された『花輪青年』九号(大正六年(一九一七)十月十六日)には「本年もお祭ある年だそうだから、また腰抜け、本屋台などが出てあの賑はしい祇園囃が聞かれることであろう」(傍線、筆者)とあり、大正初めには祇園に由来する囃子であると認識されていた可能性が指摘できる。

祇園囃子との関連を色濃くしている記事は、昭和三十三年(一九五八)八月十五日の『秋田魁新聞』にもある。「京都の〝ギオンばやし〟の流れをくむといわれる〝花輪ばやし〟もにぎやかに、鹿角郡花輪町の祭典〝花輪祭〟が八月十九、二十日の両日行われる」との記事がある。この頃には京都からの移入説が通説化とされていた。昭和三十四年の『広報はなわ』三〇号では「日本三大ばやし」という命名が大々的に掲載される。(11) これは昭和三十四年六月十六日に国立競技場で開催された「全国民芸の夕」へ出演した際に二位入賞し、同年七月二十五日には「七万人夕涼み大会」にも出演し、その際に「日本三大ばやしの一つ」と紹介されたことが大きなきっかけであった。全国放送され、翌年には花輪ばやしに関する初めての論考となる『花輪囃子考』が発表されたことで、昭和三十年代以降に花輪ばやしの歴史的起源などが一層注目されていったのである。

以上、主要な先行研究といくつかの文献資料を確認してきたが、研究の主題であった花輪ばやしの起源については仮説の域を出ることはなく、現在でも明らかになっているとはいえない。

本章ではこうした起源論ではなく、これまで報告等がほとんどされていなかった囃子の伝承実態を中心に検討を進めていく。

二　花輪ばやしの演奏曲と楽器構成

1　伝承される演奏曲

現在、花輪祭典において屋台上で演奏されている花輪ばやしは、「本囃子」（本屋台囃子と称する町もある）「二本滝」「鞨鼓」「霧囃子」「宇現響」「開化宇現響」「祇園」「追込」「不二田」「矢車」「拳囃子」「吉原格子」である。これに「サギリ」を加えて全一二曲が花輪ばやしの伝承曲と認識されているが、[12]一〇町がすべての曲を伝承しているわけではない。一〇町それぞれの伝承曲に関しては後述する。

これらの曲を田村政四郎は、曲調や太鼓の打ち方から三つの時代に分けている。年代不明の曲目は太鼓の打ち方が多種類である「本囃子（本屋台囃子）」[13]「二本滝」「鞨鼓」「霧囃子」「宇現響」「祇園」の六曲、江戸後期に伝承もしくは創作されたと考えられているのが「追込」「不二田」、幕末頃に伝承された曲が「拳囃子」「吉原格子」であるとしている。「開化宇現響」は明治中期に「宇現響」から編曲された曲目で、田村政四郎によると編曲を行ったのは春滝という谷地田町で三味線を弾いていた人物であるという。

明治二十四年(一八九一)に生まれ、大正九年(一九二〇)まで花輪で生活をしていた田村政四郎は、現在演奏されている曲の中でも、「拳囃子」は屋台で演奏されているのを聞いたことがないといい、新田町・舟場町の特演曲としてもちこまれたものであるという。横丁でも昭和三十年代頃までは「本囃子」「二本滝」「鞨鼓」「霧囃子」「宇現響」の五曲のみであり、徐々に伝承曲が増えていった。田村が花輪にいた当時演奏されていた「不二田」は、戦後途絶えてしまった。その後、昭和五十九年(一九八四)に谷地田町で復元され、現在でも演奏されている。またかつて川原町の得意曲として「風車」があったという。天保年間(一八三〇~四四)に作られたが、川原町から屋台が出なくなったことで曲の伝承者がいなくなり、明治中期には途絶えてしまったという。田村の解説には「矢車」が掲載されておらず、当時屋台上では演奏されていなかった可能性もある。小田切は江戸後期頃に地元で作曲されたのではないかと資料から示唆している。このように復活した曲、途絶えてしまった曲があり、今後も増減の可能性はあると考えられる(14)。

2　演奏楽器の構成

楽器は、中太鼓《ちゅうだいこ》と呼ばれる短胴枠付き締太鼓、大太鼓《おおだいこ》と呼ばれる長胴枠付き締太鼓(15)、カネと呼ばれる手平鉦、フエと呼ばれる竹笛、太棹三味線で構成されており、各町により人数に多少異なるが、中太鼓は五~九基、大太鼓は二基(舟場町のみ四基)、鉦は一~二つ、笛は四~一〇管、三味線は三~一〇丁で演奏する。

各町の笛・太鼓・鉦の寸法は表1に示した。

大太鼓の胴はスギ、皮は牛皮で作られ、中太鼓の皮は同じく

横　丁	組　丁
46.5	46.2
2.2	2.1
7	7
四調子	四調子
55.5	55.5
59	54.5
42.6	44
スギ	スギ
牛皮	牛皮
34.5	35
15	14.5
24.3	25.7
ケヤキ	ケヤキ
牛皮	牛皮
12.1	12.2
3.1	3.3
真鍮	真鍮

(単位:cm)

牛皮であるが胴はケヤキであり、麻紐で締めている。高い音が出るように、紐をきつく締め上げるため、練習の始まる日、または祭の前日に麻紐を締め直す。祭礼が終わる頃には緩んでいるため翌年までそのままにしている場合と、祭礼後に緩める場合がある。太鼓の撥はホオノキを使用していることが多いが、これは撥の重量を軽くするためである。旭町では軽量のホオノキ撥は子どもが使用し、大人用の撥は桜や梅の木を使用している。新町では平成二十三年（二〇一一）に新調して同じ大きさに統一したが、軽い撥に慣れている最近の子どもは音が軽いともい

表1　花輪ばやし用具採寸表

名称	採寸場所	舟場元町	舟場町	新田町	六日町	谷地田町	大　町	旭　町	新　町
笛	長さ	46.3	46.4	46.8	47.6	47.7	45.9	46.1	45.9
	太さ	2.4	2.3	2.3	2.2	2.2	2	2.2	2.2
	穴数	7	7	7	7	7	7	7	7
	調子	四調子	四調子	四調子	四調子	四調子	四調子	四調子	四調子
大太鼓	直径	58	58	54.4	55	46	54	54.8	54.5
	胴長	57	59.2	53.5	64	49.5	57	56.6	53.2
	胴径	45.6	42.6	44.6	47.5	38	45.5	45	44.6
	胴材	スギ	スギ	スギ	スギ	スギ	スギ	スギ	スギ
	皮材	牛皮	牛皮	牛皮	牛皮	牛皮	牛皮	牛皮	牛皮
中太鼓	直径	35.5	37	36.7	36.5	36	37	37	34.1
	胴長	15	14.3	15	14	12	13	14.2	15.3
	胴径	26.2	25.8	24.5	25	26	24	25.6	25
	胴材	ケヤキ	ケヤキ	ケヤキ	ケヤキ	ケヤキ	ケヤキ	ケヤキ	ケヤキ
	皮材	牛皮	牛皮	牛皮	牛皮	牛皮	牛皮	牛皮	牛皮
摺り鉦	直径	12.2	12.4	12.3	12.3～13.1	12	12	13.2	12.3
	厚さ	3.2	3	3.2	3.2～2.9	2.9	2.9	3.3	3.3
	材料	真鍮	真鍮	真鍮	真鍮	真鍮	真鍮	真鍮	真鍮

【　笛　】
太さ　　　：最大径　　竹などを巻いた部分以外（補強・装飾など）の最大径を計測。
笛の購入　：谷地田町の場合は、浅草の販売店から一括購入。芸人が出向き、店で吹いて音色を確認してから購入、配布している。
【中太鼓と小太鼓】
直径　　　：皮を張った輪郭部分の径を計測。
胴長・胴径：胴の最大長、口径を計測。
胴材　　　：見た限りはケヤキ。トチを使用する場合もあるが数は少ないとのこと。
【　撥　】
比較的軽い材料を使用（ホオノキ）。撥の長さは約30cm前後だが、個人により数cmの誤差はある。

われている。同様の大きさに統一する町は少なく、子どもの頃に作った個人持ちのことが多い。かつて撥は自分たちで作っていた。現在でも舟場町では知り合いの建設会社で木を貰い、やすりなどを使い作っているが、ほとんどの町では町内の大工職に依頼している。

笛は竹で作られ、七孔、四本調子に統一されている。かつて笛の調子は定まっておらず、各町で音色に相違があった。自分の特徴を探しアレンジを加えることで、いい音色を出そうと笛吹き同士が競っていたためである。しかし、三味線の調子は笛の調子に合わせて調節するため、三味線弾きが毎回手を焼いていた。このことを三味線弾きの男性（昭和五年〔一九三〇〕生まれ）からいわれた笛吹きの男性（昭和八年生まれ）の尽力により、昭和五十年代から平成にかけて笛の統一がなされた。現在では盛岡にある楽器屋で注文し、決まった笛以外は使用禁止としている。

三味線は太棹三味線で演奏する。皮は犬皮、竿は紅木、撥は鼈甲が本来であるが、最近ではプラスチックの撥を使用する場合もある。皮の張り替えは三味線屋に依頼する。演者にもよるが三年に一度ほど張り替える。曲の調子は三下がり・二上がり・本調子の三種類がある。三下がりは「拳囃子」「宇現響」「吉原格子」「羯鼓」、二上がりは「霧囃子」「二本滝」「本囃子」「祇園」「不二田」「矢車」である。町踊りにも二上りの曲があり、「花輪よされ」「花輪よしこの」「おやまこ」「あいや節」「ぎんじ（ぢ）がい」「どっこいしょ」「豊年万作」「ちょうし」「籠丸」で、「花輪甚句」「塩竈」「毛馬内よしのこ」は本調子である。

基本的に囃子は屋台にて演奏され、屋台の最前列には二基の大太鼓、その後ろに中太鼓が四基並んでいる。これらの大太鼓と中太鼓を演奏するのは四人である（写真1）。曲目の中には大太鼓と中太鼓を同時に叩く二丁打ちという技法があり、この場合、中太鼓は一人につき一張であるが、大太鼓を叩く際は左右から一人ずつ、つまり太鼓を正面にして右側の者は左手で大太鼓、右手で中太鼓、左側の者は右手で大太鼓、左手で中太鼓を打つためにこのような形態

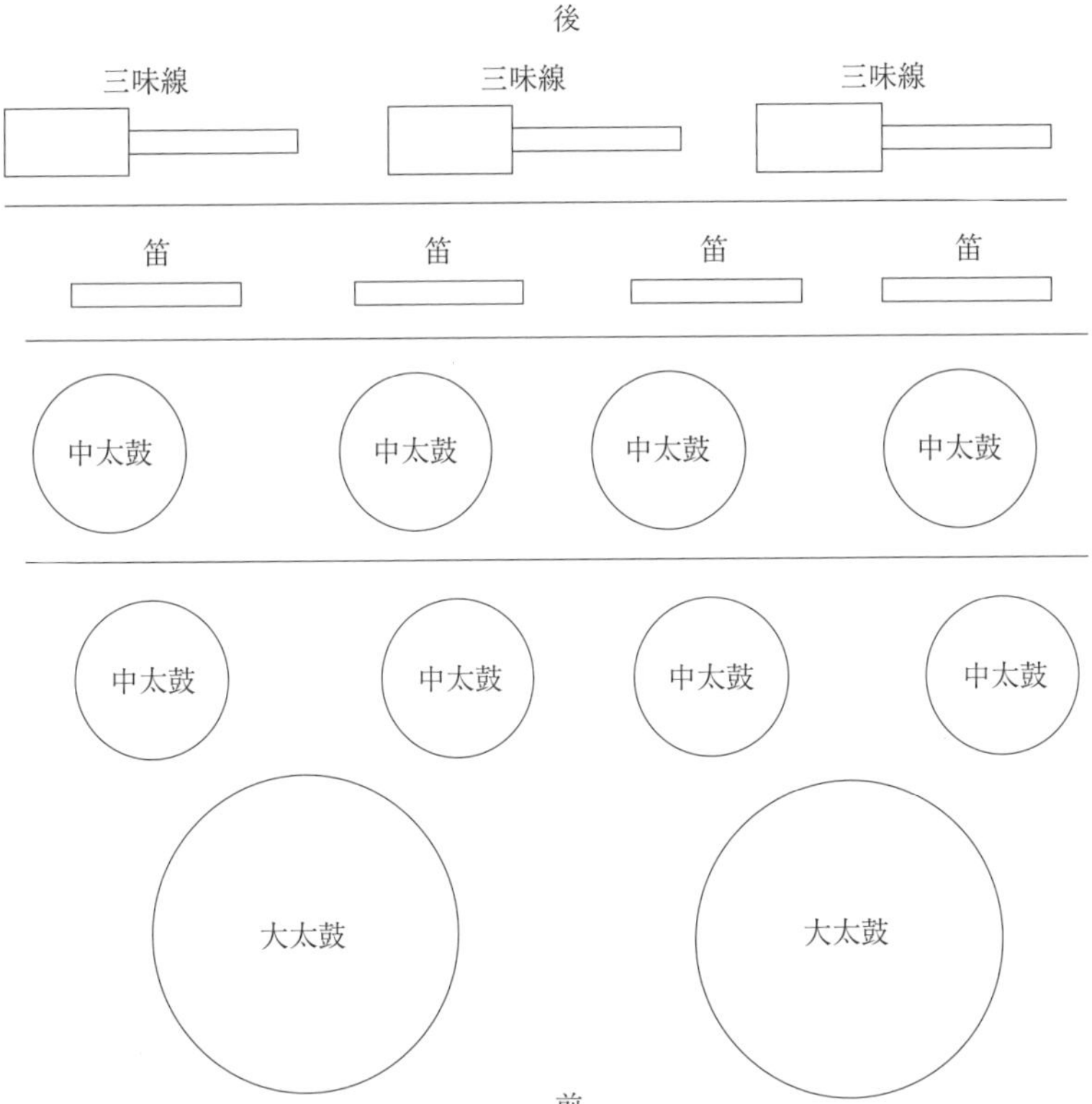

図１　楽器の配置略図

写真１　腰抜け屋台での演奏

となっている。その後ろの中太鼓は一人につき一張の中太鼓を使用している。大太鼓を四張編成している舟場町では、前列同様に後列にも大太鼓を配置している。三列目と四列目は腰掛けられるように段があり、三列目は笛、四列目は三味線が座り、演奏をする。中には立って笛を演奏する者もいるが、座って演奏するのが基本である。また、摺り鉦を演奏する際の立ち位置は特に決まっておらず、祭礼中の時と場によって大太鼓の前で演奏することもある（図1）。

三　祭礼での演奏機会

祭礼時に演奏する曲目は限られている。伝承曲の内の「籠丸」は町踊りのみで演奏される曲である。また町によっては「祇園」も町踊りのみで演奏する。この点から、かつては「花輪ばやしの曲」「花輪町踊りの曲」と区別されることなく、どちらでも演奏されていた可能性が指摘できる。

祭礼期間の演奏機会は地図2と図2で示した。地図2は祭礼空間の略図で、図2は囃子を中心とした祭礼の流れである。

祭礼中、屋台を動かす際には必ず囃子を演奏しなくてはならず、演奏せずに屋台を動かす際は屋台の提灯を消さなくてはならない。また、葬儀を行っている家の前では演奏をやめ、屋台の提灯を消す。屋台の運行を指示するのは外交長や副外交長という屋台運行指示者で、必然的に囃子の演奏きっかけは彼らの指示による。演奏自体のきっかけは笛であるため、運行指示者の合図で笛の奏者が演奏を始める。

屋台を巡行する際に演奏するのは「本囃子」が基本となる。田村政四郎は「本囃子」を行進曲風に編まれた進撃調の強いものと解説しているが、「本囃子」は町の人々にとって最も馴染みの深い曲目である。昭和二年（一九二七）の『鹿角時報』一一五号には「お祭りの面白味は当日よりも宵祭所謂町内流しにあらう、否夫れよりもあの当日払暁の各町屋台の枡形詰めにある、本屋台の囃子は何と云つても進行曲だ。（中略）威勢のいゝ、撥音を揃へて乗り込む気負と

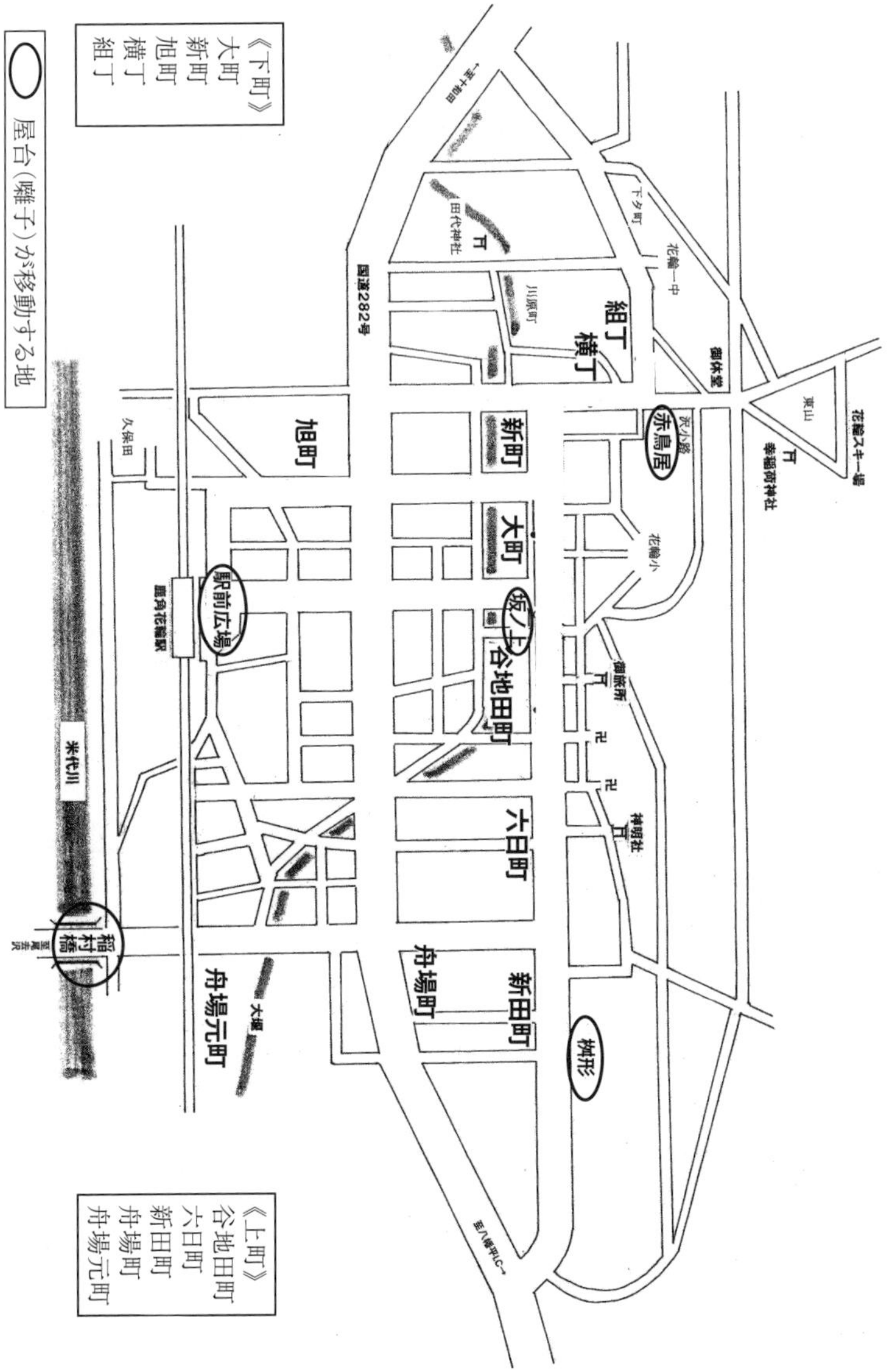
《下町》
大町
新町
旭町
横丁
組丁
屋台(囃子)が移動する地
《上町》
谷地田町
六日町
新田町
舟場町
舟場元町
組丁
横丁
新町
大町
旭町
谷地田町
六日町
新田町
舟場町
舟場元町
赤鳥居
駅前広場
坂ノ上
稲村橋
桝形
米代川
国道282号
田代神社
花輪一中
御休堂
東山
花輪スキー場
幸稲荷神社
花輪小
御旅所
神明社
鹿角花輪駅
久保田
大堰

地図2　祭礼空間略図

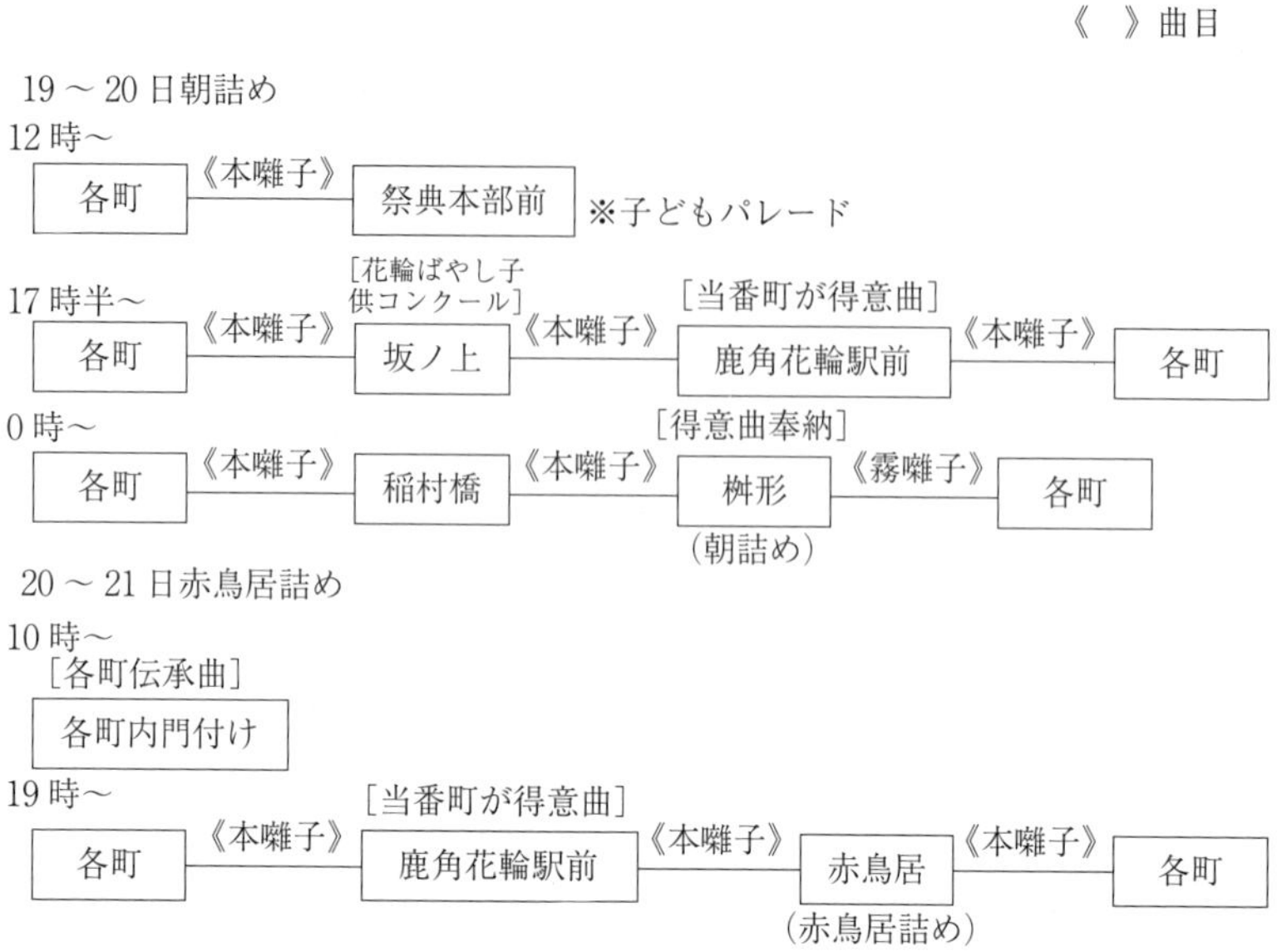

図2　囃子を中心とした祭礼の流れ

云ふものは、他郷にある花輪人をして祭りと聞くと何年経つても直ぐ思ひ出させる光景であるのだ」という記述があり、「本囃子」は昭和初期当時から巡行の際に演奏される曲であった。

「本囃子」以外が演奏されるのは、右の記事にも記述されている枡形詰め（朝詰め）の際である。朝詰めと呼ばれる行事は二十日の早朝に行われる。二十日の午前〇時を過ぎると、各町の屋台が花輪通りの南のはずれに位置する枡形に奉安された神輿に参詣するために出発する。稲村橋を経由して枡形に到着すると、神輿に向かって各町の屋台運営の最高責任者である外交長らとともに屋台に乗る楽奏者らも拝礼し、「奉納曲」を演奏する。奉納曲はそれぞれの町の「得意曲（得演曲）」を披露し、すべての町の奉納が終わるとサンサ[16]を行って各町へと帰る。この際に演奏するのが「帰町曲」である。この帰町曲は、すべての町が「霧囃子」である。霧の立ちこめる明け方にそれぞれの町へと戻り、十九日から続く一連の行事が終了する。

二十日は午前中から、町の若者組織である若者会が中心となり、町内にて「門付《かどづけ》」を行う。門付には、屋台の前に舞台を作り、民謡歌手などによる演芸大会を行う町もあるが、町全体を屋台が巡行し、町内からご祝儀として花代を受け取ることが主となる。この際の楽奏者は各町の子どもたちである。演奏する曲は、本囃子・奉納曲・帰町曲以外の曲目を演奏する町が多い。夜からは前日同様駅前行事があり、その後赤鳥居へと向かう。赤鳥居でのサンサが終わると各町へと戻る。その際、平成二十三年（二〇一一）の祭典では六日町が「宇現響」を演奏し、新町と組丁が「霧囃子」を演奏した。新町は赤鳥居前で拝礼した後から「霧囃子」の演奏を行った。その他の町は「本囃子」である。

その後は上町内・下町内でそれぞれ打ち上げとなるが、上町内では町踊りとともに五町による撥合わせ（囃子の競演）が行われる。下町内では演芸大会の後、秋田銀行前にて大町・新町・旭町の三町による撥合わせが行われ、全町とも明け方には屋台を収納し十九・二十日の祭典がすべて終了する。

簡単に演奏機会をみてきたが、ここでいくつか気になる点を挙げておく。

屋台運行の際、御旅所詰め・朝詰め・赤鳥居詰めの目的地へ向かう際に町境を越えて他の町を通行する。その際に隣接する町の境界（町境）で行われるのが交渉と挨拶である。屋台が町境に到着すると、迎える町の屋台が対峙するが、二町の間で町境の主張が異なる場合があるため、迎える屋台が境を越えていると認識されると交渉に時間を要する場合がある。この際、屋台同士がぎりぎりまで近寄り、屋台に乗る囃子連は互いに激しく「本囃子」を演奏する。

このように対峙した屋台と囃子が激しく競り合う事例は、例えば東京都八王子市でもみられる。八王子市で行われる八王子まつりでは、氏子町内を巡行する山車が対峙した場合の決着のつけ方は、囃子の演奏にかかっている。互いの山車上で激しく囃子が演奏され、一方の囃子がもう一方の囃子の笛の音色に引きずられてリズムやテンポが狂わされるとその囃子と山車は負けとなり、負けた山車はその場から去らなくてはならない。八王子まつりではこれを

「ブッツケ」と呼ぶが、このような囃子による勝負のつけ方は川越まつりなどでもみられ、囃子の演奏によって山車の進退が決定する。花輪ばやしでも対峙した屋台の囃子同士で激しく競演が行われるが、勝敗は囃子によらず、あくまでも屋台を動かす町の若者会の交渉が勝負となる。

では、囃子連同士の競争心は皆無かというと、そうではない。演奏する曲や芸態に差異をつけることにより、自分の町の囃子を各町が自負している。例えば横丁が得意曲としている「矢車」は他の町でも演奏されているが、本来「矢車」は横丁の氏神様の曲であるといい、他の町が演奏する「矢車」とは異なる曲調になっているという。六日町では演奏するテンポが極めて遅い[17]。屋台同士が対峙した際や観客が多く訪れる駅前では、他の町と同様にテンポアップさせるが、運行中の「本囃子」はゆっくりと一定のテンポで演奏している。

一方で、他の町で行っている芸態などの評判が良ければ、すぐに自分の町に取り込む場合も多い。演奏中に上半身を脱いで演奏する町や、駅前行事や赤鳥居前などの決まった場所のみではあるが、演奏者を女性だけで構成する町もある。平成二十三年(二〇一一)の祭典では、ある町で女性のみで構成された囃子が初めて披露されたが、翌年には他の町でも同様の構成で披露していた。「本囃子」では盛り上がると「ヒューヒュー」という現代風な掛声がかかる場合がある。いつ頃から始まったのかは明確ではないが、ある町が始めた変わった掛声が全町へと浸透していった。このように、様々な取り組みが次々と受け入れられているのもこの祭典の特徴である。

四　太鼓と鉦の楽奏者―町の若者会―

屋台を所持し花輪ばやしを演奏する一〇町にある若者会は、二十歳前後に入会し、四十二歳で退会する。三十代前半頃から役職につくが、それまでは花輪ばやしの演奏が主な仕事となる。昭和四十年代生まれまでは子どもの数も多く、高校生以上にならないと屋台上での演奏はできなかったというが、現在では「花輪ばやし子供パレード[18]」なども行われているため、小学生も屋台上で演奏する機会が多い。

はじめにも述べた通り、楽器により楽奏者が異なっている。本節では、太鼓と鉦の楽奏者である町の若者会の実態を確認していく。

1　花輪まつり参加町の拡大

先述した通り、花輪祭典は大町・谷地田町・六日町の三町のみが参加していた。その後徐々に規模が拡大して、現在のように一〇町が参加することとなった。三町の囃子がいつどこから伝承されたかは、聞取り調査および文献からも明確にはできなかったが、他七町についてはある程度確認できる。以下、各町での聞取りを基に、囃子の伝承時期が早いと考えられる町からまとめていく。

新町は大町と従兄弟町内ともいわれ、交流が盛んな町同士であったことから、大町から囃子を伝授されたといわれている。文献上では前述した明治三十八年（一九〇五）の『花輪便り』に新町の腰抜け屋台で三味線と太鼓の囃子があったという記述があるため、新町では明治期にはすでに囃子が演奏されていたと考えられる。

横丁では大神楽を伝承していたため、祭典の際にはパレードの先頭で大神楽を行い、次に神輿、その後ろに六日町・大町・谷地田町の屋台がついた。大神楽を行ったのは昭和二十八年（一九五三）が最後であり、その数年後から台車に櫓を載せ花輪ばやしの演奏をする形になっていった。囃子が伝授された時期は明確ではないが、屋台上で演奏をし始めたのは昭和三十年代前半のことである。

旭町では昭和二十七年（一九五二）より十九・二十日の祭典へ参加するようになった。大町から旭町に移住した杉江四方収という太鼓の名人より習った。笛吹きの芸人である小田島義郎の門下が旭町にいたことにより笛を演奏してもらい、三味線は、芸人の高杉善松の門下である民謡の師匠にお願いしていた。

組丁では昭和三十三年（一九五八）に、六日町に囃子を習った。昭和三十五年より祭典に参加し始めたが、当時は屋台がなかったためトラックで運行していたという。

舟場町では戦後六日町より囃子を伝習した。屋台が製作された昭和四十三年（一九六八）までは仮屋台上で囃子演奏を行い、祭典に参加していた。

舟場元町は舟場町の一部であったため、舟場町として祭典に参加していた。舟場元町として分離後、昭和四十年（一九六五）から谷地田町より譲り受けた屋台上で演奏を始めた。

新田町では、昭和五十五年（一九八〇）に屋台が完成した。それ以前から笛吹きや三味線弾きがいたため他町の芸人として祭りに参加はしていたが、町内で太鼓と鉦を習い始めたのは昭和五十年代からである。六日町の人々から教えてもらった。

囃子の伝承時期と、現在使用されている腰抜け屋台を製作し祭典に参加した時期は、重なっていない場合がある。大町・谷地田町・六日町以外で早い時期に伝承されたと考えられる新町や横丁では、現在のように屋台上で演奏していたとは限らない。昭和一桁生まれの男性によれば、子どもの頃は三町以外では屋台はなかったというが、伝承時期を考慮すると、屋台巡行に参加していない場合でも、何らかの形で囃子演奏を行っていた可能性はある。組丁・新田町のように屋台製作に合わせて囃子の稽古を始めたのは昭和三十年代以降であり、それまでは、屋台の有無よりも囃子演奏が祭典参加の必須条件であったと捉えることができよう。

2　各町の伝承曲と撥の打ち方と楽奏者

各町の伝承曲と撥の打ち方は表2にまとめた。平成二十一年(二〇〇九)の「『花輪ばやし』参加町内調査票」と聞取り調査に基づく。「本囃子」と「本屋台囃子」は音曲に違いはなく、新町では「本屋台囃子」が本来の曲名であるとし、このように表記している。また「吉原越」は「吉原格子」と表記する場合もあるというが、読み方は「ヨシワラコウシ」である。(　)内の曲は現在練習をしておらず、祭典中も演奏しない。

得意曲を奉納曲にしている町が大半であるが、新町は「鞨鼓」「本屋台囃子」「二本滝」「霧囃子」「宇現響」「拳囃子」「吉原越(格子)」「祇園」「矢車」を得意曲とし、その中でも「鞨鼓」を奉納曲としている。同様に谷地田町は「追込」「開化宇現響」を得意曲とし、奉納曲は「追込」である。

笛吹きの芸人K・Hさんによると、横丁の得意曲である「矢車」は横丁の氏神様の曲であり、本来横丁のみが演奏する曲であったという。そのため笛の譜は不明であったが、横丁の「矢車」を知っている人からハーモニカで曲調を教わり、吹けるようになったという。舟場町では、K・Hさんが習う以前に「矢車」が六日町より伝授されていた。その際にアレンジを加えたことから、舟場町の「矢車」は独特の曲調となっている。

3　各町の太鼓の芸態

全町に共通する太鼓の芸態として、撥を持つ腕の上げ方が挙げられる。肘を曲げ、撥を含めた肘から先を垂直に伸ばし、撥の先を目の高さまで上げ手首を返す。これは稽古の際に初めに教えられる点でもある。また、左右どちらの撥を最初に、または最後に叩くかという点も重要視されている。撥の打ち方には一丁打ち(一丁撥ともいう)と二丁打ち(二丁撥ともいう)と呼ばれる技法があり、前列の中太鼓と小太鼓を左右交互に打つ技法を一丁打ち、左右同時に打つ技法を二丁打ちという。この二丁打ちは、大町の秋本熊之助（安政元年〔一八五四〕～昭和六年〔一九三一〕）という太鼓の名人が創作したともいわれている。[19]

(1) 各町の芸態

＜舟場元町＞　奉納曲であり得意曲の「吉原格子」以外は全曲右で撥を終える。「吉原格子」は、両腕を片方の肩に担ぐので、右に担いだら左・右で、左に担いだら右・左となる。この曲では太鼓の縁を叩く場合もある。

太鼓は一丁打ちである。かつて前列と合わせて二列目の小太鼓も二丁打ちだったが、タイミングを合わせるのが難しいため、一丁打ちに変えたという。

表2　各町の伝承曲と撥の打ち方

町名		曲目	撥の打ち方
上町	舟場元町	**【吉原格子】**　霧囃子　二本滝　本囃子　鞨鼓　宇現響　祇園	右始まり、右終わり
	舟場町	**【拳囃子】**　霧囃子　矢車　本囃子　二本滝　鞨鼓　祇園　宇現響　追込	右始まり、右終わり
	新田町	本囃子　**【二本滝】**　鞨鼓　宇現響　霧囃子　（拳囃子）　祇園	決まりなし、右終わり
	六日町	本囃子　二本滝　鞨鼓　**【宇現響】**　霧囃子　祇園　（不二田）（拳囃子）	右始まり、右終わり
	谷地田町	**【追込】**　**開化宇現響**　霧囃子　本囃子　二本滝　鞨鼓　祇園　拳囃子	右始まり、決まりなし
下町	大町	本囃子　**【霧囃子】**　二本滝　宇現響　鞨鼓　祇園　不二田　矢車　拳囃子　吉原格子　祇園	右始まり、右終わり
	旭町	本囃子　**【二本滝】**　霧囃子　宇現響　鞨鼓　矢車　祇園〔町踊りのみ〕　拳囃子	決まりなし、左終わり
	新町	**【鞨鼓】**　**本屋台囃子**　**二本滝**　**霧囃子**　**宇現響**　**拳囃子**　吉原越　祇園　矢車　（不二田）	右始まり、右終わり
	横丁	本囃子　**【矢車】**　霧囃子　二本滝　鞨鼓　祇園　吉原格子（追込）　不二田　宇現響　拳囃子	右始まり、決まりなし
	組丁	本囃子　二本滝　鞨鼓　霧囃子　**【宇現響】**　矢車　吉原格子　祇園	右始まり、決まりなし

【奉納曲】　**得意曲**　帰町曲　（現在演奏していない）

掛け声は、伝承曲すべてにあり、タイミングは曲によって決まった箇所でかける。「ハ」「ヨイヨイ」などが基本であるが、盛り上がってくると「フーフー」という掛け声をかける場合がある。盛り上がるといろいろな掛け声をかけてしまうので、あまり度が過ぎると、先輩たちから叱られることがある。

音のリズムを作っているのは鉦である。徐々に演奏のテンポが速くなるのはよいが、初めから速い場合は、芸人に曲の途中で止められてやり直しとなる。

＜舟場町＞　撥は指三本で持つことが基本である。撥を上げる際に手首を返すのは、叩く際に手首のスナップを利かせることで音を軽やかに出すためである。昭和三、四十年代よりも現在の方が撥の上げ方、動かし方が大きくなった。これは屋台の大きさに比例していったこと、そのときの指導者の好みによるものだという。演奏をする上で音に違和感がなく、なおかつ格好が良ければ特に腕の動きの変化は気にしていない。撥の打ち方は、始まりは曲によって左右違うが、必ず右終わりとなる。

掛け声は「ハ」「ヨイヨイ」「ソレ」が基本であるが、「本囃子」はその場の乗りに合わせて見せ場では「オー」といった掛け声も加わる。この「オー」という掛け声は、昭和六十年代から平成に入った頃にはなかった。

奉納曲の「拳囃子」では、太鼓の縁に撥を置くことがある。また、太鼓の前側の縁に撥を立てて前のめりのようになりながら置く箇所もある。縁に置くのは演奏の間を作っているのであり、前者よりも後者の方が間を長くとることとなる。

＜新田町＞　撥の打ち方は舟場町と同様に、始まりは曲によって左右が異なるが、曲終わりは右で打つ。二丁打ちは行っておらず、すべて一丁打ちである。

掛け声には「アーヨイヨイ」「ハ」「ソレ」があり、他にも「本囃子」で盛り上がってくると「ヒューヒュー」という掛け声も加える。ただし基本を大事にしたいので、子どもたちには「ヒューヒュー」という掛け声を使用させず、大人が演奏している場合のみ掛けている。

＜六日町＞　「本囃子」のみ二丁打ちにしている。子どもコンクールでは二丁打ちの評価が低く、他町ではやらなくなってしまった。太鼓の音の強弱や速さは時代によって変化しているが、基本的に一〇町内の中で最もゆっくりしたテンポである。ただし、屋台同士が相対する際や駅前行事などではテンポを速めている。撥は全曲右から始まり右で終わる。

掛け声は「ハ」「ソリャ」「アーヨイヨイ」であり、この掛け声は子どもたちにも教えている。祭典中に盛り上がると「本囃子」では「フーフー」という掛け声をかけるが、これは特に教えておらず、いつから始まったのかも明確ではない。得意曲の「宇現響」では「オッサッサのサッサ」という掛け声も加わる。また、一フレーズに一回間をとる。その際に撥は太鼓の縁に置く。

＜谷地田町＞　本囃子の際一列目の中太鼓と小太鼓は二丁打ちで演奏している。昭和四十年代から五十年代前半頃まで は二列目の中太鼓も二丁打ちだったが、見映えがよいため一丁打ちに変えた。撥は右始まりだが、曲によって終わり方は左右違う。本囃子で中太鼓を叩く際には体を前のめりに、また小太鼓のみ叩く際に身体の重心を少し後ろにする。この動きは二列目も同様である。他の町ではない芸態であるが、これは谷地田町のみ、屋台に網を張り足が固定されていることから、体を激しく動かすことが可能になっているためと考えられる。

掛け声には「ハ」「ソリャ」「ハーヨイヨイ」が基本にあり、「本囃子」では「ヒュー」「フーフー」も加わる。盛り上がる中で「ヒューヒュー」は品格があると考えられている。「フーフー」は平成五年（一九九三）頃から始まった。

演奏テンポは見せ場では速くなるが、子どもコンクールでは速いと減点対象となるため子どもたちに教える際に気をつけている点である。

＜大町＞　一丁打ちで太鼓を打っており、どの曲でも右から始まり右で終わる。

掛け声は特に教えておらず自然に覚えていくものだが、「ハー」「ソレー」「アーヨイヨイ」という言葉が基本である。「本囃子」では盛り上がると「フーフー」という掛け声になる。

曲のテンポは演奏するその場の空気で決めていく。本来なら鉦がするべきであるが、現在は笛が演奏のテンポを作っていく。

＜旭町＞　二丁打ちから一丁打ちに変えた。かつては撥を耳の上のあたりまで上げていたが、現在では少し下になっている。打ち始めは曲によって左右それぞれだが、どの曲でも必ず左で終わる。昭和三十四年（一九五九）に国立競技場で演奏する際、他の町と太鼓の奏法を合わせる話になり六日町と合わせたため、六日町寄りに変化したという。

掛け声は雰囲気作りである。「ヨイヨイ」「ハ」「ソレ」の三種類が基本である。

曲のテンポは最も遅い六日町よりも速いが、他の町よりも少し遅い。テンポが速くなると先輩から怒られたものだった。

鉦は特に決まりはなく、人によって打ち方が違う。鉦はテンポを作る役割であるため、速くなると他の楽器も速くなる。

＜新町＞　太鼓の腕は、目の高さまで上げ、肘を肩より下げるな、手首を返せ、ということを子どもの頃から指導者から叩き込まれている。二丁打ちは行っておらず、撥は右から始まり右で終わる。

掛け声は「ハ」「ソラ」「アーヨイヨイ」である。本囃子のときのみ「ヒュー」などという掛け声をかけているが、平成の初め頃まではなかったものである。乗ってくるとこのようなノリのいい掛け声になるのは仕方ないと考えているが、それにより他の掛け声が小さくなってしまうことを懸念している。
〈横丁〉　太鼓は一丁打ちでしか演奏していない。太鼓を打つ手はいつも右から始まるが、終わり方は左右に決まりはない。撥は三本の指で持ち、しっかりと握りしめることはない。目で見える所まで腕を上げ、上げたときは手首を返すことが基本である。得意曲の「矢車」では太鼓の縁を叩く箇所がある。

掛け声は「ハ」「アソレ」「アーヨイヨイ」であるが、本囃子の際は「オー」「ヒューヒュー」などという掛け声もかける。これは教えているわけではなく、観客がいて盛り上がることで自然に始まった掛け声であるという。昭和五十年代から六十年代くらいまではそのような掛け声はなかった。
〈組丁〉　テンポがゆれないこと、太鼓の音が揃っていることの他に、様式美も大切にしている。撥は耳のあたりまでまっすぐに上げ、手首を返し、太鼓を叩くときは八の字になっているようにしている。叩き始めは右から打つが、終わり方は決まっていない。また、二丁打ちは禁止している。

掛け声は「ハ」「ソリャ」「ヨイヨイ」、吉原格子では「ドッコイ」とかける。本囃子では盛り上がると「ヒュー」や「ハイハイハイ」などという声をあげるが、子どもコンクールでは禁止されている。審査のときと、神様がいる場所以外では自由に掛け声をかけていいことにしている。

(2) 芸態の今昔

芸態や曲調は年を経て徐々に変化していくものである。戦前生まれの者や数十年間同じ町で三味線や笛を演奏している専属芸人はその変化を感じ取っている。

六日町の男性(昭和二年〔一九二七〕生まれ)によると、若者会で太鼓を打っていた頃、一列目は大太鼓ではなく中太鼓であり、右隣の人の太鼓を叩いていたという。そのため屋台のぶつかり合いになった際、一番右の人は撥を上げて屋台を牽制した。一列目の演奏者は自分の技術の見せ場を作ることが重要であったが、現在は皆、見せ場として捉えず太鼓を叩いているだけのように感じるという。

芸人からみると、太鼓が年を経るごとに速くなっていると感じるという。かつてよりもリズムが速くなっているため、にぎやかであるが、三味線弾きの立場ではあまり速いと撥がついていかないこともある。

六日町の芸人（昭和十二年〔一九三七〕生まれ）は、町での練習のときにあまり太鼓が速くなると、皆で同じ演奏をすることの重要性を助言しているが、現在は技術ではなく、速さを競っている節がある。また最近は太鼓を打つ者たちが三味線を覚えていない場合が多くなっているという。掛け声にも変化がある。かつて「ヨイヨイ」の掛け声の語尾は下がったが、今は語尾を上げている。

一〇町は同じ曲目でありながらも芸態や奏法に多少の差異がみられる。これまで、大きく分けて上町である舟場元町・舟場町・新田町・六日町と、下町である大町・旭町・新町・組丁・横丁と谷地田町とでは、「本囃子」の曲調が異なるといわれてきた。一フレーズ八拍子であることはどの町でも同様であるが、この一フレーズで叩く撥数により曲調が変わる。特に谷地田町では撥数が多いので、他との差が明確である。しかし、太鼓を打つ手が左右どちらで始まりどちらで終わるか、という点を確認すると、舟場元町・舟場町・新田町・六日町はすべて右終わりであるが、下町では共通していないことが挙げられる。これは伝承ルートにも関わると考えられる。上町の舟場町・舟場元町・新田町では伝承の祖に六日町がある。一方で下町では、新町は大町から、組丁は上町の六日町から伝えられたという以外は、どこから伝えられたのか明確ではない。

時代を経てそれぞれの町が他の町との演奏の競い合いの中で独自の奏法をみつけていき、また指導者も年々変わっていくことで、差異が生まれてくる。その違いが町ごとの特徴となるのである。

4　太鼓と鉦の稽古

太鼓と鉦の稽古が始まるのは、七夕ねぷたが終わり、棒入れ（撥入れと呼ぶこともある）と呼ばれている日（八月十日）からだが、現在は夏休みに入ると稽古を始める町も増えている。組丁では六月より週一回ではあるが、笛と三味線を交えて稽古をしており、徐々に稽古始めは早くなっている傾向にある。七夕ねぷたの前は一時的にねぷたの太鼓を稽古するが、それ以外の期間は、祭礼まで毎晩それぞれの町で行う。舟場元町では、小学校四年生以上の男の子が中心でねぷたの大太鼓練習に入る。人数が足りないと女の子が入ることもあるが、基本的に女の子は町踊りの練習をこの時期に行い、ねぷたに参加しない小さい子なども町踊りに参加する。いずれの町も、棒入れ以降、もしくは十六日の屋台出し以降は、芸人も含めて本格的に花輪ばやしの稽古を行う。

稽古する場は各町の会館で行う場合が多いが、旭町では八正寺神社、谷地田町では御旅所で行っている。また、屋台出し以降は屋台上で稽古をする。

各町で稽古を受ける対象は小学校一年生から中学三年生の子ども会であるが、舟場町・谷地田町・大町・旭町・横丁・組丁では幼稚園生の参加も認めている。ただし、「花輪ばやし子どもパレード」の参加はできない。子どもの数は年々減少傾向にあるため、昭和五十年代から平成にかけて、どの町も自町外（一〇町以外）の参加を受け入れ始めた。同じ学校の友達や、町から嫁に出た者の子どもが主であるが、新町では昭和五十年代半ばより隣町の堰向町内の子どもも参加するようになった。指導者は変わらないが、棒入れまでは堰向町会が、棒入れ後は新町町会が主体となる。また、横丁でも平成十二年（二〇〇〇）から川原町と合同の子ども会となり、合同で稽古を行っている。

稽古をみるのは若者会ＯＢや若者会で、稽古担当者を置いている場合もある。舟場元町では稽古担当者が他の役になった際には、それまで一緒に稽古指導をしていた若手を指名する。

最初に習う楽器は中太鼓である。稽古を始めたばかりの小学校低学年の子どもは、すでに演奏のできる小学校高学年や中学生の後ろ側で自分の膝を叩き、代用品のタイヤで稽古する。指導者は撥の上げ方を教える。組丁では初心者にもすぐに撥を持たせるが、横丁では太鼓の設置高さがあるため、小学校三、四年生にならないと撥をにぎっての練習はさせない。小さい頃から撥を持たせてしまうと、撥さばき(叩く際の腕の上げ下げ)が上手にできないからだという。

中太鼓の演奏ができるようになると大太鼓の稽古を始める場合が多いが、後列の中太鼓演奏者たちは、前列の大太鼓を後ろからみているため、自然と覚えて叩けるようになることも多いという。大太鼓が叩けるようになると前列での演奏ができる資格をもつこととなる。新田町では小学校四、五年年から大太鼓を教えているが、他の町では年齢制限をきちんと設けているわけではない。しかし、必然的に年齢があがり演奏が熟練していくにしたがって演奏の位置が前の方へと移っていく。

太鼓を一通り演奏できるようになった者の中から、希望者やリズム感の良い子に集中的に鉦を稽古させる。多くの町は一対一で鉦を教えており、全員に鉦を教えている大町でも、祭典期間中はリズム感のいい子に持たせている。どの町でも例外なく、鉦はリズムを作る最も大切な役割であると認識されている。

教える曲は「本囃子」からである場合が多い。その後、自分の町の得意曲もしくは「霧囃子」を早い段階で覚える。このように祭典中に演奏機会が多い曲から習得する傾向が強い。横丁では「本囃子」から教え始め「二本滝」「矢車」「霧囃子」の順に教えていくのだが、これはすべて三味線の二上がりの曲である。ここまで叩けるようになったら、三下がり曲を練習させる。このように三味線の調子に合わせて教える曲順を決めるのは、屋台出し以降に稽古に参加してくれる芸人に合わせるためであるという。

「二本滝」を最初に教えるのは旭町と組丁である。旭町では「二本滝」に演奏の基本が詰まっていると考えている。両町とも「二本滝」の次は「本囃子」を教える。

新町では昭和三十年代頃までは「本囃子」を最初に教えていたが、現在では基本曲としてまず「矢車」を覚えさせる。「矢車」は二丁打ちをする箇所があり、他の曲でも応用の効く奏法が詰まっているためだという。「矢車」の次は「本囃子」「二本滝」「霧囃子」「鞨鼓」の順番で覚えさせていく。

演奏はみて覚えるため譜面のない町が多いが、舟場町・旭町では子どもたちの練習用に譜面を作成した。組丁でも譜面をみせながら教えているが、譜面があるのは「二本滝」「霧囃子」「宇現響」「鞨鼓」だけである。最も叩く機会の多い本囃子は、実際の演奏をみて覚えさせている。昭和五十年代から花輪ばやしの稽古を始めた新田町では、当初より全曲譜面があり、現在も子どもたちにみせながら教えている。新町でも譜面はあるが子どもに教えるためのものではなく、平成初めに、子どものときにうろ覚えだった演奏をきっちりと覚えなおしたいという大人のために作成したという。

稽古期間中は祭典での演奏機会が多い「本囃子」を中心にしながら、得意曲、帰町曲「霧囃子」に続いて、門付で演奏するその他の曲も稽古していく。舟場元町では、「本囃子」の後、毎日三、四曲ずつ演奏する。その中でうまくいかなかった曲に関して時間をとって改めて演奏しなおす、といった稽古の流れである。組丁では、練習が始まると毎日五回ほど「本囃子」を繰り返し演奏する。その後、片方ずつ撥を上げさせてから、両手を上げ撥がまっすぐになっているか、下げたときに八の字になっているか撥の持ち方を毎日確認している。

稽古が進み十五、六日になると子どもパレードの出場者が選出される。その中でも一列目を担うメンバーは重要となる。出場者を選ぶのは若者会・若者会OB、谷地田町では芸人も選出に関わる。選考基準は演奏技術だけでなく、盛り上げ方やパフォーマンス力を重視しているという。また、コンクールに出なかった子どもたちも、門付などで演奏機会を与えるようにしている。舟場町では、自町内の子どもを優先しているという。

現在では祭典中も子どもパレードや門付などで子どもが演奏する機会があるが、かつては若者の人数も多く、子どもが屋台に乗り演奏することはできなかった。

六日町のS・Sさん（昭和二年〔一九二七〕生まれ）は、昭和二十年代頃まで太鼓が花輪になく、毛馬内や尾去沢に太鼓を借りに行っていたという。当時、若者会では太鼓係・屋台係・芸人係がいて、太鼓係は太鼓を借りに行って練習を主導していた。十三歳くらいから太鼓と鉦の稽古はしていたが、屋台に乗って太鼓の演奏ができるのは十五、六歳からだった。町によっては、高校生でも屋台には乗れず卒業後にやっと屋台に乗る機会があったという。また、子どもが演奏する機会が増えても小学生は乗れず中学生のみであった。その頃は男子の数が多かったため、女子は演奏に参加できなかった。女子も演奏するようになったのは昭和三十年代以降である。かつては屋台で演奏をするために、皆必死で稽古をしたという。

新町のK・Tさん（昭和二十二年〔一九四七〕生まれ）によると、昭和三十年代頃は、愛宕神社で板の間に正座して膝を叩いて稽古をしていたという。太鼓を打てるようになっても、一度でも間違えるとすぐに交代させられるため皆必死であり、すきを狙って屋台に入り演奏していた。M・Mさん（昭和四十三年生まれ）が花輪ばやしを習っていた昭和五十年代は、稽古では太鼓を使っての練習はできずに自分の膝を叩いて覚えていたものだったという。掛け声の良さや撥捌きの良さで演奏を交代させてもらえるために、必死でやっていた。

現在では人数の減少から一人一人を丁寧に教えていることもあるが、先輩たちの演奏を聞き、見よう見まねで演奏することが基本となることは変わらない。教える者も一人ではなく、教えられる方も大人数である。

町で生まれ育った者は必然的にこの花輪ばやしを習うことになる。小さい頃から見聞きし憧れをもって参加する傾向が強いため、音曲を覚えている子が多く、一から教えなくても気づいたら演奏できるようになっていることもあるという。また、同じ曲目でも、撥捌きや間の取り方など多少の差異があるため、自分たちの町の花輪ばやしという意識も強くなる。町民が一丸となって若い世代へ伝承をつなげ、同時に礼儀作法や仕来りも伝えながら、自分たちの町の囃子を存続させているといえよう。

五　笛と三味線の楽奏者―周辺農村の人々―

笛と三味線は各町専属の「芸人」と呼ばれる楽奏者が演奏する。この楽奏者を町の人々は「芸人さん」と呼んでいる。現在では、祭典委員会の主催する講習会が行われ、自分の町内の楽奏者を「内芸人」と呼び、周辺地域からの楽奏者を「外芸人」と呼ぶ場合があるが、本節では「芸人」に統一する。

1　文献にあらわれる「芸人」

彼ら「芸人」がいつから花輪ばやしに関わるようになったのかは明らかではない。記録上でも「芸人」の記述はなく、初めて文書で「芸人」の具体的な名前が登場するのは田村政四郎の『花輪囃子考』である。「開化宇現響」という曲の説明に関して述べられた箇所に「明治中期まで変わりなかったが日清役の当時になって「宇現響」の一部を編曲した、開化宇現響が現れました。(中略)これは谷地田町から現れたもので、編曲者は盲人の春滝坊であります」[20]とある。佐藤久一の『花輪ばやし』でも囃子の作曲に触れる箇所で「あやめの市、春滝、春庭、春光、熊坊達も保存、育成に努めた人であるが、特に名手であった春滝坊は自分の新作を考えたのであろう[21]」と「芸人」と思われる人物を何名か挙げている。

阿部胡六が昭和四十四年(一九六九)九月の『秋田魁新報』に連載した「花輪の芸能」(中)の中で筆者の記憶と考察を交えながら芸人について記述している[22]。

座頭の系譜を探ってみると(杉江四万治氏談)、花輪に工藤あやめの一という座頭がいた。明治初期のようだ。この座頭に、春滝、春汀という二人の弟子がいた。春滝坊は、私の少年時代まで生存していた人で、容ぼう魁《かい》偉、色は黒人のように黒かった。当時の思い出として、小学校の同窓会の福引きで春滝というクジを引いた。春の滝とは風流の題かな、一体何が当るかと思っていると、一袋の黒砂糖を渡された。それは、黒座頭のシャレであったわけだ。

当時の座頭はあんまより上で、歌、笛、三味線、太鼓と万能のプロ芸人で、芸者というもののない時代の芸者だった。宴席に侍《はべ》り、また各町内に専属して、まきや米、みそなどの給与を受け生活のかてとしていたらしい。春滝は魁偉だったため、彼の吹く笛は特に太かったといわれる。

一方、春汀は勤厳でひざをくずさず、身だしなみもよく小鳥を飼うなど芸人らしく、当時すでに八十人からの弟子がいたといわれる。その中に熊坊というのがいて、その美声は一世を風靡《び》した。熊坊の弟弟子が〝善ママ〟と愛称された高杉善松氏で、現在尾去沢蟹沢に住んでいるが、からだはあまり丈夫ではないらしい。過日私は善松氏を見舞いに行き「あなたは花輪名物の町踊りにはかけがえのない人だから、自重自愛して長生きしてほしい」と激励したが、そのさい盲目の彼が張りあげる渋い声は天下一品と思われた。彼の弟子で現在活躍している人は、あんまの駒ケ嶺山次郎、木村重次郎氏がおり、つい先頃他界した奥村嘉一氏もその一人だ。

これらの記述をみると、明治中期頃には芸人が花輪ばやしに関わっていたことが確認できる。図3は芸人の系図である。(23)

春滝・春汀の師匠といわれているあやめの市は明治初期の人で、出身地は、工藤姓の多い花輪用野目ではないか、もしくは同じく工藤姓の多い津軽の人間ではないか、といわれているが、その素性はまったく明らかになっていない。春滝は嘉永六年（一八五三）に生まれ、大正六年（一九一七）に没している。出身は七滝の高清水であり、長年、谷地田町で専属芸人をしていたことから、谷地田町の人々により長年寺に埋葬された。春汀（庭・貞との記載もある）は花輪の仲小路に文久三年（一八六三）に生まれ、昭和十年（一九三五）に没した。春滝と春汀は同時代に活躍した人物と考えられるが、現在でも古老の記憶にあるのは、春滝より遅く没した春汀であることが多い。

熊坊と呼ばれる芸人は松岡春勝という芸名であり、明治二十一年（一八八八）に生まれ、昭和十一年（一九三六）に没した。花輪曲沢出身で、墓は春汀と同じく長福寺にある。熊坊は没する直前まで花輪まつりに関わっていたことが『秋田魁新聞』（昭和十年九月十四日）から確認できる。町踊りに関する記事であるが「太鼓、笛、三味線、交響楽団を指揮する人は盲人の松岡重次郎さんで俗称「熊坊」といはれこの盲人がその踊の種類を指定する熊坊さんの命ずるまゝに踊り子達は焚き火を囲んで踊る」とある。

前述の資料で名が挙がっている高杉善松は、大正四年（一九一五）に尾去沢の西道口で生まれ、昭和六十一年（一九八六）に没した。(24)彼は春汀の弟子として長年花輪ばやしや町踊りの演奏に携わり、昭和五十三年に秋田県文化功労者として表彰され、近隣地域にも広く名が知れ渡った。芸人の系譜では駒ヶ嶺山次郎・木村重次郎・奥村嘉一は善松の弟子と位置付けられているが、活躍した時期は善松と同時代である。個人所有の資料によると、春汀の弟子として木村重次郎氏・奥村嘉一氏が記載されていることから、伝えられている師弟関係は必ずしも明確ではない。春滝の弟子であった者が、春滝没後に春汀の弟子へと移行している場合もあるからである。

個人所有の資料には、春汀の弟子として、春山[25]・春たく・春ちん・春えい・春諡・前田幸吉（笛）・奥村嘉一郎（三味線）・木村重次郎（三味線、笛）・浅石サエ（三味線）・黒沢米太郎（笛、尺八）・黒沢小次郎（笛）・杉次よもじ（太鼓）・賀川（名不明、太鼓）・小田島善郎（笛）・阿部重吉（太鼓）・茂原（名不明、三味線）の名が連なっている。この資料中の春諡が高杉善松と同一人物であるが、春諡という名は筆者の調査からは確認できず、善松はこの名を使用していなかったようである。

系譜でも確認できるように、三味線・唄と笛では系統が違う。特に現在、花輪ばやしの三味線を演奏する芸人たちはすべて高杉善松の弟子である。昭和二年（一九二七）生まれの男性によると、善松の弟子であることを証明するための免許状を発行していた時期があるという。それほど善松の影響は大きいものであった。

三味線・唄のできる芸人は花輪ばやしだけではなく、町踊りでも活躍する。現在（平成二十五年〔二〇一三〕）、町踊りの三味線と唄は三人だけであり、後継者の育成が切望されている。

2　芸人の伝承

平成二十三年（二〇一一）に、花輪祭典・町踊りで活躍する芸人らはどのような経緯で芸人として参加するようになったか、またどのように芸を稽古していたのか確認するため、芸人から聞取りを行った。芸人は一対一の稽古が基本であり個々により伝承が異なるため、以下では各芸人の話をまとめる。

①Y・Yさん（昭和四年〔一九二九〕生まれ）

八幡平出身で農業を営んでいる。小さい頃から習っていたが、本格的に習い出したのは昭和二十五年（一九五

- 工藤あやめの市（一）
  - （三）唄 笛）木村春滝［嘉永6～大正6］
    - （笛）松岡春勝※熊坊［明治21～昭和11］【曲沢】
    - （笛）駒ヶ嶺勝治
    - （笛）小田島善郎【旭町】
      - （笛）切田重治《大町》
      - （笛）田中正男《大町》
      - （笛）栗山廣［昭和8～］【大町】《大町》
      - （笛）千葉春喜
      - （笛）黒沢義衛《横丁》
      - （笛）田中富三《旭町》
    - （笛）山本金五郎
    - （笛）関　円次郎
    - （三唄 太鼓）奥村嘉一郎［明治32～昭和43］【蟹沢】
    - （笛）浅石サエ
    - （笛尺）黒沢米太郎［?～昭和37?］【蟹沢】
      - （笛）晴山正男《舟場町》
      - （笛）川口力三《舟場町》
      - （笛）菅原正雄
      - （笛）黒沢敏雄［昭和21～］《谷地田町》
    - 春たく
    - 春山【蟹沢】
    - 春えい
    - 春ちん［川流により死亡　生没不明］【芝内】
    - （笛太）木村重次郎【西道口】《六日町》
      - （笛）関昭二《六日町》
      - （笛）玉内力男［昭和7～］《旭町》
      - （笛）菅原周蔵
    - （笛）川村清次郎

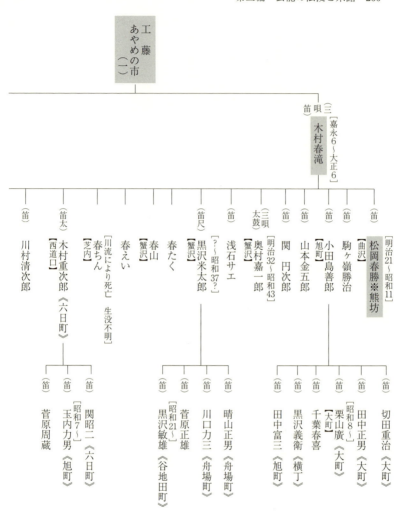

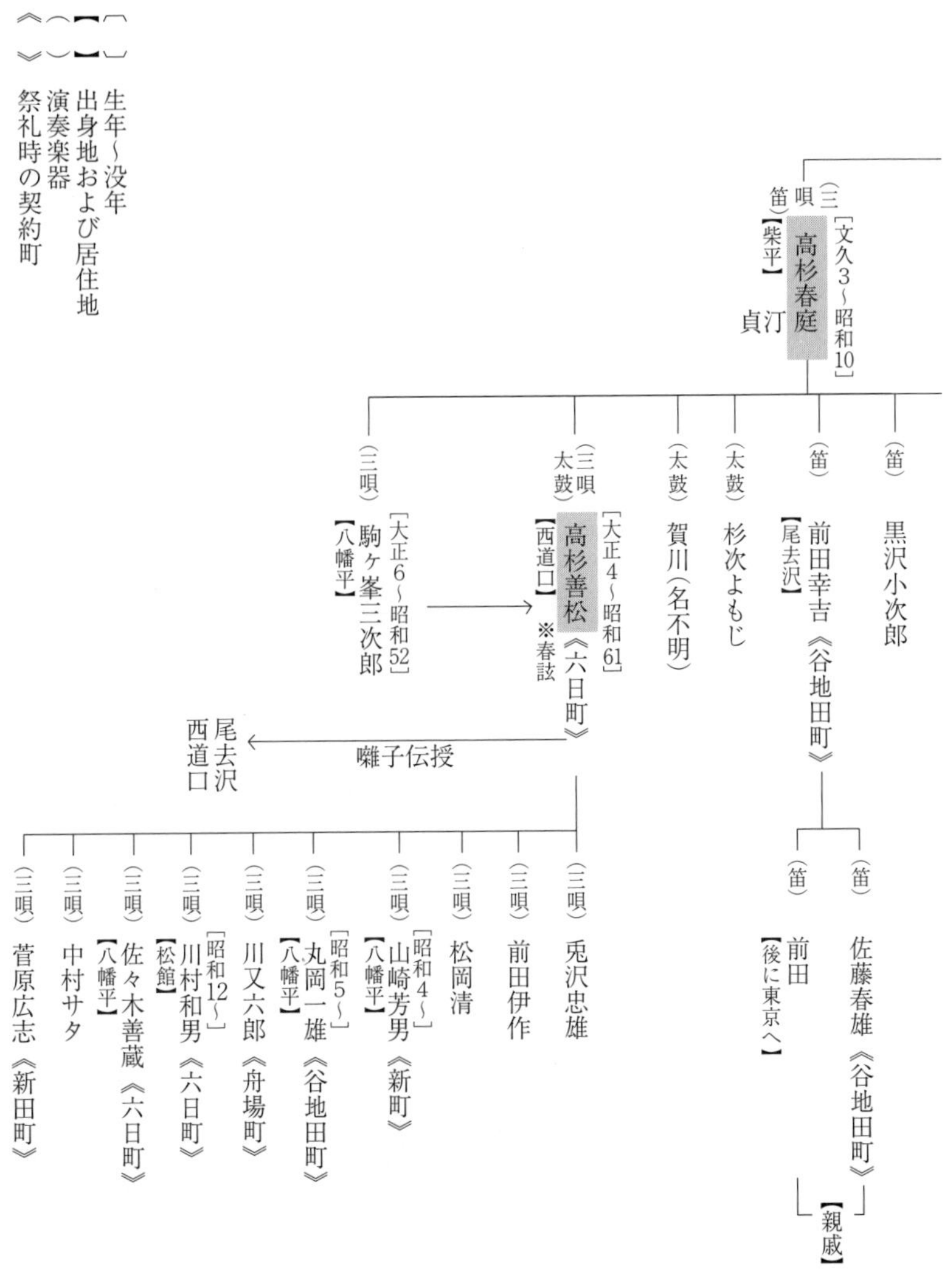

小田切康人氏の図より発表者加筆（平成25年調査当時）
（小田切康人『花輪ばやしのルーツは奥州平泉にあった』文芸社、平成22年）

図3　花輪ばやしの芸人系譜

〇)からであった。親戚に三味線を借り高杉善松さんに教えてもらった。三味線の稽古は一対一で行い、耳で覚えたが、師匠はとても厳しい人で、一曲を覚えるのに難しい曲だったら三日、簡単なものなら二日で覚えさせられた。三味線を教わってから半年後には屋台に乗ることが許された。はじめは師匠の専属の町である六日町だったが、一年後には師匠の命で新町の屋台に乗るようになり、現在でも新町の専属である。

②M・Kさん(昭和五年〔一九二七〕生まれ)

十代から芸者さんに三味線を習い、その後も独自に民謡を稽古し弟子をとっていたが、昭和二十六年(一九五一)に高杉師匠に三味線を貸したことがきっかけで花輪ばやしを習うことになった。稽古は一対一で行い、拳囃子が最初に習った曲だった。屋台に乗れるのは、曲を全部覚えてからというのが基本だが、花輪ばやしは二上がりと三下がりしかないので、その調子さえ覚えていれば演奏できる。逆に町踊りの三味線は三下がりがなく、本調子と二上がりだけである。

稽古を始めて一年後に屋台に乗ることが許された。初めの一年間は新町の屋台に乗った。その後、舟場元町の屋台に昭和四十二年(一九六七)頃まで乗り、その後、谷地田町に乗るようになって現在に至る。どの屋台に乗るかは師匠が采配するものだった。ある町で芸人さんがなんらかの理由でいなくなったときには、若者頭が師匠(当時は高杉師匠)に屋台に乗る芸人をお願いして芸人を依頼していた。師匠は、自分の弟子に頼まれた町へ行くように采配する。

高杉師匠は夫婦で目がみえず、西道口に住んでいた。目がみえなくてもお酒をおちょこからこぼすこともなかったし、時間も言い当てた。道を歩いているだけで、その足音で誰だかわかっていた。また、ポケットに手を入れていると「なんでポケットに手を入れているんだ(無礼だという意味で)」と怒られたので不思議であった。

高杉師匠の奥さんはイザッコ（イタコ）であったため、奥さんはイザッコ業、善松師匠は芸だけで稼いでいた。

③K・Kさん（昭和十二年〔一九三七〕生まれ）

松館出身のK・Kさんが三味線を始めたきっかけは、先輩の三味線を聞いたことと、祭りへの憧れであった。太鼓を演奏することは町の者でないとできなかったが、三味線と笛ができれば祭りに参加できるからである。

週四日ほど、西道口にあった師匠の家に行き稽古を重ねた。善松師匠は耳だけで音の判断をしていた。どこの手を間違えたか、すぐにわかり静かに少しずつ教える人だった。現在では三味線にサワリをつけているが、師匠はサワリのことを「気障り」と呼んでおり、つけていなかった。

昭和三十年（一九五五）五月の尾去沢の祭典では師匠と一緒に三味線を弾きに行き、その年の八月から師匠とともに六日町の屋台で演奏した。屋台の改修により六日町が屋台を出さないときや、新町で屋台が新築された際は、新町に行くこともあった。ただし、六日町の町境まで来たら六日町の屋台に乗り換えていた。その期間以外、現在に至るまで六日町が専属である。善松さんの師匠にあたるのが春汀さんだった。善松師匠から聞いた話では、春汀さんは柴平に住んでおり、背の小柄な目のみえない人だったが、足音で誰が来たかわかるほど勘のいい人だったという。

花輪祭典や町踊りの他に、師匠とは祝い事に呼ばれると一緒に行った。呼んだ人が自分の調子で唄うと三味線の調子を合わせるのが大変であったため、善松師匠は自分で唄ってみんなを引っ張った。善松師匠は人に喜ばれることが好きな人だった。他に仕事をせず芸だけで生計を立てていた。

聞取りからも確認できるように、高杉善松は盲人であり、芸を売ることで生計を立てていた人物であった。高杉以降に盲人の「芸人」はおらず、彼は花輪ばやしにおける最後の盲人芸能者であったと考えられる。

いつ頃から彼らを「芸人」と呼ぶようになったのか明確ではないが、「花輪の芸能」(中)には「あやめの市という座頭」という記述があることから、以前は「芸人」を「座頭」と呼んでいたようである。花輪周辺地域では「座頭」を「ボサマ」と呼んでいた。

世代が上になると「「芸人」はもともと芸で稼いでいた「ボサマ」だった」と「ボサマ」が身分の低い存在として使用されることが多い。戦前のボサマは神様の前に出てはだめだといわれていて、当時は屋台の三味線弾き・笛吹きが乗る部分に幕をつけ、枡形に奉安された神輿に参詣する際にはその幕を閉めていたという。以下は唯一、一〇町出身の笛の「芸人」からの聞取りである。

④K・Hさん(昭和八年〔一九三三〕生まれ)

K・Hさんは大町に代々続く銭湯を家業にしている。昭和二十五、六年(一九五〇、五一)頃から笛を習い始めた。兄弟子であった切田重治さんに誘われたことがきっかけだった。当時花輪ばやしは「煙草を吸って、酒が飲める人」(つまり、大人)しか屋台に入れなかったが、笛を吹ければ屋台に入れると考えて習い始めた。師匠の小田島善郎は旭町の人だった。稽古は本囃子から始め、次に「二本滝」「霧囃子」と習う。花輪ばやしの調子は、二上がりと三下がりであり、この三曲は二上がりである。鞨鼓と宇現響は三下がりであったので、初めに二上がりの曲から教えてもらった。

笛が一人前になってからは、大町の屋台に乗っている。当時太鼓を演奏していたのは父親と同じくらいの大町の旦那衆で、若い人たちは屋台を動かすだけだった。大町の屋台の前列で演奏する四人は旦那衆で、後ろで演奏していた四人は商店の人だった。屋台は大町・六日町・谷地田町の三町にしかなく、駅前行事などは行わず、花輪通りの南のはずれに位置する枡形に奉安された神輿に参詣する、「朝詰め(枡形詰め)」という行事くらいだった。そのため交代要因が必要なく、今ほど笛も三味線も人数は多くなかった。

父親には「普通の人は芸をやってはいけない」といわれていた。芸人の奥村嘉一郎さんは、植木職人が本職だったため、家の者に怒られるからといって三味線は自宅には置かずに近くの小屋に隠していたという。三味線や笛というのは、「身分の低い人がする芸」であるとよくいわれていたが、父は祭りの世話方もしていたため、花輪ばやしの笛を辞めろとはいわなかった。しかし、大湯や湯瀬などの温泉に行って演奏するなとはいわれていた。これは師匠にもいわれていたことで、芸で金をもらうために教えたのではなく、純粋に祭りの囃子だけをやりなさいといわれていた。師匠も米屋の本業をもっている人だったからである。

このように、親から「普通の人は芸をやってはいけない」ととがめられていたことや、花輪の祭典以外での演奏を父親や師匠にも禁じられていたことから、「ボサマ」の流れを汲む「芸人」は身分の低い存在と認識されていたことは明確であろう。

六　芸人を支えた人々

1　祭礼における芸者衆の役割

かつて花輪には置屋があり、祭典の門付では芸者衆が三味線を演奏し、踊り、それに合わせて「大き方」と呼ばれる大店の旦那衆がお遊びで太鼓を演奏することもあったという。

文献上でも芸者がたびたび登場する。この内のいくつかを以下に挙げる。

『内田慎吾日記』(26)（明治三十九年九月八日）には、「今日花輪町にては旧七月廿日稲荷社祭礼（中略）小浜屋定治方にて芸者の踊り見たる趣き、夜拾壱時に帰宅いたし」とあり、祭典中には料亭で芸者をあげていたことがうかがえる。

『鹿友会誌』(明治四十四年)には「谷地田町…本屋台(能代芸妓の芝居)腰抜(当地芸者の手踊)、六日町…本屋台(同上)腰抜(同上)さぎり、大町…腰抜(大館連の秋田音頭)、新町…腰抜(煽田連の秋田音頭)、横丁…腰抜(当地芸者の手踊)大神楽」とあり、芸者衆は本屋台や腰抜屋台でも踊りや芝居を行っていたようである。また、花輪の芸者が多数を占めているが、能代からも芸者が参加しており、華やかであった様子がうかがえる。

大正期に入っても祭典中に芸者は大いに活躍していた。『青年乃鹿角』(大正十三年)には、かつての踊りの名手を懐かしむ記述がある。「屋台の踊は六日町は広川屋、谷地田町は小坂から輸入の吉本クラブ連、大町は花輪倶楽部と云ふ顔振だつたが未だしも吉本が幾分みられた位のもので倶楽部も広川屋も丸で子どもにばかり踊らせて我慢にも見て居られなかつたは何ふしたもの《（ママ）》だ、花月の松子や百合子などの名手が盛に活躍した時代に比してお祭芸術の低下も甚敷哉やだ」とある。

戦前は、祭典の際に曲によっては、芸人だけではなく芸者衆にも演奏してもらっていたという。昭和二年(一九二七)生まれの男性によると、彼の先輩は、花輪線がまだ通っておらず小坂まで鉄道があった大正末から昭和初め頃、小坂から人力車で芸者さんを呼んでいた。先輩は、「屋台の前で踊ってください」というと「私たちは土の上で踊ったことはありません」といわれたといっていたという。

昭和二十三年(一九四八)頃も花輪には当時大勢の芸者さんがいた。花輪の芸者さんはしゃきっとしていて気立てがよく、厳しかったという。当時花輪の町の中にはお座敷・旅館・小料理屋がたくさんあり、芸者衆は非常に忙しかった。また戦後、町中には多くの料亭があり、「大き方」が芸者や芸人を料亭の座敷に呼んで、太鼓や笛の名人をそこから見出し、祭りのときに声をかけていたという。そのため料亭には必ず締め太鼓があった。昭和三十年代まで、各町には大太鼓だけしかなく、祭りの際には料亭に締め太鼓を借りに行っていた。

『鹿角時報』一四二号（昭和二十四年）には「谷地田町は大丁内《ママ》とあつて三ケ所に舞台を掛け、大里、松館から踊子を招いて（中略）大町は立派な屋台を前にして二葉の姐さん達から丁内の嬢さん達の踊、しかも三味線と唄は藤間三福さんと湯瀬の佐々木キタ師匠さんと云ふ組合わせ」とあり、戦後になっても花輪ばやしには町内の若い女性とともに、周辺地域から芸者衆を呼んでいたことが確認できる。

2　花輪の芸者と大き方

現在では花輪の町には芸者はおらず料亭も廃業してしまったが、人々の記憶に残っている芸者に、六日町のフクエさんという人物がいる。以前、花輪祭典に参加していた湯瀬の元芸者Nさんによると、フクエさんはもともと盛岡の人であり、Nさんの母（明治期生まれ）の友人だったという。盛岡から移ったフクエさんは花輪で芸者をするようになった。Nさんが芸者を始めた昭和三十一年（一九五六）には、花輪には「二葉」「みどり」「松屋」「廣川屋」「花月」といった料亭があり、フクエさんと一緒に座敷にあがることもあった。湯瀬の芸者を呼ぶのは花輪の芸者を呼ぶよりも倍の料金がかかるため、毎回お座敷に呼ばれていたわけではなく、顔なじみの人に指名されたときに行っていたという。六日町・谷地田・大町の大店の客が多かった。もともと日本舞踊を稽古していたため、祭りの門付には芸者になる前の昭和二十七、八年頃から参加している。Nさんは学校が花輪であったため、同級生が花輪の町内に多く住んでおり、彼らが若者会に入る頃になると頼まれるようになった。

毎年七月頃、若者会が湯瀬の置屋に頼みに来た。門付をするのは十九日と二十日の二日間で、二十一日も行うことがあり、三日でいくらという賃金が提示されるため、その条件と頼まれた時期の早さを考慮して選んでいた。

大町・谷地田町・六日町・新田町には行ったことがある。新町は料理屋が多かったため、地元の芸者を頼んでいたと思うという。特に大町に行くことが多かったのだが、商店が多く当時羽振りが良かったため花代も多かった。ただし、道幅が狭かったため踊るのに苦労した。

門付では手古舞姿に金棒を持ち、花代を貰った場合に屋台の前で踊る。踊りは日本舞踊であり、祝儀物の「松竹梅」などのいい部分を切り取って三分くらいに省略して踊っていた。その際に三味線を弾いてくれたのがフクエさんであった。基本的に芸者衆は長唄三味線だけしか弾けなかったが、フクエさんは花輪ばやしも弾けたという。そのため、人が足りないときには谷地田町の屋台に乗っていた。女性は太鼓を叩いてはいけなかったが、三味線は弾いてよかったからだという。

現在では、「大き方」が芸者衆や芸人を料亭の座敷にあげていた様子を知る者はほとんどいない。しかし、祭りに関わっていたのは若者会だけではなく、「大き方」や芸者衆が祭りを担っていたのは確かなことである。

3　郷土芸術研究会と郷土芸術保存会

花輪ばやしが花輪の祭り以外に演奏を始めたと考えられるのは昭和四年（一九二九）以降である。『鹿角時報』二四九号（昭和四年十月三十日）には、石木田義一と小田島治衛門を世話人として、仙台放送局へ囃子の演奏に訪れたことが記載されている。この放送が花輪ばやし初の全国放送であった。

昭和六年（一九三一）にも秋田市で開催された全国酒造大会の余興に出演した（『鹿角時報』三四五号、昭和六年五月三十日）。その際には、郷土芸術研究会として招かれており、演奏した七人（笛：前田幸吉・黒沢米太郎、太鼓：杉江留治・黒沢一蔵、三味線：奥村嘉一郎、踊：戸館三次）は研究会員として紹介されている。郷土芸術研究会が文献上にあらわれるのはこの一度きりであり、どれほどの組織でどのような活動を行っていたのかは不明であるが、昭和十二年に再び全国放送された際の出演者も、昭和六年の放送と重なっている。

戦後になり昭和二十九年(一九五四)には、花輪ばやしは日本テレビにて初のテレビ出演を果たす。詳細は不明であるが、花輪囃子保存会の出演とある。続く昭和三十三年に行われたラジオ東京主催の第二回「七万人の夕涼み」においても、花輪囃子保存会として出演し、昭和三十九年には東京オリンピック前夜祭として国立競技場のパレードにも参加した。当時の様子を昭和二年生まれの男性は、国立競技場いっぱいに観客がおり、あまりの歓声で鉦の音も聞こえなかったと振り返る。

昭和四十年(一九六五)には花輪郷土芸術保存会が発足したが、「郷土芸術保存会記録抄」によると、昭和四十年三月下旬に「杉江留治氏死亡後会員の総意により、吉田秀夫氏依頼をうけ、石木田礼三郎氏に会長就任を懇請す」とある。杉江留治は郷土芸術研究会員であったこと、石木田礼三郎は郷土芸術研究会の会長を務めていた石木田義一の子息であること、また郷土芸術保存会が記録している年表が昭和四年の仙台放送局のラジオ放送より始まることから、花輪郷土芸術保存会は郷土芸術研究会につながる組織であると考えられる。郷土芸術研究会では定められていなかった会則・会費・名簿などを整えて組織化したのが昭和四十年であり、その年から郷土芸術研究会から花輪郷土芸術保存会へと名前を変えたと考えられる。昭和四年に郷土芸術研究会、昭和四十年に花輪郷土芸術保存会と名を変え、通り名を花輪囃子保存会とした。この一連の組織は同質のものであったと思われる。

花輪郷土芸術保存会会則は、以下の通りである。

第一条　本会は、花輪郷土芸術保存会(以下本会と云う)と称し、伝統と由緒ある郷土芸能(花輪囃子並に町踊り)の適正な伝承保存と広くその真価の顕揚紹介に努め、郷土の発展に寄与することを目的とする

第二条　本会の事務所を、花輪町六日町　川又鉄工所（電話二三七四番）におく
第三条　本会に左の役員をおき、会長が役員会の承認を経てこれを委託す
会長　一名　副会長　二名　総務　若干名
会計　二名　監事　一名　相談役若干名
役員任期は二年とする
会長は、総会の総意に依り、推戴し、本会の会務を統理する
副会長は、会長を補佐し、会長事故ある時はその職務を代行する
相談役は、本会に関係ある団体を主宰しまた本会の目的遂行に識見ある、協力者等に委嘱し、重要な会務について諮問を行う
総務は会長の命をうけ、会務の処理運営に当る
監事は、会の経理を監査する
第四条　本会に功労を有する会員が退会しようとする時は役員会の承認を経て会友（終身）とする
第五条　本会の目的達成に対し特別の支援後援を寄せる有識者を名誉会員として推挙礼遇する
第六条　演奏技能の有無に拘わらず本会に入会を希望する者については役員会の承認を経てこれを認める
第七条　本会の会費は、会員一名につき年金十〇《ママ》円とし総会までに会計に納入しなければならない
第八条　本会は毎年春季に定時総会を開催し前年の会計報告、会則の変更、技能の研修に関し協議する。又年末には納会を開催する。緊急を要する事態発生の場合は会長が臨時総会を拾集する事ができる
第九条　本会の名誉を甚だしく傷つけた会員は役員会に諮り除名する

第十条　その他必要なる事項については役員会に於て決定する

附則

この会則は四十年四月一日より施行する

「郷土芸術保存会記録抄」によれば、四月一日に、石木田礼三郎氏会長就任後の第一回総会が川村旅館にて行われた。役員は、副会長に吉田秀夫・杉江良之、総務に川又博・細谷金太郎、会計に菅原昭二・黒澤敏夫、監事に下田初雄、相談役に関孝之・浅利昭・吉田由五郎（商工会長）、名誉会員に阿部新（町長）・石川小太郎（助役）・青山倭・吉田俊道（公民館長）を有しており、町をあげての組織となったことが確認できる。技能指導員として、折笠徳治（太鼓）・前田幸吉（笛）・阿部重吉（太鼓）・黒沢米太郎（笛）・木村重次郎（笛、太鼓）・坂中ひさ（踊）・菅原きぬ（踊）・綱木ちゑ（踊）がおり、当時活躍していた芸人も含まれている。

昭和四十年（一九六五）の保存会発足時から関わっていた男性（昭和二年（一九二七）生まれ）によると、発足の際に中心となったのは六日町の人々だったという。町の中に留まるのではなく花輪ばやしを広く外にも伝えようという熱意の下、保存会を組織化しようという動きが六日町を中心に起きた。発足時は会員も少なかったが、昭和四十九年四月五日付の花輪郷土芸術保存会会員名簿では、技能指導者は総勢四二人に増加し、高杉善松はじめ図3に記載のある芸人はほぼ名を連ねている。

記録によると昭和四十年（一九六五）以降、活動的に各地で演奏を行っている。昭和四十年の岩手県北上市で第四回みちのく郷土芸能大会を皮切りに、岩手県・宮城県・北海道・東京都・鹿児島県にも、芸能大会やラジオ放送・観光展などに赴いた。昭和五十一年にはフランス、ニースのカーニバルに、昭和五十五年にはサンフランシスコのサクラまつりに特別出演もしている。平成六年（一九九四）にはアメリカのミネソタ州のジャパンウィークに参加した。会則で一回につき出演料は三〇〇〇円までと決まっていたため、会員に分配されることはほとんどなかった。演奏をして喜んでもらうことが重要であると考えていたからである。保存会会員の多くは鍛冶屋や機屋など、自営業が多いため、ある程度自由な時間をとれ、日本全国、海外にも行けたのだという。

他に料亭のお座敷にあがることもあった。会員の中で都合のつく人を集め、太鼓・笛・三味線を演奏する男性が一〇人ほど、それに三人ほどの踊りを女性にしてもらった。

三味線弾きのK・Kさんの記憶では、昭和四十年代から五十年代にかけて、保存会で料亭の座敷や、湯瀬ホテルや大滝グランドホテルの宴会に呼ばれて行ったことがあるという。ホテルは当時常に満室で、特に九月末〜十月にかけては演奏で家にいることがほとんどないほど忙しかった。自家での祝儀（結婚式）に呼ばれることもあった。また、当時保存会の誰かが亡くなると、故人の好きだった曲を演奏したものだったという。

花輪郷土芸術保存会は平成に入り徐々にその活動も下火となっていったが、一〇町内での交流を盛んにしただけに留まらず、戦後の花輪ばやしの普及に大きな影響を与えたことは確かである。

七　周辺地域のボサマ

1　鹿角市内および周辺の祭礼囃子

(1)大館囃子

九月十・十一日に開催される大館市の神明社例祭では山車（ヤマ）にて大館囃子が演奏される。演奏曲は「寄せ囃子」「祇園囃子」「剣囃子」「還り山」の四曲で、大館市の無形文化財に指定されている。現在では、無形文化財として保護されている四曲以外に各町内でオリジナル曲を演奏している。また、古くからあるといわれている曲目の中には秋田音頭がある。

楽器は大太鼓と呼ばれる鋲留め太鼓が一張、小太鼓と呼ばれる短胴枠付き締め太鼓が複数張、竹笛が複数本、太棹三味線が複数丁、手平鉦で構成されているが、昭和三十年代は鉦がなく、三味線一人、笛が三、四人、大太鼓一人、小太鼓複数人の構成であった。

この内、かつては笛と三味線は周辺地域から師匠を呼んで演奏をしてもらっていた。各町内では別々に三味線と笛の師匠を呼んでおり、囃子に統一性がなかったため、統一・保存することを目的に昭和三十八年（一九六三）に大館囃子保存会が発足し、保存会で演奏する囃子を正調大館囃子とした。

各町の中で、弁天町では最も早く自町内で三味線・笛を演奏するようになった。保存会発足後は、保存会から囃子を伝授して、昭和五十年代にはいずれの町も自分たちの町で演奏できるようになった。保存会以前は笛や三味線は根下戸・舟場・柄沢あたりから雇っていた。また、新内町あたりにあった花街から芸者衆を呼んでいた。彼女たちは「祇園囃子」を演奏していた。現在では太棹三味線を使用しているが芸者衆が使っていたのは細棹で「祇園囃子」の趣に合っていたという。

(2) 独鈷囃子

秋田県大館市比内町では独鈷囃子が伝承されている。独鈷囃子は、平成十二年（二〇〇〇）に大館市無形民俗文化財の指定を受ける際に、他の囃子と区別すること、および独鈷地域に古くから伝承されていることを盛り込んで「独鈷囃子」と命名した。

独鈷囃子は旧暦五月二十七・二十八日に行われる大日神社祭礼時の「ヤマ」と呼ぶ屋台で演奏される。独鈷囃子の楽器は、竹笛・小太鼓と呼ばれる短胴枠付き締め太鼓、大太鼓と呼ばれる長胴枠付き締め太鼓、太棹三味線、手平鉦であり、各楽器の演奏人数は特に決まっていない。大太鼓はツケダイコと呼び、メインとなる。小太鼓はツケダイコの間を縫ってリズムを刻む。

曲目は「剣囃子」「寄せ(ヨセ)」「本囃子」「帰り山」の他、民謡や手踊りがあるが、時と場所によって演奏内容は決まっている。祭礼当日、出発前にヤマに魂入れを行うが、魂入れ直後に演奏するのが「剣囃子」である。幣束をつけてから「寄せ」を境内で演奏する。ヤマを動かすときは「本囃子」(ハヤシと呼んでいる)を演奏し、神社から坂を下り、人が集まっているところでは、手踊りや民謡をやっている。その後、神社へ坂を上って帰る際には「帰り山」をにぎやかに演奏する。

かつて祭礼を仕切っていたのは青年団であった。青年団は中学卒業後に入り、三十五歳が最年長であったが、現在は四十二歳の年祝いを一つの区切りにしているという。

囃子は青年団を卒業した人たちが師匠となり、青年団の若手に教えていた。青年団の中で楽器の棲み分けができており、太鼓・笛・三味線をやる人がそれぞれ師匠に教わっていた。

囃子の演奏をしない青年団員は「下回り」をしていた。下回りとは、ヤマの運行を行う役目があり、その中で特に運行を判断する役目は「鐘持ち」と呼ばれている。下回りの長は団長と呼ばれ、かつては羽織・袴で山車の上手前に座っていた。団長は、運行に関わることのまとめ役であったため、何かあれば皆を集めてその場で会議を行っていた。

昭和六十年代まで宵宮の夜からヤマを巡行し、本祭では一日かけて回っていたが、現在ヤマを出すのは宵宮夜のみとなっている。本祭は、午前中に神事を行い、午後は境内で民謡の会や婦人会の出演する芸能発表会があり、独鈷囃子もそれに参加している。

囃子の稽古は現在、幼稚園児から中学生を対象に四月から十二月まで週一日行っている。稽古は、まず太鼓・三味線・笛・踊りで一斉に合わせるところから始まる。その後、それぞれのパートに分れて練習する。かつては「ドロンコチンチントントン…」といった口唱歌で曲の旋律が教えられていた。この口唱歌は楽器ごとにあるのではなく、すべての楽器に共通している旋律である。現在ではこのような言葉は伝えておらず、実際に演奏してそれを教えている。

笛と太鼓は、青年団員で大日神社の宮司（昭和三十四年〔一九五九〕生まれ）が指導している。笛は伝承が途絶えてしまいそうだったところ、宮司が先輩から習い現在に至っている。「本囃子」「寄せ」「剣囃子」「帰り山」は笛の譜があるが、「寄せ」は太鼓の打ち手に合わせたあしらいであり、ツケダイコとの競演となる。しかし、あしらいを子どもたちに教えるのは難しいため、現在は宮司が決めた型で「寄せ」を教えている。

三味線は民謡が盛んだったために、途絶える危機もなく現在でも民謡の先生が教えている。また、民謡と「剣囃子」につく踊りは町会長の奥さんが教えることもあるが、主に高学年が低学年の子どもに教えている。「剣囃子」は他の民謡の踊りとは違い、横に構えてから踊り始める。もともと「剣囃子」はヤマで演奏する囃子ではなく、城中の殿様の前で演奏し踊っていたものだといわれている。殿様の前では下世話な踊りはできなかったために、黒紋付きを着て横に構えて始める武術の型のような踊りであると考えられている。

独鈷囃子は大日神社例祭だけでなく、一年を通して東館小学校運動会や比内文化祭など町内のイベントでも演奏している。また、大館の神明神社例祭にて大町商店街に招待され、大豊講の屋台で演奏していたこともあった。宮司の笛の師匠もかつて大館に演奏を手伝いに行っており、以前から大館との関わり合いは強かったようである。

(3) 大湯囃子

大湯囃子は『鹿角市史』によると、春珍が大成したといわれている。「春珍坊は柴平の上台の生れで、若い時山へ柴刈りに行き、眼に柴を刺し失明して座頭になり、秀れた音感を生かして多くの作曲や編曲をし、その普及にも努めた」といい、「音曲に優れ、ご祝儀の唄（検校節）を得意とし、大湯下ノ湯に世帯を持っていたと伝えられる。こうした人々によって多くの曲が今に伝承されてきた」(27)とされているが、保存会の説明には、

江戸幕藩時代、大湯を治めていた南部藩御三家大湯南部北家が、京都守護のおり、都より芸人を盛岡に連れて来ておりましたが、後ほど、その当時、南部藩指定の保養温泉湯治湯であった大湯下ノ湯に住んで居て、笛や太鼓、三味線、唄、踊りなど、芸ごとを教えておったとのことであります。

そのころ、下ノ湯には、殿様専用の御留風呂という浴舎があって、南部公がしばしば、湯治保養のため訪れており、その際、北家家臣団の武芸や、庶民の囃太鼓を上覧に興したとのことであります。

ところで、大湯ばやしの華といわれている、二張りの太鼓を軽妙な撥捌きによって演奏する「嫋ばやし」は、一見行進曲風でありますが、身振りは、横振りでしなやかに、そして、気持ちは風のそよそよ吹さまを心に描きながら、流暢に演奏することが特徴とされております。(28)

とあり、春珍についての伝承は由緒にない。この由緒以外に保存会会長（昭和十七年〔一九四二〕生まれ）は先輩から、「盲目の春沢という人が大湯囃子の太鼓を教えた」といわれている。このことからも、何らかの形でボサマが関わっていた可能性は考えられる。

大湯では、囃子は下町にしかない。保存会会長が子どもの頃は、漆塗りの屋台があったという。当時は踊るための舞台としての屋台であり、三味線と笛はその屋台に乗って、太鼓は後ろについて歩きながら演奏していた。屋台があるときは、上町の方まで祝儀をもらいに行っていた。

保存会会長が若組（青年会）を引退した昭和五十年（一九七五）頃、囃子も演芸も中断してしまった。それではさみし

いというので、引退していた人が中心となり太鼓を残していこうと昭和五十年代後半に保存会が作られた。この保存会は太鼓を演奏できなくても若組を引退した人なら誰でも参加できることになっていたため、その後太鼓を演奏できる人たちだけで新たな保存会が発足した。保存会には平成二十三年（二〇一一）現在で二〇人ほどいるが、五十代から七十代で構成されているため、若い世代への伝承が危惧されている。

楽器は、太棹三味線・竹笛・手平鉦と太鼓である。太鼓は小太鼓と呼ばれる枠付き締め太鼓と吊るし太鼓がある。吊るし太鼓は、太鼓を吊るしているためそう呼ばれている。吊るし太鼓は小太鼓よりも多少大きい。楽器の人数制限は特に設けていない。

演奏曲は二上がり調子の「媽ばやし」「霧ばやし」「二本竹」「剣ばやし」、三下がり調子の「うげんきょう」「鞨鼓」「祇園ばやし」がある。「媽ばやし」を最近では「本囃子」と呼ぶことがある。「媽ばやし」には、右隣の太鼓を叩く奏法がある。この芸態は保存会会長が子どもの頃から変化はない。舞台では、一番右端に吊るし太鼓を置き、一番右端の太鼓奏者が叩いている。

屋台が祭りに出ていた頃は、屋台の後ろに梯子のような台を括り付けて、そこに太鼓を置いて演奏していた。屋台の際には吊るし太鼓がないので、一番右端の太鼓の人は、自分の太鼓をそのまま叩いていた。したがってその際には、一番右端の太鼓は三本の撥で打つこととなる。

踊りがつくのは、「媽ばやし」「祇園ばやし」「剣ばやし」の三曲である。昭和二十年代頃は「剣ばやし」にしか踊りがついておらず、平成に入ってから他の二曲も踊りを創作した。昭和二十年代頃は女性が踊り、男性は囃子が担当であった。女性が太鼓を叩くようになったのは、昭和四十年代以降のことである。

三味線と笛の奏者は関上にある中村会という民謡の会にお願いしている。かつて、中村会の都合がつかないときは毛馬内や中ヶ野から呼ぶこともあった。

囃子を演奏するのは神明社の大祭で旧八月十五日が例祭日であったが、現在では九月第二日曜日に行っている。囃子を演奏するのは、本祭の祭礼日の夜だけであるが、かつては、本祭の昼間、神輿の行列が出る前にも演奏していた。屋台は神輿とは別に先触が主となる。大湯では「門付《かどづけ》」とはいわずに「先触《さきぶれ》」という。屋台の運行時は大湯囃子が演奏を行い、止まって先触を行うときには同じ屋台上で、町が雇った踊り手や民謡歌手に演じてもらった。一日で町内をすべて回ることは難しく、祭礼が終わった翌日も先触だけすることがあった。

若組が機能していた頃は、若者が多かったので太鼓は中学卒業後に若組に入ってからでないと演奏ができなかった。中学生以下の子どもが入るようになったのは、現在の保存会ができてからである。

かつての稽古は祭りの一週間前から始め、先輩の太鼓を聴いて見よう見真似で覚え、気がついたら演奏できるようになっていた。

稽古は現在、月に二回五、六人程度で行っているがこれは大人用であり、子どもは祭りの前に集中的に稽古をする。子どもたちに「二本竹」から教え、「霧ばやし」「嫋ばやし」と教えていく。「嫋ばやし」はノリがいいため、皆早く演奏したがる傾向にある。「剣ばやし」「祇園ばやし」は太鼓の打ち方が簡単なため、他の曲の稽古をしている内になんとなく覚えてしまうという。そのため改めて稽古することはない。

かつては中村会にも祭礼前の稽古が始まると来てもらっていたが、現在では稽古の時はＣＤをかけており、中村会が来るのは当日だけである。

(4)毛馬内囃子

毛馬内囃子は鹿角市十和田毛馬内の月山神社祭礼で行われる囃子である。この囃子がいつどこから伝承されたかは不明であるが、明治初めに春滝という盲目の芸人がいて、その人が毛馬内の囃子を作ったといわれている。春滝は宴会などに呼ばれて芸を披露し生計を立てていたが、花輪が栄え始めた頃に春滝は毛馬内から花輪に移り囃子を花輪に伝えたという。文献では確認できないことであり、あくまでも毛馬内における伝承であるが、谷地田町で明治期に「宇現響」を編曲したのは春滝といわれていることからも、毛馬内や花輪周辺で活躍していたボサマであったことは確かであろう。

毛馬内囃子の曲目には「羯鼓」「有紘京」「藤田」「祇園ばやし」「剣ばやし」「麒麟ばやし」がある。現在は竹笛・短胴枠付き締め太鼓で演奏しているが、以前は三味線と手平鉦もあった。演奏者は町内の若組と子どもたちであるが、以前は笛と三味線は外に頼んでいたという。また、毛馬内には下町・中町・上町があり、それぞれが底抜け屋台で囃子演奏をしていたが、現在では一台のみが進行している。下町で長年来てもらっていたのは大湯囃子と同様に関上の中村会という民謡の会であり、それぞれの町が周辺地域の三味線弾き・笛吹きと専属契約していた。毛馬内では花輪のように彼らのことを「芸人」とは呼んでいない。

太鼓を打つのは町内の若組である。若組は中学校を卒業してから二十五、六歳までの若者たちの組織であった。昭和三年生まれの男性が若組であった頃は、祭礼の一週間ほど前から町内の大きな家で稽古をしていた。稽古を始めるときから中村会の奏者に来てもらい、接待もしていた。

七月十二日の宵宮では囃子が御休堂に奉納され、その後、下小路へ移動しながら道中を囃す。どの囃子を演奏するかは特に決まっていない。十三日は出発前に月山神社で奉納演奏をした後、移動舞台である本屋台とともに巡行する。本屋台では最近は民謡を行っているが、戦後間もない頃は花輪の料亭二葉から芸者衆を呼び、屋台にあがってもらっていた。

町内を一軒一軒回って行くが、各家の人たちは通りまで出てきて祝儀を渡してくれる。この巡行を「門付」とは呼んでいない。「門付」とは芸人が謝礼をもらうために家々を回ることを指すからである。

現在では大湯・毛馬内ともに関上の「中村会」という民謡の会に三味線と笛を依頼しているが、彼らのことは「芸人」とは呼んでおらず、「中村会」は花輪ばやしの芸人のように、座頭の系譜には組み込まれない集団である。

2　津軽のボサマ

ボサマについての研究はほとんど行われておらず、その実態については不明な点が多い。

東北北部の盲人の芸能者として名高いのが、津軽民謡の普及に貢献した高橋竹山である。彼の自伝[29]や、ボサマに育てられた市川竹女の聞書きを基にまとめた『竹女ぼさま三味線をひく』[30]や、聞書きなど詳細な調査を掲載した『絃魂津軽三味線』[31]は、一つの資料として活用できると考える。

そもそもボサマとは「坊様」と書き、「岩手青森秋田の三県下では、盲人の音楽者をこの方言で呼んでいる」[32]とされている。近世において盲人は幕府・諸藩によって当道座に属し地位を得ていたが、明治初めに解体され、職業上の特権が全面的にとりあげられた。花輪のボサマで明治以前生まれのあやめの市・春滝・春汀はこの時期を経験していることになるが、彼らが当道座に属して地位をもっていたのかは不明である。あやめの市が男性であれば、「市（一）」が当道座の「いち名」を称していた可能性もあるが、現段階では確実なことはいえない。

明治四十三年（一九一〇）生まれの高橋竹山は、保障も特権もなくなった頃のボサマであった。彼が一時期居住していたのが青森町の一画にあった十軒町（現青森市栄町）である。竹山によると、この場所に「仲間がたくさんいた」という。三味線弾き・浪花節語り・尺八吹き・万歳など、門付芸能を行う人々のことである。竹山は自分を含めて彼らを「歩く人」と呼んでいる。

この「歩く人」の他に、興行の座を作り「唄会」と呼ばれる舞台で稼ぐボサマもいた。大條和雄の調査によると、唄会は明治三十六年(一九〇三)頃から馬市や祭りで開催され始めたという(33)。竹山も昭和五、六年(一九三〇、三一)頃に座に一時在籍するが、盲人で座に入る者はほとんどおらず、多くは晴眼者だったようである。この唄会の座が後に津軽三味線を発展させていった。竹山が後に伴奏者となる成田雲竹も唄会に参加していた晴眼の三味線弾きであり、雲竹の弟子は現在でも皆「竹」の字を芸名に入れている(34)。

八　花輪ばやしの芸人

津軽地方でのボサマと花輪周辺のボサマについて、着目すべき点をいくつか挙げる。

一つ目は、一つの字を弟子に与えたという共通点がみられることである。現在、津軽三味線の竹山流は、高橋竹山を家元とし、平成九年(一九九七)に二代目が襲名しているが、弟子への一字の授与は、成田雲竹が「竹」の字を与えたことが始まりであった。竹山は「竹山という名は学校(盲唖学校)終わってきてから、雲竹さんがつけてくれたものだ。たしか、青森のラジオの放送の時、今日からこれにしろ、っていわれた(35)」(( )は、筆者)と述べており、弟子入りしてはいないが雲竹から与えられた名を芸名として使用した。成田雲竹は後に竹山を伴奏者として同じ興行の座に取り入れているため、竹山に「竹」の名を与えることで同じ興行の座であることを周知させた可能性がある。同様に、花輪の芸人の系譜でみられる「春」の字も、家元や流派というよりも、同じ興行の座に所属している者に与えられていたのかもしれない。姓は本名を使用し、名を芸名にすることも共通点として挙げられる。しかし、春滝・春汀の師匠は「あやめの市」といわれているため、なぜ「春」の字を使用したのかは不明である。

二つ目は、十軒町のように芸人が多く住むような場所が花輪にはなかったことである。地図3は、ボサマの出自や聞取りによる芸人の出身地・居住地を示したものである。地図からもわかるように、花輪の町の周辺地域、特に町の北側、十和田方面に多くいたことは確認できるが一ヶ所に固まってはいない。「関上は芸人村だった」ということを調査の過程で聞いたが、どんな人物をさして「芸人」と呼んでいるのか定かではない上に、現在の関上ではそのような話を聞くことはない。

三つ目は、演奏する場についてである。津軽では大きく分けて、門付と唄会が演奏する場であった。門付は盲人のボサマ、唄会は晴眼者が主体であった。座を組んでいたのは唄会であり、竹山の自伝によると、時には誰かと組んで門付することもあったようだが、門付は基本的には一人で行うものであった。一方、毛馬内の伝承によれば、春滝が身障者の座を作っていたようである。しかし、春滝の集団は、成田雲竹らが活躍した唄会の座のように興行を行っていたわけではなく、門付や座敷打ちなどの宴会芸に近い形だったと考えられる。

津軽のボサマは唄会の発展によって演奏の機会が減少していった。ボサマに育てられた市川竹女は「ボサマのやり方を芸人がとった」のだという。元来、村の空き小屋で宣伝をかねて演奏していたボサマたちのやり方を、晴眼の芸人が真似し、派手な芸を行った。彼らのおかげで唄会は注目され津軽三味線は発展した一方、津軽において盲人の三味線弾きが活躍できる場は狭まっていった。

一方、花輪のボサマは芸の場を祭りへと移していった。明治以前のボサマたちの出自は明らかではないが、北東北の主要な街道である鹿角街道・来満街道・濁川街道が交差する毛馬内地区や、街道沿いにある大湯・花輪を訪れたのは自然な流れであろう。前述した通り、花輪地区は尾去沢鉱山により商業地域として栄えた地域である。同様に毛馬

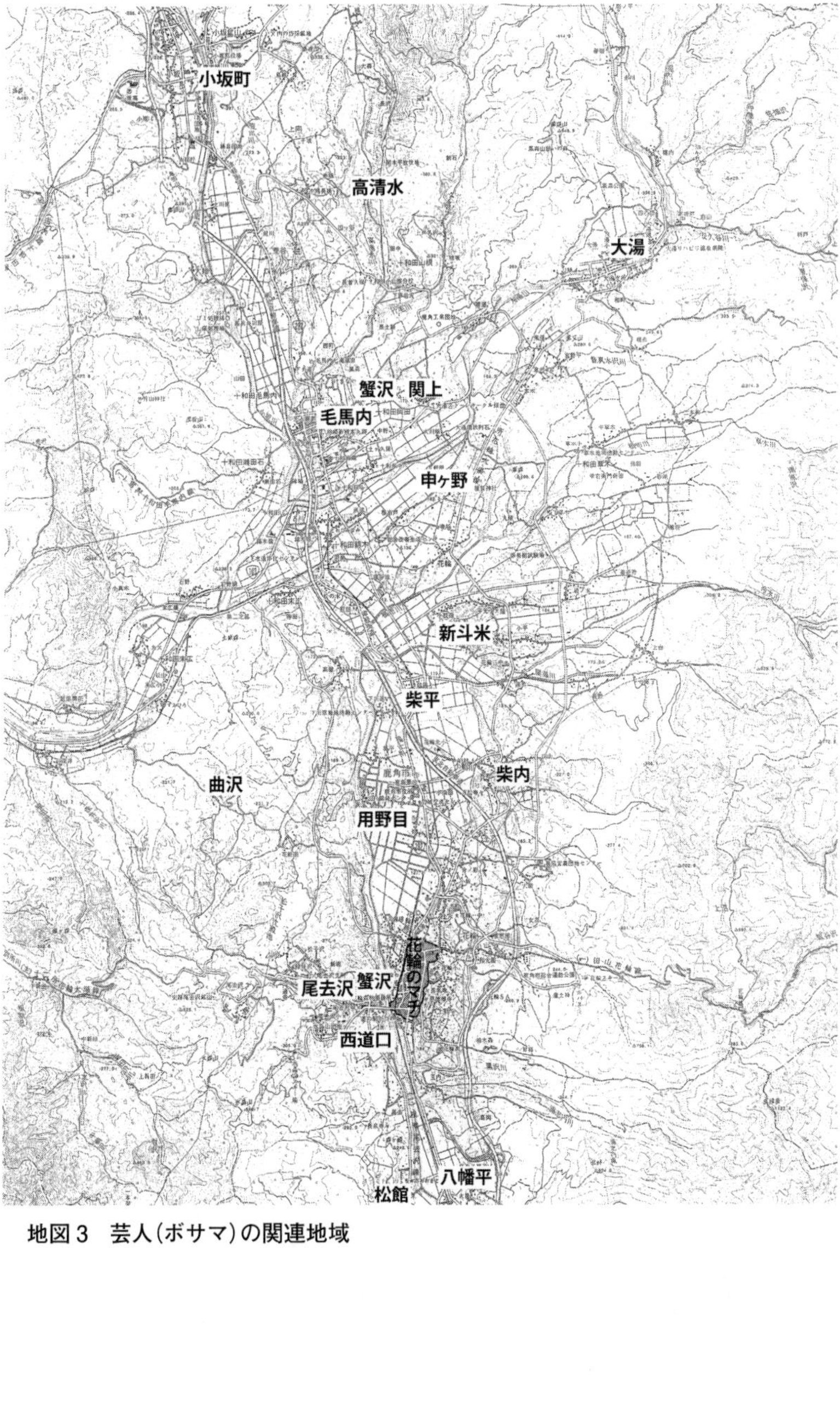

地図３　芸人(ボサマ)の関連地域

内地区は白根金山からの金の供給・集散地として発展した。明和二年（一七六五）の『御銅山御定目帳』によると、毛馬内の総鎮守である月山神社と花輪の総鎮守である幸稲荷神社の祭りは隔年で開催されている。この点からも、尾去沢銅山と白根金山の経済地であった二つの地区が、特ににぎわいのある町であったと推測できよう。

ボサマは花輪ばやしだけでなく、その後に行われる町踊りでも重要な存在であった。町踊りは文献上では『見聞雑誌（阿部恭助日記）』[36]の「（明治三十四年）九月二日、昨今快晴、今夜大の坂踊りこれ有り、旧暦の七月二十日なり」（（　）は、筆者）が初出である。農村部で広く踊られていた「大の坂」と「甚句」が町部の盆踊りとして町踊りになったといわれている。[37]いずれも三味線と唄を主体とした演奏に踊り手がつく芸能であり、阿部胡六が花輪最後の盲人芸能者である高杉善松に「「あなたは花輪名物の町踊りにはかけがえのない人だから、自重自愛して長生きしてほしい」と激励した」[38]と語っていることからも明らかなように、町踊りにおいてもボサマ（芸人）は重要な存在だった。

花輪の祭りにおいて欠かせない存在となったボサマは、花輪の町周辺に定住する。特化された楽奏者として、近隣の祭りや盆踊り、座敷にあがることも増え、さらに近隣地域の者が弟子となることで、一年を通して門付などの旅に出ずとも生活ができるようになった。花輪の祭りに音曲の影響を与えたのはボサマであるが、花輪の祭りと関係をもつことでボサマ自身も生活形態を変えることになったのである。

現在の花輪ばやしの「芸人」に盲人はいないが、「芸人」と呼ばれる人は副業や趣味で演奏している。「芸人」は、町の子どもたちが太鼓と鉦を稽古するときから参加している。屋台上で稽古をする際には、町によっては「芸人」が屋台から出るまで子どもたちはその場に居続けなければならず、ときには太鼓や鉦の指導を「芸人」が行う場合もある。指導者の立場となる若者会の年長者が子どもの頃から専属で演奏している芸人が大半であるため、指導者たちも頭があがらない存在であるという。

また、各町への「芸人」を差配するのは師匠であり、新たな演奏者を頼むには師匠を通さなくてはならないため、師匠レベルの「芸人」たちとの関係を良好にしようと努める。太鼓と鉦だけでは花輪ばやしは成立せず、笛と三味線を演奏できない町の人たちにとっては芸に厳しい「怖い存在」なのである。

一方で芸人は、かつて身分の低い存在であったとも認識されている。太鼓の演奏は町の旦那衆のお座敷遊びの一環だったともいう。旦那衆にとっては花輪ばやしの演奏をするため、ボサマたちにとっては稼ぐために、相互関係がうまくとれていたと考えられる。技術をもった「芸人」を自分の町に獲得するため専属契約し、接待を豪華にした可能性もある。ある意味で持ちつ持たれつの関係だった町と芸人の関係が時代を経て、副業や趣味で花輪ばやしを演奏する芸人が増えたことにより、現在のような形に変わっていったのではないだろうか。

おわりに

芸人の高齢化が進み、昭和五十五年（一九八〇）から、花輪ばやしでは祭りの中心組織である祭典委員会が主催し、芸人が有志に芸を伝える「講習会」が開講されている。それにより、「芸人」を町外から呼ばずに自分たちの町の者で三味線と笛を演奏することが可能となった。現在、芸人さんを雇わず自町内の者が務める町が増え、今後はこの状態が進み、最終的には自町内だけですべての楽器を演奏することになる可能性もある。

北東北にいた「ボサマ」など盲人の音楽者は、何らかの形で民俗芸能や祭礼に関わっていたと考えられるが、将来的にはその痕跡もなくなっていくだろう。彼らの存在が、北東北の民俗芸能にどのような影響を与えたのか、現在ならばまだ伝承が残されている場合もあり、その実態を早急に調査していくことが、今後の課題となる。

注

（1）花輪祭典の屋台は四輪車付きの木造屋台で様々な装飾を施し、これに囃子方を乗せて囃子ながら運行している。床がない造りで、関東を初め全国的に「腰抜け屋台」の名称が多く、花輪でも「腰抜け屋台」と称されている。福原敏男は「花輪祭りの屋台行事―毛馬内祭りとの比較―」（『花輪祭り』鹿角市文化財調査資料第一〇五集、平成二十五年）の中で腰抜け屋台と呼ぶ理由を、「花輪の場合、腰より下は外側より見えず、底が抜けているので「腰抜け屋台」というのであろうか」（一九八頁）と推察している。

（2）『花輪祭り』鹿角市文化財調査資料第一〇五集（鹿角市教育委員会、平成二十五年）四～六頁。

（3）前掲注（2）七頁。

（4）『花輪便り』（明治三十八年）。

（5）田村政四郎『花輪囃子考』（私家版、昭和三十五年）。

（6）佐藤久一『花輪ばやし』（昭和五十九年）。

（7）小田切康人『花輪ばやしのルーツは奥州平泉にあった』（文芸社、平成二十二年）。

（8）『花輪ばやしマガジン』二五号（花輪ばやし祭典委員会、平成二十三年）。

（9）田村政四郎の著書は『花輪囃子考』のほかに、『新訂補花輪囃子考』（昭和三十五年）、『花輪囃子名曲の解説』（昭和三十五年）、『花輪囃子用　志の笛の知識』（昭和三十六年）、『篠笛ノ知識　追補　結論編』（昭和三十七年）がある。

（10）佐藤久一『郷土芸能ノート花輪ばやし』（私家版、昭和四十一年）。

（11）『広報はなわ』三〇号（昭和三十四年）。

（12）「開化宇現響」は「宇現響」の編曲であるため、一二曲と称した場合に数には入れられていない。

(13) 田村政四郎は「本屋台囃子」の略称が「本囃子」であるとし、かつては「本屋台」と略しても「本囃子」とはいわなかったという(『花輪囃子考』二一頁)。
(14) 伝承曲の変遷に関しては小田切康人が資料を基に詳細にまとめている(前掲注(7)一二一頁)。
(15) 太鼓の名称は小島美子「太鼓分類」西角井正大編『日本音楽叢書8民俗芸能　二』(音楽之友社、平成二年)による。
(16) サンサとは花輪独自の手締めである。「サンサンサントセ、オササノサントセ、ヨイヨイヨーイ」と唱えながら拍手をすることを三回繰り返す。『米代新報』(昭和六十三年八月十九日)によると、明治末期から大正八年まで「けんか屋台」がエスカレートし、朝詰めとねぷたがともに禁止された。同九年から青年会の責任で再開された際に、手打ち式として始めたのがサンサであるという。現在、十九日の御旅所・駅前広場、二十日の桝形・駅前広場・赤鳥居の計五回サンサが執り行われている。
(17) 「横丁の氏神様」とは、大神楽のことを指している。丸谷仁美は「暮らしの中の花輪祭り」(前掲注(2))の中で横丁の大神楽について、「吉田豊治の「大神楽について」(『鹿角時報』一二五号、一二七号、一二八号)の記述を整理すると、天保十四(一八四三)年、横丁の住民であった佐藤新之助が他二名とともに京都へ行き、男山八幡宮の祭礼を見学した後囃子を習得した。そして、花輪へ戻る際に伊勢神宮へも立ち寄り、天照大神の神位をいただいたものを、町内にあった大神楽と結びつけて新しくお堂を建て、神位をしたのが始まりと言われている」(一七一頁)とまとめている。現在でも大神楽が安置される横丁のお堂の前を屋台が通る際は一旦停止し、拝礼をしてから通過している。
(18) 花輪ばやし子供パレードは、花輪小学校運動会での花輪ばやし発表会が起点となり、昭和六十二年から本格的な取り組みが始まった。各町の子どもが花輪ばやしを演奏し、一定区画を屋台が巡行する。その中で審査が行われ、駅前広場にて順位の発表が行われる。

(19)『広報はなわ』三号(昭和三十四年)には「天保十四年五月仲小路の旧家佐藤新兵衛が従伴者秋元駒吉、佐藤仁三郎と京都に行き、神事や祭典余興などを見聞して京都のはやしを花輪で研究し、町内の子弟に教えたのが起源で、その後秋元氏は二丁打(本ばやし)を創業した」と、花輪ばやしの起源とともに、二丁打ちについても記されている。
(20)田村前掲注(5)七頁。
(21)佐藤前掲注(6)一六～一七頁。
(22)阿部胡六「花輪の芸能」(中)(『秋田魁新報』昭和四十四年)。
(23)小田切前掲注(7)の系譜図を基に、聞取り調査、および個人所蔵の芸人の系譜を加筆して作成した。
(24)芸人の生没年・出身地・菩提寺は『花輪・尾去沢の民俗』下(秋田県鹿角市、平成四年)による。
(25)京都という記述は春山のみであり、春汀が京都に居住していたのか、出稽古に赴いていたのかは不明である。
(26)『内田慎吾日記』。内田慎吾は、尾去沢銅山の役人で、採鉱精錬などの改革に貢献した。日記は明治十四年～大正二年にかけて記されており、花輪まつりについての記載もある。
(27)『鹿角市史』第四巻(鹿角市、平成八年)六八四頁。
(28)大湯ばやし保存会が所蔵している、大湯囃子の由来、楽器編成、伝承曲を記した原稿『「郷土芸能」大湯ばやし』から転載した。
(29)高橋竹山『自伝津軽三味線一人旅』(新書館、昭和五十一年)。
(30)野沢陽子『竹女ぼさま三味線をひく』(津軽書房、平成十八年)。
(31)大條和雄『絃魂津軽三味線』(合同出版社、昭和五十九年)。
(32)中山太郎『日本盲人史』(八木書店、昭和五十一年)。

(33)　大條前掲注(31)。
(34)　竹山は雲竹の弟子ではなく、伴奏者として全国で津軽三味線の演奏を行った。
(35)　高橋前掲注(29)一四一頁。
(36)　尾去沢銅山の経理や輸送を取り仕切る日払主役を務めた阿部恭助(文政五年生まれ)が、幕末から明治にかけて記した日記風の記録である。
(37)　前掲注(2)一三一頁。
(38)　阿部前掲注(22)。

第二章　金沢の茶屋街を支える芸の系譜

一　金沢素囃子の概要

金沢素囃子《すばやし》は、ひがし茶屋街・にし茶屋街・主計町を中心に伝承されている芸能である。昭和五十三年(一九七八)に金沢素囃子保存会が結成され、昭和五十五年に金沢市無形文化財の指定を受けている。

金沢市公式ホームページ(1)によると、素囃子は「長唄、常磐津《ときわづ》、清元といった邦楽から唄を除き、お囃子のみが独立した演奏形式のことであり、金沢の茶屋街を中心に発達した伝統的芸能」であり、「金沢で演奏されている素囃子は歌舞伎囃子の流れを汲」み、歌舞伎音楽である邦楽をルーツとしながら独自のスタイルを築き、明治後期に現在の形が確立されたといわれている。また、同じく金沢市公式ホームページ内「金沢市の文化財と歴史遺産」のページにも「素囃子とは、長唄、常磐津、清元などの邦楽や舞踊から囃子のみが独立した、唄の入らない演奏のみの形式のもの」と説明されている。同ページには、「囃子の演奏に用いる楽器は小鼓、大鼓、笛などで通常絃楽器は含みませんが、三味線(さん絃)は例外とされて」いることも記されている。

公式の場で以上のような説明はなされているものの、これまで素囃子の実態調査はされてこなかった。そのため、上記の説明と実態が伴わない部分もある。

その一つが「唄の入らない演奏のみの形式」という点である。金沢素囃子の演奏曲の一つに「竹生島」がある。「竹生島」は、漁翁と海女乙女が朝廷の臣下を竹生島に渡す前段と、弁財天が「天女之舞」を、龍神が「舞働《まいはたらき》」を舞う後段で構成された、作者不明の能楽の演目である。金沢素囃子で演奏される「竹生島」は、文久二年（一八六二）に初演された長唄の演目で、本名題は「今様竹生島」という。歌詞は、謡曲の詞章を書き改め、十一代杵屋六左衛門が作曲した。長唄「竹生島」は邦楽の公演などで演奏される機会が多い。金沢素囃子の「竹生島」は、長唄「竹生島」と楽器構成や内容に差異はなく、唄と三味線も入っており、「唄の入らない演奏のみの形式」ではない。

この点だけをとりあげても、これまで把握されていた「金沢素囃子」の概要説明と実態は異なっている。また、その歴史についても、前述したホームページには、藩政時代の歌舞伎の流れを汲んでいること、明治時代後期に現在の形が確立されたことが述べられているが、記録資料の提示や分析は行われていない。

本章ではまず、近世から近代にかけての芝居小屋を含む金沢の歌舞伎文化、明治期以降の茶屋街と芸妓の文化を文献資料、新聞・雑誌の記事などから確認する。そして、平成二十五年（二〇一三）、二十六年の聞取り調査をふまえて、戦後の素囃子の動向を記し、金沢文化の中で素囃子がどのように位置付けられるのか明らかにすることを目的とする。

二　近世から近代における金沢素囃子の周辺

1　金沢の歌舞伎

金沢素囃子を研究の主軸にした論考は、これまでの調査では確認できなかったが、金沢の歌舞伎狂言、茶屋街の歴史、茶屋街の芸能に関しては論考・解説を含めていくつかある。

金沢素囃子の土壌となったのは、近世期に隆盛した歌舞伎である。まずは金沢の歌舞伎に関する文献と先行研究を確認する。

金沢の歌舞伎に関する最も古い論考は、副田松園『金沢の歌舞伎』(2)が挙げられる。副田は、加賀藩制時代における金沢の歌舞伎の歴史、ならびに歌舞伎が公許された文政元年(一八一八)以降の歌舞伎年表を記録している。他にも長山直治「化政期、金沢における芝居と遊郭の公認をめぐる論議について」(3)や、前田佐智子「金沢の歌舞伎―川上芝居―」(4)がある。また、近世期の主な文献として、『三壺聞書』(5)、『金沢俳優伝記』(6)(別名『綿津屋政右衛門自記』)があり、日置謙は『川上芝居一件』『両茶屋街一件』『綿津屋政右衛門自記』の合巻として『芝居と茶屋街』(7)を出版している。

これらの文献・論考を通して金沢の歌舞伎の歴史を概観しておく。

加賀藩で初めて芝居興行が公認されたのは文政元年(一八一八)のことである。それ以前から、阿国歌舞伎に類似するものが各地にあらわれ、金沢にも江戸・上方から、歌舞伎・女歌舞伎・若衆歌舞伎などの一座が興行に訪れていた。文政二年に、本格的な芝居小屋(川上芝居)が建ち、文政四年には藩の許可を得て、川上芝居の北側隣地に芝居小屋が増設された。それまでの芝居小屋は南芝居、新設された小屋は北芝居と呼ばれ、北芝居では主に地元の役者(地役者)によって芝居が上演されることとなった。しかし、芝居小屋に対する藩の取り締まりが厳しくなり、町人の見物客が減少する。文政十一年には、北芝居が廃止され、天保の大飢饉も重なり、天保九年(一八三八)を最後に、川上芝居の興行は廃止となった。

副田松園(8)と前田佐智子(9)は、川上芝居の意義の一つは、地役者から二人の名優が生まれたことであると指摘している。川上芝居の廃止の約二十年後、安政五年(一八五八)頃に木遣狂言、または仕形物真似掛合噺の名目により、各所で興行が許されることとなった。復活した川上芝居の座頭は、文政期の北芝居の地役者であった二世嵐冠十郎である。この二世嵐冠十郎が一人目の名優である。冠十郎は文政二年（一八一九）に金沢犀川川上新町に生まれた。十二歳のときに初代嵐冠十郎の下に弟子入りする。初代嵐冠十郎が弘化三年（一八四六）に逝去した後、名前を継いだ。門人は非常に多かったという。万延元年（一八六〇）に座頭《ざがしら》となり、金沢の歌舞伎に貢献したが、四年後の元治元年（一八六四）に没した。(10)

もう一人の名優は、初世中村芝加十郎である。金沢卯辰茶屋街の安江屋興兵衛の子で、地役者として名を馳せた菊川松之助の実弟でもある。市川米十郎の門弟となったが、天保初年（一八三〇）頃に兄の松之助が芸道修業のため上坂したことで名前を継ぎ、川上芝居の座元を天保九年の廃止まで務めた。座元とは、江戸歌舞伎小屋の「座元」とは異なる意味をもち、小屋主や興行主を指すのではなく、劇団代表者のことであり、俳優に限られた。(11)その後、中村芝翫の門人中村芝十郎の門弟となり、芝加十郎と改めた。安政以降も、復活した芝居小屋の座頭として活躍したが、歌舞伎だけに留まらず金沢芸妓の踊りの後見人となった。(12)前田佐智子は「金沢の歌舞伎―川上芝居―」の中で、茶屋街の伝統芸能が現在まで伝承されていることは芝加十郎の功績であると評価している。金沢卯辰茶屋街の安江屋で生まれ育った芝加十郎にとって、茶屋街とのつながりは自然な流れであった。芝加十郎は踊りの後見人とされているが、囃子や三味線音楽も含めた芸能の伝承にも何かしらの影響は与えたと考えられる。

2　明治大正の芝居小屋

明治期の歌舞伎狂言および芝居小屋に関しては、副田松園の「金沢の歌舞伎―近代編―」(13)が最も詳しい。芸妓との関わりも盛んになっていくと考えられるため、これを参考に芝居小屋について少し詳しく確認していく。また表1には、副田論文と金沢芝居番付集を基に作成した芝居小屋の変遷を示した。

安政五年(一八五八)に再び興行が公許されたが、明治に入ると西新地・金石相生街をはじめ、川上芝居座の廃跡に川上南芝居ができ、「川上末吉座」と改称する。慶応三年(一八六七)には、犀川川下延命院の尻地に建ててあった小屋を移し、「西御影町芝居」と称した。いずれも大規模な芝居小屋ではなかったため、卯辰山開拓を機会に劇場が建設され、「卯辰山芝居」と称した。明治二年(一八六九)には興行が始まり、その後も上方芝居の名優六代目尾上松緑や、片岡島之助の一座を招いて人気を博した。

慶応四年(一八六八)に冬期興行の利便性を考え閉鎖され、その資材を浅野川東馬場へと移した。「浅野川馬場芝居」と称され、座本は卯辰山芝居から引き続き、二世中村芝加十郎が務めた。なお、安政年間(一八五四〜六〇)より座元として金沢の歌舞伎狂言に貢献してきた初代中村芝加十郎は、明治二年(一八六九)十二月に病没している。「浅野川馬場芝居」は明治十七年に「桜馬場戎座」と改称し、明治二十八年まで興行が続いた。

文久頃に再興した川上芝居は、明治十二年(一八七九)まで「川上末吉芝居」と称していたが、「西御影町芝居」が明治十三年に焼失したため、その跡地に移し「西御影町大国座」と改称して明治二十年頃まで興行を続ける。

一方、川上芝居跡地には、明治十三年(一八八〇)に小屋が再建されたが、その後土地の都合により、明治十五年に卯辰毘沙門の旧地に移り「卯辰末吉座」と称することになる。明治十年代後半から十年間にわたり、この「卯辰末吉座」と「桜馬場戎座」が盛んに競争していたという。

明治二十年代以降に新たに建てられたのが「香林坊福助座」と「稲荷座」とである。「香林坊福助座」は、桜馬場戎座の前茶屋の一つ「梅本」の茶屋子を務めていた太田七兵衛が、香林坊のキュウリ畑に建てたワラ小屋を前身とし、明治二十六年(一八九三)に新築して「香林坊福助座」と称した。その後、小松に「第二福助座」、富山に「第三福助座」を創建した。明治三十七年に下新町の寄席「弁天座」を劇場に改築して「いろは座」が興行をしていたが、明治

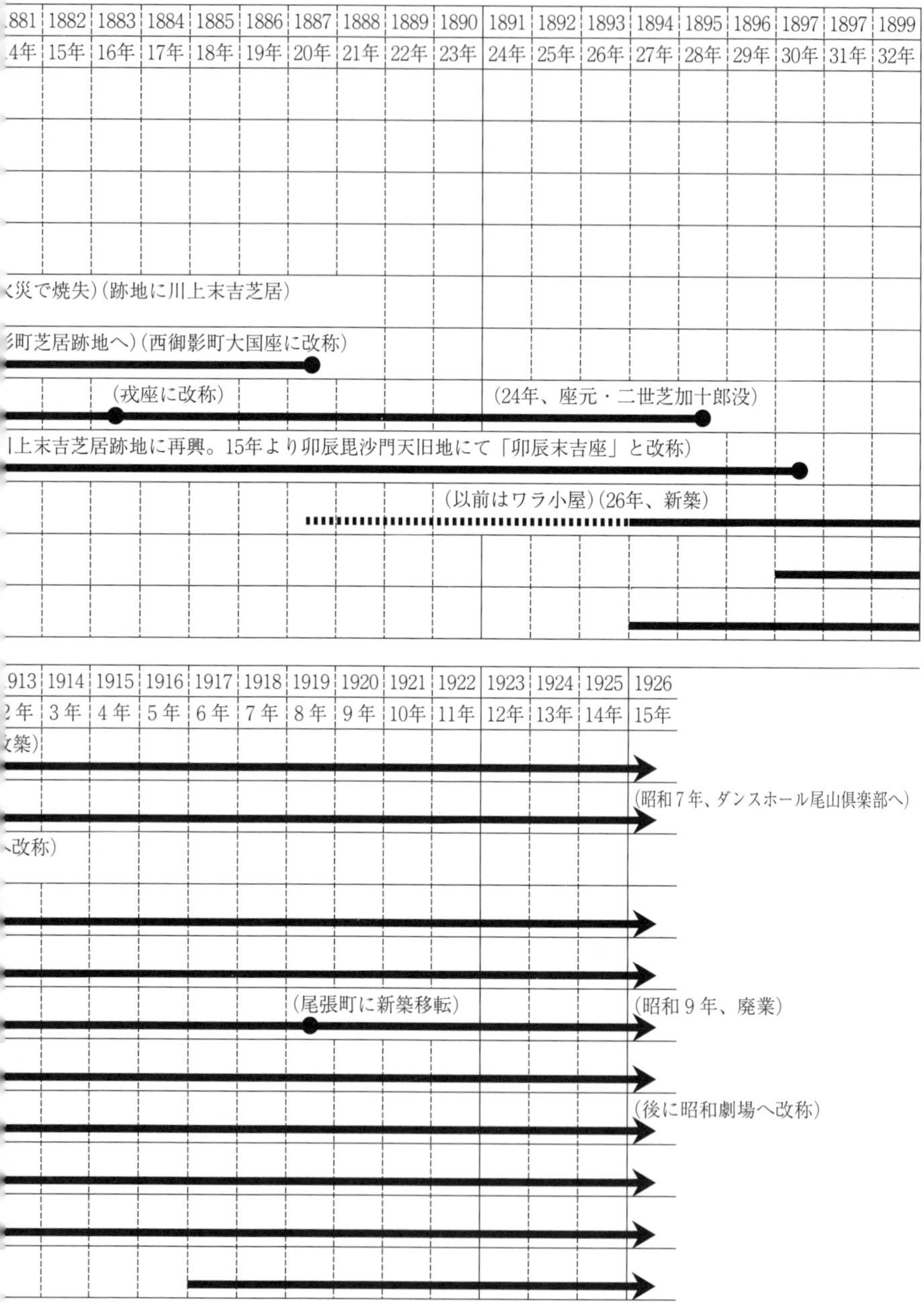

1881 1882 1883 1884 1885 1886 1887 1888 1889 1890 1891 1892 1893 1894 1895 1896 1897 1897 1899
4年 15年 16年 17年 18年 19年 20年 21年 22年 23年 24年 25年 26年 27年 28年 29年 30年 31年 32年
く災で焼失）（跡地に川上末吉芝居）
彡町芝居跡地へ）（西御影町大国座に改称）
（戎座に改称）
（24年、座元・二世芝加十郎没）
川上末吉芝居跡地に再興。15年より卯辰毘沙門天旧地にて「卯辰末吉座」と改称）
（以前はワラ小屋）（26年、新築）
1913 1914 1915 1916 1917 1918 1919 1920 1921 1922 1923 1924 1925 1926
2年 3年 4年 5年 6年 7年 8年 9年 10年 11年 12年 13年 14年 15年
改築）
（昭和7年、ダンスホール尾山倶楽部へ）
へ改称）
（尾張町に新築移転）
（昭和9年、廃業）
（後に昭和劇場へ改称）

表１　明治大正期の芝居小屋・映画館・茶屋街演舞場の変遷

	（西暦）	1868	1869	1870	1871	1872	1873	1874	1875	1876	1877	1878	1879	1880
	（明治）	元年	2年	3年	4年	5年	6年	7年	8年	9年	10年	11年	12年	13年
芝居小屋	西新地													
	金石相生町芝居					?								
	卯辰山芝居（東山芝居）													
	金沢川上南芝居					?								
	西御影町芝居													（13
	川上末吉芝居													（西
	浅野川桜馬場芝居													
	卯辰末吉座													（13
	香林坊福助座													
	稲荷座													
	一九席（寄席）													

	（西暦）	1900	1901	1902	1903	1904	1905	1906	1907	1908	1909	1910	1911	1912
	（明治／大正）	33年	34年	35年	36年	37年	38年	39年	40年	41年	42年	43年	44年	元年
芝居小屋	香林坊福助座											（映画館松竹座へ		
	稲荷座（尾山座）				（尾山座へ改称）									
	弁天座					（いろは座へ改称）				（福助座主へ移行。第四福助座				
	第四福助座													
	北國劇場													
	一九席（寄席）													
映画館	菊水倶楽部													
	第二菊水倶楽部													
	大手館													
茶屋街	東廓練習場													
	主計町演舞場													

四十一年に福助座主の手に移って、「第四福助座」と改称した。なお、「香林坊福助座」は「第一福助座」と称されていたが、明治四十三年には、当局の命により映画館松竹座へと改築することとなる。

「稲荷座」が興行を開始したのは「卯辰末吉座」が閉鎖された明治三十年（一八九七）のことである。明治三十六年に「尾山座」と改称した。『浅野川年代記　1890–1990』によると、地理的には香林坊福助座（第一福助座）と対立する形となっていたが、福助座は大衆芸能から洋物を上演するのに対し、尾山座は新劇派を中心に興行していたという[14]。「卯辰末吉座」と「桜馬場戎座」に代わり、明治二十年代後半から明治末年まで「稲荷座」と「香林坊福助座」が金沢の二大劇場として、名優の来演を企図し隆盛を極めていった。さらに明治四十一年に金沢駅前に大和座が、大正元年（一九一三）には白菊町に北國劇場が新築される。

以上が明治期の芝居小屋の概要であるが、当時の地役者についても副田松園は多少触れている。

副田は、従来からの地役者として、二代目中村芝加十郎・中村芝加蔵・中村芝加工・三代目嵐冠十郎・嵐冠舎・二代目嵐璃之助・中村梅香・中村鶴之助・中村雀芝を挙げている。特に地役者のみで興行していたのが明治五年（一八七二）まで興行していた西新地芝居であったという。従来の地役者に加え、京阪から来演しその後金沢に永住した名優としては、嵐和歌太夫・実川勇次郎がいる。彼らはともに花街の主人であったといい、芸妓の舞踊に尽した功労は多大なものがあったことを、副田は指摘している。他にも、稲荷座の座元菊川猪三郎も長らく芸妓の技芸向上に力を添えていたという。

3　茶屋街

加賀藩時代の遊廓と、現在では茶屋街と呼ばれる明治期以降の廓とは、区別して考えなくてはならない。なお、本項では戦前までを「廓」、戦後は「茶屋街」と記す。

藩政期、加賀藩が城下に公認遊所を置いたのは、川上芝居の隆盛期と重なる文政三年(一八二〇)から天保二年(一八三一)と、慶応三年(一八六七)以降のことである。公認遊所は金沢の町端に二つ置き、一つは犀川口の石坂町で通称「西」と呼び、もう一つは浅野川口の卯辰茶屋街で通称「東」と呼んだ。[15] 明治に入ると、浅野川をはさんで「東」の向かいに「主計町」が、「西」に隣接した犀川沿いに「北」が開かれた。

金沢の歌舞伎狂言資料としても用いられている『綿津屋政右衛門自記』は、卯辰茶屋街で茶屋を経営する綿津屋忠蔵の聟養子の綿津屋政右衛門が、近世の遊廓の様子を克明に記したものである。また『旧東のくるわ(伝統的建造物群保存地区保存対策事業報告書)』[16] には、「文政三年庚辰初冬徒町御会所御渡之図」など、当時の遊廓の構造が詳細に記されている。

藩政期の遊廓については、田中喜男『幕藩制都市の研究』[17]、宮本由紀子「金沢の廓」[18]、同「遊里の成立と大衆化」[19]、長山直治「化政期、金沢における芝居と遊郭の公認をめぐる論議について」[20]、人見佐知子「十九世紀金沢の遊所と出合宿」[21] などが主論考として挙げられ、これらは加賀藩の政策との関連の中で論が進められている。

また『金沢の歌舞伎』を著した副田松園は文献資料を示しながら、遊廓の概要と歴史、さらに心中事件などにも触れた「金沢の花街―近世編―」[22] を著している。

明治九年(一八七六)の「芸妓自前仮規則」「娼妓仮規則」などにより、藩政期以上に芸妓と娼妓の区別は明確となった。明治二十四年の「貸座敷及び娼妓取締規則」の制定により、石川県下には正式に免許地が認定された上で、女紅場の設立、芸妓の売淫の禁止、十六歳未満の娼妓の就業禁止などが決められた。[23] これらの制定により廓内で、芸妓のいる上町、娼妓のいる下町の区別が一層みられるようになり、『金沢市史　通史編3　近代』によると「芸妓の上町では芸妓としての誇りが次第に培われ、娼妓の下町を蔑視する風潮がみられるようになった[24]」という。後述する演芸大会や温習会が開かれることにより、下町への軽視はさらに顕著となって、下町は「遊廓」、上町は「廓」と称するようになっていった。

明治三十五年(一九〇二)二月の『北國新聞』によると、当時の東と主計町の芸娼妓は合わせて二一八人いた。明治・大正・昭和と金沢の廓(茶屋街)は盛況を維持したが、太平洋戦争末期に一時営業停止となる。戦後は、朝鮮戦争やベトナム戦争による特需が好景気を生み、その影響は昭和六十年代まで続いた。しかし、人々の遊びの多様化と時代の変動の中で、転廃業することも増えた上に、芸妓たちの高齢化と後継者不足により、昭和五十年代には一〇〇人ほどいた芸妓が、平成二十五年(二〇一三)ではひがし茶屋街が茶屋八軒、芸妓一四人、にし茶屋街が茶屋五軒、芸妓二二人、主計町茶屋街が茶屋四軒、芸妓一二人のみであり、減少傾向にある。

4　明治期以降の茶屋街と芸妓

明治以降の金沢芸妓に関する論考は、棚木一郎が主である。「金沢東西両廓盛衰史―その梗概―[25]」「お国の宴会と藝能[26]」『『妾』論議―封建都市金沢に見る街学―[27]』『三味線　文献[28]』「北国藝能歳時記[29]」などを発表しているが、素囃子について記すのは「お国の宴会と藝能」のみである。ここでは、宴会について論じており、以前の宴会では、開催人である主側、および客側から芸をもち出していたが、現在では主側に芸がないため、その代わりにこれを商売とする芸妓が代替わりをした、と述べている。その際の芸として用いられるのが小謡・長唄・清元などの祝儀曲である。「踊りがつかないものを「素囃子」といい、踊りのついた物を普通単に「だしもの」といっている」のだという。また、「「素囃子」とは、唄、三味線、鳴物の三ツが結合して成り立ち、この鳴り物とは、小鼓を中心に、ワキに大鼓(おおかわ)、太鼓(〆太鼓)、笛の四ツがつく。人数はその折々に増員され彩どりを添え華やかさを加える」と解説している。明治から戦前にかけての茶屋街や芸妓衆の生活を主軸とした論考は、近世と比較して非常に少ない。

5　明治・大正の新聞記事からみる素囃子周辺の動向

次に、明治期と大正期の廓、芸妓と芸妓の芸に関する動向を『北國新聞』から確認する(以下、新聞記事は適宜読点を補う)。

(1)明治期の記事

芸妓の披露する芸に関連した記事は、明治三十二年(一八九九)五月二日が初出である。尾張神社の三百年祭がこの年に行われ、五日目には神輿渡御に随行する各町の催し物の一つとして、西廓がとりあげられている。「西廓にては非常の張込みにて、二日目に曳出した閑古の山車と獅子と俄の三つを連合した大催し物を、山車神輿の道筋に慕ふて繰り出したり」とある。手古舞に扮したり、山車を曳くだけではなく、「囃子の方には前に呉座屋の粂、後ろに大豆田屋の末とが世話を司り総体の世話方としては越嘉の事が加へたり老妓も若手も一体に髪を島田に結つて居た」とある。

明治三十九年(一九〇六)二月十日には、「公園内会場に於ける余興は、東西北三廓の芸妓手踊各一番にして、午後五時過ぎ頃より開始されたり」と、四県合同の第九師団将校歓迎会の余興の一環として芸妓の手踊りが披露されたことが掲載されている。また、それぞれの廓の様子が書かれている。

東廓は「芸妓連は兼ねて素破抜き置けるが如く揃ひの白の着附に緋の袴といふ官女の扮装にて、夫れが総勢百名と聞えたればスラリと並べる舞台面の花やかさは云はでもの事なり、斯くて一二の振ありて後四十人は其儘退場し二十人は座して地方を勤め残れる四十人は選抜きの優物揃ひとて却かに見栄えあり」。

西廓は「予記の如く「岩戸の曙神楽の遊び」とて、稚児と母の二枚の面を前後に附け、着附も両様面に応じたる扮装をなしての踊の手振り、（中略）花形二十人の揃ひとて何れに優り劣りもなく、花菖蒲の見栄えありたり、殊に前記の如く四方より見渡さるべき舞台に応じて、前後なき両面踊を選みたるは最も好趣向として好評を博したり」。

北廓は「此処には璃之助といふ参謀兼後見あり、先回も適れ好評を博し踊を出せる東廓を蹴散らし、横山男爵の賞辞さへ得たりしに一層の鼻息強く、引被せて元禄振りを見せんと思案の末選みたる出物とて、新調着附も一様の揃ひにて踊子は同廓選抜り、（中略）十二人の腕利き、舞ひの手振の面白く何れも腕一杯の栄えを尽したれば、美事の出来にて、何れへ軍扇を挙ぐべきやうもなかりけり」（傍線、筆者）。

同記事内には、余興の一つに廓の様子が記されている。「東廓を始め西北両廓、主計町の流れに至るまで太鼓を打叩くものあり、小鼓を鳴らすあり、三味線を合せ弾くあり、在る限りの鳴物を在る限りの妓共して弾く叩く鳴らすの大騒ぎにて、何れ劣らぬ大音響を伝へたり」とあり、芸妓衆の中でも囃子を演奏する者が多くいたことを示している。

明治三十九年（一九〇六）四月十九日の記事には、金沢臨時大招魂祭の各種余興がとりあげられている。余興の一つが芸妓の手踊りである。「東西北の三廓を始め主計町の芸妓蓮（ママ）は、何れも腕に縒をかけて競ひ合ひたれば、何れに劣りもなき眺めにて与太連をして垂涎千丈たらしめたり」とあり、以後各廓の演目と出演する芸妓が記されている。いずれも拵えた舞台上で行われていたが、北廓では「白菊町の空き地に小屋を建て」たことで観客を驚かせ、「午後二時頃より幕を明けたるが例の瑠之助の仕込みとて何れもソツもなく取りどりに面白く舞ひたる」（傍線、筆者）と、その様子を記載している。

明治三十九年（一九〇六）二月十日および四月十九日の記事で特筆すべきは、北廓の璃之助という後見人の存在である。璃之助は地役者二代目嵐璃之助と考えられ、地役者と廓の技芸の関係性がここからも垣間みることができる。

明治四十三年（一九一〇）には東廓歌舞練習場が竣工した。明治四十三年六月二十九日の記事には外観の写真とともに掲載されている。前日六月二十八日に行われた開場式の様子は以下の通りである。「練習前の階上に登れる来賓一同は、縦列に蓮《（ママ）》ねたる食卓に向かひ合せとなりて座を占め、各自席全く定まる頃、撥《（ママ）》起人総代の挨拶ありて宴は開かれ、紋附姿美々しき東廓の校書四十余名は杯盤の間を斡旋し、酒三行耳稍熟する処、余興の手踊は開始せらぬ、一声の撃柝は喧囂を鎮めて、嚠喨たる笛の音は、囂々たる太鼓の音と和し、心神恍たる、折しもあれ正面の幕は颯と引かれて大江三番叟は演ぜられたり、（中略）聽て地方の囃に連れ両花道より徐に練り出したる踊子、（中略）廿二妓にて十一妓宛左右に分れ、手に手に梶の葉を持ちて舞台に進めば、合図の太鼓と共に翠簾は中天高く引上げられ、（中略）斯て踊の幕を閉づると共に宴会も亦終を告げたりき」。正面には紅白だんだらの縮緬幕を下し、地方《ぢかた》および鳴りもの席には、左右ともに紋羽二重の幕がかかる。丈夫には翠簾《みす》が配されていると、館内の様子も詳細に記されている。この演舞場で、次年の明治四十三年（一九一〇）十一月には、第一回の演芸大会が開かれている。(30)

明治四十四年（一九一一）四月一日には、香林坊福助座における西廓芸妓の舞踊開演の記事が掲載されている。「市内御徒町演舞場に於ける東廓芸妓の舞踊は四月三日より開始の筈なるが」とあり、この記事をみる限り、御徒町演舞場と香林坊福助座で、東廓と西廓がそれぞれ舞踊を披露していたようである。

新聞記事から少々離れるが、芝居小屋や神社境内の宮芝居で、芸妓衆が芝居を行っていた記録が何点かある。『金沢市史　通史編3　近代』によると、最も早い時期の芸妓による芝居は、明治十八年（一八八五）のもので、尾山神社で西廓の吉野屋の芸妓が泉佑三郎一座とともに今様狂言を演じたという。(31)卯辰末吉座では明治二十六年四月に東廓芸妓が出演する興行が行われている。『東廓芸妓演劇』（有応堂、明治二十六年）は一枚綴りの番付であるが、これをみると「式三番叟」といった舞踊だけでなく、「碁太平記白石噺」[32]や「菅原伝授手習鑑」の「車曳」「賀の祝」[33]などの歌舞伎狂言も行われており、役者はすべて芸妓である。振付師として指導をしているのは地役者で、実川勇次郎・中村梅香・三代目嵐冠十郎・嵐和歌太夫らの名前が挙がっている。また、義太夫に竹本小染太夫、義太夫三味線に鶴澤伝吾、長唄に花房政吉・花房八十吉[34]、長唄三味線に杵屋陸之助・阪東政吉、笛に小川安丸らの名が記載されているが、芸妓地方として一七人の芸妓の名が挙がっているため、ともに演奏したのか、芸妓衆の師匠として書かれているのかは、この番付だけでは判断できない。

もう一つが明治四十二年（一九〇九）の『金澤東廓』の芝居刷物である。尾山座で行われた芸妓の舞は二十七番組あり、舞踊はもちろん地方、鳴物すべて芸妓が演奏している。最終番組の「此花踊」には三九人の芸妓が出演しており、相当華やかな舞台であっただろうことが推察できる。「此花踊」は、のちに「此花をどり」として、京都の「都をどり」に倣った芸妓衆の演芸大会が、尾山座の後進尾山倶楽部で披露されることとなる。

明治期以降の芸妓衆が出演する芝居番付資料は現在のところ以上の二点しか確認できていないが、芝居小屋や地役者との関係性や、当時の芸妓衆が極めて高度な技芸を持っていたことを考える上で、貴重な資料である。

『北國新聞』の記事を引き続き確認すると、明治四十四年（一九一一）四月二十二日の記事には、芸妓が出演する演舞会が三つ掲載されている。一つは、北陸三県新聞記者大会である。「東廓、此花踊は十七日をもつて終了を告げたるも、明廿三日は北陸三県新聞記者大会の当日なるより、特に昼夜二回開演する事とし、演技曲目は勢い獅子に小鍛冶も差加ふべく、踊り子番如左」とあり、番組は「勢獅子」「小鍛冶」「若菜摘」「雛浮曲」「此花踊」が挙がっている。二つ目が公園内で行われる演舞会である。出演するのは北廓で「北廓にては、今明両日間、兼六園長谷川邸内にある仮舞台に於て開演し、例により一般公衆の随意観覧に供すべし」と宣伝されている。三つ目は、北陸三県の芸妓衆が出演する演芸会で、高岡市板橋座で開催され、北廓・西廓から数人が参加することが掲載されている。

(2)大正期の記事

大正四年(一九一五)十一月十日に大正天皇即位の礼が行われ、同日より十五日まで大正天皇御大典が開催された。十一月十日の『北國新聞』にも大典の様子が掲載されており、その中に廓の奉祝として以下の記事がある。「東廓にては、事務所ヨコの野村屋の前との二個処に、千年の緑色を替えざる松と榊とにて縁門を建て、奉祝と題せる額を掲げ、之に無数の電燈を取付け、廓内は小屋根に浅黄と白の染分幕を張渡し、台提灯と国旗を掲ぐる外、事務所には金屏風に芸妓総勢七十余名に女将楼主を加へ、聞くはなをめぐらしたる艶麗の屋台を先頭とし、淡紅色絹地の熨斗目服に白の指貫と云ふ扮装にて、笛太鼓の調子を合はせ、朱塗の高欄の上に烏台を据え、其上に白木作りの八足に宝冠を載せたる屋台を殿とする由」と、大典を祝う設えと、屋台を曳いて芸妓衆が囃す様子が描かれている。

大正六年(一九一七)十月三十日には、翌十一月一日から始まる西廓温習会に関する記事が掲載されている。「西廓芸妓蓮《ママ》は、十一月一日より六日間、白菊町北国劇場に於て温習会を催す筈にて、稽古中、例の検診問題にて一流株の廃業申出などあり、自然、温習会も行き悩みならんかなど取沙汰せられしも、事務所にては夫を是とは別問題なればとて百方慰撫する所あり、兎に角、温習会だけは無事済す事となりたる由」とある。

ここでいう検診問題とは、検黴の強制実施である。公娼に対して、梅毒などの性病感染の有無やその他の健康状態を、警察医などの官憲医またはこれに代わる医師が強制的に検診することで、金沢市内の各廓に検黴を強行することを決定したのがわかる。大正六年(一九一七)十一月には検黴実施に反対し、西廓二八人、東廓八六人、主計町三〇人の芸妓が鑑札を返納するという事件が起きた。返納の数に廓の存続さえ危ぶまれる状態となり、廓役員の奔走によって検黴は実行されずに終わった。(35) ひとえに娼妓と同等の扱いをされることを嫌った芸妓の自負心によるものである。

また、「兎に角、温習会だけは無事済す事」という点をみても、芸妓の技芸に対する誇りがうかがえる。この際の温習会は二十三番組で、記事には各番組の舞踊・三味線・太鼓・小鼓・笛を演奏する芸妓の名前が掲載されている。なお、同年には西廓内に演舞場が落成する。

大正十二年（一九二三）六月五日の『北國新聞』の記事には、金沢市祭での四廓の余興が詳細にある。記事名は「余興中の呼び物の一ツである市内四廓の手踊は、東廓、主計町両廓は其演舞場で、西、北両廓は神明社境内の仮舞台で、何れも午後三時から開演された、何が扨て今日のこの日、市中を泳ぎ廻つて余興の面白みに酔狂しやうとする人々、午前中の余興見物の足をここに吸ひ寄せられて、何れも身動きがならぬ」と、その盛況ぶりが記されている。記事名も「差す手引く手も鮮やかに　喝采の波渦を巻く　花と競う四遊廓の手踊　眼まぐるし人気の頂点」と、多少の誇大表現をひいたとしても、芸妓の人気がうかがえる。

芸妓衆の技芸に対する人々の関心は、次の記事でも確認できる。金沢では大正十四年（一九二五）五月十五日にラジオ放送が始まり、一日目の記事が同年五月十六日に掲載されている。ラジオ放送一日目午後の部で放送されたのは、小学生による合唱に次いで四廓芸妓衆による演奏であった。西廓は、長唄「都鳥」と琴・尺八の合奏、主計町の長唄「隅田川」は唄と三味線だけでなく、太鼓・小鼓・大鼓も加わった。北廓は常磐津「廓八景」、東廓は常磐津素唄「三保の松」を演奏した。また、夜の部午後六時から東廓芸妓による常磐津「勢獅子」が演奏された。続いて二日目のプログラムにも、合唱や謡曲・琵琶・管弦楽などの他に、午前・午後・夜間のいずれにも芸妓衆の演奏がある。

新聞記事を見る限り、廓の芸妓衆が自らの技芸を披露する機会は、普段の仕事場である座敷を除くと、大きく分けて、祭礼時と演舞会となる。祭礼時は神社の境内に仮舞台を設置し披露する。一方演舞会は、廓に練習場（演舞場）が竣工する以前は、芝居小屋で行われていた。芝居小屋の座元である地役者は芸妓衆の後見人であることも多く、そのような関係性から、披露する場が与えられていたと考えられる。明治末から大正にかけては、温習会や演芸大会を自ら開くことも増えていった。ラジオ放送では、芸妓衆らによる演奏が放送されることも考えると、大正末には民衆からの人気も高かったと考えられる。

6　戦前・戦後の芸妓衆

大正期から戦前にかけての資料の一つとして挙げられるのは回顧録である。以下、何点か挙げていく。

大正元年（一九一二）生まれの木倉屋銈造は、邦楽に関心をもち、長唄・常磐津節の語り物の研究を行った。著書『どんだくれ人生』(36)の中に福助座に関する事項がある。

近くに「第四福助座」という芝居小屋がありまして、小学校の時分から行ったもんです。あの時分の劇場というもんは、前でかねを払うて、中で木戸銭をまた払わんならん。それで十銭や十五銭で安いとこを買うて、中詰めというてお茶子の頭取みたいなのがおりますが、それがおらんすきにいい席へすっすっと入ると、後から金を取りに来て「ありゃ」といわんなんことがようあったもんです。そんな悪さもしながら、ちょこちょこ行っておりましたら、中詰めの人が顔を覚えてしもうて、「あんち、また来たか」と言われたもんです。

遊びと申しましても、そんなものしかございませんでした。芝居がかかれば必ず行ったもんです。いまにしてみれば、そういう時代に育ってきたということが、何よりの幸せと思うよりないです。小さいころからの芝居という趣味があったからで、そうでなければ、青二才のころから廓へ行って常磐津を習ったりは致しません。（二六頁）

この一文からも、大正から昭和にかけては廓に常磐津の師匠がいたことが明らかである。しかし、「いま、廓に常磐津の三味線ひけるお方は、数少ない。遊ぶだんな様が少なくなりましたから。(中略)お茶屋の遊びは、戦争を境にころっと変わってしまいましたね」(二八頁)と、戦後は常磐津の三味線弾きが減少していることを嘆いている。

同じく『どんだくれ人生』の「浅野川の古昔」の章でも、大正初め頃の芸妓について「尾張町の振興組合の人が、芸者はんを仮装させましてね。そして、そのぶらぶら歩く夜店のお客さんの中へ入り込みまして、どれが芸者はんか当てる、人捜しをさせるという、その趣向もございました。芸者はんの写真をあらかじめ、お店のウインドーに出しておきましてね。そして芸者はんが変装して、一般の夕涼み客にまじって歩くわけです。大変な人気でした」(三八頁)と語っている。

廓に関しては「廓のようすも変わりました。昭和十七年、八年頃まで、東の廓に演舞場がございまして。戦争中につぶれてしもうて、戦後はダンスホールにしてしもうたですが、夏には簾戸を開けて、お姐さん方のけいこ場になっておりました。そよ風に乗って三味の音に耳をかたげとるだけでも悪くない雰囲気のものでした。家元の方から先生が来て、芸者はんに新曲を教えるがです。お姐さん方も一生懸命でした。そういえば、あのころの主計町は芸どころというか、客筋の好みがあって、多芸な芸者衆が大勢おられました」(三九頁)と語っており、当時の廓の様子がうかがえる。

明治後期に生まれ、四歳のときに「八しげ」に引き取られた森田かほるの回顧録には、「子どもの時は夏になると、ようやく浅野川で水遊びをしましたわ。(中略)そういえば今の吉池病院の近くに、昔、東の演舞場がありましてね。毎年温習会や此花踊りいうのんがあって、廓の芸妓さん総出で、揃いの衣装で踊りましたわ。私は三味線やから、もっぱら地方《ぢかた》でしたけど。ご贔屓さんはもちろん、一般の方もようけ見においでましたね」(37)とある。

戦後の回顧録も一つ挙げておく。釣見栄一「私の知っている「東」」では、戦前から昭和三十年(一九五五)頃のひがし茶屋街について語られている。「戦後まもなく、廓の茶屋は復活し、その数は五〇軒あまり。芸妓衆も、百人は超えていたと思う。夜ともなれば、「ひがし」と書かれた細い軒燈がともり、格子戸の奥が明るく、流裾をひいた芸妓たちが行き交い、三味線・太鼓の音が、いつ果てるとなく響いた。秋には浅野川を前にした旧御歩町四番丁に、「東」の演舞場があり、温習会が華やかに催された。芸妓衆も、この温習会に出席するため、芸をみがくことに熱中したものである。馴染みの客には、「廓ことば」が使われた。金沢弁にない独特なアクセントをもっていて、その話しぶりには情がにじんでいたという(38)」。

回顧録の数点を示したが、温習会や此花をどりについて述べられており、印象深い演芸大会であったことが確認できる。

三　茶屋街と芸の系譜

金沢の茶屋街はそれぞれ芸の師匠が異なり、独自の系譜をもっていることが特徴の一つとして挙げられる。金沢素囃子を検討するにあたり、まずは三つの茶屋街の芸の系譜を確認していきたい。

芸の系譜をみていく上で、主資料として使用する『声魂』(39)は、昭和三年(一九二八)十一月から昭和十一年一月までの九年間発刊された雑誌である。金沢新報に勤めていた酒井弥三久が編集・発行しており、主として邦楽歌詞を毎号何篇か掲載し、解説を行っている。歌詞研究に留まらず、東・西・主計町・北の芸妓の芸や、温習会の芸評や、師匠らへの取材も掲載しており、昭和初期の金沢における邦楽の状況が詳細に記された貴重な資料である。本項では、『声魂』を資料としながら、四つの廓(40)における芸の系譜を記していく(以下『声魂』からの引用は〔発行年月、頁数〕で示す)。

1　役者と町芸者

『声魂』(第八年十一月号)では、明治二十二年(一八八九)より芸妓として活躍していた東廓浅野屋の栄マが明治から昭和初期の廓についての手記を投稿している。

一と頃の東へ役者は七人もはいつてゐました。役者となぜ密接な交渉があつたかと申せば、今(昭和十年―筆者注)のやうにれつきとした師匠も居ず、芸道未熟な頃は、三五郎とか長太夫とか、旅役者の所作事を見る事に於て含蓄を深めやうと欲したからです。

諸江屋の先代に、うちのおかゝ(先代浅野屋の音羽―筆者注)、舞台が果てると其役者を招く「お前さんは踊の方を妾《わたし》は三味せんを」と言ひながら変つた品の習得に懸命になる。この二人を根元にして新たな品が全廓の妓達《こたち》に移される。一つは身のためと言ひながら結局は東全体の芸道の為である。諸江屋の先代も、うちのおかゝも随分と犠牲を払つて今日の東廓の礎石を築かれたものであります。(昭和十年十一月、二一頁)

詳細な年代は不明であるが、明治期はまだ師匠が確立しておらず金沢へ芝居巡業にきた役者に稽古をつけてもらっていた様子がうかがえる。『声魂』の編集者である酒井弥三久は第八年新年号で「金沢邦楽界の回顧」として、昭和十年(一九三五)に至るまでの金沢での芸の系譜を記している(41)。

遊芸は、何といつても、遊里が本場である。そこにれつきとした師匠が居べきだが、そした《(ママ)》師匠らしい師匠の存在は一人も見るを得なかつた。どの廓もの彼等はその折々に巡業してくる役者達なり囃子方なりのなかで、これをと思ふ芸人を認めると、自宅へ引寄せ、各楼呼応しながら、変つた踊や三絃を習得する。さういふ仕入の蓄積

を以て漸く彼等の職業を果していたのである。〔昭和十年一月、二〇〜二一頁〕

浅野屋の栄マも記している通り、師匠のない時代は巡業で訪れた芸人たちがその時々によって芸妓たちの師匠となった。しかし、その芸はいわゆる古典とは異なっていたようであり、ある役者が芸妓芝居の振付をする際「大阪から来たチャリ長とあだ名される芸人」〔同二〇頁〕から清元の「保名」を習ったものの、役者は自ら振付を案出し、稲荷座の舞台で片肌を脱がせる演出を施した。後に若柳の師匠が来た際に本式通りのものを教え、この役者は赤恥をかいたのではないか、と述べている。

巡業に来た役者らから芸を習っていた当時、町の師匠たちは芸妓や土地の若い衆に手ほどきをしていた。「そのころ町の師匠は町芸者として名門の閾をも自由に贔屓の足を跨いだといふ、つまり廓内の芸者は町の師匠よりも遙かに低猥なものに考えられていたのである」〔同二六頁〕とあり、「町芸者」が芸の師匠としての役割も果たしていたのがわかる。しかし廓が師匠を抱えるようになり、芸妓の腕が上がるにしたがって町芸者の役割はなくなっていく。昭和初期には町芸者が廃れていった。

町芸者として名が知られた者として、新町の平松屋という師匠がいた。明治中期には名を馳せており、芸妓たちや町方の娘たちも、たしなみとして三味線を習う際には、まずこの師匠に弟子入りしていたという。清元を得意としていたが、系統立った師匠から直に習ったわけではなかったため、若柳流の踊り地に応用しようとするとかみ合わないことが多かったようである。平松屋はその後、北廓の芸妓見習いであるターボたちに手ほどきをし、また世話になった各廓の芸妓有志が生活の面倒をみていた。

常磐津が金沢に入ってきたのは明治初期のことで、平松屋と同様に九人橋で「おかんさん」という師匠がいた。やはり芸妓や町の娘たちも習っていたが、東に若柳流の踊りが定着し、温習会の発表にあたって正統な地方《ぢかた》が必要とされたことで、役割を失っていった。

2　各茶屋街の芸の系譜

⑴ひがし茶屋街

①舞踊

金沢に初めて江戸前の舞踊が登場したのは、明治二十八年（一八九五）のことであるという。落語家（初代）三遊亭圓遊の息子である（初代）若柳吉蔵が、父とともに新富座に巡業に来た。その折、諸江屋女将に見初められ、以後東廓で舞踊の師匠になったという。吉蔵は当時十七歳で、花柳流から別派をひらいた若柳壽童の門弟であったが、大正七年（一九一八）に若柳壽童の跡を継ぎ、二世若柳流家元となった。『声魂』（創刊号）には「東廓における第一期の名取は、この海老屋の師匠に現在越浜の女将（吉浜）であり、第二期に吉登美に吉音（浅野屋の女将）の二人であり、第三期が吉好、吉喜代、吉信、吉敏、吉鈴の五人であり、第四期が吉久美の一人、第五基が吉忠、吉叶、吉勝の三人で、総計十三人の名取を堪能させている」（昭和三年十一月、三六頁）とあり、昭和二年（一九二七）当時すでに一〇人を超す名取がいたことが確認できる。現在ひがし茶屋街は若柳東穂が師匠であるが、ひがし茶屋街での若柳流の舞踊の系譜はこのような経緯で始まったようである。

初代吉蔵は、若柳吉輔[42]とともに、年に数回、ひがし茶屋街に出稽古に訪れていた。特に東廓芸妓のお浚い会である「温習会」の前には熱心に稽古に訪れていた。また、稽古のあとにはガーデンゴルフを楽しんでいた様子も『声魂』には記録されている。昭和三年（一九二八）には尾山倶楽部において「若柳会」を初開催している。

②鳴物

鳴物も現在とは異なり、昭和十年（一九三五）時点では安藤松實が教えていた。当時、安藤松實は「今様邦楽」と自ら名乗り、北陸各地から関西の一部にかけて長唄鳴物を教えていた。長唄鳴物の杵屋六松と伊勢志賀山流の踊り手である志賀山登羅《とら》の養子として育ち、以前は名取にも「杵屋」姓を与えていたが、鳴物に「杵屋」の名取はそぐわないとして、杵屋松實から「安藤」松實と名を変えた。昭和五年（一九三〇）頃から、東廓で松實の弟子であった名取たちも「安藤」に改めさせ、「松實」の「實」の字を与えるようになった（昭和五年一月）。『声魂』（第二年一月号）によると、門下の名取に対して「代表的家の芸として秘曲を授ける事にされ、その歌詞は目下創案」（昭和四年一月、三五頁）とあり、「伊勢の家元」として基盤を築くべく活動していることが垣間みえる。なお、東廓に出稽古の際には、義母である舞踊家・志賀山登羅も訪れていたようであるが、すでに東では若柳流が浸透していたために志賀山流は広まらなかった。

写真１　現在のひがし茶屋街の検番

安藤松實がどの時期までひがし茶屋街で稽古をつけていたのか明確なことはいえないが、その後、望月太満の系譜に代わり、現在は三代目望月太満が師匠になっている。

③長唄

長唄は、明治末まで八代目松永鉄五郎が長唄の師匠として訪れていた。鉄四郎時代に義父の三代目松永和楓とともに、江戸芝居の囃子方として稲荷座へ巡業に訪れたのがきっかけであった。諸江屋の女将のあっせんにより子弟の縁が結ばれ、「鉄ちゃん」と親しく呼ばれていたというが、明治四十二年（一九〇九）に夭折した（昭和十年一月、二〇～二一頁）。その後、東廓の長唄の師匠は安定せず、「伊勢派の北仲さんが「東松会」、鶴美の操さんが「芽生会」をもち、拮抗の二潮流をみせながら、もめにもめていた」が、昭和に入り「北仲さんが伊勢派を捨てて松永和孝により、操さんが大連へ去ってしまったことから、いずれの会も自然に解散していた」（昭和六年一月、三九頁）という。

その経緯は不明であるが昭和初期に杵屋五叟が東廓の長唄師匠として訪れていたため、昭和六年（一九三一）、鳴物の師匠であった家元安藤松實と五叟が連携しながら新たに「東会」を立ち上げた。「東会」がどのような形となったのかは資料がないが、五叟は昭和二十年頃まで長唄師匠として訪れ、その後、一時期初代杵屋六以満が指導していたが、昭和二十五年頃から杵屋六七郎（六世杵屋六三郎）が師匠となり、現在は七世杵屋六三郎が跡を継いでいる。

④常磐津・清元

現在は長唄が主流となっているが、戦前の東廓は常磐津の先駆者と呼ばれていた。明治四十年（一九〇七）頃、初代若柳吉蔵が常磐津式寿を紹介し、常磐津の師匠として迎えていた。式寿の代師範の常磐津壽々松が東を常磐津どころにしたという。壽々松は「玉川さん」と親しまれていた。穏やかな性格で慕われており、東廓の長唄がもめていたときには、長唄を習っていた芸妓たちは自然と常磐津へ変わっていったという。「東から常磐津を離したら東の芸道の生命はないような傾向」（昭和六年十一月、三二頁）とまでいわしめたほど、常磐津が盛んであった。

また、芸妓以外にも盛んに常磐津が普及され、昭和初期の時点では壽々松の主催する「さざ波会」は、金沢における唯一の常磐津の素人結社であった。岸澤式寿は亡くなる昭和四十一年（一九六六）まで東廓の師匠として訪れ、その後は引揚げ者であった常磐津菊寿太夫が師匠となった。その後も弟子が引き継いだものの、長くは続かず、現在ひがし茶屋街には常磐津の師匠はいない。

前述した通り、東廓では清元は新町の平松屋に手ほどきを受けていたが、大正初期に若柳吉蔵の紹介で清元弥生を師匠として迎えている。清元弥生の父は清元弥生太夫といい、初代菊壽太夫の弟子であった。また弥生太夫は、当時家元であった五代目清元延壽太夫の師匠筋にあたるのだという〔昭和十年十一月〕[43][44]。

(2) 主計町茶屋街の芸の系譜

①長唄・鳴物

明治末期、ひがし茶屋街では本格的に東京の師匠を招いていったが、その動きに遅れまいと主計町でも師匠を呼ぶようになった。

特有の芸を名どころとして競ふ遊里にとつては、その蓄積の一つもを他の廓に移す事は好まない。主計町も、昔の母衣町の名によばれるを厭つて芸に眼覚める。（中略）主計町（母衣町）なども東廓（東新地）と拮抗するには、嫌でも他の師匠によつて腕を見せねばならぬ。〔昭和十年一月、二二頁〕

ライバル心に火が付いたことが直接のきっかけになったかどうかは定かではないが、主計町の長唄・鳴物の師匠となったのが初代杵屋六以満（初代望月太満）であった。初代の孫である杵屋喜三以満氏によると、初代は杵屋六左衛門にあこがれ東京で内弟子となった。その芸を持ち帰り、主計町で教えるようになったのは大正期のことである。また、望月流の囃子を習い望月太満の名をもらった。初代六以満については後述する。

②舞踊

主計町も東と同様に、その時々で役者から手ほどきをうけた女将が、芸妓に教えていた。後に主計町の舞踊の代師匠となる藤間勘奴は、手記の中で「妾《わたし》の赤襟時代は、ひがしで送っています、随って踊の手ほどきは越濱さんのおばばでありあます。越濱さんは大阪の山村流だから、妾《わたし》の手ほどきは山村流であったわけです」〔昭和十一年一月、七頁〕と述べている。その後、山村流が定着していた様子はうかがえないため、おそらくは一時的なことであったのだろう。

主計町に藤間流の舞踊が定着したのは大正末のことである。初代杵屋六以満が金沢に戻ったのち、主計町は五世藤間勘十郎[45]・六世藤間勘十郎[46]を招いた。『声魂』〔創刊号〕によると、初代杵屋六以満が東京の杵屋宗家で修業中、杵屋宗家と藤間宗家が隣同士だった縁故から藤間流宗家を主計町の師匠として迎えたという。「勘奴〔越奴女将〕に勘保〔松三保の太郎〕と勘壽〔森亀の浪子〕の三名取が三年前〔大正十四年―筆者注〕からできて主計町の将来に期待を払わせている」〔昭和三年十一月、三六頁〕とある。藤間勘十郎を招いたことは、初代杵屋六以満の功績の一つであったといえよう。「特に主計町の芸道に重鎮の光を当てている」のは勘奴であるといい、勘十郎の代師匠として主計町の芸妓に稽古を重ねた。

後に代師匠は、勘奴から〔初代〕藤間勘菊へと引き継がれた。勘菊は町師匠として、素人へ踊りの普及に務めたが、「それでも主計町の有志は今も通い続けている」〔昭和九年八月、四二頁〕とあるように素人・芸妓問わず慕われていた。勘菊の跡を勘奴の娘である二代目勘奴が継ぎ、平成二十年〔二〇〇八〕頃から二代目藤間勘寿々が主計町の代師匠を行っている。

現在の代師匠の二代目勘寿々氏によると、初代勘寿々は明治四十四年〔一九一一〕に高岡町に生まれ、五歳のときに主計町の叔母の養子となった。そこで藤間勘奴から指導を受け藤間流に六歳で入門し、十六歳で内弟子になったのち、昭和二十六年〔一九五一〕に藤間寿の名を許された。初代・二代目ともに、六世・七世・八世藤間勘十郎の信頼も厚く、金沢に藤間流の踊りを普及させるとともに、大正期から続く主計町の藤間流舞踊を伝える役割を担っている。

(3) にし茶屋街の芸の系譜

①舞踊

西廓でも他と同様に役者を師匠としていたが、大正期に名古屋から初代西川鯉三[47]の高弟であった西川石松を迎えた。明治中頃から大正にかけての各廓で師匠をたてる動きに呼応したためだと考えられる。昭和七年（一九三二）の金沢大博覧会では「にしは西川石松振付」と新聞記事にある。昭和三年十一月には帝国座にて西廓の名披露目舞踊会も行っており、多くの名取を輩出していたようである。当時、代師匠として名が挙がっているのが、西廓で名取となった西川松壽であった。石松没後、二世家元鯉三郎に継がれ、現在は二世の息子である三世家元西川右近が師匠である。

②長唄

大正十二年（一九二三）の関東大震災で金沢に疎開してきたという杵屋弥三次郎[48]は、はじめ北廓に師匠として迎えられた。しかし西の芸妓にも稽古をつけたことで北廓にて物議をかもした。そのため、弥三次郎は西廓で正式に長唄の師匠となり、金沢が安住の地となった（昭和六年十一月、三二頁）。昭和七年（一九三二）頃から体調を崩し、東京から息子の新次郎が代わりに出稽古に訪れていたが、弥三次郎は昭和八年に他界する。『声魂』（第四年新年号）には、「西廓の玉榮が杵屋弥榮次の名で長唄や鳴物の教授に精励している」（昭和六年一月、三九頁）とあるが、弥三次郎没後の系譜は明確ではない。

一方で、『金沢の芸妓さん』によれば、「大正の頃、六世岡安喜三郎が訪れ、六世没後に一番弟子であった初代岡安晃三郎がそのあとを受け継ぎ、現在は二代目晃三郎が出稽古に赴いている[49]」とある。岡安流に関しては、後述する。

③鳴物

『声魂』の中には、西廓の鳴物師匠についての記述はなく、当時の様子のわかる資料は現時点では見当たらない。戦後になり、七世望月太左衛門の口添えで子息の三世堅田喜三久が、にし茶屋街に師匠として招かれる。現在の師匠も三世堅田喜三久であるが、代師匠として堅田流囃子方である堅田喜代が訪れている。

④常磐津・小唄

西廓はもともと長唄が主流であったが、「時世に伴って「常磐津」を新たに仕入れる事になり、昨秋（昭和二年秋―筆者注）から大阪の師匠を招」（昭和十年一月、二五頁）き、昭和五年（一九三〇）には名古屋から岸澤式照を招いた（昭和五年一月）。舞踊の西川石松も名古屋であることから、石松の口添えがあったと考えられる。しかし理由は明確ではないが、式照は長く続かず、昭和九年には十代目岸澤式佐を師匠に迎えている。

(4)きた茶屋街の芸の系譜

現在きた茶屋街は廃止されてしまったが、昭和四十年代まで金沢の花街は、北も含めた四廓であった。

北廓は芸妓の数は少ないが芸道に熱心であり、負けん気も強かったという。昭和九年（一九三四）時点で、芸妓の人数は、東と主計町はそれぞれ九〇人ほど、北廓は五〇人、西廓は一四五人ほどいた。昭和七年の「産業と観光の大博覧会」で四廓の芸が披露される場が設けられた際、北廓は人数の関係から西廓に合流するかもしれないという噂があった。しかしその噂をはねのけて北廓は単独でやり遂げたという（昭和十年一月）。

①舞踊

北廓の舞踊は、加賀の冠十郎の弟である璃之助を師匠としていた。璃之助と北廓の関係は前項で『北國新聞』の記事（明治三十九年二月十日および四月十九日）を参照に記した通りである。しかし、璃之助はほどなくして死去したため、北廓「一心楼」の女将が東京の藤間勘翁[50]に弟子入りした。その後、「一心楼」の女将が病にかかったことで稽古がままならなくなったため、同門の藤間静江を昭和二年（一九二七）に師匠として迎えることとなった。東廓の「若柳会」のような大きな舞踊会ではなく、北廓内で小さな温習会を繰り返し、着実に踊り手を増やしていったようである。昭和六年、藤間静江は藤間姓返上に伴い藤蔭流を創流し、以後、藤蔭静江に名を改めた後も北廓の師匠として年に数回訪れて稽古をつけた。

②常磐津と長唄

北廓が得意としていたのは、長唄ではなく常磐津であった。経緯は明確でないが岸沢文治を師匠に迎え、大正末から常磐津「勉強会」を毎年行っていた。「いま（昭和九年―筆者注）のところ、金沢の花柳界で常磐津と言えば東廓と北廓の二つとなる。主計町も四、五年壽々菊師匠を入れて熱心にやつているが、北廓の方が年数においても東廓に次いでいる」（昭和九年八月、四一頁）、「全廓一致、常磐津では東の向ふをはつているのは北廓」（昭和六年一月、四頁）とあり、かなりの定評があったようである。

長唄も早くから精進していたが、前述した通り、師匠として迎えた杵屋弥三次郎が西に移動してしまった。素人にも稽古をつけていた町師匠の杵屋勝七代が教えたり、他から師匠を呼んだりすることもあったが長続きしなかった。そのような状態が長らく続いていたが、昭和九年（一九三四）の夏に岡安榮蔵を招いた。「（北廓と岡安流の関係は―筆者注）御親父たる喜千三郎さんの時代に始まっているがお父さんはモウご老体で遠出の稽古もできない、そこで榮蔵さんが代わったのであろう。榮蔵さんと北廓との縁組が永久に確定したとすれば、それは確かに北廓長唄の幸福である」（昭和十一年一月、一頁）とある。

金沢において岡安流の長唄は明治末頃から入ってきていた。特に名を挙げていたのが長町の岡安喜千壽（昭和十年〔一九三五〕没）で、主に素人に稽古をつけ長唄の普及に努めていた。詳細な記録はないが、芸妓衆の中には喜千壽に習いに行っていた者もいただろう。喜千壽は、北廓が招いた岡安榮蔵の父である喜千三郎の門下であった。喜千三郎は岡安流四代目家元喜三郎の高弟であった。また、岡安榮蔵は東廓で長唄を教えている杵屋五叟の盟友であったという〔昭和十一年一月、七頁〕。

現在、岡安流は西廓がその系譜を継いでいるが、元は北廓における長唄の流派であったと考えられる。

3　芸の鍛練と温習会、金沢おどり

芸妓たちの舞台として明治末までは「此花をどり」があり、その後は「温習会」がほぼ毎年開催されていた。各廓の師匠たちも温習会の前は必ず稽古に赴いており、同時期に開催される他の廓の温習会に対抗心を燃やしていた。例えば、浅野川を挟んで隣同士である主計町と東廓は良き競争相手だった。

主計町は東廓と距離が近く芸道の事毎に対抗の立場に置かれている。（中略）東廓に対抗しながら、あの西廓もさへ持つて居ぬ演舞場を早くから建てている。同時に温習会も毎年つづけている。〔昭和六年一月、三六頁〕

東廓の演舞場が落成した八年後、大正七年（一九一八）三月に約二万円の巨費を投じて主計町の演舞場が開場した。当時最も芸妓の人数の多かった西廓が演舞場を持っていなかったことを考えると、主計町の対抗心と気位の高さを感じることができる。

演舞場の維持費も相当なものだったと考えられるが、温習会も経費の負担は大きかった。そのため、主計町では昭和五年（一九三〇）に温習会中止を余儀なくされ、復活したのは昭和九年のことであった。温習会の経費について実際の記録を基に調べた記事が『声魂』（第七年十月号）に掲載されている〔昭和九年十月、一七頁〕。まず衣装（小道具・鬘などを含む）に一八〇〇円、背景料に六五〇円、会場借費が三日間で二〇〇円かかる。その他、要人の宿料、印刷物、弁当代で三五〇円、さらに興行・観覧料税が三〇〇円かかって総計で三三〇〇円である。入場料は一円五〇銭であり、採算をとるには二二〇〇枚を売らなければならない。そこで出演芸妓の個々に向けて割当した。衣装代のかかる踊りの芸妓のほうが負担額は大きく、さらに第一級と呼ばれる名取は一人一〇〇枚、第二級が七〇枚、第三級が四〇枚、また地方は、第一級（名取）が一五枚、第二級が一〇枚、第三級は五枚が配分され、その分を売るかまたは自らが出さなくてはならなかった

年に一度かかるこの経費は、芸妓たちにも各茶屋にも大きな負担となっていたことは間違いない。にもかかわらず温習会を続けていたのには、芸に対するプライドが支えていたのだろう。昭和六年（一九三一）に行われた東廓温習会の芸評がある。

芸者衆が一つの温習会を開く迄に、稽古に稽古をかさね、どれだけ多くの時間を消しているか？　時間を売物にしている彼等に取つて、さういふ犠牲的な努力を考えると、到底打算的には催し得る物ではない。温習会はやはり彼等自心の心億に燃え立つ芸術であり、熱気の花であり、純美な努力の結晶であることを考えてやると、単にきれいや、あでやかとのいうては居れない、どこ迄も芸術愛玩の敬虚な用意をして臨むべきであろう。〔昭和六年十一月、四〇頁〕

温習会は遊芸を嗜む一般の人々や旦那衆の楽しみであり、何よりも、経費云々より芸妓が自ら鍛練を重ねてきた芸を、披露する場でもあったのである。

昭和十九年（一九四四）に高級料理店や芸妓置屋は、激化する戦局に伴い一斉休業に入った。もちろん温習会も開催されず、しばらく中断することとなるが、戦後昭和二十三、四年頃から再興する。戦後も東廓の温習会の開催場所は尾山倶楽部であった。尾山倶楽部は昭和二十五年に「北國シネラマ会館・北国第一劇場」に改名し営業を続けていたが、立地的にも興行的にも継続が難しくなり、昭和五十年に幕を下ろすこととなった。手頃な劇場がなくなったこともきっかけとなり、温習会を中止せざるを得なくなったことで、師匠ごとのお浚い会が中心となっていった。

現在の「金沢おどり」のように、三茶屋街合同で芸が定期的に披露されるようになったのは、「金沢百万石まつり」が初めての機会であった。百万石まつりのイベントの一つである「芸能選」では、無料で芸妓たちの芸の観劇ができ、多くの来場者があった。平成十五年(二〇〇三)からは、百万石まつりの「芸能選」に代わるような形で「金沢おどり」が始まった。

「金沢おどり」では、三茶屋街合同の素囃子演奏から始まり、各茶屋街による舞踊が演じられ、最後に三茶屋街合同で総踊りが披露される。平成十八年(二〇〇六)までは、古典曲が中心であったが、平成十九年より現在に至るまで、舞踊曲は大和楽に統一されるようになった。また、平成二十五年より三茶屋街合同で、本来はお座敷芸であるお座敷太鼓が舞台化された。

「金沢おどり」の原点は明治期に行われていた「此花をどり」である。そして、大正期から戦後にかけて行われていた温習会の意志も継いでいると考えられる。それは、舞台にあがれる者が芸妓に限られている点に表れている。「金沢おどり」では、どんな理由があっても芸妓以外が舞台にあがることはできない。踊り手・演奏者はもちろんだが、後見も芸妓であることが基本である。人材が豊富にいた頃は、踊りの際の地方《ぢかた》も芸妓が務めるものであった。現在は人数の関係で後見でさえ芸妓が回ることは難しくなってきたが、その場合も女性に限られている。たとえ師匠だとしても、男性は舞台にあがってはならないという。時代を経て、公演場所や規模、芸妓の人数が変わったとしても、「芸妓の舞台」だということは本質的に変わらないのである。

四　茶屋街との交流

1　邦楽・舞踊の大衆化

前述の通り、明治の終わりから、「此花をどり」が京都の「都をどり」に倣って尾山倶楽部で毎年四月に開催されるようになっていた。しかし十六、七年続いたものの、経済上の都合から、昭和初めには中止を余儀なくされてしまった。

「此花をどり」について、芸妓衆の総踊りである「此花踊」の歌詞を作詞した吉倉水央が『声魂』（第二年十月号）に投稿しているので紹介する。

「此花踊と歌詞の思ひ出」（吉倉水央）

金沢名物の一として麻畔の演舞場に東廓芸妓の此花踊が催ふされ、十六七年といふ長い歴史を有し地方色の発揮に努めたものだつたが、結局採算が合わぬと云ふ経済上の問題から中止となつてしまつた。（中略）

此花踊の最初第一回より四五回迄の歌詞は東廓の事務所に居られた雛岡さんが、吾妻八景とか石橋とか何でも長唄の在来の歌詞中から二三行宛を引抜き、それを継ぎ合わしたものだから唄の文句を知つているものは誰でも解かつたし、事実さういふ鵺式のものを之が此花踊の歌詞だと銘打つて公然発表することを躊躇されるし（中略）

自分は此花踊の開演に対し当時の東廓には幾多の踊手があり其の方は心配もしなかつたが、三味線の方でも新陳代謝が可なり烈しかつたので地方の洗練されないのは踊に大影響を来たすからと、当時八円から十円くらい出せば立派な象牙の撥が買はれたので、それを四五挺もとめて海老屋の師匠に預け、習ひにくる芸妓のうちだれでもよいからウント上達したものに一挺宛遣つて下さいと頼んで置いたものである。（中略）兎に角、損不損に拘はらず此花踊の如き年中行事の一に数えられるものがあると、妓供〔こども〕の技芸が上達するのは勿論、其品位も亦口上されるに違ひない。自分は此踊の中止されたのは多大の遺憾を感ずるものである。〈昭和四年十月、一〇〜一一頁〉

此花をどりが行われていた当時、明治から大正にかけては、世間において芸妓の対象は男性であり、一般女性の芸妓への興味は希薄であったという。明治二十二年（一八八九）より芸妓として活躍していた東廓浅野屋の栄マ女将は、当時の様子を『声魂』（第八年十一月号）に手記で投稿している。

これは此花踊りを始めてから二十数年前の事ですが、世間が一般に未だ固有の舞踊という事に理解が乏しく、或は芸妓の対象は男に限るもの、ようにも、妾どもの社会を野卑とのみ観察されていたせいかあれだけ金をかけた妾どもの表看板に対して一般御婦人がたの興味は希薄なものでした。広からぬあの演舞場が、きょうもあすもガランとして寂蓼なもの、踊る妓もチカタも張合がなかろうし、廓としても気恥いから、お互いに普通の観客同様な顔をしながら場内の体裁を飾つたことがあります。また観客の殿方にしても、妾どもが芸道精進の現われには理解がなく、普通お座敷に侍つたもの、如く、よく卑猥な半畳などを入れて、その場内には神聖な芸術実の揺曳が些らに無かつたものです。芸妓が芸道の本来の気品を高めると同時に、お客様もまた在来の玩弄物見さなくなつたのも十数年前からの一変であります。〈昭和十年十一月、二四〜二五頁〉

正確な時期は不明であるが、此花をどりと時期が被る形で始まったのが、各茶屋街の芸妓衆のおさらい会「温習会」である。経済的理由で中止となった此花をどりと異なり、温習会は戦後まで続く茶屋街の一大イベントであった。しかし最初の頃は、温習会も上記のように一般に浸透することもなく、その苦労を栄マ女将は「妾どもが初めて温習会をやったころは、上街の四つ角に掛け屋台を拵えておこなったものであった」（同二五頁）と述べている。

大正末頃になると、東廓の温習会は演舞場では手狭になり、尾山倶楽部[51]に進出するようになる。この頃になると、三味線音楽、日本舞踊などの遊芸が一般的に認識されるようになり、それによって一般女性も訪れるようになっていった。

表2は、昭和二年（一九二七）十一月から昭和三年十一月にかけて金沢市内行われた邦楽・舞踊の公演一覧である。舞踊の会や長唄の会だけでなく、小唄・尺八・歌澤・義太夫の会も催されていた。また、芸妓衆だけでなく素人の会も多く行われており、金沢において遊芸が広く親しまれていた様子が確認できる。岡安喜千壽の「笹啼会」（表2 No31）、杵屋勝七代の「花菱会」（No21・30）が金沢の素人長唄の会の古参であり、特に「花菱会」の出現によって、一般に長唄趣味流布の動向を早めたといわれている（昭和七年一月）。

開催場所は公会堂・料亭・尾山倶楽部だけでなく、東廓と主計町の演舞場でも行われている。基本的には芸妓のおさらい会で使用されることが多いが、素人の会でも使われていたようである。『声魂』（創刊号）によると、「公会堂や劇場では広く、貸席では狭く、料理店では大げさに渡る、どこか恰好の会場がなかろうか、と少なからず「会場の選定」になやまされる場合が多か」ったことから、主計町の事務所では、所有の演舞場を解放することにした（昭和三年十一月、七頁）。主計町の演舞場は大正七年（一九一八）に開かれ、芸妓の温習会や稽古場として使用されていた。記事によれば、階上階下を合わせると五〇〇人の聴衆を収容できるという。

一般社会において「遊芸」といわれていた邦楽・舞踊が盛んでなかった明治中期に比較すると、大正中期には世間

主催者	備考
歌澤小芝	
田邊尚雄	
西川養枝	
杵屋六以満	
常磐津壽々松	
高沢（名不明）	
杵屋弥三次郎	
北村（名不明）	
歌澤小芝	
式澤文治	
北仲師匠	
常磐津壽々松	「さざ波会」は金沢唯一の素人常磐津の会
主計町	振付：澤村紀若　床：竹本磯子軒、竹本春登代
常磐津壽々松	
若柳吉蔵	
東廓	
佐川照子	
（不明）	出演：七尾町有志、北廓、西廓、東廓、主計町、山中芸妓連
吉村孝郁郎	
吉村孝郁郎	
杵屋勝七代	素人長唄の会
常磐津壽々松	
若柳吉忠	
杵屋弥三次郎	
（不明）	
杵屋六左衛門	杵屋五三郎、五叟出演
吉村孝郁郎	
歌澤豊芝	
主計町	振付・藤間勘十郎、補導・藤間勘奴　長唄・杵屋六以満　常磐津・杵屋つね　鳴物・望月太満
杵屋勝七代	素人長唄の会
岡安喜千壽	素人長唄の会
常磐津壽々松	「さざ波会」は金沢唯一の素人常磐津の会
東廓	

表2　昭和2年11月〜昭和3年11月に金沢市内で行われた邦楽・日本舞踊公演一覧

年	月	No.	会名	ジャンル	場所
昭和2年	11月	1	歌澤小芝会 第2回	小唄	金谷館
		2	都山流尺八演奏会	尺八	公会堂
		3	鶴来温習会	舞踊	吾妻座
		4	おさな会	長唄(主計町芸妓)	主計町演舞場
		5	常磐津温習会	常磐津(東廓芸妓)	東廓演舞場
		6	長唄鳴物温習	鳴物	東廓演舞場
		7	西廓長唄子供会	長唄(西廓ターボ)	公会堂
		8	金石温習会	(不明)	寿座
昭和3年	1月	9	小柴会唄初め	小唄	金城楼
	3月	10	常磐津勉強会 第1回	常磐津(北廓芸妓)	公会堂
	4月	11	長唄東松会 第4回	長唄	東廓演舞場
		12	さざ波会 第3回	常磐津	新並木
		13	主計町芸妓芝居		尾山倶楽部
		14	常磐津歡聲会 第7回	常磐津(東廓芸妓)	東廓演舞場
		15	若柳会	舞踊	尾山倶楽部
		16	東廓若柳会	舞踊(東廓芸妓)	尾山倶楽部
		17	生田流箏曲大会	箏曲	公会堂
		18	招魂祭余興舞踊		兼六園
	5月	19	長唄かごめ会 第1回	長唄	尾山倶楽部
		20	老郁郎名披露目会	長唄	尾山倶楽部
		21	長唄花菱会 第1回	長唄	望月
	6月	22	常磐津復習会	常磐津(東廓芸妓)	東廓演舞場
		23	舞踊雛鳥会 第2回	舞踊	東廓演舞場
	7月	24	長唄浴衣会	長唄	公会堂
	8月	25	長唄東紫会	長唄	尾山倶楽部
		26	長唄芽生会第四回	長唄(東廓芸妓)	東廓演舞場
		27	かごめ会 第2回	長唄	花月
	9月	28	歌澤豊芝会 第1回	歌澤	をし鳥
	10月	29	主計町温習会		主計町演舞場
		30	長唄花菱会 第2回	長唄	望月
		31	長唄笹啼会 第5回	長唄	金谷館
		32	さざ波会 第4回	常磐津	新並木
	11月	33	東廓秋季温習会		尾山倶楽部

に広まっていることは明らかであろう。第二節で述べたが、金沢では大正十四年(一九二五)五月十五日にラジオ放送が始まった。放送一日目・二日目の午前・午後・夜間のいずれにも、四廓(東・西・主計町・北)の芸妓衆が長唄・常磐津・鳴物を演奏している。これも、「遊芸」に関心が寄せられていたことの表れである。

2　旦那衆に支えられた茶屋街の芸

芸妓たちの仕事場は茶屋である。茶屋の客には旦那と呼ばれる大店の主人たちが多くいた。明治期の旦那衆については、東廓浅野屋の栄マの手記が詳しい。


その頃(明治二十～四十年代にかけて—筆者注)のお客様で、よくきれいなお遊びをなされたのは能久さん、森八さんに、菅野さん、藤谷さん、豊田さん等々です。豊田さんは鉱山《やま》をお持ちでした、同じく鉱山をお持ちの横山の御先代を初め加賀藩のお七手といって一万石以上を拝領されていたと聞く御家老の七家方も悠長にお遊びだとは承っていたが、そのお座敷ぶりはあまり知りません。

豊田さんのお宅は味噌蔵町に在りました。奥様もなかなか捌けた方で、遊芸の道にもたんのうであり、妾ともがよくお邸《やしき》へ伺ふのを喜ばれました、妾どもはその奥さんから三味せんの手ほどきをうけました。

森八さんとは今の中宮さんの御縁者まついの元の森下八左衛門さんでありますす。電気の会社とか、能登への鉄道とか、共進会とか金沢開発の犠牲者《ママ》であり、色々と新しい事業に手を染めながらお遊びになったから、普通親譲りの資材を無為に食潰しにされる遊蕩児とちがい、きわめて意義も活気もあるものに見えました。(昭和十年十一月、一八頁)

金沢に限らず、旦那衆の職業は、明治・大正期は鉱山や織物業などの近世から続く職業が多いが、その上で鉄道や電気の会社など金沢の都市整備に関わっていた職業の者もいたことは興味深い。また、稀な例かもしれないが自宅への行き来もあったようで、そこで豊田夫人と三味線を通じて交流がなされていた。

お忘れのできないのは能久さんであります、この仁《かた》のお遊びは、宵の間に妾どもが他のお座敷で稼ぐから、丁度何だかあいた頃にお出ましになり、お花は十二分に頂きながら御自身で立つて素舞などを教えて下さいます。妾どもがいまお謡の一番も覚えて居り町屋の宴会やご結婚の席に呼ばれる場合、他のお客様に附いて揃いながらも一節うたへるようになつたのも能久さんの御恩であります。狂文や俳句なども御堪能で、書もまた御存じの通り有名で、そのお座敷には絶えず硯が用意されました。（中略）

御自分よりは相手を遊ばすといふ事に愉悦を感じられたものであり、時代の長者風な遊蕩感興に浸つて居られたとでもいふものでありましようか、一言に申せば、能久さんは呉服屋の主人というよりも極めて物解りのした学者であり、真の百万石城下の鷹揚な気分を持った商人でありました。

その能久さんなり森八さんなりがお遊びの夜が更けるとお内から必ず坊やサ（小僧）が提灯を持つて迎えに着ます。あがりがまちが供待屋《ごちまちべや》とでも言ましようか、どの坊やサお町あぐねてコクリコクリと居眠つています。いざお立ちとなると女中《べいや》が附け木から提灯へ火を入れてやります、気疎げに眼を覚ました坊やサ達がお供の提灯《あかり》を先にして「お近い内に…」の声を後にしながら帰って行かれる―、あゝした悠長な世界は二度と見られぬ思い出の絵巻物です。〔同一九頁〕

呉服屋の能久という印象深い客について、以上のように回想している。芸だけでなく知識も豊富な旦那であり、なんとも優雅な遊びを楽しんでいた様子がうかがえる。客から芸を教わり、それが後に自分たちの芸にも生かされていた。

大正九年（一九二〇）生まれの元芸妓の話によると、昭和十年代に岸澤式寿の下で稽古していた頃に、ある旦那が嗜みとして習いに来ていた。稽古時間が重なることも多く顔見知りであったその旦那は、「どこまでやっているのか見せてくれ」と、わざわざ座敷に呼んでくれたという。座敷ではそのときに習っている常磐津を弾き、旦那はただそれを聞きながら時々手ほどきをしてくれた。稽古をさせるために「ハナ（花）」をつけてくれたわけである。自分の芸に対して客から「うまくなった」などと褒められると嬉しいものだったという。

他にも、自分が嗜んでいる清元を芸妓に習わせたいと、東京から清元栄三郎(52)を呼んできた旦那もいた。師匠への謝礼、舞台費用、名取料など、その旦那が金銭的な面を負担し芸妓を育てたという。ひがし茶屋街では平成十四年（二〇〇二）に清元栄三郎が亡くなるまで師弟関係を結び、清元を普及させている。

呉服屋の能久や豊田夫人のように、自らの芸を手ほどきする旦那衆がいる一方で、芸妓自らが知識や芸をもっていなければ、相手をすることが難しい客もいた。

お客様で、こちらの修養が不完全なため気苦労に思えたのは、十間町の仲買さん連中と近江町の人達でありました。

前者はいずれもお茶人風の旦那がたであり、その道の知識を必要として窮屈であつたし、後者はみんな隠し芸にすぐれて居られ、妾とも以上に遊芸を心得た通人であつたからです。その頃の近江町には柳のお師匠さんが居て踊を教えた関係もありましよう。それでなくとも昔の近江町には江戸の魚河岸気質がありました、芝居も角力もすべての旅興行は近江町に挨拶廻りをせねば人気が出ないほど、近江町は下町気風に勢い立つた所でありました。

〔昭和十年十一月、二一〇頁〕

「遊芸を心得た通人」とあるが、遊芸が一般に広まっていった時期（大正期から昭和初期）よりも少し早い段階で、旦那衆は遊芸を嗜むようになっていたと考えられる。客を楽しませ、満足させるためにも芸事に真剣に取り組まなければならなかった。

昭和六十二年（一九八七）に始まった「金沢・浅の川園遊会」も、旦那たちの手で作られたイベントである。香林坊の再開発や大型商業ビルやホテルの建設などが相次ぎ、町並みが変貌していく中で、地元実業家である四人衆が中心となり、昭和六十一年に「老舗・文学・ロマンの町を考える会」を立ち上げた。シンポジウムが開かれ討論が展開される中で、翌六十二年に第一回「金沢・浅の川園遊会」が開催された。芸妓たちの数も減少し、茶屋街の活気も失われつつあった当時において、一般に芸妓の芸を改めて広めるきっかけとなり、現在に茶屋街の芸を伝える大きな礎となった。素囃子は、第一回から第二十回（平成十八年〔二〇〇六〕）まで芸妓らが、第二十一回より金沢素囃子子ども塾の子どもたちが演奏をしている。

写真２　金沢素囃子子ども塾の稽古風景

このように、芸妓たちの努力はもちろんのこと、旦那衆に支えられながら茶屋街の芸は育まれてきたのである。

五　素囃子の盛衰

1　初代杵屋六以満の功績

初代六以満は明治三十年（一八九七）に生まれ、主計町の裏通りで暮らしていた。これまでみてきたように、当時はまだ遊芸を教える町の師匠も系統立った者はおらず、前述した通り、各廓もその時々で巡業中の役者や町芸者に芸を教わる状態であった。初代六以満は独学で芸を習得していく中で、十三代杵屋六左衛門に憧れ、上京して門を叩いた。内弟子として修業を重ねている間、隣家であった藤間宗家とも交流があったようである。修業年数は定かでないが、資料をみる限り大正時代半ばには金沢に戻ったようである。金沢に戻ったのち、主計町の長唄の師匠として芸妓に稽古をつけていた。長唄だけでなく、囃子にもきちんとした師匠が必要だと感じた初代六以満は、六左衛門の紹介もあり望月流に入門し、自ら囃子手として修業を積む。昭和初期には、長唄・鳴物の師匠となった。六以満は主計町周辺に住み、常に同流の稽古を行っていたが、望月朴清も年に数回主計町に出稽古に来ていたようである。

昭和四年(一九二九)二月に主計町の演舞場で行われた主計町芸妓新年会では、舞踊とともに素囃子の演奏が行われている。『声魂』(第二年三月号)には以下の芸評が掲載されている。

皮切は、いづこも同じ初春の御座附「田家の朝」に始まつたが、六以満師匠の曲と言い、越奴女将の振付と言い、いずれ劣らぬ創作の跡が、乙矢、笑香、八千代の舞いもあざやかにうかゞはれてたんのうされ次が、素囃子「百夜草ノ下の巻」である。歌子、栄龍、百々代、蘭蝶に市助、一子、久松、君松の四挺、四枚と、壽々奴、菊次、一葉の三丁鼓に、大皷一枚の小照に、仲子、喜代次、米丸の太鼓といふ、粒えりに揃えた舞台ぶり

一調一節、唄につれ絃につれ、間隙を入れぬ鳴物の精粋、誠に賑やかな総合曲で神田祭を目前にするが如き妙味は、逌に長唄研究精かいの製品だけに申し分のない音曲だと思へて嬉しかつた。〔昭和四年三月、四三～四四頁〕

文献上での「素囃子」の語はこれが初出となる。「素囃子」という語がどのように使用されていたのか、この点については後述する。

昭和四年（一九二九）の新年会では、六以満の作曲で舞踊が踊られ、また鳴物も指導を行っていた。三味線方四人、浄瑠璃方四人、鼓方三人、大鼓方一人、太鼓方三人の一五人で構成されており、当時の芸妓の層の厚さがうかがえる。

この新年会から四ヶ月後、初代六以満は名披露会を行った。すでに名取ではあったものの、改めて金沢の地で会を催すこととなったようである。この会の準備はすでに昭和四年（一九二九）一月からされていた。

直海新太郎氏（主計町取締）は、廓内の師匠杵屋六以満さんの名披露目大会打ち合わせのため三月四日上京され、杵屋宗家、望月宗家、藤間勘十郎氏等を歴訪しながら八日帰沢

杵屋寒玉翁は、十四世六左衛門氏と共に杵屋六以満さんの名披露目大会の出演の為（その会期は五月十四、五両日）五月十二日頃に来沢

望月朴精翁も九世太左衛門氏と共に同様来沢

藤間勘十郎氏（舞踊家六世）も同様来沢

杵屋六以満さんは、三月上旬上京され、宗家寒玉老と何かの打ち合わせをされるが、これはまだ天機洩らすべからず、追つて大がかりな音曲界の一事変が出現する噂である〔昭和四年一月、五六頁〕

掲載されている名披露目大会の広告には、個人的な会ではなく主計町事務所が全面協力をしていること、また師匠である杵屋寒玉（十三世六左衛門）と子息の十四世六左衛門、望月朴清（七代目望月太左衛門）と子息の九代目太左衛門だけでなく、六世宗家藤間勘十郎も出演していることに注目しておきたい。(53)

名披露目会は、昭和四年（一九二九）五月十四・十五日に尾山倶楽部で開かれた。その際の様子を抜粋する。

「名披露　未曽有の盛会」

長唄では杵屋寒玉の内弟子となつて六以満、鳴物では望月朴精翁に師事して太満

かく二つもの栄誉を担《にな》い、故郷に帰つて現在主計町の師匠をして居る木村さんが、〔昭和四年──筆者注〕五月の十四日と十五日、土地の大劇場尾山倶楽部に於て、殆ど廿年振りで名披露をば、された〔中略〕家柄の宗家とか家元達とか、東京からの特別の参加が、いやが上にも人気の輪をかけた六時からの開演であるのが、三時頃から早くも入場の波を見たのは、早い物がちといふ場席の争ひであり、初日の混雑がどんなであつたかをも想像出来やう〔昭和五年一月、七〜八頁〕

会の内容は、主計町の芸妓衆たちによる長唄「操り三番叟」「常磐の庭」「記文」「代々木の神風」を皮切りに、続く「石橋」ではシテを十四世六左衛門、ワキを十一代目杵屋六三郎が、鳴物は朴清・九代目太左衛門らが務めた。さらに、応援の舞踊として六世藤間勘十郎が「七福神」を踊ったとある。また、土地の名取である藤間勘壽・勘弥も「鶴亀」で華を添えた。

当時、東京の第一線で活躍していた家元らが金沢の地で一堂に会すこととなったこの名披露目会は、「金沢に於ける此種の演奏会として人気の一大記録を作つた」〔同九頁〕とあるように、よほど盛大なものだったのだろう。すでに主計町の師匠として活躍していた初代六以満ではあるが、実力を内外に伝えることとなった。

この会の次年から、これまで出稽古に来ていた朴清に代わり「子息の子息の堅田榮之助さんが、年に四五回来廓される事になつた」〔昭和六年一月〕とあるが、六以満は他の代師匠とは異なり、プロの演奏家として稽古をつけていた。名取となった女将や芸妓が代師匠となっていた当時においては稀な存在であった。自身の手記として以下の文章が残されている。

主計町では太郎さん浪子さんの廃業を惜しく思ひますが、歌子さんなどご後継者としてしつかり勉強されているので結構です

兼六、文弥と、芸熱心な人達が復活される事も嬉しい事です

歌子、栄龍、壽、友子と、長唄で四人の名取の他に、一助に百々代も何時でも名を取れる約束になつて居ります

ので心丈夫です

鳴物の方も名取の壽々奴を初め、みんな熱心ですから私も多忙を却つて力強く喜んで居る次第です

わたしは外町の方にも五六人長唄を教へていますが、今村さんといふ女のお方、中々上手です〔昭和六年八月、

二三頁〕

年に一度は六以満主催のおさらい会「おさな会」を開催し主計町の芸を磨いていった。『声魂』では主計町の長唄、

鳴物に対して以下のような芸評が掲載されている。

鳴物は総じて掛声の気込みが内容を決定する。掛声は内容を会得して初めて生ずるものである。したがつてその

韻律も内燃的に自然の観応を興える。この点において主計町の妓達は望月流の本領を遺憾なく発露させてうれし

いものに聞かれた（中略）

主計町の鳴物は、今では二十名からの豊富さである。五六年まえの志望者はとぼしく、将来を不安ならしめたも

のだが、現在は異常の如く鳴物を充実し、長唄本願の主計町をしていつそうその価値を高めしむる偉観である

〔昭和七年一月、四五頁〕

長唄で常師匠のいるのは主計町だけである。主計町の杵屋六以満さんは長唄もやれば鳴物もやる、東京から敢て

宗家や研精会の小扇さんを招くまでもなく、六以満さん其人がすでに、東京へ出ても相当の格式の与えられる腕

前だから、格別に六左衛門氏や喜三久氏を招く必要もないけれど、それをしも尚お年に両三回招くのも、これは

妓達や事務所からの希望ではなく、六以満さん御自身が恩師に対して其職業的経済を潤おすために、殊更招聘を

強要されるようである。六以満さんを常師匠としている主計町の長唄が、何と言っても金沢の第一であることに何物も不服もないようである。〔昭和十一年一月、五四頁〕

また第八年六月号には、六以満の芸に対する真摯さがうかがえる記事がある。

主計町の木村さんは長唄も都会から離れているとよほど空気の変わつたものがあるというので三ヶ月ばかり上京して多分に新しい呼吸をされて来た、それが今後の主計町の長唄の上に片鱗されよう。〔昭和十年六月、四二頁〕

初代六以満は、金沢においてすでに確固たる実力があり多くの名取を抱えた師匠であったが、それに甘んじることなく東京と金沢を芸によってつなげ、さらに自らの芸を磨くことを怠らなかった。また、当時の芸妓も芸の向上に対して熱心であり、明け方まで仕事をして検番に自分の木札を出して稽古の順番を確定させてから寝に帰っていったという。昭和八年（一九三三）生まれの元芸妓によると、戦前から戦後にかけて六以満は尾山町に住んでいたという。そこに芸妓たちは皆稽古に訪れていた。芸にはとても厳しい人であったというが、一方で普段は穏やかな性格であり、芸妓たちから慕われていた。茶屋の女将さんに内緒で稽古終わりに尾張町の映画館に行くことを、六以満には内緒話として話せたという。

六以満の熱心な指導は、主計町だけでなく他の廓の鳴物にも影響を与えていった。東廓では昭和十年（一九三五）の春頃から踊りよりも鳴物が総体に仕込まれ始めた。「四、五年後の東廓の素囃子が全盛になるように想像できる」〔昭和十一年一月、五七頁〕とあるが、『声魂』が昭和十一年（一九三六）十一月以降刊行されておらず、その後の状況に関する記録は残っていない。

2 素囃子の演奏機会

そもそも、素囃子とはどのような演奏形態のことを指しているのだろうか。

戦前に芸妓を経験していた者によれば、料亭などで宴会や会合をする際に「素囃子で出演してほしい」と頼まれることがよくあったという。それは「舞踊がない演奏のみ」の芸という意味である。一方、素囃子に舞踊がつく場合は「出囃子」という。

当時の芸妓は、起床後すぐに演舞場や師匠の自宅に赴き稽古をしていた。稽古が終わり、昼間から夕方にかけて茶屋を一通り回り「呼んだやね(呼んでくれない?)」と各茶屋の女将に声をかけていた。女将から「〇〇時間に□□の座敷に入って」と依頼を受けた後、風呂に入り支度をしてその茶屋の座敷にあがった。芸妓の人数が多かった頃の若手は、座敷に入ってもお姐さんと旦那の後ろに控えているだけだったという。お姐さんが旦那にお酒を注ぐ際に銚子を傾けるが、傾ける角度がするどくなってくるとお酒がなくなっている証拠であり、そのタイミングを見計らって銚子を取り換えるのが若手の仕事であった。

座敷では旦那の嗜んでいる遊芸を補佐、例えば清元の浄瑠璃方を旦那が語り、芸妓は三味線を弾くなどをし、芸妓たちも舞踊を披露したり、客とともにお座敷太鼓で遊んだり、酒を飲んで話を聞くなど、客とともに楽しむものであった。一方、大きな宴会や会合などで呼ばれる場合は、ともに楽しむよりも、舞台上で舞踊や素囃子をみせる余興としての意味合いが強かった。

『声魂』(第九年十一月号)には、素囃子に関して以下のような記事が掲載されている。

「四廓鳴物」

多くの宴席になると芸妓は名目通りの芸事が必要になる、単にお酌一巡のサービスくらいならそれは女給と変わりのないものになろう、だから芸妓の出場する宴会の値打は踊が出るか素囃子が出るか、各廓暗黙の内に競演となる。
清元とか常磐津とか素の浄るりも立派に職道分類の一つなのであるが、今日金沢の芸妓でこの素浄るりで満場を魅了するほどにすぐれた妓は二三指を折るにすぎない、そこでたいがいの宴会には素囃子一番という事になる、唄と絃と鳴り物との三拍子揃った所がお耳賑やかに御喝采というわけだ。で踊りや鳴り物は宴会の華であり、鳴り物をしらない妓は宴会出場のプロには組めないということになる。〔昭和十一年十一月、六一頁〕

この記述から、囃子のつかない演奏を「素浄瑠璃」「素唄」と呼んでいたと推測できるが、当時の宴会でも「素浄瑠璃」「素唄」は行っておらず、演奏のみの芸は「素囃子」だけであった。

改めて素囃子の構成を述べると、三味線・唄方・鼓・大鼓・太鼓・笛であり、最低でも一二人ほど必要となる。この人数構成をみても、茶屋の座敷で演奏することは不可能であり、素囃子は「座敷の芸能」ではなく「舞台上での芸能」ということになる。

3　戦後の素囃子の衰退と隆盛

戦時中一時的に営業を停止した茶屋街であったが、戦火に遭わなかったことも幸いし、すぐに営業を開始することができた。当時は規模の大きかったひがし茶屋街やにし茶屋街は一〇〇人を超す芸妓をかかえており、主計町茶屋街やきた茶屋街も多くの芸妓がいたという。多くの芸妓がいたこの頃は、宴会にせよ温習会にせよ全員が出演することがままならず、特に若手は芸を磨かないことには難しかった。昭和二十年代から三十年代は最も素囃子が呼ばれた時代であったという。各茶屋街では層が厚く、一茶屋街で二組の素囃子ができるほどであった。

戦後の好景気に支えられ茶屋街は隆盛を極めたが、時代の流れとともに変化が訪れていく。まず、戦後に白菊町に移転していた、きた茶屋街は、昭和四十年代には茶屋がなくなり、実質的に茶屋街としての機能を失う。金沢の町ではバーやキャバレーが増加し客もそちらに流れていくとともに、芸妓や茶屋でもバーを開業する者が現れた。昭和五十年（一九七五）に北国シネラマ会館・北國第一劇場（前・尾山倶楽部）が閉館したことからも、昭和四、五十年代が人々の余暇の内容が変化した時期であったと推測できる。

需要が減れば必然的に素囃子の演奏機会も減少する。昭和四十年代は稽古を重ねていても、多くて年一回ほどしか出演することがなくなってしまったという。

この状況を打破したのが、大正期以降に主計町の長唄と鳴物の礎を築いてきた初代望月太満（初代杵屋六以満）の娘である望月太以(54)（長唄：杵屋喜澄）であった。二代目太満は東京で修業を積んだ後、昭和三十一年（一九五六）に他界した母の跡を継ぎ、主計町茶屋街の長唄、主計町・ひがし茶屋街の鳴物の師匠となっていた。素囃子の演奏機会が減り、素囃子を演奏する芸妓の数も減少していく中で、その存続を危惧した太以は、協力者を募り保存会を結成するために動き始める。昭和五十三年（一九七八）に金沢素囃子保存会は三茶屋街の流派を超えて結成され、昭和五十五年に金沢市から無形文化財の指定を受けた。新聞などのメディアでとりあげられることが多くなり、改めて脚光をあびるきっかけとなった。平成七年（一九九五）にはアメリカのカーネギーホールで舞踊と素囃子の公演を開催し、オーケストラ・アンサンブル金沢（ＯＫＥ）とジョイントコンサートも行うなど、これまでにない形で幅を広げていった。また、昭和五十年代に始まったにし茶屋街の峯子氏・乃莉氏による「一調一管」も、芸妓の演奏技術の評価を高めた。

現在、素囃子の演奏機会は宴会以外の定期公演として、金沢おどり、市のイベントなどがある。素囃子は人数も多く華やかであることから、宴会の際には幕開きに行うことがほとんどである。また、宴会以外にも結婚式や記念会に呼ばれることがある。

素囃子で行う曲目は「操り三番叟」「竹生島」「舌出し三番叟」「君が代松竹梅」などで、特に「獅子もの」や「三番叟もの」が多い。また、素囃子に長唄の曲が多いのは、清元や常磐津よりも囃子に合う音楽であるためである。一曲すべてを演奏することは難しく、その時に応じて抜き差しをし、宴会の席上では七分から八分ほどにまとめる。

平成に入る頃から、素囃子を請け負っても一つの茶屋街で演奏することが難しくなり、応援を頼むようになった。現在芸妓の人数は、ひがし茶屋街は一四人、主計町茶屋街は一〇人、にし茶屋街は二二人で、舞踊と地方、鳴物を掛け持ちで行っている状態であるため、素囃子は三茶屋街合同で演奏することが通常となっている。

まとめにかえて―素囃子が育まれた芸どころ、金沢―

金沢素囃子は長唄の曲を演奏することが多く、演奏者の構成(三味線・唄方・鼓・大鼓・太鼓・笛)や曲の内容は他地域と変わらないが、「長唄を演奏する」のではなく「素囃子をする」というのは、金沢独自のことである。この「素囃子」という言葉は茶屋街で戦前から使用されていた。踊りがつく芸形態を「出囃子」、踊りのつかない演奏のみの芸形態を「素囃子」と呼んでいた。

金沢素囃子の成立と発展について、改めて確認する。

金沢は近世より歌舞伎の巡業が行われる地であった。また、能楽も前田家の加護の下、広く人々に親しまれてきた。当時の廓は遊郭と呼ばれており世間とは隔離された存在であった。

明治に入り政府の条例施行に伴って娼妓と芸妓に区別をつけるようになったが、芸妓も世間からは低い地位でみられていたことは否めない。

酒井弥三久は『声魂』（創刊号）に芸妓に対して以下のように述べている。

一夫一婦といふ固定した両性の生活に於て、概ね人世の幸福が定義されている点から見れば売笑という奴隷的制約のもとに常にその性魂を委せられて居る遊女として、珊瑚のやうな歌才はなくとも誰しも同じ心境にあるのは当然だろう。

然し、それは純然たる売笑婦に於てであるが、遊芸を是事とする芸妓に於ては、画然とその職業性質に隔たりがある筈であろう。（中略）

芸者が、自分の職業を卑しむとか、早く足を洗ひたいとかの存念に囚われる間は、容易に遊芸の進歩はない、大いにうでを磨いてその職業に独立自営の自尊心を持つ時に於て、初めて素人女には見られない幸福な境地が味われるであろう。

何と言うても、芸者は常に音楽家と異る所のない同じ待遇と敬意を以て迎えられるべき高等な一個の音曲家であらねばならない。どこ迄も遊芸を職能として終始すべきである。（中略）

芸者という未だ一般世間の誤解を解きがたい家業の名目をば、如何に清浄な職能として直感せしめるや否やは、一に芸者それ自信の心掛けに存する事を繰々も肝に銘じて益々芸事に奮励されたいと希望する。〔昭和三年十一月、三五頁〕

芸妓が娼妓と最も異なる点は、芸を職業としていることである。茶屋の女将も芸妓も芸を磨くことに必死になった。東廓の諸江屋の女将の考えとして、以下のことが語られている。

ここの廓などでも、芸事を進めようと思やこそ、踊、鳴物、長唄、常磐津、清元、あらゆる師匠を呼んで、出来るだけ金をかけて居るのも、みんなお前さん達の身の為。精一杯、箔を付けて置きなさいよ、と口やかましく言ふても、いつも習いに出る子はきまつて居る。

何のために高い銭を出して居るのか、せつかく師匠が来ながら、芸の道を留守にする子が居るかと思うと、高い金を出し捨て、おとましいものやないかね。〔同一〇頁〕

金沢市が大正六年（一九一七）に各廓に強行しようとした検黴に対抗して、西廓二八人、東廓八六人、主計町三〇人の芸妓が鑑札を返納するという事件が起き、返納の数に廓の存続さえ危ぶまれる状態となった。この騒動は娼妓と同等の扱いをされることを嫌った芸妓の自負心によるものであった。世間から認められるためにも、芸を向上させなければならない。各廓の女将たちはこれを推進させるために金銭を惜しまず奔走した。もちろん、廓同士の競争心もこれを加速させただろう。

同時期に三味線・唄・浄瑠璃・鳴物・舞踊といった遊芸が金沢の人々の間に普及していった。芸妓は「男に限るもの」という意識から、芸の玄人と認識されるに至ったのは、一般社会への遊芸の浸透が大きく影響している。

このような環境の中で素囃子は育まれてきた。

茶屋街の素囃子を先導してきた人物の一人が初代杵屋六以満である。長唄・鳴物両方の師匠であったこと、そして「代師匠」ではなく「常師匠」という唯一の立場であったことは、その後の素囃子に大きな影響を与えている。

昭和四十年代頃に素囃子は存続の危機を迎えるが、それを回避させたのが二代目六以満であり、現在、次世代の素囃子演奏者を育てる役割を担っているのが三代目六以満（現・喜三以満）である。大正期から現在にかけて、舞踊以外では、杵屋六以満の系統のみが途切れることなく師匠を継いでいることも重要な点である。

茶屋街の芸の代表として挙げられる素囃子は、茶屋街の中でのみ伝承されてきた芸能ではない。その成立・発展には芸に対する真贋を見分ける目をもつ金沢の人々が直接的・間接的に関わっている。素囃子は単に演奏形態や茶屋街の芸というだけでなく、金沢という「芸どころ」が作り上げた金沢の文化の一つなのである。

注

（1）金沢市公式ホームページ「素囃子」(http://www4.city.kanazawa.lg.jp/17003/dentou/geinou/subayashi/index.html)。
（2）副田松園『金沢の歌舞伎』（近八書房、昭和十八年）。
（3）長山直治「化政期、金沢における芝居と遊郭の公認をめぐる論議について」（『市史かなざわ』一巻、平成七年）。
（4）前田佐智子「金沢の歌舞伎―川上芝居―」（『生活文化史』四四号、日本生活文化史学会、平成十五年）。
（5）山田四郎右衛門『三壺聞書』宝永年間成立。
（6）綿津屋政右衛門『金沢俳優伝記』（別名『綿津屋政右衛門自記』）前田家編輯方手写、明治年間。
（7）日置謙『芝居と茶屋街』（石川県図書館協会、昭和七年。石川県図書館協会、昭和四十七年復刊）。
（8）副田前掲注（2）。
（9）前田前掲注（4）。
（10）日置前掲注（7）一四～一五頁。
（11）副田松園「金沢の歌舞伎―近代編―」（石川郷土史学会編『世相史話』昭和三十年、石川県図書館協会、平成五年復刊）七～八頁。
（12）日置前掲注（7）一五頁。
（13）副田前掲注（12）。

(14)『浅野川年代記　1890—1990』(十月社、平成二年)一八頁。
(15)『金沢市史　通史編3　近代』(金沢市、平成十八年)九二八頁。
(16)『旧東のくるわ(伝統的建造物群保存地区保存対策事業報告書)』(『金沢市文化財紀要』六、金沢市教育委員会、昭和五十年)。
(17)田中喜男『幕藩制都市の研究』(文献出版、昭和六十一年)。
(18)宮本由紀子「金沢の廓」(近世女性史研究会編『論集近世女性史』吉川弘文館、昭和六十一年)。
(19)宮本由紀子「遊里の成立と大衆化」(辻達也・朝尾直弘編『日本の近世』第一四巻、中央公論社、平成五年)。
(20)長山前掲注(3)。
(21)人見佐知子「十九世紀金沢の遊所と出合宿」(佐賀朝・吉田伸之編『シリーズ遊郭社会Ⅰ　三都と地方都市』吉川弘文館、平成二十五年)。
(22)副田松園「金沢の花街—近世編—」(前掲注(12)『世相史話』)。
(23)前掲注(15)九三〇頁。
(24)前掲注(15)九三〇頁。
(25)棚木一郎「金沢東西両廓盛衰史—その梗概—」(『石川郷土史学会々誌』一二号、石川郷土史学会、昭和五十四年)。
(26)棚木一郎「お国の宴会と藝能」(『石川郷土史学会々誌』一三号、石川郷土史学会、昭和五十五年)。
(27)棚木一郎『「妾」論議—封建都市金沢に見る街学—』(私家版、昭和五十七年)。
(28)棚木一郎『三味線　文献』(歌舞音曲研究会、昭和六十三年)。
(29)棚木一郎「北国藝能歳時記」(『加能民俗研究』一六号、加能民俗の会、平成元年)。

(30) 前掲注(15)九三〇頁。
(31) 前掲注(15)九三〇頁。
(32) 通称「揚屋」。初演は安永九年(一七八〇)正月、江戸外記座人形浄瑠璃(歌舞伎化同年四月江戸森田座)。
(33) 「菅原伝授手習鑑」。延享三年(一七四六)八月に大坂竹本座にて初演。全五段からなり、「車曳」「賀の祝」は三段目の演目である。
(34) 江戸後期に京坂で玉村芝楽と並び称された花房半七と同流派であると考えられるが、金沢との関係性などは明らかではない。
(35) 『浅野川年代記』『金沢市史　通史編3　近代』参照。
(36) 木倉屋銈造『どんだくれ人生』(北國新聞社、平成五年)。
(37) 前掲注(14)一三頁。
(38) 釣見栄一「私の知っている「東」」(『金沢北地域誌　香我の譜』金沢北ロータリークラブ、昭和五十八年)二一六頁。
(39) 『声魂』(声魂社)金沢市立図書館所蔵。
(40) かつて茶屋街を廓と表現していたことから、本章では戦前までを「廓」、戦後は「茶屋街」と記す。
(41) 『北國新聞』一万五千号記念に際し九回にわたり連載した手記を再掲した。
(42) 家元吉蔵の片腕として活躍し、大正二年吉輔の名を許された舞踊家。同十三年には振興家庭舞踊発表会を興して、運動本意の基本姿九六種を創案、昭和五年に邦楽舞踊研究会を創立した。昭和二十七年、寿慶と改名する。
(43) 文政三年(一八二〇)生まれ。二世清元延壽太夫に入門し、初世菊壽の弟子であった。軽妙な語り口で淡白な曲を好み、同門の家内太夫と並び流儀の双璧と謳われた。

(44)　五世延壽太夫は、十五歳で菊壽太夫に入門後、明治二十三年、十二代目森田勘彌らの推薦で四世延壽太夫の養子となった。明治三十年に歌舞伎座で五代目延壽太夫を襲名する。

(45)　宗家藤間流家元。四世の養女であり、明治三十二年に勘十郎の名を継いだ。

(46)　大正四年に五世の養子となった。大正十五年に五世が隠居した後、昭和二年に六世藤間勘十郎を継いだ。初世から通して、男性が宗家を継ぐのは初めてのことであった。

(47)　四世西川扇蔵の門弟であったが、天保十二年(一八四一)に名古屋に移った際「鯉三郎」と名乗るようになった。名古屋で西川流の舞踊を広め、振付師として活躍した。明治三十二年に没した後、後継者が定まらず石松などの門弟らによって流派が運営された。

(48)　棚木前掲注(29)。

(49)　『金沢の芸妓さん』アクタス一月号別冊(北國新聞社、平成十九年)六八頁。

(50)　新潟市で生まれ十三歳で舞妓となり、明治三十一年に十九歳で上京。同三十五年に二世藤間勘右衛門に弟子入りし、同四十二年に藤間静江の名を許される。大正六年に「藤蔭会」を結成し、坪内逍遙の『新楽劇論』に始まる新舞踊の第一人者となる。

(51)　尾山倶楽部は、明治三十年に開いた稲荷座の後進である。稲荷座は明治三十六年に尾山座に改称した。大正十五年に改築工事が始まったが、翌年二月に大雪で倒壊する。昭和二年五月に「尾山倶楽部」と改名し落成した。昭和七年にはダンスホールの経営が許可され、真っ先に名乗りをあげたのは尾山倶楽部であった。金沢におけるモダニズムの象徴的な劇場の一つである。

(52)　清元志壽太夫の長男で、戦前から戦後にかけて邦楽界を代表する太夫である。父のみならず、六世清元延壽太夫の立三味線を務め、七世延壽太夫の指導も行って、清元節三味線方の代表格として活躍した。

(53) 八代目は七代目の長男で大正九年に名を継いだが、大正十五年に夭折した。そのため、昭和三年に四男が九代目太左衛門となった。

(54) 昭和二十七年に望月太満衛の名を許され、昭和三十三年に二代目望月太満を襲名する。平成十年に望月太満の名を娘に譲り、太以を名乗る。保存会を結成した昭和五十年代は望月太満であるが、便宜上ここでは望月太以とする。

参考資料、参考文献

『長唄編現代・邦楽名鑑(二)』(邦楽と舞踊出版部、昭和四十一年)。
『新聞でみる七十五年史—大正編—』(北國新聞社、昭和四十三年)。
『おとこ川おんな川』(北國新聞社編集局、平成十六年)。
『新撰芸能人物事典　明治〜平成』(紀伊國屋書店、平成二十二年)。

第四編　民俗芸能における個と集団

第一章　折口信夫の「芸術」観

芸術と芸能という二つの言葉がある。現在この二単語を明確に使い分けている人はどれだけいるだろうか。筆者自身も曖昧な定義の下で使っているきらいがある。本章では、折口が提示する「芸術」という言葉に重きを置きつつ、「芸術」と「芸能」という、二つの言葉をどのように捉えていたのか検討していきたい。

1　変化プロセスの観点から

まず民俗と芸術に触れている次の文章を挙げたい。昭和四年（一九二九）の第四回郷土舞踊と民謡の会に対する批評文である。会の意義等を述べた後、「感謝すべき新東京年中行事」として、演出に対する批判を行っている。

> 欲を言ふなら、其演出の努力の中心を、舞台効果に置かないで、地方人の謂はれない新意匠の混つて居る点を洞察して、出来るだけ原《モト》の姿にひき直させると言ふ点に置かれたいとだけは願はないで居られない。此はこの事業を、民俗的にするか芸術的にするかの大切な岐れ目だと思ふが、おそらく此点では、小寺さんにも迷ひがあり、尊敬する二先輩にも解決がつき切つて居ないのではないかと思うて居る。
>
> （中略）
>
> 民俗芸術と言ふものは、都会式な、我々の欲しないでかだんすをも滋養分として常にとり込んで行って居るので、其が同時に発達の動力にもなつて行く。

（中略）

日本の民俗芸術をあまりに悲観しすぎると、柳田先生は仰言つたけれども、どうしても悲観せずに居られない。其程分化展開の程度が低いのである。(1)

ここでは、芸能という言葉は使わず、民俗芸術という言葉を使用している。明確な違いは述べていないものの、演出を加えることが分かれ目であるといい、民俗と芸術は違うものだという認識が読み取れる。さらに、民俗芸術は「でかだんす」をも常にとり込んでいくものだという。このことを昭和三年（一九二八）から五年の「日本芸能史」の講義の中で述べている。

まず「十六　田楽の概論」で、

田楽の主な要素は、一、田遊びからきたもの、二、田楽の楽器およびそれを使う動作、三、田楽能と、この三種類が田楽の主なもので、田楽が盛んなときは、この三者が混合して行われた。その他、当時の流行のものをとり入れているが、これは民族芸術の特色である。

江戸になると、なんでも家元制度である。京都の公卿の制度の真似である。（陰陽道の家元。）実は地方の人が自然に決めたのを、江戸の人がそう考えたのである。ともかく、なんにでも家元を考えなければすまなかったのは、江戸時代の芸術の特色で、こうしてしだいに固定の道をたどり、かつ民俗芸術の特色を失っていったのである。(2)

と述べ、「三十三「かぶき」という語（一）」で、

民俗芸術の特徴として、けっしてはじめの本領を守らず、だんだん変化してくる。変わるのは、他のものを含むことができるからである。万歳、安来節の栄えるのはそれで、八木節がたちまち亡びたのはその反対だったからである。どんどん変化していって、自分のもとの本領はとうに失ってしまっても、他の意味で生きていかれるこ

とが、民俗芸術の強みである。(3)

と述べる。民俗芸術の特色は、当時の流行のものをとり入れ変化していくということである。固定すると民俗芸術とはいえなくなる。その固定したものというのが折口のいう「芸術」であるかはまだ明確に述べていないが、そう察することができるだろう。

さて、変化し続けるものが民俗芸術(芸能)であり、固定するものが芸術であるならば、両者の間にはどのような関係性があるのか。昭和五年(一九三〇)・七年の『民俗学』に投稿した「年中行事―民間行事伝承の研究―」(4)の中で、民俗芸術と芸術の相違をはっきりと言及しながら、芸能と芸術への変化のプロセスについても述べている。民俗芸術はその土地の香りの高い音楽舞踊であり、中心をなすものは信仰の力で、我々の生活に即しているものだという。その音楽舞踊に三味線などの手の込んだ楽器が入ることで芸術化してくるとし、そうなってはもう民俗芸術とは呼べなくなる。前述した「感謝すべき新東京年中行事」では、演出に対する批判をしている。三味線にせよ演出にせよ、手の込んだものが加わることが、芸術へと変化する要因であると考えていたことが確認できる。ここでは、民俗芸術から芸術へという一方通行の変化しか述べていないが、次の論文では相互の影響と変化について言及している。

その箇所に触れる前に、民俗芸術という術語について触れてみたい。これについては昭和十三年(一九三八)の郷土研究会の講義に「芸能伝承の話」があり、ここで次のようにいう。

民族芸術については、われわれはだいぶ以前から、「民俗芸術」という字を使い、その名の雑誌も出したが、考えてみるとこの名前はまちがいを含んでいると思う。以後は民族芸術という字を用いることにしたい。もちろん、フォークロアは民俗だが、「芸術」のつくときには「民族」のほうがよい。民族芸術それ自身が民俗なのだから
フォークロア式の芸術、民俗風な芸術というのなら、「民俗芸術」でもよいと思うが、言語、風俗が民俗である

ように、われわれはいろいろなフォークロアをもっているなかで、民族芸術ももっており、したがって、民族芸術は民俗の一つでもある。その民俗の一つであるところの民族芸術を「民俗芸術」と書くのは、「半紙紙」というようなことになるから、学問的にいうと「民族芸術」というほうがよいわけである。そしてそれが、一つの民間伝承の項目になるのだと思う。なぜ、特にそんな穿鑿をするかというと、実は、「民族」ということばを非常に好む人と避けようとする人とがあるが、民俗という語を精確にするためには、われわれが使ってみることがよいと思うからだ。実際の語は、使っているうちに内容が拡がってゆくものだから、われわれが「民族」という字を使ってはっきりさせてゆかねばならぬ。「俗」を書くのになれてきたが、これは「族」のほうにして、フォークロアの一項目と考えたいのである。(5)

また別の個所で次のようにもいう。

いわねばならないのは、民族芸術と芸術は違うということ。奇術などはどう考えても芸術ではないが、民族芸術のほうでは日本民族のもっている芸術として扱わねばならぬことである。民族という限定がついていると、芸術の意味が変わってきてややこしいから、今まで北野博美さんに民俗芸術ということばを使わしておいて、私は芸能という語を長く使うてきた。(6)

以上のように、民族芸術それ自身が民俗であり、学問的にいうと「民族芸術」というほうがよいとしているが、この用語はこの論文でしか使われていないため、なぜ意図的に「民族芸術」をとりあげたのか比較ができず、これ以上「民族芸術」について言及することはできない。しかし、ともかく民族芸術と芸術は違うということだけは明確であろう。

では、前述した変化についてどのように論じているか、次の箇所から考えてみたい。同じ「芸能伝承の話」では、以下のように述べている。

民族芸術のなかにも、ちょうど造形伝承のような道を歩いてきたものがある。田舎の踊りや唄などでもいったん遊郭《ママ》にはいると、たちまち民族芸術の領分を離れて、一つの芸、低級な芸術の領分にはいってしまう。幇間が踊り芸者が歌うと、すっかり民族芸術味を失ってくる。芸者が三味線を弾いて歌うと、自然に民族芸術でなくなってしまうのが普通だが、その中にもまれにそのまま古いものを残していることもないではない。そのときの分け方は、行う人によって、また行われる場所によって分けるより外に方法はない。

（中略）

いろいろな村に行われている民族芸術が、あちこちに持ち運ばれているうちに、芸能としての面目を保つものと、低級な芸術となるものとに分かれる。後者は、芸術になっていくから別のもの、つまり工芸品である。小原節を薩摩からもってきて歌うても、歌い手によって特有な節廻しや囃子が入るから、工芸品みたいなものだ。

（中略）

日本の声楽で著しいことは、民族芸術と低級な芸術との間を行ったりきたりしているもののあることである。つまり本当は、人の問題というべきであろう。たとえば、田唄のごく純粋なものは、民族芸術式フォークロアであったにちがいないが、それが早くから芸能化してしまっている。田楽の歌になるともう芸能である。その田楽の中からいろいろなものに分かれていって、猿楽などの連衆が歌って、農村に行われる。その初めはきっと、中心になる地方から芸人が出て、はやし方その他何もかもを指導したにちがいない。条件として田の中ではやすというような風習は早くからあったにちがいないが、それが芸能化して農村に取り入れられる。そうしてしばらくすると、できるだけ芸能的な要素を落として、フォークロアにしてしまう。ただ今ではそんな指導せられた芸能は滅び、田唄、田遊び、田ばやし、みんな民族芸術となってしまい、それを高めてみようとする者がなくなってしまっただけのことである。そんなものがある間は、行ったり来たりしている。ある地方の田植えが面白いと聞くと、自然とまたそのほうへ雇われていく。そういうふうになると、田遊びは芸能扱いをうけ、うければ低級な芸能になっていく。そんな関係がいつまでもつづく。殊に田植え唄などはそれで、かつて芸能であったあとが分解すれば著しくみえる。江戸時代の小唄なども厳格にいうと、民謡だから民族芸術だが、それを三味線にのせて小唄、端唄、長唄などと称すると、低級な芸術に変わってしまう。小唄は民族芸術であることを示しながら同時に、低級な芸術になっている。(7)

「年中行事―民間行事伝承の研究―」でも言及されていた問題であるが、ここでは民族芸術味を失っても古いものを残して居る場合があることを述べている。さらに田遊びを例に挙げながら、民族芸術と芸術が行き来しているという。

以上から、簡単に変化のプロセスを図式化してみた（図1）。図1をみると、芸能と芸術は行き来していることがわかる。この関係性については他の論文でも述べている。

昭和十五年（一九四〇）「日本芸能の特殊性」では、芸能は芸術に達しないもので芸術に至る素材だと述べ、芸能とは民族芸術の技術化したものであり、芸術になれば芸能ではないという。(8)また、昭和二十五年「日本芸能史序説」でも、どのような芸術でもうち棄てておけば必ず低下し、いつもその芸術的高さを保っているわけではないと述べる。(9)さらに、「どの様なものにも、芸能と言へる時期があつたし、又、その時期が来る訣である。又演ずる者が、芸術を芸能化する事も出来る」(10)という。

折口は、昭和初期の頃は、芸術は固定したものであり、芸能は変化をとり入れていくものだと述べている。しかし、

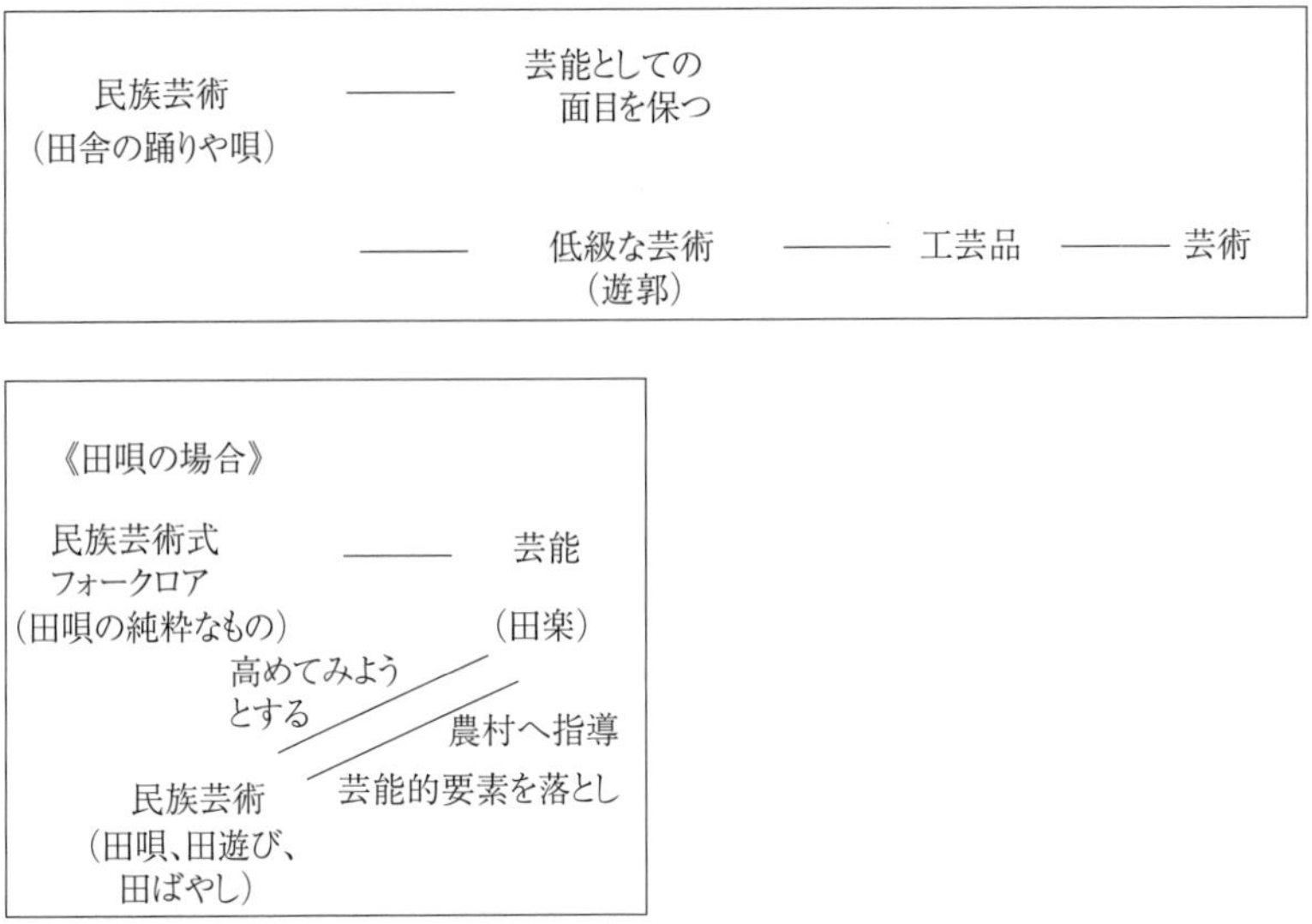

図１　芸能と芸術の変化プロセス

年代が下ると、芸能と芸術は互いに行き来する関係性があると指摘していく。つまり、その関係性の中で表現が高められていくのである。我々が現在、伝統芸能と呼んでいる能や歌舞伎でさえ元は芸能であった。しかし今やこれらは芸能とは呼べないということも「芸能伝承の話」の中で次のように論じている。

> 起源を忘れた知識ということをもう少し意味を変えて、何かまとまった知識、聡明な知識（こんな語は使いたくないが）、叡知に近い知識、そういうものは、民族芸術、フォークロアにはなりえぬということである。この意味では、芸術は、叡知としての知識である。六芸ということをやかましくいった中国人ばかりでなく、西洋人でも、またそんなことに無造作に暮らしてきた日本人でも、芸術は叡知の範囲にはいるもので、これにはいるものはフォークロアではない(11)。

この点をもう少し考えるために、次に観客の観点から芸術と芸能をみていきたい。

2 観客の観点から

折口は芸術に関して、観客や演者について直接的に触れている論文はない。しかし折口は常に観客側であったことはいうまでもなく、観る側の視点から何点か言及している。昭和十四年（一九三九）の「歌舞妓とをどり[12]」では、新舞踊を民俗芸術と対比させ批評している。新舞踊に求めるものとして、成算あるもの、理想があるもの、周到な心構え、という三点を挙げている。これは前述した芸術は叡知の範囲にはいるものという考えに通じるものがあるのではないだろうか。観客側から演者側に求めるものであり、演者側が意識すべき点なのである。

では逆に芸能はどうなのであろう。昭和十八年（一九四三）の「日本芸能の話[13]」から両者を比較してみると、芸術は観る側にもある程度の知識などが要求されているように感じられる。一方で芸能は「出たとこ勝負」であることや、「大衆が見て楽しむことができる[14]」といった表現から、その場にいるものすべてを巻き込み楽しむものであると読み取れないだろうか。言い換えれば芸術は演者対観客一人に対して、芸能は演者対大衆と考えられる。

この点を踏まえて個人と集団という観点から、さらに芸術と芸能をみていきたい。

3 個人と集団の観点から

個人と集団について昭和十三年（一九三八）の「芸能伝承の話」では、前述した芸能から芸術への変化について、それを掌る者に焦点を当てて論じている。「変化を掌っている階級（掌るという語はよくないが）、それを変化させることに目的をもっている人たちの手に渡ると、これはもうフォークロアではなくなる[15]」といい、芸能から芸術へ変化させるのが芸術家であるという。変化の過程で変化を意識した個人の介入は芸術化への一歩なのである。さらに、同じ内容の芸能が村と町の居酒屋の娼婦が歌っている場合の区別のつけ方として、それを扱う人で判断するとしている。このように、折口は芸術や芸能について、それに携わる人に早くから注目しているのである。

戦後になると芸能を扱う人に対して、「地方文化の幸福の為に」として、より詳細に言及していく。

　昔の芸能は一人で行ふものはない。だから昔、文部省で習字や書き方などを芸能のうちに数へたことがあつたが、間違ひであつた。芸能といふ語は中国にもあるが、日本では芸と能といふ語は別で、相互の関係なく漢字を組合わせて出来てゐるだけだ。日本の熟字の中には、文字の型がたま〳〵中国と同じことが多いが、それ等の多くはその間に交渉なしに出来たものであつて、この芸能といふ語は中国の内容とは違つて、一言で言へば、「芸ごと」である。今の語で言へば、演芸と言へるだらう。これは沢山の人のすることで、一人の人が、楽しんでやつたことではなく、昔宗教的に祭祀や宴会で考へてゐたものが、娯楽的な目的を引き出して来て、この目的のもとに世の中にながらへて生き残つたのである。

　芸能は一人でなし、必、幾人か複数の人でないと行はれない。例へば、踊りでも、一人のものは芸術であつても芸能ではない。

（中略）

　何としても、競技的な興味がなければ、皆の楽しみとならない。すぽうつ的なものを欠いて来ると、楽しみから離れてくる。一人の人がい丶歌を一人で歌つてゐても、誰も参与しなければ芸術であつて、芸能ではない。(16)

芸能をスポーツに例えながら、複数人で行うものが芸能であり、一人で行うものが芸術とここではっきりと対比させている。前述した「芸能伝承の話」は変化を掌る人に焦点をあてているが、ここでは実際に芸能を演じる人に焦点をあてている。先述したように演者対個人、演者対大衆というだけでなく、芸能は多人数が演者となりまた同時に彼らは観客にもなりうるのである。

変化のプロセス、演者と観客、集団と個人の観点から、折口がいう「芸術」と「芸能」を捉えてきた。まとめると以下の通りになる。

芸術は芸能から変化したものであり、芸能と芸術は行き来する関係にあり、その関係性の中から表現を高めてきたと思われる。しかし、叡知の範囲となる芸術に関しては芸能とはいえず、芸術は「成算」あるもの、「理想」があるもの、「心がまへ」などの周到な枠の中で生きているのである。一方で芸能は出たとこ勝負のものが大成したものであり、大衆がみて楽しむ、つまり、芸術は演者と個人、芸能は演者と大衆の関係にあると考えられる。また、芸能が芸術化する際の要因となるものの一つに、変化させようとする意思のある個人がいる。それは芸術家とも呼ばれるものであり、芸能に創造を加え変化させた時点でそれは芸術となっていく。変化の担い手だけでなく、演じる側が一人で行うものは芸術である。逆にいえば、大衆が大衆の手により伝承させていくもの、さらに多人数が行い、同時に観客となるものは芸能といえるのである。

注

（1）折口信夫「感謝すべき新東京年中行事」（『民俗芸術』二巻第六号、昭和四年。『折口信夫全集』第二十一巻、中央公論社、平成八年）四七〇〜四七一頁。

（2）折口信夫「昭和三、四、五年　慶應義塾大学文学部「国文学」講義」（『折口信夫全集ノート編』第五巻、中央公論社、昭和四十六年）一四三〜一四四頁。

（3）折口前掲注（2）三〇七頁

（4）折口信夫「年中行事―民間行事伝承の研究―」（『民俗学』二巻八・一〇号、四巻六〜九号、昭和五年、七年。『折口信夫全集』第十七巻、中央公論社、昭和五十一年）。
（5）折口信夫「芸能伝承の話」（昭和十三年、郷土研究会講義）（『折口信夫全集ノート編』第六巻、中央公論社、昭和四十七年）七二〜七三頁。
（6）折口前掲注（5）一一三頁。
（7）折口前掲注（5）一二九〜一三〇頁。
（8）折口信夫「日本芸能の特殊性」（『日本諸学振興委員会研究報告』六篇（芸術学）、昭和十五年。『折口信夫全集』第二十一巻、中央公論社、平成八年）。
（9）折口信夫「日本芸能史序説」（『本流』創刊号、昭和二十五年。『折口信夫全集』第二十一巻、中央公論社、平成八年）。
（10）折口前掲注（9）二〇五頁。
（11）折口前掲注（5）一二三頁。
（12）折口信夫「歌舞妓とをどり」（『舞踏芸術』五巻六号、昭和十四年。『折口信夫全集』第二十二巻、中央公論社、平成八年）。
（13）折口信夫「日本芸能の話」（『芸能』九巻六号、昭和十八年。『折口信夫全集』第二十一巻、中央公論社、平成八年）。
（14）折口前掲注（13）一七九頁。
（15）折口前掲注（5）一一七頁。
（16）折口信夫「地方文化の幸福の為に」（『やま幸』三集、昭和二十三年。『折口信夫全集』第十九巻、中央公論社、平成八年）。

第二章　「顔」をもつ演者

はじめに

すでに序章で各研究者の芸能や民俗芸能に関する定義は整理しているのでここでは深くは触れないが、彼らの研究で共通しているのが、民俗芸能というのは個ではなく、集団であること、そして専業者ではなく非専業者であることを改めて指摘しておく。

民俗学が対象とする伝承者は「ある社会の人々として集団的にとらえられることが、伝承者を論じるときの前提となる」(『日本民俗大辞典』下)(1)のであり、「民俗」と名がつくからには民俗芸能も「集団」と切り離すことはできない。また柳田以来「常民」がその対象であったことで、非専業者でなければならないのである。

しかし、この非専業者の集団が伝承する芸能の中において、個の存在を無視していいのだろうか。折口信夫は、芸能が芸術化する要因の一つとして意志のある個人がいること、また池田弥三郎も名人や名優がよき芸能の伝承者であると述べている。いずれも芸能による「個」の存在を意識しながらも、あえて対象から外している。それはおそらく「民俗」の枠組みの中で芸能を論じるためであろう。小笠原恭子は、芸能の専業者について以下のように指摘している。

一つの芸能が歴史的な目盛りを刻み込んで行くときは、専業者の手の中にある時である。彼等の手から「常民」の手の中にこぼれ落ちるとふたたび、歴史は止まり、民間伝承となるわけで、実はここに、「芸能伝承」の捉えがたさがある。専業者がある社会的権力と密接な関係を生じるとその芸能は「一般の歴史」と歩みをともにすることを止め、伝承は彼等自身の内部だけで行われて行くのだが、この内部伝承はきわめて強い排他性を持つため、むしろ民間へ流れて伝承されたものの方が、新しい変貌を遂げることが多い。芸能の「進退」のこの両面をあわせて「芸能伝承」と呼ぶのであれば、あるいは「ほんたうの意味」での芸能史に近くなるかもしれない。折口は、世阿弥以後の能、江戸三座創設以降の歌舞伎については触れることがなかった。柳田が芸能を扱わない理由として挙げたとされる、専業者や家元制度の手にある故という、その本筋は承けているのだということもできる。(2)

小笠原は、芸能史という視点から専業者、つまり特定の「個」について言及し、芸能の「進退」を考える上で重要な存在であることを述べている。何をもって「進退」とするのかははっきりと述べてはいないものの、芸能の伝承に大きく関わる特定の「個」もあわせて考えるべきだという指摘は、大いにうなずける。

三隅治雄は『日本民俗芸能概論』(3)の中で、民俗芸能に個人の作為が加わることや、民俗芸能の一定の旋律や振りをまとめた個人があってもよいはずだと述べている。このことは序章で指摘したが、三隈は「民俗芸能の生き方」(4)においても、地域共同体の中で「抜群の技能をもつ者、情熱をもつ者がいて、それが先導して部落の芸能を活気あるものにしたのである」(一九四頁)と特異な個について触れている。その上で、古代において神位を占う祭りの場で特異な行動・言動を行う、芸能史上に出没する「異常人物」についても言及している(一九五・一九七頁)。

この民俗芸能における「異常人物」について着目したのが橋本裕之である。橋本は王の舞の現地調査の過程で、「個の領域」に関心をよせている。「年中行事として反復される王の舞は、たしかに民俗的世界観に深くかかわりながら演じている。しかしながら、王の舞を演じる身体はそのような共同性に規定されつつも、やはりどこまでも個の領域としてあらわれてくるものにほかならない。にもかかわらず、従来の成果はいずれも、この領域における微妙な差異を共同性のなかに埋没させてしまったきらいがある」(5)と述べている。

さらに橋本は『民俗芸能研究という神話』(6)において、この「個の領域」を「異常人物」という言葉に置き換えて論述している。「民俗」と「芸能」の関わりを、1、民俗学的研究の視座、2、美学的研究の視座、3、芸能史研究の視座、から改めて検討し、民俗芸能の記述方法を模索した結果、「「民俗」と「芸能」の相互規定的な関係におかれながら、「芸能」に対する過剰な関心を生み出してきたものと思われる、「異常人物」を主題化する試みの手前にたどりついた」(二九一〜二九二頁)と述べ、この異常人物とは「美的価値を過剰に突出させる個の領域」(二九二頁)であるといい、「いわゆる「民俗芸能」に普遍的な美を発見するよりも、むしろ当事者の持つ美的価値の付置関連をこまかく記述する試み」として「「異常人物」がきわめて有効な視座を提供しているのではないだろうか」(二九三頁)と提起している。

平成五年(一九九三)の民俗芸能大会シンポジウムは「継承・断絶・再生」をテーマに討論しているが、その中で神田より子は、芸能を継承する個人(一流の舞い手)がいかに自分の芸能を伝えようとしているか、早池峰の山岳神楽と黒森神楽を例に具体的に述べている。その後のフロアを交えたディスカッションでも、民俗学において突出した個人をどう扱い記録するかなど、多くの意見と問題提起がなされた(7)。そこで大石泰夫は、民俗芸能の要素は「個人の身体技術による「芸」によって構成されている」といい、民俗芸能の伝承を「身体技術としての芸の伝承」としてみなければならないと述べている(8)。

俵木悟は、中村茂子が『奥三河の花祭り』(9)で「コア・アクターと言うべき固有名をもつ人々の活動として、具体的に、活き活きと描かれている」ことを指摘しながら、近代以降の民俗の伝承過程の描き方として、特定の「個」に着目することは有効なものと評価している。[10]

加藤富美子は「「個人」の演唱者に見る民謡伝承の様相―京都府・口丹波地方を事例として[11]―」において、「民謡の特性の一つとして「集団性」があげられることが多い（中略）しかし、いろいろな土地の状況を調べていると、一様に広く人々に伝承されているのではなく、歌を得意とする一部の人に偏って伝承されていることが多いことに気づく」（三一七頁）とし、「民謡緊急調査」を基にした演唱者の話から「歌い手」と「歌上手」、「伝承者」と「保存者」、「伝搬者」と「創作者」といった人々の存在、民謡の記憶のされ方に触れている。さらに、「一人ひとりの演唱者たちが地域で果たしてきた音楽的役割や、歌の記憶の様相という面から捉えることによって、伝承の核となる「個人」たちの在り方の中に土地全体の民謡の行方が示されている」（三三七頁）と述べ、個人の与える芸能の伝承について言及している。

民俗芸能の「個」をどのように扱うべきか考えるにあたり、本章ではこれまでの調査で出会った人物の中で、芸能の伝承に深く関わっていると思われる「個」に焦点をあてて記録する。

一　祭囃子をアレンジする―八王子市の香川社中を例に―

東京都八王子市の旧八王子町において、「〇〇囃子連」ではなく「香川社中」という名で祭囃子を演奏している団体がある。この社中は、中町の山車に乗って演奏しているが、旧八王子町の祭囃子演奏者で、香川社中の香川さんを知らない者はほとんどいないほどの有名人である。彼がどのように祭囃子に出会い、「香川社中」という自身の名を付けた芸能団体を作ったのか、聞取り調査を行った。

1　香川社中ができるまで

香川隆樹《たかき》さんは、昭和二十五年（一九五〇）に八王子市の中町に生まれた。中町は料亭街であり、現在でも八王子芸者と呼ばれる芸者衆の歩く姿がみられる場所である。

中町では、戦前に作られた山車が戦火を免れ保管され、「八王子まつり」では祭囃子の演奏とともに巡行している。香川さんが子どもの頃、中町の山車には八王子市北野の北野囃子連が乗っていた。当時の北野囃子連は、笛吹きの名人と呼ばれていた雨野畑蔵さんがおり、香川さんは子どもの頃から彼の笛を聴いていた。

祭りのとき、山車が巡行せず中町に置いてあると、子どもたちがそこに集まって見よう見まねで囃子を演奏していた。香川さんもその一人で、そこに集まった子どもたちが、のちに祭囃子をともに稽古していく仲間であった。あるとき、隣の町会である横山町二丁目から山車のところに遊びにきたM君がいた。横山町二丁目では山車がなく、そのため祭囃子を身近で聞くことも、演奏をする機会もない。演奏がしたかったM君は、中町の山車まで毎年遊びにきたという。M君とともに「もっと祭囃子がうまくなりたい」と北野囃子連の雨野畑蔵さんの自宅を尋ねたのは、九歳か十歳の頃だった。意気揚々と行ったが、畑蔵さんは病気で半身不随となり笛を習うことはできなくなっていた。そこで、中町の山車で北野囃子連の一員として笛を演奏していた柏木さん（相模原市緑区与瀬〔旧相模湖町与瀬〕の興瀬神社宮司）に習うため、八日町の安西喜《き》笑堂《しょうどう》という楽器屋で三五〇円の笛を購入し、出掛けて行った。一回目はアポなしで行ったために不在だったので、仕方なく相模湖でボートに乗って帰ることになった。二回目は事前に電話をして習いたい旨を伝え、さらに「都饅頭」を手土産として買って行った。今考えると、九歳、十歳の割にしっかりしていたなあと思う、と述懐している。

柏木さんには祭囃子の曲の一つである「仁羽」の笛の文句（唱歌）をいくつか教えてもらった。その場ではしっかり覚えたつもりになっていたが、テープもないし譜もないし、結局自宅に戻ってきたときにはすっかり忘れてしまった。一緒に行ったM君と二人で話して、なんとか少しずつ思い出して、「仁羽」が一通りは吹けるようになったという。

香川さんが小学校六年生（十一歳）のとき、M君の住んでいた横山町二丁目が八幡中町の山車を借りて八幡八雲神社の祭りである通称「下のまつり」で巡行することとなった。山車に乗る囃子連として、横山町二丁目は追分町の追分囃子連を招いていた。M君は初めて地元でやるからと張り切り、香川さんも誘われて一緒に追分囃子連に混じって演奏に加わった。その際に追分囃子連の人たちに声をかけられ、その後、追分囃子連の一員として祭囃子演奏をすることとなった。

「仁羽」はできるが他の曲を知らなかったため、追分囃子連の市川藤吉《とうきち》さんに教えてもらった。藤吉さんは京王電鉄に勤めており勤務先が永福町（東京都杉並区）だったため、勤務帰りの夜に五日間連続で中町にある香川さんの自宅に来て教えてくれた。それにより基本的なところができるようになり、その後は追分囃子連の一員として実践で稽古を積んでいくこととなった。

現在、八王子市の夏の祭りといえば「八王子まつり」であるが、昭和四十三年（一九六八）まで国道一六号を境に多賀神社の「上のまつり」、八幡八雲神社の「下のまつり」がそれぞれ八月と七月に行われていた。追分町は多賀神社の氏子町であり「上のまつり」では当然、追分町の山車に乗るが、「下のまつり」でも三崎町に招かれて三崎町の山車で演奏をしていた。中町は八幡八雲神社の氏子町であり、「下のまつり」のときには中町の山車を運行する地元の人たちと鉢合わせすることも多く、「なんでそっち（三崎町）に乗っているの?」といわれることもあったという。

追分囃子連にいたのは二十歳くらいまでである。その後はM君やその他数名と独立した。昭和四十六年（一九七一）、二十一歳のときに元横山町が囃子連を作りたいということで声がかかり教えにいった。初めて囃子連が「八王子まつり」に参加するときには元横山町の山車に一緒に乗って演奏したという。

二十二歳の時、北野囃子連に笛吹きがいなくなったことがきっかけで、北野囃子連と自分たちのグループと合同で中町の山車に乗ることになった。その後、北野囃子連は個々の活動が中心となり、昭和六十二年（一九八七）からは香川社中のみが中町の山車で演奏している。

北野囃子連と合同で演奏するようになった頃、北野の太鼓奏者であった石坂崎次さんに秘曲を教えてもらった。石坂さんに「秘曲を覚えておいてほしい」といわれたことがきっかけであったが、石坂さんは笛を吹かない。そのため、二人三脚で笛を再現しなければならなかった。石坂さんが最初口笛で笛を吹こうとするのだが、口笛の音が正確に出ない。それで次にハーモニカをもってきて吹こうとするのだが、ハーモニカでも思うように伝えることができないので、音がわからなかった。それで、石坂さんの口唱歌に合わせて香川さんは一音ずつ音を出し、それに対して石坂さんが「もう少し高い」とか「低い」とかいって当てはまる音を探していった。その秘曲が「神楽昇殿」「本昇殿」「皮違い」「神田丸」である。香川さんは、この作業がこれまでの囃子人生で一番大変だったと述懐している。

香川社中としてまとまったのは昭和四十八年（一九七三）のことだった。後述するオリジナルの「四丁目」ができたことや、他の曲にも各所に独自のアレンジを加えたことで、自分たちが演奏する祭囃子を「香川流」とし、「香川社中」と名乗るようになった。

香川社中では祭囃子に留まらず、里神楽を演じることもある。近年では神楽囃子くらいしか演じないとのことであるが、結成当初は積極的に舞台で里神楽を行っていた。祭囃子を追究しようと、香川さんは里神楽も学んでいた。東京二十三区の里神楽は「土師流」と呼ばれており、間宮社中・松本社中などがあるが、八王子の里神楽は相模流であるという。流派の違いの一つは、能管の形態である。土師流の使用する能管は「ノド」があるが、相模流は「ノド」

がない。香川さんとしては神楽笛という名称が一番合うのではないかと思うというが、八王子では「相模流の能管」と呼んでいる。

2　祭囃子のアレンジと数字譜の作成

香川さんの演奏する「四丁目」はオリジナルである。「四丁目」は、追分囃子連の藤吉さんからも、輿瀬神社の柏木さんからも、北野囃子連の石坂さんからも教えてもらったが、いずれも曲の構成が曖昧であり、これといった決まりがなかった。そこで香川さんは、これまでに習った「四丁目」を生かしつつ、新たにきっかけとなる笛のメロディーを決め、構成し直した。

まずはメロディーラインである「四丁目」を演奏する。これは大太鼓入りの演奏である。その次に笛をきっかけとして、締め太鼓の「ナガレ」(大太鼓から遠い方)が基本を打ち、それに合わせて「シン」(大太鼓に近い方)がアドリブを打込む「玉」という技法を演奏する。「玉」のときに大太鼓は入らない。「シン」が「玉」を終える合図を演奏すると、また「四丁目」に戻る。そして再び笛をきっかけにして、今度は「シン」が基本、「ナガレ」がアドリブの「玉」になる。最後は「ナガレ」がきっかけを作り、それに合わせて笛も「四丁目」の終わりの演奏となる。最初の玉を「先玉」後の玉を「後玉」という。

近年最も力の入れていたことが篠笛の数字譜である。これまで笛の数字譜というのは、邦楽囃子方の福原流のものだけであった。福原流の数字譜は、呂《りょ》の音(低い音)は漢数字、甲《かん》の音(高い音)は算用数字で表しており、慣れればわかるが、聴いたことのない曲を演奏するのは難しい。知らない曲でもみれば誰でも吹ける譜を目指して考案した。

平成十五年(二〇〇三)からはNHK学園で篠笛の講師をしている。そこでは祭囃子や里神楽ではなく、一般的に知られている日本の歌や童謡などを教えて欲しいという話になり、自ら考案した香川式数字譜「香川譜」を使用することにした。

香川さんが若い頃は、このような譜はもちろんないし、口唱歌のみであって独自で稽古することが基本であった。いろいろなところの祭りに出向き、祭囃子をテープに録音して稽古をしていた。当時は上手な人がとても多かった。香川さんは現在進行形で積極的に囃子演奏の活動をしている。講師としてはもちろんのこと、娘さんとともに演奏することもあるという。

八王子の祭囃子として一番大きな功績は、北野囃子連の秘曲を受け継いでいることであろう。北野囃子連は八王子の祭囃子に大きな影響を与えたことは間違いないのであるが、現在活動を行っていないため、伝承者に話を聞くことが難しい状態である。篠笛を一般化するために数字譜を編み出したのは、香川さんが秘曲も含めて笛を習うときに苦労したことがきっかけであったと考えられる。「自分がいなくなっても、曲調がわからなくならないように」と話していたことからも、次世代への伝承を常に念頭に置いていることは明らかであろう。

二　里神楽を伝承する—大田区池田社中を受け継ぐ者—

東京都大田区内の里神楽については、『大田区史（資料編）民俗』[12]や、『大田区の文化財第十五集郷土芸能』に詳しいが、いずれも昭和五十年代発刊であるため三十年以上経過している。当時すでに高齢であった方も多く、次の代へと移行しており社中の構成員も異なっている。また、奉納場所にも変化がある。

本節では、大田区の池田社中、および浦守稲荷社中の滑川助五郎氏からの聞取り調査を基に、池田社中の現状について記すとともに、滑川氏の所属する浦守稲荷社中の祭囃子についても記す。

1　池田社中の初代（池田福蔵）と二代目（池田壌三郎氏）

⑴初代　池田福蔵（明治三十一年〔一八九八〕生まれ）

池田福蔵は海苔漁家の三男に生まれたが、元来舞などが好きだったため、戦前（昭和十七、八年〔一九四二、四三〕頃）から神楽を生業として始めた。『大田区史（資料編）民俗』によれば、世田谷区若林の松蔭神社の宮司斎藤重太郎の系統とあるが、息子の二代目元締め池田壌三郎によれば、弟子入りするということではなく、免許をもらったということではないかという。また、世田谷地区の元締めの権利を斉藤重太郎の甥がもっていたため、そこから買ったとの伝承もある。[13]同様に大田区内で里神楽を演じていた佐相社中も、二代目が横浜の子安神楽の元締であった萩原厳男から元締の株を買って独立したという。[14]現在は興行場所の売買は行われておらず、後述するように、神楽を演じる神社の宮司の意見によるところが大きい。

『大田区史（資料編）民俗』によると、昭和五十年代前半の池田社中は一〇人ほどのメンバーで、明治生まれを中心に構成されていた。職業神楽は含まないが、芸風は古典江戸神楽の系統を受け継いでいるという。

当時大田区内で池田社中の神楽が行われていた神社については、表1にまとめた。

以前には、大森地区の村社格以上の神社の月次祭、また、大森七社（大森神社・八幡神社・三輪神社・三輪厳島神社・三輪神社・稲荷神社・大森稲荷神社）では六月と十二月の大祓いにも神楽を行っており、大田区内の里神楽の一大勢力であったことがうかがえる。また、目黒区・世田谷区など他の区でも活動している。

表1　池田社中奉納神社（大田区内）一覧

No	～昭和五十年代（元締め：池田福蔵）		平成八年（元締め：池田壌三郎）		平成二十六年（元締め：池田壌三郎）：滑川氏らが中心	
1	2月初午	穴守稲荷神社（羽田）				
2	5月4日	前方八幡神社（大森中）				
3	5月14・15日	堤方神社（池上）	5月11日	堤方神社（池上）	5月11日	堤方神社（池上）
4	5月27～29日	三輪厳島神社（大森東）				
5	6月3日	浦守稲荷神社（大森南）	6月3日	浦守稲荷神社（大森南）	6月3日	浦守稲荷神社（大森南）
6	6月17日	春日神社（中央）	6月16日	春日神社（中央）		
7	9月3日・4日	糀谷神社（西糀谷）				
8	10月3日	三輪神社（大森中）	9月7日	三輪神社（大森中）		
9	10月14日	三輪神社（大森西）				
10	11月3日	穴守稲荷神社（羽田）	11月3日	穴守稲荷神社（羽田）		
11			6月1日	諏訪神社（大森西）		
12			9月8日	子安八幡神社（仲池上）		

⑵ 二代　池田壌三郎（大正十年（一九二一）生まれ）

昭和五十七年（一九八二）より子息の壌三郎氏が跡を継ぎ、池田社中の元締めとなった。平成三年（一九九一）の大田区教育委員会文化財係の調査によれば、当時は大田区で六、目黒区で四、世田谷区で二、杉並区で一、八王子で一の神社で里神楽を奉納していた。表1のうち、三輪厳島神社（No4）・三輪神社（No9）・西糀谷神社では里神楽奉納をとりやめたと記されており、滑川氏の話によれば平成二十六年現在、浦守稲荷神社（No5）と堤方神社（No3）では奉納が続いている。このように、十年間ほどで少しずつだが奉納する神社が減少していることが確認できる。また、社中の構成は七十代と六十代の計一二人で、高齢化が進んでいた。

平成八年（一九九六）当時、大田区内神社で里神楽を奉納していた社中は池田社中を含めて六つあった。

岡部社中は岡部啓吾氏（昭和二十年〔一九四五〕生まれ）を元締めとして、大田区中央を地元としている。大田区内の八ヶ所の神社で奉納している。二十代三人、三十代二人、四十代四人、五十～六十代六人、八十代一人で構成されており、若い人が比較的多い社中であった。

佐相社中は横浜市港北区日吉の社中で三代目元締めの佐相安男（昭和三年〔一九二八〕生まれ）が亡くなった際に市の無形文化財指定をうけたため、解散を避けるため第四代を長男の秀行氏（昭和二十九年生まれ）が継いだ。区内では鵜木八幡神社（南久が原）と新田神社（矢口）の二神社で奉納していた。

品川区の社中である間宮社中も、大田区内の神社で奉納を行っていた。平成八年（一九九六）当時は第七世間宮和麿（明治四十五年〔一九一二〕生まれ）を元締めとし、貴船神社（大森東）で奉納をしていた。

横浜市で活動している横越社中も、大田区では六郷神社（東六郷）で奉納を行っていた。

斉藤社中は、もと池田社中にいた斉藤一夫（大正二年〔一九一三〕生まれ）が第六代目の元締めとなり、大田区内では羽田神社（本羽田）で奉納している。羽田神社では「おかめ会」が入っていたが、昭和六十三年（一九八八）より斉藤社中に代わった。

2　滑川助五郎氏への聞取り調査

滑川助五郎氏は、昭和九年（一九三四）に生まれた。子どもの頃から囃子の音を聞くとじっとしていられなかった滑川氏は、二十歳のときに先輩から誘われたことをきっかけに、浦守稲荷の囃子連に入った。当時から浦守稲荷神社では池田社中による里神楽を行っていたが、滑川氏ら地元の人間で里神楽を行うことを勧められ、池田社中に習うこととなった。詳細については後述する。このような経緯から滑川氏は里神楽も始め、現在に至る。

聞取り調査は、平成二十六年(二〇一四)十月二日に大田区立郷土博物館にて行った。

⑴ 現在の大田区内の里神楽社中

池田社中は、元締めである池田壤三郎氏が体調を崩しているため、実質平成十六年頃から滑川氏らが中心となっている。以前から池田社中に所属しているのは、滑川氏と鳴物の田辺氏の二人だけである。壤三郎氏が体調を崩した際、滑川氏の担当を目黒の八雲神社、池上の堤方神社、大森の春日神社に、そして田辺氏の担当を穴守稲荷神社(羽田)に分担し、「(次からは)こういう人がやりますから」と神社側に挨拶をしてくれた。しかし後に、大森の春日神社は間宮社中に、穴守稲荷神社は萩原社中に移ったため、現在池田社中として里神楽を奉納しているのは、大田区内の五月の堤方神社のみとなっている。里神楽を奉納する祭礼が少なくなったこと、また土日に祭礼日が移ったことで日程が重複することが増えたことも、奉納数が減少した要因の一つである。

大田区内の神社は、現在、岡部社中(八雲流)、間宮社中(土師流)、横越社中(土師流)、佐相社中(相模流)、萩原社中(相模流)が奉納している。曲目に変わりはないが社中や流派によってフリが異なり、手伝い(出方)で行く場合は少々手合わせしなければならない。ただし、流派を意識することはほとんどない。横越社中は六郷神社、萩原社中は穴守稲荷神社(平成二十六年〔二〇一四〕～)・多摩川神社、岡部社中は洗足八幡・馬込八幡などで奉納している。

間宮社中は品川区、横越社中と萩原社中は神奈川県が中心の社中であり、地元での奉納の方が多い。また、岡部社中の元締めはもともと大田区在住であったが、江戸川区に越してしまったため、現在元締めが大田区内在住の社中は池田社中のみとなっている。

⑵ 池田社中と浦守稲荷社中

滑川氏は地元である浦守稲荷神社で囃子をしていたが、あるとき神社の総代から本格的に里神楽をやらないかといわれた。当時、穴守稲荷の里神楽は池田社中がやっており、神社からの申し出を池田壌三郎氏に話したところ、壌三郎氏が執筆した「お神楽の本」を渡される。神楽の内容や踊り方などが詳細に書かれており、他の社中では決して渡してもらえないような貴重なものであった。壌三郎氏は「地元の人でやってみなさい」と協力してくれることとなり、池田社中で習うこととなった。浦守稲荷神社ではその後、里神楽・囃子連を総称して「浦守稲荷社中」とし、現在も祭礼で里神楽を行っている。

池田社中には弟子はおらず、奉納する際に人が足りない場合は他の社中から頼んでいた。その際に各社中の元締めが池田社中の助っ人として出演する場合が多く、非常にレベルの高い里神楽であったという。

現在、池田社中として里神楽を奉納しているのは、前述した通り大田区の堤方神社、目黒区の八雲神社、横浜市中区の北方皇大神宮の三ヶ所である。この三ヶ所では、登場人物が舞台にあがる際の入口にかけてある出幕は「池田社中」と書かれている。この出幕は以前に壌三郎氏から滑川氏に渡されたもので、「池田社中を名乗ってやりなさい」という意味があるという。浦守稲荷社中でも社中名が書かれた出幕があり、浦守稲荷神社祭礼の際にはこの出幕を使用している。

池田社中は滑川氏・田辺氏しかいないため、浦守稲荷社中と横越社中から出方を頼んでいる。なお、横越社中は滑川氏が定年退職後に友人に誘われて稽古に行って以来の関係であり、横越社中が奉納する里神楽には毎回必ず出演している。

(3)天狐の舞

大田区内で神事舞をしていたのが穴守稲荷神社の池田社中であった。神事舞は「天狐の舞」で一人舞である。「天狐の舞」は里神楽の「稲荷山」の中で舞われる。「稲荷山」の中の「天狐の舞」のみを特化させて神事舞として行うようになったという。萩原社中に変わるまで、元締めの壌三郎氏が体調を崩したのちも、滑川氏らが舞っていた。以前の神事舞は巫女舞で、笹をもち「本間」で舞っていたが、穴守稲荷神社に合わせて「天狐の舞」となった。参拝者に合わせて一日行っていたが、最も参拝人数の多い午後一時のみが笛と大太鼓と大拍子の生演奏とし、それ以外はテープで舞っていた。

天狐は白キツネである。「天狐の舞」では「破矢」で登場し、いったん決めてから「乱拍子」となって舞をする。舞の終わりに弓を撃つ真似をして、矢を投げる。五分間ほどの舞であるが見応えのある神事舞である。最後は「破矢」で退場する。

(4)里神楽の曲目と楽器

お神楽は登場と退場の曲がかならず一緒である。おとなしい神様が出て、重々しい雰囲気を作り出すのが「下がり端」、荒々しい神様のときは「乱拍子」、モドキとかヒョットコなどのモドキ系で出るのは「昇殿」で出る。「破矢」は威勢よく出てくるため「天狐の舞」でも使用している。

最初に舞うのは「禊祓い」で、最後は山神が「篠本間（しののほんま）」という曲で舞う。間に入る演目は奉納する神社の祭神によっても異なる。例えば八幡神社ならば「八幡山」など、かならず祭神を入れるようにしている。子どもが多いところであれば、わかりやすい「八岐大蛇」や「熊襲征伐」「鈴かくし」「因幡の白兎」などを入れる。

直面《じか》による舞はほとんどなく、「ヤマナリ」（般若になる直前の面）、「黒尉」（海の底の神様だから顔が黒い）、「三番叟」

（若い面）、「山神」（天狗面）などを使用している。

イザナミイザナギの「天祖降臨」から行うのが本来であり、滑川氏が子どもの頃は三日間ほど通しで行っていたが、現在では通しで行うことはなくなった。本来ならば、元締めが曲目を決めるのだが、池田社中の場合は滑川氏らが決めている。

最近は、内容を難しいと感じる人が多くなっている。滑川氏は子どもの頃に「最初に出てくる神様が刀をもっていないと、立ち回りはやらない」とすぐにわかり飽きてしまっていたものだったが、このように「知っている」ことが面白さを感じる上で重要だと考えているため、解説などを丁寧にするようにしているという。

里神楽の楽器は、大拍子と大太鼓と笛である。笛は篠笛と能管があるが、「昇殿」「鎌倉」は篠笛、「乱拍子」は能管、「ハヤ」は能管と篠笛だが、ほとんど能管である。お神楽の鳴物は「カワシ」という。現在、浦守稲荷社中で里神楽の「カワシ」を稽古する場合は、横越社中か田辺さんのところに行く。能管は音を出すだけでなく、「める」という奏法が難しく、祭囃子の篠笛を演奏している者でも難しい。大拍子も祭囃子の太鼓を叩く奏法とは異なる。左手をきかせないと上手に演奏することができない。大太鼓は祭囃子の大太鼓とあまり変わらない。「地言《じごと》」という太鼓の叩き方を表した言葉を覚えれば、同じことを繰り返すだけである。

テープで覚えると、実際に生で演奏する際に間が合わなくなってしまう。そのため、互いに向き合って一対一で稽古しなければならない。

小学生に神楽を教える場合、最初はモドキ、次にお姫様役、最後が立役となる。向き不向きはあるが、モドキは簡単そうにみえて一番むずかしい。そのため以前はモドキを演じるのは熟練した芸をもつ年配者だった。面白みが非常にあり、みていて飽きないものだったという。

⑸浦守稲荷社中の祭囃子

浦守稲荷社中の祭囃子は五人囃子である。楽器は、篠笛、鋲止め太鼓が一つ、枠付締め太鼓が二つ、摺り鉦で構成されている。笛は「トンビ」、鋲止め太鼓は「オードウ」、枠付締め太鼓は「ツケ」と呼び、オードウに近いツケを「カミ」、遠いツケを「シモ」と呼称している。カミとシモで太鼓の締め方は変わらず、音の高さも一緒である。カミは腕の良い者が担当する。摺り鉦は四つの楽器を助ける意味で「ヨスケ(四助)」という。

大森のあたりだと、品川から羽田が共通した系統である。浦守稲荷社中は大正初期に葛西まで習いに行ったといわれている。しかし、当時の囃子と現在の囃子はまるっきり違っている。なぜなら、品川や羽田に行って手を盗んだり、作曲したりしているため、地域色が強くなっている。このあたりの囃子を「城南囃子」と呼んでいるという。

曲目は、演奏順に破矢・昇殿・鎌倉・印旛・両国・四丁目(師調目)・印旛で、最後にもう一度破矢を演奏する。

破矢には、獅子舞と狐(野狐)が登場する。テンポの速い曲。

鎌倉は、獅子舞があくびしたり、蚤をとったりするフリがあり、のんびりした曲調。曲の合間に「子守唄」を入れる場合があるが、その際はオカメが獅子を赤子に見立ててあやすフリがある。

両国は、神田丸・本間昇殿・麒麟皆伝などと同様の奥の手の一つ。両国には踊りはつかず、四丁目に入っていく手前のつなぎの曲である。「オヒャイトーロ　トーシャラシャラヨイ　テンテン　ドンドドドン」という地言で、これを繰り返し、徐々にテンポを上げていく。テンポがあがり盛り上がって「四丁目」に入る。

四丁目は、太鼓の腕の見せどころである。ツケのカミ・シモが交互に打つ「玉」と技法が一番の聞かせどころ。

印旛には、オカメ、ひょっとこといったモドキの踊りがつく。

穴守稲荷社中は地元の人が中心である。以前は男しか入れなかったが、昭和五十年(一九七五)近くなって女性も入ってくるようになった。

子どもは小学校三、四年生くらいから社中に入ってくる。親と一緒に「教えてもらえませんか」と一緒に来る場合が多く、子どもは残らず親だけ残ることもある。現在一番年代が多いのは高校生から大学生である。練習はあまり来なくても、本番だけは来ている。総勢で子どもは一〇人、大人も入れると一七、八人いる。囃子は滑川氏で四代目であり、現在は五代目となっている。

最初にならう際には「破矢」から練習し、ひと通りの囃子(ヒトッパヤシ)ができてから最後に「印旛」を教える。「印旛」は一フレーズを繰り返すだけであるため簡単だが、難しい「破矢」から教えることで、最後の「印旛」はすぐにできるようになるという。楽器はツケから始めて、ヒトッパヤシができるとオードウを習う。ヨスケは教えることはない。教えなくても気がついたら自然とできるようになっているためである。

笛は、すべての楽器と曲目が演奏できるようになってから教える。最初から笛を教える囃子連もあるというが、そうすると太鼓と合わなくなってしまうという。

(6)浦守稲荷神社の山車と神輿

浦守稲荷神社でも昭和三十年代に作製した山車があり、現在でも祭りの際に巡行する。子どもが一〇人ほど乗れる大きさだが、以前は山車上で囃子と踊りを演じることが多かったが、近年は踊りはやらず、囃子のみの演奏になっている。祭礼のときは、土曜日が居囃子とお神楽。日曜日は神輿と一緒に山車で巡行する。

巡行の順番は、先頭に子どもの太鼓山車、続いて囃子連の乗った山車、最後に神輿で、朝九時頃に出発し戻るのは午後三時くらいになる。

以前の神輿は「ワッショイワッショイ」であったが、現在は「セイヤセイヤ」という掛け声に変わってしまった。

この掛け声は囃子に合わないため、近くなりすぎると「あまり近づかないでくれ」といってしまうこともある。外の神輿愛好会と交流していることもあり、今は地元の人が神輿に入れないくらい人がやってくるようになった。揃いの半纏を着ているが、これはこちらが把握できるようにするためである。以前は揃いの半纏など作らず、皆、浴衣だったり、女性の長襦袢を着たりして、さらに化粧をして神輿を担いでいた。いろいろな人が出入りし、酒を飲んで暴れる者も出ていたので、揃いの半纏を作り、外から来た場合でも身元がわかるようにしている。

⑺里神楽と祭囃子

里神楽と祭囃子は曲目が共通しているものも多いが、滑川氏が最も異なると感じるのは「昇殿」「鎌倉」である。里神楽は物語があり、その挿入歌としての要素をもっているため、場面によっては面の中で泣いてしまうほど感情移入することもあるという。

また「印旛」でも、山車で踊っているモドキと里神楽の「印旛」のモドキは異なるという。山車では場所も狭い上にテンポも速くなるために、せせこましい踊りになってしまうという。一方里神楽では、おどけていてもゆったりとしているため、踊りではなく舞的な要素を感じるという。

楽器でも異なる部分がある。祭囃子ではトンビが主導しており、どの曲になるか判断し、曲の最初は笛が吹いてそれに太鼓が続く。一方、里神楽は大拍子が主導である。そのため、舞台上でも一番前に大拍子が位置している。曲が変わる際には大拍子から曲を始め、それに笛がついていく。大拍子の音色の違いを聞いて笛を吹くため、笛もその違いを知っていないと演奏できない。

『大田区史』から三十年の歳月がたち、平成八年（一九九七）に再調査を行ってからも二十年を経過して、現在里神楽の勢力範囲は相当変化をしている。特に問題なのは、大田区内に在住している社中は池田社中だけとなり、奉納の場も少なくなっているという点である。

大田区で育まれてきた社中である池田社中の聞取り調査を進めるとともに、資料を充実させていくことが必要だと考える。また、どの神社でどの社中が奉納しているのか、という現状調査も改めてするべきだろう。

注

(1) 平山和彦「伝承者」(福田アジオ他編『日本民俗大辞典』下、吉川弘文館、平成十九年)一六五頁。
(2) 小笠原恭子「芸能伝承論」(『日本民俗研究大系』第六巻、國學院大學、昭和六十一年)三九頁。
(3) 三隅治雄『日本民俗芸能概論』(東京堂出版、昭和四十七年)。
(4) 三隅治雄「民俗芸能の生き方」(『伝統と現代』第七巻「民俗芸能」、昭和四十四年)。
(5) 橋本裕之『王の舞の民俗学的研究』(ひつじ書房、平成九年)五一二頁。
(6) 橋本裕之『民俗芸能研究という神話』(森話社、平成十八年)。
(7) 「特集　継承・断絶・再生」(『民俗芸能研究』一八号、民俗芸能学会、平成五年)。
(8) 大石泰夫「「民俗芸能の継承・断絶・再生」がめざすもの」(『民俗芸能研究』一八号)一八頁。
(9) 中村茂子『奥三河の花祭り』(岩田書院、平成二十五年)。
(10) 俵木悟「身体と社会の結節点としての民俗芸能」(『日本民俗学』二四七号、平成十八年)。
(11) 加藤富美子「「個人」の演唱者に見る民謡伝承の様相―京都府・口丹波地方を事例として―」(『民俗文化分布圏論』名著出版、平成五年)。

（12）『大田区史（資料編）民俗』（大田区、昭和五十八年）。
（13）大田区教育委員会文化財担当（山本たか子）の聞取り調査覚え。
（14）前掲注（12）四二四頁。

終章　結論と今後の課題

芸能の伝承には、その演者が自ら伝承する芸の来歴を示す系譜伝承が存在している。その系譜伝承が制度として形づくられたのが、家元制度である。この家元制度は、いわゆる伝統芸能において形成されているが、民俗芸能においても「……流」「……の家元」などの名で、芸の系譜が表現されている。本研究は、こうした系譜伝承の具体的な内容を明らかにし、このことが芸を伝承する上でどのような機能を果たしているのかを検討し、系譜伝承の意義を問うものである。

序章では、先学の研究を検討し、「芸能」および「民俗芸能」の見解と、見解を具体化した分類案を確認した。また、本研究では演者(伝承者)の視点を重視することから、これまでの演者論を整理した。その結果、アウトロー的存在としての演者論と、特定の演者論、という二つの潮流があることがわかった。前者の演者論は個ではなく集団として論じられ、個の存在は論じられてこなかった。また、社会的権威を背景にもった場合の、伝承に与える影響については論じられていない。後者は「家元」という特定の人物を中心に、社会的背景から芸能組織論が論じられてきたが、演者そのものに焦点は当てられていない。こうした先学の研究から、本論では「集団の中の個」の存在と「演者としての特定の個」の存在に論点を置いた。

第一編は「家元」と芸能の伝承について考察した。

第一章では、特定の演者として一中節と邦楽囃子方の一流派をとりあげた。西山松之助の理論を基にして、家元論・家元制度について従来の研究を整理し、その実態を一中節と邦楽囃子方で把握した。現在の家元は、遊芸の普及が図られた近世や、パトロネージを失った近代とも異なる。戦後の高度経済成長期を経て、人々の遊びが多様化し遊芸人口が衰退している中で生きる家元であり、家元制度である。一中節では「江戸時代に「ねずみの糞と一中節の稽古本のない家はない」と言われていた」という伝承があるほど、近世では盛んであった。大正時代には、芥川龍之介が一中節「吉原八景」の替え歌(「恋路の八景」)を作詞し、昭和二十年代前半には谷崎潤一郎や折口信夫が作詞した曲が新橋演舞場の京舞の会で発表されており、近代では文人たちとの交流があったようである。現在、一中節宗家十二世家元の弟子は三〇人ほどで、名取式も数年に一度しか行われていない。

先代家元から現家元へと受け継がれたのは、秘伝書などの形となっている物は特になく、三隅治雄の言葉を借りれば「感性の伝承」のみである。つまり、先代から叩きこまれた芸そのものだけが受け継がれている。芸をそのまま変化させずに伝承することは、機械でない限りあり得ない。人間同士の伝承であれば、どんなに忠実に再現しようとしたところで、無意識的に変化することは仕方ない。では、録音・録画機器の発達した現代において、先代の演奏と聞き比べて「ここが違うから、家元の芸は一中節を受け継いでいない」などといわれることがあるのだろうか。それは、おそらくないであろう。なぜなら、家元という存在自体が伝承の柱であるためである。それは絶対君主制などという組織論だけでは片付かず、流派の精神的支柱であるとともに、代々変わらず伝承されていることの証明が家元なのである。したがって極端に芸の違う人を次期家元に任命するわけにはいかない。自らと同じ考え、同様の芸風をもっているものでなければ、精神的支柱が崩れてしまう。一中節の現家元が、繁栄と伝承の責任があると述べているのは、そのためであろう。一中節においてはこの繁栄と伝承の責任が、家元制度という機能を通して、名取の了承と次期家元指定という形になって現れていることが明らかとなった。

一方、石川県小松市の五十鈴流神楽獅子舞では、五十鈴流の家元の名が記された免状や、家元の名前の一字を弟子に与えていた様子が資料から一部読み取れるが、家元制度が確立していたとはいえない。では家元の存在は伝承に何ら役割を果たしていないのか、という点を中心に論じたのが第二章である。

市内の獅子舞を確認すると、五十鈴流という流派名が広く伝承されていること、また流派名を名乗っていない場合でもその芸態が五十鈴流の特徴と類似する場合があることから、小松市内において五十鈴流神楽獅子舞が普及していたことが明らかとなった。

家元制度として組織が確立されていないため、家元からみて孫弟子・ひ孫弟子にあたる団体は「五十鈴流」としての意識はほとんどなくなり、流派名をわざわざ名乗る必要もなく、また芸態にアレンジを加えたりしてもいいはずである。しかし、小松市で五十鈴流を伝承している団体は、五十鈴流の基本動作を崩していない。その要因の一つとして、毎年行われるお旅まつりでの家元の演技の存在を指摘した。家元自らが毎年獅子舞を舞うことでその存在を示し、五十鈴流神楽獅子舞の伝承者たちは五十鈴流の流派に組み込まれていると再認識しているといえよう。こうした形の流派伝承が民俗芸能には存在するのであり、家元は五十鈴流獅子舞の演者たちの前で演じてみせることで、家元としての存在を明示していると考えられよう。

一中節、邦楽囃子方A流の家元と石川県小松市の五十鈴流神楽獅子舞の家元は、芸能組織論から考えるとまったく異なる存在であるといっていい。しかし、芸の伝承を支えているという意味では同じ「家元」なのであり、ここに特定の演者としての「家元」論の糸口があると考えている。

第二編では、これまでとりあげられてこなかった民俗芸能における流派について、いくつかの方向から検討した。

第一章では、なぜ東京都内の祭囃子の流派が三〇以上に分派したのか、その実態を示しながら検討した。多くの流派が成立した要因としては、①一系的ではなく複数に派生してさらに分派しているため、②特定の人物もしくは囃子連がアレンジを加えることであらたな流派が創作されたため、③伝播の過程で流派名が変化したため、という三点が指摘できた。

第二章では、具体的な事例として東京都八王子市で伝承される祭囃子をとりあげた。八王子市では目黒流の祭囃子が「表の五町は皆目黒、裏町は知らず」と、優位にあり、流派の普及につながった。優位に位置付けたのは、経済的に豊かな「表町」である。山の手である「目黒」という地名のついた流派であったというだけではなく、囃子競演に強い名人のいた囃子連が目黒流を伝承していたことが大きな要因となった。東京都目黒区・大田区や、八王子市内の恩方で目黒流を伝承する囃子連では、「目黒流はお座敷囃子」といわれているが、八王子市の旧八王子町では「ブッツケ」に強い「喧嘩囃子」と称されている。こうしたことからは、演奏する場や状況によって、その芸能の捉え方に変化が生まれているといえる。

実際の演奏内容は流派そのものにあるのではなく、各囃子連の力量によるが、競演する際に優位となる流派は「目黒流」と認識されているのである。囃子連が一堂に会することがない東京都目黒区や大田区の祭囃子が、八王子市のような流派のこだわりをもっていないことからも、競演が流派意識の醸成に作用していることが指摘できる。

流派の伝承は囃子連としての結束を高めていることもいえる。八王子市において「目黒流」であることは、大半が「北野囃子連」の系譜だということになる。「北野囃子連」は名人を排出している囃子連である。名人は戦後に囃子競演のために技術方法を改良したといい、囃子競演にも強かった。八王子市の「目黒流」とは、名人のいる系譜に組み込まれている囃子連と言い換えることができる。名人の下には囃子を習いたい人々が自然と集まり、彼らはそれぞれ囃子連を立ち上げるだけでなく、市内の囃子連に名人から習った囃子を伝授した。これが市内で目黒流の囃子連が多い理由の一つである。「名人」と呼ばれる個人が八王子市の「目黒流」囃子連の拡大に影響を与えたといえる。

第三編では、芸能の伝授と系統について考察した。

第一章では、秋田県鹿角市の花輪ばやしをとりあげ、笛と三味線の楽奏者である「芸人」が、かつては「ボサマ」と呼ばれた身分の低い座頭であったことを明らかにした。現在の「芸人」には座頭はいないが、「芸人」と呼ばれる演者たちは、あやめの市という伝説的な人物から始まる座頭の系譜に組み込まれている。花輪周辺のボサマは、旦那衆の後押しもあり、花輪ばやしにおいて必要不可欠な存在になったこと、さらに名人であった特定の人物が輩出されたことによって、芸の厳しさをもった怖い存在としての「芸人さん」へと変化した。

花輪ばやしでは、身分の低い存在が自ら地位をあげて、現在は一〇町で伝承している太鼓と鉦の楽奏者たちに影響を及ぼしている。町の若者たちは三十代で役職に就くと楽奏者としての役割を終え、四十二歳で青年会を卒業する。町の若者が花輪ばやしを演奏する期間はどんなに長くても三十五年ほどであるが、芸人は六十年以上、専属の町で花輪ばやしを演奏する。そのため芸人は、専属の町の花輪ばやしについてはどの若者よりも熟知している。第一編では、同じ芸が代々変わらず伝承されていることの証明として家元を挙げたが、花輪ばやしでは、家元がいない代わりに芸人が「変わらない花輪ばやし」を伝承している存在となる。集団で太鼓と鉦を伝承している一〇町の芸を支えているのは、系譜をもつ特定の個である芸人なのである。

第二章では石川県金沢市の芸妓たちの芸ごとを、金沢素囃子を中心にとりあげた。芸妓は、明治維新後も近世からのイメージを脱却できずに卑下された存在であった。芸妓の地位向上には芸の向上が必要不可欠と考えた置屋の女将たちは、これまで町師匠や旅芸人から習っていた遊芸を一新させようと奔走した。その結果、東京から名の知れた流派の家元を招来し、遊芸の質を高め、芸妓の芸は一流であることを世間に知らしめた。その芸の一つが素囃子である。

これは長唄とその芸態は変わらないものの、東京の望月流家元の系譜をもつ望月太満が三代にわたって芸妓たちに叩き込んだ囃子であり、金沢の芸妓の技芸を最も凝縮させた芸能ということができる。

身分の低い演者であった芸妓は、家元制度が確立され、近世から続いている家芸をもつ流派の、しかも家元に直接習い外側から正統性を固めてもらうことにより、その地位の向上を図ったと指摘できる。

以上、第一編の「家元」、第二編の「祭囃子の名人」、第三編の「芸人」など、本論を通して改めて芸能を演ずる個の存在が、それを伝承する上で大きな役割を果たしていることを明らかにした。

最後に第四編として、民俗芸能における個と集団をとりあげる。

第一章では、折口の「芸術論」で示されている個としての「芸術」と集団としての「芸能」という観点を見直した。折口をはじめ、これまでの研究者が「個」をまったく意識しなかったわけではない。むしろ芸能伝承において「個」の存在は重要であると認識していたと思われる論考もある。しかし、あえてとりあげてこなかったのは、民俗学構築の過程において「個」の取り扱いが難しい事項であったためであろう。

集団から集団へ伝承されているといっても、伝承の過程においては、必ず特定の「個」が関わっているはずである。それは、演者なのかもしれないし、観客かもしれないし、裏方の一人かもしれないし、公権力をもつ者かもしれないし、パトロン的な権力と結びついている人物かもしれない。

本論では、演者を中心にして芸能をみてきたため、第二章で挙げた「個」も演者に絞っている。ただ聞書きを記録した段階であるが、「香川社中」「池田社中」という団体の記録だけではなく、「顔」のみえる演者として、その創始者や現在の代表者に焦点をあてて記した。資料の蓄積はもちろんであるが、今後も「個」が芸能の伝承にどのような形で関わっているのか、様々な事例で論じていきたい。

以上のように本論での一つの結論として、系譜をもつということは、何らかの形で「個」の存在が関わっていること、そしてその「個」は芸能を伝承する上で芸能の普及、芸態維持の保証、芸能伝承組織の結束力を作り上げていることが指摘できる。

もちろん、今後の課題は多い。

一つ目の課題が「家元」と「流派」を基軸とした民俗芸能の分類である。序章で東京都内の民俗芸能を「家元も流派もある芸能」「流派はあるが家元のない芸能」「家元も流派もない芸能」の三つに分類したものの「家元も流派もない芸能」についてはほとんど言及することができなかった。またこの分類が広い範囲に普遍的に当てはまるのか否かは検討が必要である。

二つ目の課題が、「流派」の成立と展開である。序章で触れたが、「流派」については「家元論」のように社会的背景がはっきりとしておらず、その発生や展開の検討が手付かずのまま残ってしまった。八王子市における流派と、鹿踊や三匹獅子舞の流派は同じ意味合いであるのか、八王子市が特殊な例であるのか、これも比較が必要となる。

三つ目の課題が、観客の存在である。本論では演者を軸に置いているが、本来ならば演者を論じるには対比の存在として観客が欠かせない。民俗芸能における観客についても今後検討が必要となる。

四つ目の課題が「名人」の条件である。祭囃子の伝承に影響を与える「個」として「名人」を挙げたが、「名人」と呼ばれる人の条件については言及できなかった。八王子市では囃子競演に強かった人物、笛を吹きながら足で太鼓を叩いた人物、笛の音色が美しい人物、笛の技巧が優れている人物などを「名人」と呼んでいた。笛と太鼓を同時に演奏することはかなり具体的な内容であるが、それ以外は曖昧な部分が多い。

聞取り調査で、「名人」とは何か、と具体性を求めて質問すると、笛の音色の美しさに関しては、「高音と低音が綺麗に出る」、「のめっこい（なめらかな）笛を吹く」などといわれる。笛の技巧に関して質問すると、音色の美しさと同様に「高音と低音が綺麗に出る」ことや、「音孔を押さえる指が巧みに動く」などといわれることが多い。基本的な演奏に加えた「何か」があれば「演奏上手」になり、さらにその先に「名人」があるように考えられるが、「何か」については演者自身も曖昧な部分のように思われる。「音孔を押さえる指が巧みに動く」ことと、笛の高低音を使い分けることは芸の技法であり、「のめっこい（なめらかな）笛を吹く」ことと、笛の高低音が綺麗に出ることは、芸の審美性に関わることである。

大石泰夫は『芸能の〈伝承現場〉論』（ひつじ書房、平成十九年）の中で「演技の熟練」について「民俗芸能においては流動的なもの」（三九〇頁）であるとし、「「演技の熟練」についての価値基準は、その社会的（民俗的）な側面と演技者個人の〈知〉や個性によってさまざまに捉え直され、再解釈される中に可変的に位置づけられるものといえるだろう」（三九一頁）と述べている。「名人」の条件を考えるにあたり、この「演技の熟練」や芸の審美性についても今後検討をしていかなければならない。

あとがき

子どもの頃から、自らの身体を使って表現する人となりたかった。その夢を叶えるため、日本大学藝術学部演劇学科演技コースに入学した。歌舞伎舞踊研究会という歌舞伎を演じる部活に入り、日本の芸能の面白さに触れながら四年間の学生生活を送った。卒業後、日本舞踊、浄瑠璃、囃子の稽古をする中で、再び勉強をし直したいという気持ちが強くなっていた。そんな時、図書館で出会ったのが倉石忠彦先生の著書『子どもの遊びと生活誌』(ぎょうせい、一九八六年)であった。自分たちの生活を記録する学問があることに衝撃を受け、その勢いで國學院大學の倉石先生の研究室に飛び込んだ。刺激的なゼミを受講し、豊富な知識を持つ先輩、同期生に囲まれながら、私の研究が始まった。

初めて調査に入ったのが東京都八王子市の八幡八雲神社の秋の例祭であった。そこで声をお掛けしたことがきっかけとなり、大久保明彦氏・木下賢二氏をはじめ、元横囃子連鼓会、八王子祭囃子連合会、その他、八王子市内の囃子連の皆さま、香川隆樹氏に貴重なお話と資料をご提示いただき、八王子の祭囃子研究を行う上で多大なる助力をいただいた。皆さまの祭囃子に対する情熱や誇りを感じることで、大きな刺激を受けた。

一中節宗家十二世都一中先生をはじめ、一中節関係の皆さま、邦楽囃子方関係の皆さまには、これまで表に出ることのなかった内容に触れることを承諾していただいた。名取式などを通して、芸能を伝授すること、次世代へ伝えることについて改めて考えることができた。

秋田県鹿角市の花輪ばやし調査のきっかけを与えてくださった福原敏男先生、小松市・金沢市では小林忠雄先生、高桑守史先生、中野紀和先生から調査を通じて様々なことを学ばせていただいた。
このほか、調査を通じて出会ったすべての皆さまに、この場を借りて心から感謝申し上げる。

本論では、民俗芸能と伝統芸能を同じ俎上にあげて論じることについての検討が十分にできたとはいえず、今後の課題としている。しかし、私は博士論文執筆以前から民俗芸能と伝統芸能に隔たりを感じたことがなかった。民俗芸能と合わせて年間六〇本ほどの舞台芸能を観覧していたのは、博士課程後期の頃であった。アルバイトではあったが邦楽と舞踊出版社に勤め、雑誌『邦楽と舞踊』(二〇一一年廃刊)に掲載するため舞台芸能を中心に取材をしていた。そんな折、取材先のある日本舞踊家から「舞踊を創作するときに、各地で伝わる郷土の芸能を参考にすることがある」という話を聞いたことがあった。既存の芸能の面白い部分を取り入れ、新しい芸能を創ることは芸能の本来の姿なのではないかと感じた瞬間であった。一方で、今ある芸能を次世代へ伝承しようと尽力している人々にも多くお会いした。

本論では系譜を通して彼らの姿を捉えようと試みたが、民俗芸能であれ伝統芸能であれ、演者たちの自分たちの芸能を伝承しようとする気持ちは変わらない。また、本書に記した芸能の演者たちは、誰もが身体を使って表現することに喜びや楽しさを感じている。私も演者の立場から、演者を研究する立場へと変わったが、芸能の楽しさや面白さを伝えたいという気持ちは同じである。

本書は國學院大學に提出した博士学位申請論文『芸能伝承における演者と系譜』に一部加筆訂正したものである。刊行にあたっては、國學院大學より平成二十八年度課程博士論文刊行助成金を受けていることを明記しておく。

研究者としての姿勢を学ばせていただき、博士論文構成のアドバイスをしてくださった主査の小川直之先生、副査の新谷尚紀先生、花輪ばやしをはじめ民俗芸能調査に引き入れてくださった大石泰夫先生に深く感謝申し上げる。

執筆中の妊娠と母の病で小川先生をはじめ、多くの方にご心配とご迷惑をおかけした。心が折れそうな時に叱咤激励をしていただき、執筆することができた。改めて御礼申し上げる。また、心身ともにサポートしてくれた主人と、身体の麻痺と戦いながら応援してくれた母にも、記して感謝の意を表したい。

末筆ではあるが、出版を引き受けてくださった岩田書院の岩田博氏にも厚く御礼申し上げる。

二〇一七年

髙　久　舞

初出一覧

序　章　本書の主題と先行研究
・「芸能」『折口学における術語形成と理論』六、折口信夫術語研究会、平成二十四年、四―一一頁
・「かぶき者・かぶき衆」『折口学における術語形成と理論』三、折口信夫術語研究会、平成二十一年、四六―五三頁
・「民俗芸能における系譜意識研究序説」『縁―集いの広場―』第二号、縁フォーラム、平成二十五年、一〇―一九頁

第一編　「家元」と芸能の伝承

第一章　一中節・邦楽囃子方の家元
・「一中節における家元制度」『都市民俗研究』第一四号、都市民俗学研究会、平成二〇年、三三―四三頁
・「邦楽囃子方A流の名取式」『縁―集いの広場―』第三号、縁フォーラム、三八―四二頁

第二章　獅子舞の家元
・「石川県小松市における獅子舞の系譜と伝播」『信濃』第六六巻第一号、信濃史学会、平成二十六年、一―二二頁

第二編　祭囃子の伝播と流派

第一章　東京都における祭囃子の広がり
・「地図からみる東京都の祭囃子」『信濃』第六十一巻第一号、信濃史学会、平成二十一年、五七―七七頁

第二章　東京都八王子市の祭囃子
・「八王子市における祭囃子の機能」『國學院大學文学研究科論集』國學院大學大学院研究科学生会、平成二十一年、四七―六〇頁

・「「八王子まつり」の現在—実行委員会と山車町内の意図—」『民俗芸能研究』第五〇号、民俗芸能学会、平成二十三年、七〇—九一頁

・「祭囃子からみるマチとムラ」『八王子市史研究』第四号、八王子市、平成二十六年、一〇二—一一九頁

第三編　芸能の伝授と系譜

第一章　特化された楽奏者—花輪ばやしと「芸人」—

・「屋台の芸能—花輪ばやし—」鹿角市文化財調査資料　第一〇五集『花輪まつり』鹿角市教育委員会、平成二十五年、七二—一二〇頁

・「特化された楽奏者—花輪ばやしと「芸人」—」『民俗芸能研究』第五六号、民俗芸能学会、平成二十六年、二五—四八頁

第二章　金沢の茶屋街を支える芸の系譜

・「金沢素囃子中間調査報告書」平成二十六年、横浜記念金沢の文化創世財団ホームページ上にて公開

・「金沢素囃子平成二十六年度調査報告書」平成二十七年、横浜記念金沢の文化創世財団ホームページ上にて公開

第四編　民俗芸能における個と集団

第一章　折口信夫の「芸術」観

・「芸術」『折口学における術語形成と理論』五、折口信夫術語研究会、平成二十三年、三九—四五頁

第二章　「顔」をもつ演者

・「大田区の池田社中の現在—浦守稲荷社中の滑川助五郎氏聞き取り調査—」大田区の文化財第四一集『大田区の祭り・行事、民俗芸能調査収録』大田区教育委員会、平成二十八年、五三—五九頁

終　章　結論と今後の課題

・新稿

著者紹介

高久　舞（たかひさ　まい）

東京都目黒区生まれ。

2004年　日本大学芸術学部演劇学科卒業。

2016年　國學院大學大学院文学専攻博士課程後期修了、博士(民俗学)。

2012年より國學院大學研究開発推進機構ポスドク研究員、2015年より同機構客員研究員。

本書収録論文のほかに、「陸中弁天虎舞」「雁舞道七福神」「浪板大神楽」(『大槌町の民俗芸能―大槌町民俗芸能調査報告書―』大槌町教育委員会、平成28年３月)、「渋谷の《祝祭》」(石井研士編『渋谷学叢書３ 渋谷の神々』國學院大學渋谷学研究会、平成25年２月)などがある。

芸能伝承論　―伝統芸能・民俗芸能における演者と系譜―

2017年(平成29年)２月　第１刷　330部発行　　**定価[本体8000円＋税]**
著　者　高久 舞

発行所　有限会社岩田書院　代表：岩田　博　　http://www.iwata-shoin.co.jp
〒157-0062 東京都世田谷区南烏山4-25-6-103　電話03-3326-3757　FAX03-3326-6788
組版・印刷・製本：藤原印刷　　Printed in Japan

ISBN978-4-86602-983-2 C3039　¥8000 E